信息系统开发综合实训

——指导、实践及案例

王梅源　　　主　编

杨　单　张劲松　副主编

清华大学出版社

北京

内 容 简 介

本书全面展现中南民族大学信息管理与信息系统专业信息系统开发综合实训的教学指导过程和相关实践成果，其特色在于将项目管理融入系统开发训练的全过程，体现"技术＋管理"的综合实践。全书从综合实训规划，系统开发的理论、指导与实践，项目管理的理论、指导与实践，综合实训经验教训四个方面详细介绍信息系统开发综合实训的基本理论、指导方法、实践成果和经验教训等相关内容。

全书共分4篇：第1篇为综合实训规划篇（第1～3章），着重介绍综合实训的理念、选题以及准备工作；第2篇为系统开发的理论、指导与实践篇（第4～8章），着重介绍系统开发的基本理论和指导方法，并展现3组学生的系统开发报告；第3篇为项目管理的理论、指导与实践篇（第9～12章），着重介绍项目管理的基本理论和指导方法，并展现2组学生的项目管理计划报告；第4篇为综合实训经验教训篇（第13章），展现学生在实训过程中遇到的问题、经验总结，以及指导老师点评。

本书适合作为高等学校管理科学与工程类、计算机类等相关专业的本科生、研究生的实训教材及参考书，同时也可供参与信息系统开发或项目管理工作的社会读者阅读参考。

图书在版编目（CIP）数据

信息系统开发综合实训：指导、实践及案例/王梅源主编. —北京：清华大学出版社，2023.5
ISBN 978-7-302-63323-5

Ⅰ．①信…　Ⅱ．①王…　Ⅲ．①信息系统－系统开发　Ⅳ．①G202

中国国家版本馆 CIP 数据核字（2023）第 060516 号

责任编辑：闫红梅　李　燕
封面设计：刘　键
责任校对：徐俊伟
责任印制：曹婉颖

出版发行：清华大学出版社
　　　　　网　　　址：http://www.tup.com.cn，http://www.wqbook.com
　　　　　地　　　址：北京清华大学学研大厦 A 座　　邮　　编：100084
　　　　　社 总 机：010-83470000　　　　　邮　　购：010-62786544
　　　　　投稿与读者服务：010-62776969，c-service@tup.tsinghua.edu.cn
　　　　　质量反馈：010-62772015，zhiliang@tup.tsinghua.edu.cn
　　　　　课件下载：http://www.tup.com.cn，010-83470236
印 装 者：三河市人民印务有限公司
经　　销：全国新华书店
开　　本：185mm×260mm　　印　张：27.5　　　字　　数：673 千字
版　　次：2023 年 6 月第 1 版　　　　　　　　印　　次：2023 年 6 月第 1 次印刷
印　　数：1～1500
定　　价：79.00 元

产品编号：098170-01

作为 IT 专业人才,无论是在 IT 行业从事信息系统的开发规划、分析设计、实施维护、项目管理工作,还是在企业信息化进程中从事企业信息资源的组织存储、更新利用等工作,都应具有较强的实践动手能力和创新能力。

自 2016 年以来,中南民族大学信息管理与信息系统专业(以下简称信管专业)在大三下学期开设了"专业综合实训",至今已开展 10 期,采用校企合作模式,将专业课程体系中的"项目管理"课程与实践教学体系中的系统开发训练结合起来,将技术与管理结合起来,用项目管理理念引导系统开发过程,让学生受到综合性的实践训练。7 年的实践表明,校企合作的"专业综合实训"确实有效地提升了学生的专业技能和实践能力,在保持较高毕业生就业率的同时,毕业生就业质量也不断提升。

在中南民族大学信管专业实践教学中设置"专业综合实训"环节,打破单一课程或单一实践教学的界限,将"信息管理与信息技术基础""程序设计基础(C 语言)""数据库原理与应用""数据结构""面向对象程序语言(Java)""软件工程""Web 应用开发技术""信息系统分析与设计""网页制作与网站建设""计算机组成与操作系统""计算机网络技术""Python 数据分析与挖掘基础""数据可视化与 R 语言编程"等技术类和"项目管理""组织行为学"等管理类课程知识和技术串联起来,以团队的形式,以校企合作的模式,集中完成一项系统开发任务,一方面真正实现"用信息技术的手段解决管理问题"的信管专业人才培养目标,确保人才培养水平;另一方面使专业综合实训更贴近企业实践,促使理论与实际相关联,从而全面提升学生的技术与管理综合实践能力,缩短从学校到职场"最后一公里"的路程。

针对单纯系统开发训练过程中项目管理效果差的问题,中南民族大学信管专业将系统开发训练与项目管理训练紧密结合在一起,每次实训前都提早引入项目管理的部署和安排,并且由项目管理指导老师全程参与实训的项目管理指导工作,使得综合实训取得良好效果,逐渐形成信管专业"技术+管理"的实践教学特色,学生综合实践能力和就业核心竞争力显著增强,与此同时,"教学相长"也促进了校企合作质量和教师指导水平的不断提高。

目前,信息系统开发实训方面的教材多偏向于信息系统开发教程、基于某一信息技术的开发教程或单纯的项目管理教程,几乎没有将系统开发与项目管理相融合的综合性实训教材。鉴于项目管理在信息系统开发过程中的重要作用,我们编写这本以项目管理为引领的系统开发综合实训教材,一方面为教师提供详细的实训指导方法、流程和参考文件,另一方面向学生提供和展现系统开发和项目管理训练方面的基本理论、要求、过程、内容和经验。

本书分为 4 篇,共 13 章内容。第 1 篇为综合实训规划篇(第 1~3 章),着重介绍综合实训的理念、选题以及准备工作;第 2 篇为系统开发的理论、指导与实践篇(第 4~8 章),着重介绍系统开发的基本理论和指导方法,并展现 3 组学生的系统开发报告;第 3 篇为项目管理的理论、指导与实践篇(第 9~12 章),着重介绍项目管理的基本理论和指导方法,并展现 2

组学生的项目管理计划报告;第 4 篇为综合实训经验教训篇(第 13 章),展现学生对在实训过程中遇到的问题所进行的分析和思考,以及指导老师点评。各章的具体内容如下。

第 1 章主要针对综合实践教学中存在的问题,从专业综合实训、校企合作、"技术+管理"方面介绍综合实训的理念,并介绍综合实训的总体方案和本书的特色与创新之处。

第 2 章主要介绍综合实训的选题类型、主要应用技术,以及对相关课程的要求。

第 3 章主要介绍开展综合实训需要进行的准备工作,包括相关课程的准备、企业方选择、各项目管理组织的建立,以及需要创建的计算机技术环境。

第 4 章主要针对综合实训的需要,以软件开发基本生命周期为主线,简要介绍系统开发的基本理论,包括项目需求分析、原型系统分析与设计、编码、测试和验收等各个流程阶段要完成的任务和内容。

第 5 章从系统开发指导教师的角度,主要介绍综合实训中对系统开发训练的指导方案,包括训练时间轴、课表、各角色任务、指导流程和指导文件等内容。

第 6~8 章从参训学生的角度,分别选取 2018 级和 2019 级 3 组参训学生团队完整的"系统开发报告"作为案例,全面阐述系统开发训练的真实过程及训练成果,同时展现各阶段项目经理的经验、挫折、思考与感悟。

第 9 章主要针对综合实训在项目管理方面的需要,简要介绍项目管理的基本理论、知识、过程、方法和工具。

第 10 章从项目管理指导教师的角度,主要介绍综合实训中对项目管理训练的指导方案,包括项目管理训练体系、参与各方的角色与任务、指导内容和指导文件等内容。

第 11~12 章从参训学生的角度,选取 2019 级 2 组参训学生团队完整的"项目管理计划报告"作为案例,详细阐述综合实训中项目管理计划的实践过程,同时展现计划过程中项目经理的感悟、遇到的问题与对策。

第 13 章以 2018 级和 2019 级 3 期实训共 29 个团队所撰写的"实训中项目经理遇到的那些难事"为依托,以分主题的形式,全面展现实训过程中各团队在项目管理方面遇到的难题、应对的方法、经验教训,以及老师点评。

全书由王梅源拟定篇章结构并负责全书的统稿工作。在本书编写过程中,主要由王梅源、张劲松、杨单三位老师具体策划;王梅源、杨单、张劲松、杨健、杜文华等老师参与了本书的审稿和校稿,本书是编者集体智慧的结晶。各章节具体分工如下:王梅源负责编写第 1、3、5、9、10、13 章,并参与编写第 2 章的部分内容;杨单负责编写第 2 章和第 4 章,并参与编写第 1 章和第 3 章的部分内容;林焰峰、张庆俐参与编写第 5 章的部分内容;刘启川负责编写第 6 章和第 11 章,并参与编写第 13 章的部分内容;张时琪、张庆俐负责编写第 7 章和第 12 章;潘镕负责编写第 8 章。

中南民族大学信管专业的专业综合实训教学工作持续开展多年,在教务处、实验教学与工程训练中心、管理学院等单位相关领导和老师的大力支持下,该项目取得了很好的实训效果,在此对他们表示衷心的感谢。感谢李超锋、毕达宇两位老师对本书编写提出的宝贵建议。感谢实训指导老师欧阳旻、周丹、林焰峰、黄民智、童勇、胡定锋、刘丹等多年来对专业综合实训实施提供的大力支持和帮助。感谢任婷、严晓倩、罗斌、周佩、李昂等对本书编写提供的支持和帮助。感谢专业综合实训优秀团队成员刘启川、张时琪、张庆俐、潘镕、何东辰、付雪晴等同学为本书编写付出的辛勤工作。同时,特别感谢中南民族大学信息管理系原主任郑双怡教授、文小禹副教授为信管专业实践教学发展做出的贡献。

本书的编写与出版也得益于中南民族大学本科教学质量工程项目"基于OBE的大数据管理人才培养竞赛驱动机制"(编号：JYZD19027)、教育部新文科研究与改革实践项目"新文科背景下民族高校工商管理类专业人才培养创新与实践"(编号：2021140098)、湖北省教育厅教学研究项目"跨学科交叉融合背景下信息管理与信息系统专业人才培养创新研究"(编号：2021203)三个教研项目研究活动的开展。

本书在编写过程中参考了国内外系统开发和项目管理的相关教材、著作、文献、数据和资料，在此对这些资料的作者表示诚挚的谢意。由于作者水平有限，书中错误和不足之处在所难免，欢迎广大同行和读者批评指正。

作　者

2023年1月

目录

第1篇 综合实训规划篇

第2篇 系统开发的理论、指导与实践篇

第3篇 项目管理的理论、指导与实践篇

第4篇 综合实训经验教训篇

第1篇

综合实训规划篇

信息系统开发综合实训规划包括综合实训的理念、综合实训的选题、技术与要求，以及综合实训的准备工作三部分内容。

第1章

综合实训的理念

作为 IT 专业人才,无论是在 IT 行业从事信息系统的开发规划、分析设计、实施维护、项目管理等工作,还是在企业信息化进程中从事企业信息资源的组织存储、更新利用等工作,都应具有较强的实践能力和创新能力。实践教学难以取得成效是许多高校面临的难题,目前各个高校都在积极探索能够将实习实践教学任务真正落到实处的方法和途径。但从整体看,虽然各个高校对实践教学都有各自不同的心得与对策,但多数还停留在实践项目分散、内容不连贯、单项训练各自为战的层面上。从应用的角度看,企业面对的信息技术问题多数是综合性的,多学科领域、多专业知识、多技术手段、多业务流程等相互融合,仅靠"单打独斗"的实习实践很难培养学生的综合实践能力。

本章主要针对中南民族大学信管专业综合实践教学存在的问题,从专业综合实训、校企合作、"技术+管理"三方面介绍综合实训的理念,并介绍综合实训的总体方案和本书的特色与创新之处。

1.1 综合实训教学存在的问题

以中南民族大学信管专业为例,原人才培养方案涉及近二十多门技术类课程,并设置了"C 语言课程设计""数据库应用课程设计""Java 语言课程设计""信息系统分析与设计课程设计"四项课程设计,这些课程与单项课程设计之间内容相对独立,学生很难将这些"碎片化"的知识、技术和方法串联到一起去解决实际技术问题;同时,课程设计均由任课老师自己指导,项目来源多为虚拟的,不够真实,技术手段也较为传统,不够先进,理论性强、实践性弱,"纸上谈兵"多于实战演练,离 IT 人才培养目标有一定差距。

以至学生毕业时,多数学生并不能真正开发一个实际系统,大部分学生出了校门后并没有能力面对实际技术问题。许多学生在求职时干脆回避技术性工作,有些求职成功的学生又需要更长的时间进行再培训。学生普遍缺乏对信管专业的认可度,对自身专业技术能力缺乏信心。

1.2 专业综合训练的理念

为了解决信管专业学生实际动手能力弱的问题,国内许多高校相关专业都开设了与计科专业的"系统开发实训"类似的教学实践,中南民族大学信管专业的初衷也是如此。

在制订新一版信管专业人才培养方案之前,信息管理系老师分别面向用人单位和毕业生开展了大型的问卷调查工作,以了解企业对信管人才的用人需求,了解毕业生的工作现状,了解目前信管人才综合能力培养方面存在的问题,从最广泛的层面上了解信息管理人才综合能力培养的需求。同时,组织有代表意义的用人单位、专家学者和毕业生开展信管人才综合能力培养研讨会,对问卷调查所积累的问题进行咨询和讨论,探讨信管人才综合能力培养模式,其中包括系统开发实践教学环节的设置。

在新版信管专业人才培养方案中,将原来的四个单项课程设计取消,设置"基础训练"和"专业训练"两个专业实训环节,前者进行基础知识补强,后者进行系统开发训练。

1.3 校企合作的理念

针对传统实践教学中存在的问题,信管专业采用"校企合作,协同育人"模式开展专业综合实训,以企业老师为主,信管老师配合,并采用企业规范化管理模式,在信管实验室全天打卡上班。

基于校企合作的专业综合实训身兼重任,在与企业合作的过程中,能更好地结合市场的用人需求来培养人才,弘扬了高等院校以人为本的素质教育理念,在提高学生核心竞争力的同时,实现学生专业素养与社会需求相接轨,继而满足社会对人才的需求。

专业实训与企业开展合作,以培养应用型、创新型、复合型本科人才为导向,遵循以下培养理念:首先,明确培养目标,选择市场竞争性强的、专业从事系统开发培训工作的企业,应用主流先进技术的项目,展开深层次强化训练,提升系统开发应用能力,注重培养应用型人才;其次,启发学生多角度发散思维,点燃学生思想火花,引导深层次思考问题,训练创新思维能力,注重培养创新型人才;最后,强化综合知识学习、综合能力提升、复合思维训练,注重培养复合型人才。

在具体的专业实训方案中,将"校企合作、协同育人"模式贯穿于专业实训的全过程:实训前由校企双方共同制订实训方案、组织选题、编制实训指导文件;实训中全程模拟企业实战训练,为实践教学带来新理念、新技术、新方法;实训后共同总结经验、交流意见、整理成果,并且将实训中发现的技术型、管理型良才向相关企业推介,搭建良好的育人、用人平台。不仅提高了实践教学的整体指导水平,而且使实践教学更加贴近企业实践。

自2016年起,经过7届学生共10期的综合实训检验,校企合作模式确实有效地提升了学生的专业技能和实践能力,在保持较高毕业生就业率的同时,毕业生就业质量也不断提升。

1.4 "技术＋管理"的理念

信管专业人才与计算机专业人才的不同之处应该在于技术与管理的融合。但多年来,信管教学中的管理是管理、技术是技术,缺少能够将技术与管理相互整合的综合实践环节,技术和管理一直是两张皮,学生们选择职业方向时也大多是技术线、管理线泾渭分明。

2016年,信管专业在第一次开展专业综合实训时就出现了严重的技术与管理脱节问题。按计划,信管专业的实训任务是在校企技术指导老师的带领下,以小组为单位开发一个小型的信息系统,其技术任务与计算机专业的系统开发课程设计类似。但实训时间过半,项目推进却异常困难。虽然开设过"项目管理"课程,但多数小组的组长并不知道如何将理论应用于实践,不知道实训中该管什么,小组成员也不知道该做什么;学生无问题可问,老师无问题可答;学生任务完成度很低,企业指导老师也束手无策,实训一度停滞不前。眼看实训的教学目标无法达到,实训任务完成不了,指导团队的老师们心急如焚。

于是,信息管理系紧急启动项目管理工作,先成立由全体校企指导老师、小组长、值日班长、班长组成的项目管理团队,再由项目管理指导老师直接带领全体小组长一边配合企业老师的技术指导,一边开展实训的项目管理工作:①在每日实训工作完成时开展例行检查;②老师对小组当日工作进行点评;③将每日遗留问题进行分析与汇总并及时传达给技术指导老师;④定期召开项目管理例会,提出问题、分析问题、解决问题。慢慢地,小组长开始学着带团队,老师们也能有的放矢地开展指导工作,项目也能逐步推进。最终虽然小组实训成果的水平不高,但总算顺利完成了实训任务。

通过这次教训老师们认识到,信管专业的定位是"用信息技术的手段解决管理问题",其中不仅包含信息技术问题,也包含对系统开发项目进行管理的问题,信管的专业实训迫切需要在系统开发任务之外增加项目管理环节。于是,从第二年开始,每次实训前都提早加入项目管理的部署和安排,并且一直由项目管理指导老师全程参与实训的项目管理指导工作。自此以后,信管专业的系统开发实训就与项目管理紧密结合在了一起,说明信管"技术+管理"的实训特色来自于教学实践的需要。

项目管理实践的初衷只是对系统开发项目的过程进行管理和控制,但由于系统开发时间紧、任务重,项目组长白天将全部精力用于训练,只能晚上挤时间完成项目管理任务,在项目中成长的过程太艰难。为了让学生更好地将理论应用于实践,让项目组长尽快地建立起项目经理的意识,便将项目管理的实践一方面向前延伸至"项目管理"课程阶段,一方面向后延伸至在假期进行的实训总结阶段,使系统开发训练成为了真正的"技术+管理"的专业综合实训。

通过多年不断的实践和摸索,逐渐形成了信管专业"技术+管理"的实训教学特色,"教学相长"促进了校企合作质量和教师指导水平的不断提高。现在的综合实训采用真实项目实战演练,将系统开发与项目管理融合在一起,用项目管理理念引领实训的开展,使学生在计划、管理、技术、文档、团队、个人、报告、推介等各方面经受锻炼从而得到成长,创造了一批批高品质的实训教学成果,不仅有效提高了学生解决实际问题的能力和"技术+管理"的综合实践能力,而且造就了一批项目管理成员从"名义上"的项目经理成长为真正能带团队的项目经理,从而使学生对信管专业的认可度和对自身专业技术能力的信心逐年得到提高。

信管专业分别于 2016 年、2018 年、2019 年获得校级教学成果二等奖、省级教学成果三等奖、国家民委教学成果二等奖,其中,综合实训取得的实践教学成果是其中重要的组成部分。

校企合作开展综合实训也是一个小型的项目,涉及企业方、校方、学生、实验室等多个主体,从计划上需要在企业工作表、学生课表、实训课表、老师课表之间综合协调;从指导上需要校企老师分工合作;从项目管理上需要技术线、管理线、团队线的密切配合。因此,在开展综合实训之前,各方主体都需要详细了解综合实训的各项方案,包括总体方案、系统开发训练指导方案、项目管理训练指导方案,以了解实训进程中的重要时间节点、主体任务、指导流程以及指导文件。

1.5　综合实训的总体方案

综合实训涉及课程实践、技术训练、项目管理训练等多个实践环节,相互之间有串行的传承关系,也有并行的交融关系,必须在总体上有明确的阶段划分和任务分工。

1.5.1　综合实训的指导方针

综合实训将专业课程体系中的"项目管理"课程与实践教学体系中的"系统开发训练"结合起来,将技术与项目管理结合起来,用项目管理理念引领系统开发过程,让学生接受综合性的实践训练。

综合实训的创新性表现在打破单一课程或单一实践教学界限,在"项目管理"课程中加入为系统开发项目制订管理计划的内容,在系统开发训练中加入项目管理计划的执行训练,从而将信管专业大部分技术类课程与管理类课程知识串联起来,在项目管理理念引领下,使综合实训更贴近真实项目实践,从而全面提升学生的技术与项目管理综合能力。

1.5.2　综合实训的时间轴

按照新的信管专业人才培养方案,大学三年级下学期的所有课程都要在前12周结束,其中,"项目管理"课程于第10周结束,后续为连续5周的基础训练和专业训练。

综合实训沿时间轴分为上下两条线,一条是系统开发训练,一条是项目管理训练线,如图1-1所示。

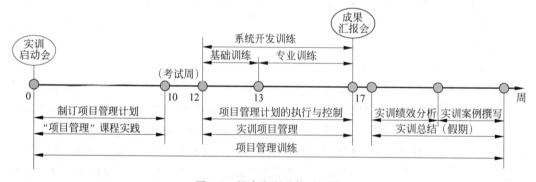

图 1-1　综合实训总体时间轴

图1-1中,时间轴上方为系统开发训练线,由技术指导老师主导,包括基础训练、专业训练两个阶段。时间轴下方为项目管理训练线,由项目管理指导老师主导,包括"项目管理"课程实践、实训项目管理和实训总结(假期)三个阶段。其中,实训项目管理以系统开发项目为对象,对训练过程进行控制和管理,为系统开发训练的顺利实施保驾护航。

1.6　本书的特色和创新之处

只有将学生在课堂上学到的知识转换成实际应用的能力才有用,这种转换完全靠学生自己很难做到,必须靠教学方案的合理设置、教材的科学规范和教师的有效指导。但目前信息系统开发实训方面的教材多偏向于信息系统开发教程、基于某一信息技术的开发教程或单纯的项目管理教程,几乎没有将系统开发和项目管理融合在一起的综合性实训教材。

　　中南民族大学信管专业综合实训虽然进行了多年,但一直没有自己合适的教材,所有的教学指导文件和经验都分散在校企指导老师的手中或脑袋中,临时性、随意性比较大;学生在实训中需要完成各种报告,有些有老师提供的模板,有些需要自己反复实践和摸索,没有可供参考的范本,也不知道标准在哪里,费了很大力气做完却不知道做得是否完善,是否专业。为了更好地归纳和总结综合实训教学实践的经验教训,使综合实训的开展更加具有针对性、持续性和规范性,特编写此书。

　　本书从中南民族大学信管专业综合实训的教学实践出发,全面展现开展实训所需要的教学指导过程和相关教学实践成果,其特色就在于将项目管理全流程渗透到系统开发训练过程中,从而体现“技术＋管理”的综合性实践。本书由综合实训规划,系统开发的理论、指导与实践,项目管理的理论、指导与实践,综合实训经验教训4篇共13章组成,将基本理论、教师指导、学生实践、经验教训结合在一起。特点如下:①从实训理念、实训选题、实训准备,以及实训指导等方面,为教师提供详细的指导方法、流程、文件和经验。②通过基本理论和学生实践成果的展示,不仅向学生提供和展现系统开发技术训练方面的要求、过程和内容,而且提供和展现系统开发项目管理训练的要求、过程和内容。③一方面通过学生在实训前对往届学生实训经验教训的分析,让学生提前了解团队在实训中可能遇到的难题和解决难题的方法,使学生尽早进入实训状态;另一方面通过学生在实训后撰写的自己的实训报告,总结经验教训,为后续实训提供经验支持。

第2章

综合实训的选题、技术与要求

综合实训的选题主要由企业指导团队提供,多数来自企业做过的或正在做的实际项目,贴近社会需要,反映技术前沿。本章主要介绍中南民族大学信管专业综合实训的选题类型、主要应用技术,以及对相关课程的要求。

2.1 综合实训的选题

由于实训时间有限,综合实训的选题多偏向于能够在 Web 端或移动端实现的小型信息系统,那些多主体、多流程、多信息流转的大型信息系统均未能涉及。

信管专业综合实训在本科三年级下学期进行,大数据方向班综合实训在本科三年级上学期进行,目前共有 134 个小组完成了 43 个选题。从选题次数来看,学习养成计划、IT 兼职小程序、报团旅游网站、社会职位变化分析工具、故事化咨询工具名列选题的前 5 位,较受学生欢迎。历届综合实训选题汇总如表 2-1 所示。

表 2-1　历届综合实训选题汇总

序号	选 题 名 称	选 题 类 型	选题次数
1	学习养成计划	小程序＋信息系统类	9
2	IT 兼职小程序	小程序＋信息系统类	8
3	报团旅游网站	Web 信息系统类	8
4	社会职位变化分析工具	大数据类	7
5	故事化咨询工具	大数据类	6
6	大学生涯学习交流平台	Web 信息系统类	5
7	电子阅览室管理系统	Web 信息系统类	5
8	商品数据分析平台	大数据类	5
9	为知笔记	小程序＋信息系统类	5
10	爱旅行	Web 信息系统类	4
11	比价宝	大数据类	4
12	漂流书单	Web 信息系统类	4
13	求职加油站	大数据类	4
14	易物网	Web 信息系统类	4
15	运营日历	小程序＋信息系统类	4
16	报名助手	小程序＋信息系统类	3
17	社交日历	小程序＋信息系统类	3
18	童心漂流公益平台	小程序＋信息系统类	3
19	校园二手书流转交易平台	Web 信息系统类	3

续表

序号	选题名称	选题类型	选题次数
20	心理咨询来访平台	大数据类	3
21	心愿瓶	小程序＋信息系统类	3
22	智能物业管理系统	Web 信息系统类	3
23	城市移动名片	Web 信息系统类	2
24	聚友网	Web 信息系统类	2
25	汽车服务在线系统	Web 信息系统类	2
26	社团联盟	Web 信息系统类	2
27	实验室设备管理系统	Web 信息系统类	2
28	文献宝	大数据类	2
29	校园筹	Web 信息系统类	2
30	云忆	小程序＋信息系统类	2
31	在线报名考试系统	Web 信息系统类	2
32	掌上医院	小程序＋信息系统类	2
33	大学生论文管理系统	Web 信息系统类	1
34	高考助手	Web 信息系统类	1
35	共享图书	Web 信息系统类	1
36	考研宝	小程序＋信息系统类	1
37	连锁服务	Web 信息系统类	1
38	企业管理工具	Web 信息系统类	1
39	图片社区	Web 信息系统类	1
40	微信代驾管理系统	Web 信息系统类	1
41	小莫智能机器人	人工智能类	1
42	移动城市名片	小程序＋信息系统类	1
43	综合实训管理平台	Web 信息系统类	1
合计			134

2.2　综合实训的选题类型

　　综合实训的 43 个选题以项目将使用到的主要技术作为分类标准,可以分为 Web 信息系统、小程序＋信息系统、大数据、人工智能(AI)4 大技术类型,各类选题的主要技术特征如表 2-2 所示。这些选题的本质都是信息系统开发,由于需求的不同及实训的技术要求不同而细分成不同的类型。有时同一选题由于使用的技术不同而归于不同的选题类型。学生可根据实际情况使用不同的技术,但也可不局限于表 2-2 中提出的主要应用技术。

表 2-2　选题的主要技术特征

选题类型	选题数量	主要技术特征
Web 信息系统类	23	以网站形式展现,注重业务逻辑的梳理,实现难度较低
小程序＋信息系统类	12	以小程序形式展现,注重小程序开发工具的使用以及业务流程的梳理,实现难度中等
大数据类	7	以网站或小程序形式展现,注重大数据技术在信息系统中的应用,实现难度较高
人工智能类	1	以网站或小程序形式展现,注重机器学习、人工智能等算法在信息系统中的应用,实现难度较高

2.2.1　Web 信息系统类

随着 Internet 和 Web 的不断发展,Web 信息系统已经成为目前主流的分布式应用系统之一。Web 信息系统就是用于存储、处理、输出各类信息的软件系统,简单来说,Web 信息管理系统就是以网页形式开发的信息系统。

选择 Web 信息系统开发的项目小组成员需要具备 Java 编程基础、数据库基础、掌握 HTML 和 CSS 等知识,并对信息系统分析与设计流程有一定的了解。此类项目使用的技术较为基础,注重业务逻辑的梳理和设计。

2.2.2　小程序＋信息系统类

微信小程序是一种不需要下载安装即可使用的应用,用户通过"扫一扫"相关二维码或者"搜一下"相关应用名称即可打开应用。应用将无处不在,随时可用,但又无须安装及卸载。对于开发者而言,微信小程序的开发门槛相对较低,难度不及 App,能够满足简单的基础应用需求。

选择小程序＋信息系统类开发的项目小组成员需要具备 Java 编程基础、数据库基础、掌握 HTML 和 CSS 等知识,并对信息系统分析与设计流程有一定的了解,同时还需学习微信小程序开发相关技术。此类项目使用的工具较为新颖,注重微信小程序与信息系统的结合。

2.2.3　大数据类

大数据技术在信息系统管理中的应用能够实现企业的科学化管理,对于提高企业的生产效率具有重要的意义。在信息系统中应用大数据技术,能够提高企业内部的管理水平,在信息收集、处理过程中,能够发挥极大的应用价值。

选择大数据类信息系统开发的项目小组成员除了需要具备 Java 编程基础、数据库基础、掌握 HTML 和 CSS 等知识,还需要具备大数据技术原理及应用(如 Hadoop、Spark 等)的基础。此类项目使用的技术较为新颖,注重大数据技术和信息系统的结合。

2.2.4　人工智能类

人工智能技术的应用使计算机的管理水平和设计方法有了很大程度的提升。基于人工智能的信息管理与信息系统就是在传统信息管理系统的基础上,应用人工智能技术,设计搭建智能化的新型智能管理系统。人工智能化的信息管理系统是人工智能应用和管理系统工程领域的一个重要的研究方向。

选择人工智能类信息系统开发的项目小组成员需要具备 Java 编程基础、数据库基础、掌握 HTML 和 CSS 等知识,并对信息系统分析与设计流程有一定的了解,同时还需要有深度学习、人工智能、知识图谱等方面的基础。此类项目使用的技术较为新颖且复杂,注重人工智能技术与信息系统的结合。

2.3　综合实训的选题简介

本节将基于 2.2 节的选题类型,按类别分别列举两个以往实训中的选题,主要介绍其项目背景以及应用技术。

2.3.1 Web信息系统类项目：电子阅览室管理系统

1. 项目简介

电子阅览室管理系统是针对大量的电子书、影音视频等进行维护管理的平台，方便用户进行收藏、查询、下载。管理员可以对用户信息、电子书和影音视频等资源、公告信息进行添加、删除、修改以及查看，也可以对收藏信息进行查看；用户可以通过注册、登录系统后对喜欢的内容进行评分、下载、收藏；再次登录系统可以根据收藏信息直接下载电子书。

2. 应用技术

需要有HTML5、CSS3、JavaScript、XML、JSON等技术的基础。

前端页面实现：BootStrap或Vue框架。

后台接口开发：Spring Boot＋MyBatis。

数据可视化：ECharts。

2.3.2 Web信息系统类项目：报团旅游网站

1. 项目简介

报团旅游网站是基于旅游垂直行业的社交电商平台，旅游经销商可以通过后台发布自己的旅游商品，包括该旅游线路需要的人数、是否含餐、具体特色等，用户可以选择心仪的旅游商品。后台可以进行旅游商品的发布管理以及相关数据统计。

2. 应用技术

需要有HTML5、CSS3、JavaScript、XML、JSON等技术的基础。

前端页面实现：BootStrap或Vue框架。

后台接口开发：Spring Boot＋MyBatis。

数据可视化：ECharts。

2.3.3 小程序＋信息系统类项目：IT兼职小程序

1. 项目简介

当前网络上的兼职信息鱼龙混杂且较为分散，招聘信息发布得不严谨。为了解决此类问题，IT兼职小程序是面向IT垂直领域的兼职平台，发布的多为高端岗位的招聘信息，且平台提供保障，确保兼职人员和雇主双方的利益。企业可以在该平台发布职能要求，提供兼职岗位，兼职人员可以基于微信小程序发布自己的个人简历信息，系统管理员对这些信息进行审核。通过该平台，企业和兼职人员可以互相选择、互相评价，保证兼职信息的可靠性。

2. 应用技术

需要有HTML5、CSS3、JavaScript、XML、JSON等技术的基础。

前端页面实现：BootStrap或Vue框架。

后台接口开发：Spring Boot＋MyBatis。

数据可视化：ECharts。

微信小程序：mpvue小程序框架等。

2.3.4 小程序＋信息系统类项目：学习养成计划

1. 项目简介

学习养成计划是一个基于微信小程序的面向考研用户的任务管理系统，用户可以添加不同主题的学习任务,系统可根据用户设定的应完成时间和优先级进行不同频率的提醒,直到其完成该任务。系统后台也会针对不同科目来进行任务推送,还提供任务分析功能,针对用户每天的任务添加数和完成率进行统计,并通过可视化的图表对数据展示,来让使用者更好地知道自己的复习进度和完成率,使使用者能够有完成任务的成就感。

2. 应用技术

需要有 HTML5、CSS3、JavaScript、XML、JSON 等技术的基础。

前端页面实现:BootStrap 或 Vue 框架。

后台接口开发:Spring Boot+MyBatis。

数据可视化:ECharts。

微信小程序:mpvue 小程序框架等。

2.3.5 大数据类项目:文献宝

1. 项目简介

针对开源的学术文献进行特定领域的分类梳理,可以提供相应的信息查看,包括摘要、主题、作者等,同时可以进行在线预览,基于算法对于文献的关联进行分析。

2. 应用技术

需要有 HTML5、CSS3、JavaScript、XML、JSON 等基础。

前端页面实现:BootStrap 或 Vue 框架。

后台接口开发:Spring Boot+MyBatis。

数据可视化:ECharts。

网络爬虫:使用 Python 实现爬虫脚本或使用八爪鱼采集器等工具。

自然语言处理:BERT 模型、FoolNLTK 工具包等。

大数据存储:Hadoop HDFS 等大数据存储技术。

大数据处理:Hadoop MapReduce 或 Spark 等大数据处理技术。

2.3.6 大数据类项目:社会职位变化分析工具

1. 项目简介

社会职位变化分析工具是针对各大招聘平台发布的信息,如 51Job、智联招聘、BOSS 直聘、拉勾网等发布的招聘信息进行爬取,对相关数据进行建模,预测职位的招聘人数、所需专业和薪资水平,通过对爬取的数据做分析,输出职位变化报告。

2. 应用技术

需要有 HTML5、CSS3、JavaScript、XML、JSON 等基础。

前端页面实现:BootStrap 或 Vue 框架。

后台接口开发:Spring Boot+MyBatis。

数据可视化:ECharts。

网络爬虫:使用 Python 实现爬虫脚本或使用八爪鱼采集器等工具。

2.3.7 人工智能类项目:小莫智能客服机器人

1. 项目简介

小莫智能客服机器人是一款基于微信公众号使用的,可以对常见的客户服务问题进行智能处理并回复的产品。产品基于 NLP(自然语言处理),整合 AI 技术、聚焦智能问答场景,提供用户工程化解决方案;用户在关注公众号后,不仅可以通过关键字获得固定的回复信息,智能客服机器人还可以结合上下文语义对用户的问题进行回答,实现互动交流。

2. 应用技术

需要有 HTML5、CSS3、JavaScript、XML、JSON 等技术的基础。

前端页面实现:BootStrap 或 Vue 框架。

后台接口开发:Spring Boot+MyBatis。

数据可视化:ECharts。

微信小程序:mpvue 小程序框架等。

自然语言处理:BERT 模型、FoolNLTK 工具包等。

深度学习:PyTorch 或 TensorFlow 框架等。

2.3.8　人工智能类项目:故事化资讯工具

1. 项目简介

当前网络信息爆发,充斥着各种各样的资讯,每天都有热点产生,都有新的走向,故事化资讯工具与传统的资讯工具不同,它不仅针对热点进行推送,而且能够针对每条资讯,以时间线或者故事线的形式展示其变化、发展过程,用户可以全面地了解其事件的发展动向。

注:*本项目也可以归类为大数据类项目,需要增加相关数据采集和处理技术。*

2. 应用技术

需要有 HTML5、CSS3、JavaScript、XML、JSON 等技术的基础。

前端页面实现:BootStrap 或 Vue 框架。

后台接口开发:Spring Boot+MyBatis。

数据可视化:ECharts。

深度学习:PyTorch 或 TensorFlow 框架等。

知识图谱:Neo4j 图数据库。

2.4　综合实训选题的主要应用技术

综合实训 4 类选题所使用的技术也可总结为 4 类:基础要求类、爬虫类、人工智能类和大数据类,如表 2-3 所示。

表 2-3　综合实训选题的主要应用技术

选题类型	应 用 技 术	
基础要求类	HTML5、CSS3、JavaScript、XML、JSON、Java、MySQL 等	
	前端页面实现	BootStrap 或 Vue 框架
	后台接口开发	Spring Boot+MyBaits
	数据可视化	ECharts
	微信小程序	mpvue 小程序框架等
爬虫类	网络爬虫	Python 或八爪鱼采集器等工具

续表

选题类型		应用技术
人工智能类	自然语言处理	BERT 模型、FoolNLTK 工具包等
	深度学习	PyTorch 或 TensorFlow 框架等
	知识图谱	Neo4j 图数据库
大数据类	大数据存储	Hadoop HDFS 等大数据存储技术
	大数据处理	Hadoop MapReduce 或 Spark 等大数据处理技术

表 2-3 中,基础要求类指每种选题都需要使用到的技术,但微信小程序技术只在"小程序+信息系统类"选题中使用。其他三类均根据选题类型的不同,选择相应的技术进行开发。这里的分类仅为了清晰展示各项技术和工具的归属,实际应用中各选题所包含的技术可能跨类型,并无严格限制。本节对使用到的主要技术做简要介绍。

2.4.1 基础类

1. 基础知识

HTML(Hyper Text Markup Language)指超文本标记语言,它是一种用于创建网页的标准标记语言。

CSS(Cascading Style Sheet)指层叠样式表,它定义如何显示 HTML 元素,即通过 CSS 改变所有页面的布局和外观。

JavaScript 是一种高级脚本语言,被广泛用于 Web 应用开发,常用来为网页添加各式各样的动态功能,为用户提供更流畅美观的浏览效果。

XML 指可扩展标记语言,它被设计用来传输和存储数据。

JSON(JavaScript Object Notation)是一种轻量级的数据交换格式,它易于人们阅读和编写,同时也易于机器解析和生成。

2. BootStrap 和 Vue 框架

BootStrap 是最受欢迎的 HTML、CSS 和 JavaScript 框架,用于开发响应式布局、移动设备优先的 Web 项目。它包含了丰富的 Web 组件,根据这些组件,可以快速搭建一个漂亮、功能完备的网站,其中包括以下组件:下拉菜单、按钮组、按钮下拉菜单、导航、导航条、路径导航、分页、排版、缩略图、警告对话框、进度条、媒体对象等。

Vue.js 是一套构建用户界面的渐进式框架。它采用自底向上增量开发的设计,核心库只关注视图层,并且非常容易学习,非常容易与其他库或已有项目整合。

3. Spring Boot+MyBatis

Spring 是 Java EE 开发中最重要的设计层框架之一,它能很好地处理业务逻辑层和其余层之间的松散耦合关系。Spring Boot 框架是基于 Spring 提供的全新 Java 框架,它继承了 Spring 的优良特性,简化 Spring 应用的开发及搭建过程,实现了自动配置,很大程度地提高开发效率。MyBatis 是一款优秀的持久层框架,它支持定制化 SQL、存储过程以及高级映射。它避免了几乎所有的 JDBC 代码和手动设置参数以及获取结果集。

4. ECharts

ECharts 是一款基于 JavaScript 的数据可视化图表库,提供直观、生动、可交互、可个性化定制的数据可视化图表。它提供了常规的折线图、柱状图、散点图、饼图、K 线图,用于统计的盒形图,用于地理数据可视化的地图、热力图、线图,用于关系数据可视化的关系图、旭日图,多维数据可视化的平行坐标,以及用于商业智能的漏斗图、仪表盘,并且支持图与图之间的混搭。

5. 微信开发者工具

为了帮助开发者简单和高效地开发和调试微信小程序,腾讯公司在原有的公众号网页调试工具的基础上,推出了全新的微信开发者工具,集成了公众号网页调试和小程序调试两种开发模式。使用公众号网页调试,开发者可以调试微信网页授权和微信 JS-SDK 详情;使用小程序调试,开发者可以完成小程序的 API(应用程序编程接口)和页面的开发调试、代码查看和编辑、小程序预览和发布等功能。

2.4.2 爬虫类

1. Python 网络爬虫

Python 为网络爬虫提供了很多方便的第三方库,如 Selenium 是一个用于测试网站的自动化测试工具,支持各种浏览器,包括 Chrome、Firefox、Safari 等主流界面浏览器,同时也支持 phantomJS 无界面浏览器。项目可以通过这个第三方库编写爬虫脚本进行数据爬取。

2. 八爪鱼采集器

八爪鱼采集器是一款全网通用的互联网数据采集器,模拟人浏览网页的行为,通过简单的页面点选,生成自动化的采集流程,从而将网页数据转换为结构化数据,存储于 Excel 或数据库等中。

2.4.3 人工智能类

1. 自然语言处理

自然语言处理是计算机科学领域与人工智能领域中的一个重要方向。它研究能实现人与计算机之间用自然语言进行有效通信的各种理论和方法。在自然语言处理领域,有很多模型,其中比较出名的是 BERT(Bidirectional Encoder RepresenTations,双向编码器),它从单词的两边(左边和右边)来考虑上下文。这种双向性有助于模型更好地理解使用单词的上下文。此外,BERT 的设计目标是能够进行多任务学习,即它可以同时执行不同的自然语言处理任务。

2. 深度学习

深度学习是机器学习领域中一个新的研究方向,它被引入机器学习使其更接近于最初的目标——人工智能。它是学习样本数据的内在规律和表示层次,这些学习过程中获得的信息对诸如文字、图像和声音等数据的解释有很大的帮助。它的最终目标是让机器能够像人一样具有分析学习能力,能够识别文字、图像和声音等数据。在 Python 中提供了一个深度学习库 Keras,它是一个由 Python 编写的开源人工神经网络库,可以作为 TensorFlow、Microsoft-CNTK 和 Theano 的高阶应用程序接口,进行深度学习模型的设计、调试、评估、应用和可视化。

3. 知识图谱

知识图谱在图书情报界被称为知识域可视化或知识领域映射地图,是显示知识发展进程与结构关系的一系列各种不同的图形,用可视化技术描述知识资源及其载体,挖掘、分析、构建、绘制和显示知识及它们之间的相互联系。在实训项目中,为了更好地显示数据处理结果,需要基于 SSM(Spring+SpringMVC+MyBatis)框架借助 Neo4j 图数据库来实现基于图结构的 Web 关系图谱可视化效果。

2.4.4　大数据类

1. 大数据存储

Hadoop 分布式文件系统(HDFS)被设计成适合运行在通用硬件上的分布式文件系统。它和现有的分布式文件系统有很多共同点。但同时,它和其他的分布式文件系统的区别也是很明显的。它是一个高度容错性的系统,适合部署在廉价的机器上。它能提供高吞吐量的数据访问,非常适合大规模数据集上的应用。

2. 大数据处理

Spark 是一种快速、通用、可扩展的大数据分析引擎。目前,Spark 生态系统已经发展成为一个包含多个子项目的集合,其中包含 SparkSQL、Spark Streaming、GraphX、MLlib 等子项目,它是基于内存计算的大数据并行计算框架,提高了在大数据环境下数据处理的实时性,同时保证了高容错性和高可伸缩性,允许用户将 Spark 部署在大量廉价硬件之上,形成集群。

2.5　与综合实训应用技术关联的相关课程

综合实训几乎涉及信管专业大学前三年所学到的所有技术类课程,还包括"项目管理"课程。本节简要介绍主要相关课程及实训对该课程的基本要求。

1. 网页制作与网站建设

"网页制作与网站建设"课程介绍了网站建设的基础知识,包括网站的开发步骤、使用技术、网站发布等,以 HTML、CSS 为主线,结合 Dreamweaver 的使用,重点介绍了网页制作中的主要技术,包括 HTML 语言基础,网页中的文本、图像、超链接、表格、多媒体、层、DIV+CSS 布局等相关知识。

在实训过程中,使用到的 BootStrap 就是基于 HTML、CSS 等开发的框架,通过本课程的学习,便于实训中针对项目修改其 BootStrap 框架。

2. 数据库原理与应用

"数据库原理与应用"课程系统、全面地阐述了数据库系统的基础理论、基本技术和基本方法,主要包括数据库的基本概念、数据模型、关系数据库、SQL 语法、触发器、存储过程、索引、数据库设计等。

通过本课程的学习,可使同学们了解到数据库设计的流程和规范,掌握 SQL 语法,便于实训中进行数据库设计以及在后台接口开发过程中通过 SQL 语句实现对数据的增、删、改、查。

3. Python 数据分析与挖掘基础

"Python 数据分析与挖掘基础"课程主要介绍了 Python 的基础语法,Pandas、NumPy、Matplotlib 等第三方库的使用,还介绍了如回归、聚类等机器学习算法。

通过本课程的学习,可使同学们了解到 Python 的基础语法及一些第三方库的使用,可以在实训过程中使用 Python 爬虫进行数据采集,使用机器学习、深度学习等算法进行业务数据的分析与挖掘。

4. Web 应用开发技术

"Web 应用开发技术"课程主要介绍了基于 JSP 的开发系统环境搭建、Web 系统开发流程、表单的使用以及 Java 连接数据库等。

通过本课程的学习,可使同学们了解到 JSP 技术的使用,有助于同学们在实训中快速熟悉和掌握 Spring Boot 框架进行后台开发。

5. 面向对象程序语言(Java)

"面向对象程序语言(Java)"课程主要介绍了 Java 语言基础,包括数据、控制结构、数组、类、包、对象、接口以及面向对象程序设计等。

通过本课程的学习,可使同学们掌握 Java 语言的语法和面向对象程序设计,在实训过程中就是以 Java 语言为主进行开发的,有助于同学们快速上手进行后台接口的开发。

6. 大数据技术原理与应用

"大数据技术原理与应用"课程主要介绍了大数据的基本概念和应用领域、大数据处理架构 Hadoop、分布式文件系统、分布式数据库 HBase、分布式并行编程模型 MapReduce 以及流计算和图计算的原理等。

通过本课程的学习,可使同学们了解大数据技术的原理,如 Hadoop、Spark,在实训过程中,有助于同学们使用一些大数据技术对数据进行存储和处理。

7. 信息系统分析与设计

"信息系统分析与设计"课程主要介绍了信息系统的基本概念、基本理论和基本方法,结合 UML 模型,深入地介绍了信息系统开发的流程。

通过本课程的学习,可使同学们了解信息系统分析与设计的流程,指导同学们在实训中完成整个项目的开发。

8. 项目管理

"项目管理"是一门实用性很强的课程,主要介绍项目管理的基本理论与方法,从而加强对项目管理实践的思考与指导作用。

通过本课程的学习,可使学生了解项目及项目管理十大知识领域的相关知识,包括项目整体管理、范围管理、时间管理、成本管理、质量管理、风险管理、沟通管理、人力资源管理、采购管理、干系人管理。掌握项目管理软件 Microsoft Project 的使用,以此了解项目管理软件在项目计划和控制工作中所起的作用。运用项目管理的相关知识,结合综合实训要求,完成"项目管理"课程设计。

第3章

综合实训的准备

综合实训开始之前,学生需要在知识、技术等方面做一些准备,指导老师也要在企业方选择、实训组织等方面做好准备。本章主要介绍中南民族大学信管专业综合实训开展之前需要进行的准备工作,包括相关课程的准备、企业方的选择、各管理组织的建立,以及需要创建的技术环境等。

3.1 知识准备

综合实训在大学三年级进行,信管专业、大数据方向班的技术类先修课程如表 3-1 所示。当然,在基础训练阶段要设置许多自学、复习、练习等技术补强的环节,对相关先修课程进行串讲和实践。

表 3-1 综合实训技术类先修课程

序号	课 程 名 称	开 设 专 业	课程类型
1	信息管理与信息技术基础	信管专业、大数据方向	学科基础必修
2	程序设计基础(C 语言)	信管专业、大数据方向	学科基础必修
3	数据库原理与应用	信管专业、大数据方向	学科基础必修
4	管理信息系统	信管专业、大数据方向	学科基础必修
5	数据结构	信管专业、大数据方向	专业必修
6	面向对象程序语言(Java)	信管专业、大数据方向	专业必修
7	软件工程	信管专业、大数据方向	专业必修
8	Web 应用开发技术	信管专业、大数据方向	专业必修
9	信息系统分析与设计	信管专业、大数据方向	专业必修
10	项目管理	信管专业、大数据方向	专业必修
11	网页制作与网站建设	信管专业、大数据方向	专业选修
12	计算机组成与操作系统	信管专业、大数据方向	专业选修
13	计算机网络技术	信管专业、大数据方向	专业选修
14	Python 数据分析与挖掘基础	大数据方向	专业必修
15	数据可视化与 R 语言编程	大数据方向	专业必修
16	数据分析与管理建模	大数据方向	专业选修
17	商务数据分析实践	大数据方向	专业选修

3.2 企业方的选择

在校企合作模式的专业综合实训方案的实施过程中,企业方要参与到综合实训的全过程中:实训前的方案制定、选题确定、知识补强,实训中的实战环境提供、技术强化、过程指导,实训后的成果点评、经验交流、实习岗位提供等,具有校内老师不可替代的重要作用。因此,在实训之前如何选择适合的企业方来合作,就成为了决定实训效果好坏的关键因素。

结合专业综合实训的目标,在具体的实践摸索中,总结出来如下几点对于企业方选择的要求。

1. 具备高校软件开发培训的相关经验

合作企业需要具备软件开发企业资质,有与其他高校开展实际相关培训的经验。只有这样,企业才能更加熟悉高校相关专业的培养方案和课程体系,了解学生的技术水平和特点,才能具备长期进行实训合作的良好基础。

2. 具有真实的实训环境和实训项目

在实训过程中,合作企业要能为学生提供真实的实训场景,以实际企业员工的标准来要求学生,让他们具有真正的工作压力,从而在不走出校门的情况下也能感受到软件企业进行系统开发时的真实氛围。同时,实训项目选题必须来自于真实的项目,这样才能准确跟踪技术潮流,有效提升学生的工程实践能力,适应市场需求。

3. 配备真实的项目经理

开展综合实训的亮点之一是将项目管理全流程结合到实训过程中,这也是中南民族大学与其他学校开展综合实训的不同之处。为了强化项目管理引领实训的理念,在合作企业配备的企业导师中,必须要有项目经理或者技术主管,不仅参与过中、大型软件项目开发,具有丰富的项目开发和团队管理的经验,还要具备较高的授课水平。

4. 具备提供后续实习、工作机会的可能

综合实训的目标是与人才培养方案相结合,以市场需求为导向,提升学生的专业能力和就业能力。合作企业可以基于实训过程中的表现,挑选有潜力的学生为其提供实习或者工作机会,一方面可以满足学生的实习和就业需求,另一方面也可以在一定程度上解决企业的人才需求问题。

3.3　组织准备

综合实训期间,共建立三个团队,第一个是学生实训团队,第二个是实训指导团队,第三个是项目管理团队。

1. 学生实训团队

原则上参与实训的学生每 4～5 人组成一个团队,选出 1 名组长(项目经理),由组长带领团队完成全部实训任务。有的组由于组长是团队的技术骨干,开发任务重,可能会选出另一位成员担任副组长来负责管理任务。

2. 实训指导团队

实训指导团队由学校、企业两方面的老师组成,实训中的主要技术任务以企业老师为主,学校老师为辅,完成全部实训指导工作。

企业老师包括高级项目经理、各有所长的技术工程师、实训日常管理人员,要求有丰富的系统开发实践经验和实训指导经验。

学校老师包括实训主管老师、技术类指导老师、项目管理指导老师。

3. 项目管理团队

项目管理团队由全体企业指导老师、学校指导老师、组长、班长组成,由项目管理指导老师负责。实训中的主要任务是带领项目管理团队成员完成综合训练的项目管理工作,为综合实训保驾护航。

项目管理团队中学生成员的设置原则是让尽可能多的有管理意愿和能力的学生加入进来。其中,学生成员主要有如下角色。

- 组长(项目经理):每个项目团队有 1 名组长。
- 行政班长:1～2 人,负责班级与老师之间的整体管理协调工作。
- 值日班长:4～5 人(每周 1 人),负责每日实训问题的汇总工作。

为了尽量减轻各学生项目团队的管理负担,要求组长、值日班长之间均不得兼任,并且每个团队最多有一位值日班长。

3.4 技术准备

在实训之前,指导老师需要对学生掌握的技术基础进行摸底,学生需要在自己的计算机上安装软件环境。

1. 技术摸底

在实训开始之前,可以通过做练习题的方式了解学生的基本技术水平。例如,系统开发技术的摸底练习题可以是编程实现以下具体功能。

(1) 用户输入一个整数,用 if…else 判断其是偶数还是奇数。

示例:void isOddEven(){

}

(2) 输入一个字母,判断其是大写还是小写字母。

(3) 求 1～99 所有奇数的和,用 while 语句。

(4) 用户输入 3 个整数,将最大数和最小数输出。

(5) 输入 3 个数,按从小到大的顺序排列。

(6) 将 1～200 中末位数为 5 的整数求和。

(7) 计算 2.5 的 3 次方。

(8) 将 24 的所有因子求积。

(9) 输入一段字符,判断其是大写还是小写。若是小写,将其转换为大写,若是大写,将其转换为小写。

(10) 判断一个数是否为素数(质数)。

(11) 打印出所有的"水仙花数","水仙花数"是指一个 3 位数,其各位数字的立方和等于该数本身。

例如,153 是一个"水仙花数",因为 $153 = 1^3 + 5^3 + 3^3$。

(12) 输入一个圆的直径,求它的周长和面积。

(13) 输入一个数,判断它是否同时被 3 和 5 整除。

(14) 输入 a、b、c 的值。求 ax*x+bx+c=0 的根。

(15) 冒泡排序法。

2. 软件环境

要顺利开展综合实训,需要学生事先在自己的计算机上安装一套软件环境,包括各种系统类、工具类软件,如表 3-2 所示。

表 3-2 系统开发训练的软件环境

序号	软件名称	软件类型	软件简介
1	ideaIU	开发工具	ideaIU 全称为 IntelliJ IDEA Ultimate,是一款专业的 java ide 编程开发工具
2	MySQL	数据库系统	MySQL 是一款安全、跨平台、高效的,并与 PHP、Java 等主流编程语言紧密结合的数据库系统
3	Postman	接口调试工具	Postman 是一款强大网页调试工具的客户端,为用户提供强大的 WebAPI-HTTP 请求调试功能
4	Axure RP	原型设计工具	Axure RP 是一款专业的快速原型设计工具,让负责定义需求和规格、设计功能和界面的专家能够快速创建应用软件或 Web 网站的线框图、流程图、原型和规格说明文档
5	JDK	开发工具	JDK 是 Java 语言的软件开发工具包,它包含了 Java 的运行环境(JVM+Java 系统类库)和 Java 工具
6	BootStrap	开发框架	BootStrap 是目前最受欢迎的前端框架。BootStrap 是基于 HTML、CSS、JavaScript 的,它的简洁灵活使 Web 开发更加快捷
7	Vue.js	开发框架	Vue 是一套构建用户界面的渐进式框架。Vue 只关注视图层,采用自底向上增量开发的设计
8	Apache-Maven	项目管理工具	Apache Maven 是一款项目管理和构建工具。基于项目对象模型(POM)的概念,可以从中心位置管理项目的构建、报告和文档
9	Axios.min.js	HTTP 库	Axios 是一个基于 Promise 的 HTTP 库,可以用在浏览器和 node.js 中
10	Git	版本控制系统	Git 是一个开源的分布式版本控制系统,可以有效、高速地处理从很小到非常大的项目版本管理
11	Microsoft Project	项目管理软件	Microsoft Project 是由微软公司开发的项目管理软件,可以协助项目经理拟定项目管理计划,为任务分配资源、跟踪进度、管理预算、分析工作量等

第2篇

系统开发的理论、指导与实践篇

中南民族大学信管专业的定位是"用信息技术的手段解决管理问题",最终应具备的能力中包括设计并实现一个小型的信息系统。综合实训的主要目标就是以团队为单位,在校企老师的指导下,完成一项信息系统的开发任务。

本篇先简要介绍综合实训中涉及的系统开发的基本理论、方法和工具,再从指导老师角度介绍系统开发训练的指导内容和过程,最后从学生角度选取 3 个系统开发报告作为案例,详细阐述实训中系统开发项目的实践过程。

我校综合实训在 7 年的实践和摸索中,从内容到形式、从方案到实施都在不断完善和成熟,同学们通过实训提升了专业技能和就业能力,同时也涌现出了一批优秀的实训案例。本篇选取了比较典型的 3 个案例,按照实训流程展开详细介绍,分别是"文献宝"文献查询分析系统、"战国纪"故事化资讯平台、"报团旅游"社交电商网站。

3 个案例系统功能完善、技术运用娴熟、项目管理过程规范、项目报告翔实、团队合作突出,在实训过程中也充分体现了"以项目管理引领系统开发"的思想，非常具有典型性。

同时,3个案例也各自具有其特点,并具有代表性:①"文献宝"文献查询分析系统在实现 Web 信息系统基本功能的基础上,加入了大数据处理方面的文献数据爬取、关联数据分析、推荐算法实现、数据可视化展示等功能,体现了较高的技术素养,同时也具有一定的创新性。②"战国纪"故事化资讯平台将知识图谱的相关理论应用到了 Web 信息系统中,通过图数据库的使用,实现了平台内相关数据关系的主题图谱展现,同时还在其自动问答功能上将人工智能相关技术进行了一定的结合,与当前的技术热点结合得比较近。③"报团旅游"社交电商网站是一个典型的基于 Web 的信息系统,将电商网站的前端产品展示和后端系统管理较完整地结合在一起,开发流程明确、系统结构清晰。

第4章

系统开发的基本理论

本章主要针对综合实训的需要,以软件开发基本生命周期为主线,简要介绍系统开发的基本理论,包括项目需求分析、原型系统分析与设计、编码、测试和验收等方面内容。

4.1 软件开发生命周期

软件开发生命周期包含了软件从开始到发布的不同阶段。它定义了一种用于提高待开发软件质量和效率的过程。软件开发生命周期可以划分为 3 个时期、8 个阶段。其中,软件定义时期包括问题定义、可行性研究和需求分析 3 个阶段;软件开发时期包括总体设计、详细设计、编码(编码+单元测试)、验收测试 4 个阶段;软件运行与维护时期包括软件的使用与维护阶段。

因综合实训的特殊性,项目定义、可行性研究,以及使用与维护阶段可暂时忽略。

4.2 项目的基本情况

项目基本情况类似于软件生命周期中的可行性研究阶段,其主要目的是付出最小的代价在尽可能短的时间内确定问题是否能够解决。

信息系统专业训练在信息管理与信息系统专业学生中已开展多次,积累了丰富的经验。由老师根据学生的实际情况,从技术可行性、经济可行性和操作可行性方面进行分析,最终提出几个较为合理的主题并明确主题需用到的技术,由学生根据自身兴趣进行选择。

学生在选择了较为感兴趣的项目课题后,鼓励其充分发挥创造能力寻找项目特色,灵活地对项目的内容进行补充和扩展。

4.3 需求分析

完整的、全面的、深入的、正确的需求分析是业务系统能够被正确开发的基础,是保证业务系统质量和用户业务诉求得以最大化实现的重要保障,需求分析在业务系统生命周期中起着至关重要的作用。

4.3.1 需求分析的任务

1) 功能需求

功能需求指定系统必须提供的服务。通过需求分析应该划分出系统必须完成的所有功能。

2）性能需求

性能需求指定系统必须满足的定时约束或容量约束,通常包括速度(响应时间)、信息量速率、主存容量、磁盘容量、安全性等方面的需求。

3）可靠性和可用性需求

可靠性是关于系统无失效时间间隔的描述,以发生的失效个数为驱动,定量地指定系统的可靠性。

可用性是关于系统可供使用时间的描述,以丢失的时间为驱动,量化了用户可以使用系统的程度。

可用性关注可用时长,可靠性关注故障频率。两者都用百分数的形式来表示。在一般情况下,可用性不等于可靠性,只有在没有宕机和失效发生的理想状态下,两者才是一样的。

4）出错处理需求

出错处理需求说明系统对环境错误应该怎样响应。针对这类需求应设置服务区域用于接收相关的错误通知,当出错时给用户显示错误提示并给出反馈,给错误处理人员提供可查询的相关信息及代码。

5）接口需求

接口需求描述应用系统与它的环境通信的格式。常见的接口需求有用户接口需求、硬件接口需求、软件接口需求、通信接口需求。

6）约束

约束是在设计或实现应用系统时应遵守的限制条件。常见的约束有精度约束、工具和语言约束、设计约束、应该使用的标准约束、应该使用的硬件平台约束。

7）逆向需求

逆向需求说明系统不应该做什么。理论上有无限多个逆向需求,人们应该仅选取能澄清真实需求且可消除可能发生的误解的那些逆向需求。

8）将来可能提出的要求

应该明确列出那些虽然不属于当前系统开发范畴,但是据分析将来很可能会提出来的要求。

9）数据需求

复杂的数据由多种基本的数据元素组成,软件系统实质上是一个信息处理的系统,而信息是由各种各样的数据组成的,因此理清数据需求是开发软件系统的重要环节。例如实体-联系图(E-R图)就是一种典型的概念性数据模型,可以按照用户的观点对数据建立模型。

4.3.2 需求分析的过程

1）利用项目结构图划分业务模块

系统是问题域,系统划分过程就是对问题的分解过程。作为需求分析的手段,项目结构图是一种框架性工具,有助于需求分析人员一层一层地选择并确定系统必须具有的各项功能与特性。作为需求分析的结果,项目结构图是一种功能表达结构,将“功能大类”“功能组”“功能项”的隶属于支持关系以图的形式呈现出来。项目组通过“抓牢主线,细化模块”的思路先对系统业务模块进行划分,后针对性地对不同业务模块进行划分,最终细化至叶子功能。

2）确定各业务模块的功能

在信息系统专业综合训练中,各小组主要采取面向对象的编程方法,以高内聚、低耦合的原则,针对用户的操作需求,确定各业务模块的主要功能,并对模块的划分和功能进行描述。

3) 撰写需求规格说明书

在完成需求分析后,需要撰写需求规格说明书。需求规格说明书是需求分析阶段得出的最主要的文档。

4.4　草图和原型界面设计

需求分析结束后,需要做草图和原型界面设计,以便项目组成员对项目整体业务流程的进一步理解,也为后期修改或新增功能提供便利。

4.4.1　草图绘制

草图绘制的主要目的是明确项目业务流程和各功能板块的跳转逻辑,对美观性并不做出强制性要求,但是要保持系统的交互性以及页面的整体协调性。

各项目小组主要采取 Axure 草图绘制工具,将需求分析中分解的各功能板块,以流畅的衔接关系、良好的客户体验为基本要求,合理布局各功能板块。

1. 绘制草图的作用

(1)需求快速集成:在草图绘制过程中,需求分析阶段确定的零散的需求,可以以草图的形式快速集成,直截了当地将各需求之间的关系呈现出来。

(2)设计基本元素和布局:画草图可以迅速地构建页面的基本元素。将想法简略地勾画出来,只要草图能够表现出必要的元素即可,美观并不是追求的目标。

(3)用于交流:项目小组通过草图进行交流,将需求规格说明书中的内容转换为可视化图形,减少信息出入,更利于项目本身需求的确定。

2. 绘制草图的过程

(1)分解模块进行绘制:在绘制草图前,首先在脑海中应该形成一个完整的软件蓝图。将该蓝图全部绘制在一个页面肯定是不现实的,因此需按照业务流程对功能模块进行划分,并分别对不同模块绘制草图。

(2)模块衔接:在将各个模块划分完成并绘制草图后,需要考虑将各个模块连接使其形成一个完整的系统。这时要充分考虑业务流程的完整性和用户的体验感。一个完整的业务流程是网站最基本的要求,而良好的用户体验感对增加用户黏性起着至关重要的作用。

4.4.2　原型界面的绘制

完成草图绘制后,项目组成员从众多的前、后台模板中找到最符合项目主题且修改较为便利的模板,按照草图绘制的结果进行修改,最终需达到根据需求将数据库内容成功渲染至前端的效果。

1. 原型界面的作用

(1)草图的实现:在前期,草图用于确定项目需求,而原型界面就是在草图的基础上,对系统的整体设计进行实现。

(2)美化页面:在草图设计过程中,为了整体功能的实现,项目组暂时忽略了页面的美观性,但是一个外观优秀的网站是有利于增加用户黏性的,因此在原型界面设计阶段需要充分考虑页面的美观性。

2. 原型界面设计的过程

(1) 挑选模板：找到一套合适的模板对网站的整体建设至关重要。首先需要挑选一套与网站整体风格较为相似的模板；其次要考虑该模板的功能是否基本符合项目的基本功能；最后，一套框架结构明了、可修改性强的模板能够为项目组省不少力。

(2) 修改模板：选定模板之后，将模板中的功能模块进行修改，使其成为项目组自己的网站。其中主要包括 JavaScript、CSS 路径的修改、数据库内容的修改，以及对应文字内容的修改。

4.5 编码和测试

4.5.1 数据库设计

信息管理数据库系统主要用于对各种信息数据的存储和管理，为了保证重要信息数据存储的安全性和可靠性，需要加强对数据库的构建和设计。

1. 数据库设计的原则

1) 强化数据库表之间的联系

数据库表是组成数据库架构的关键组成，充分发挥不同表之间的联系性，不仅有利于进行数据库资源的整合，也能帮助设计人员提高数据库架构的合理性。因此在数据库表结构的设计过程中，需要结合实际的设计需求，强化各表之间的联系，可以通过创建映射等方式对各表进行区分。不仅能为后续设计工作的开展创造便利，也能使数据库表设计变得更为简明。

2) 配合计算机软件程序

计算机软件程序的稳定运行是推进软件数据库设计工作的主要目标，因此在数据库的设计工作中要建立整体性观念。在数据库的设计过程中，强化同计算机软件程序之间的配合，在推进软件数据库的设计工作前，先要对软件程序的逻辑程序进行把握，随后对不同的功能进行把握，一方面能够保障计算机软件的稳定运行，另一方面也能保障计算机软件程序与数据库的有效配合，为用户的使用创造便利。随着计算机设备的优化和革新，计算机软件程序的类型愈发多样，对于数据库设计人员来说是一项较大的挑战。

3) 留取空余字段空间

为了满足用户的使用需求，数据库往往需要不断进行优化和更新。一些数据库在设计过程中进行空余字段空间的留取很有必要。因为在数据库的设计过程中，由于一些设计人员存在不合理的设计操作，因此可能会留下一些设计问题，进行空余字段空间的留取有利于设计人员推进后续的数据库维护工作，及时解决数据库设计问题，为数据库的优化和更新创造了便利条件。此外，空余字段空间的留取也有利于记录数据库的修改和操作。

4) 推进验证设计和物理设计

在完成数据库的设计工作之后，为了保障数据库的稳定运行，需要推进一些验证设计工作。设计人员可以结合不同的数据库设计需求，选择合理的验证方式，验证方式的选择关系到验证工作的效率，为了规避后期数据库运行的一些故障，设计人员需要进行反复验证；与验证设计不同，物理设计侧重于对数据库物理结构的调整，保障用户进行数据库信息和数据的高效读取。针对不同的软件和应用程序，设计人员要结合用户日常的使用情况，有序推进验证工作。

2. 数据库设计的过程

1) 概念结构设计

将需求分析得到的用户需求抽象为信息结构(即概念模型)的过程就是概念结构设计,最后生成的模型是 E-R 图。

图 4-1 是老师讲授课程的 E-R 图,其中矩形表示实体,如课程和老师;属性由椭圆形表示,如教师编号、课程号等;联系用菱形表示,如老师与课程通过讲授的形式建立联系。

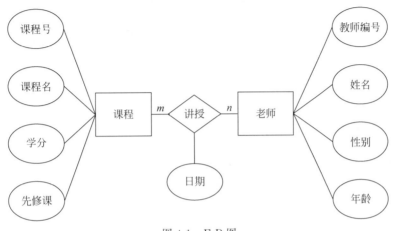

图 4-1　E-R 图

2) 逻辑结构设计

数据库逻辑设计的任务是把概念设计阶段设计好的基本 E-R 图转换为与选用数据库管理系统产品所支持的数据模型相符合的逻辑结构,确定各表的主、外键,并依据范式进行调整。

E-R 图向关系模式的转换主要解决的问题是如何将实体型和实体间的联系转换为关系模式,以及如何确定这些关系模式的属性和码。转换的一般原则是一个实体型转换为一个关系模式,关系的属性就是实体的属性,关系的码就是实体的码。

将图 4-1 建立的 E-R 图转换为关系模型的逻辑结构:

课程(课程号,课程名,学分,先修课)
老师(教师编号,姓名,性别,年龄)
讲授(教师编号,课程编号,日期)

其中,课程、老师是实体"课程""老师"对应的关系模式,讲授是联系"讲授"对应的关系模式;关系的主键由下画线标出。

3) 物理结构设计

物理结构设计是根据数据库管理系统的特征,确定数据库的物理结构,即存储结构。在逻辑结构的基础上设计数据库的物理结构,数据库的物理结构主要涉及存取方法和存储结构,表 4-1~表 4-3 分别表示老师、课程和前两者的联系"讲授"的物理结构。

表 4-1　老师表结构

名　　　称	类　　　型	约　束　条　件	说　　　明
Teacher_id	int	无重复	老师标识,主键
Teacher_name	varchar	不允许为空	老师姓名
Teacher_sex	varchar	不允许为空	老师性别
Teacher_age	int	不允许为空	老师年龄

表 4-2　课程表结构

名　　称	类　　型	约 束 条 件	说　　明
Course_id	int	无重复	课程标识，主键
Course_name	varchar	不允许为空	课程姓名
Course_score	varchar	不允许为空	课程学分
Course_precourse	varchar	不允许为空	课程先修课

表 4-3　讲授表结构

名　　称	类　　型	约 束 条 件	说　　明
Education_id	int	无重复	授课标识，主键
Teacher_id	int	不允许为空	老师编号
Course_id	int	不允许为空	课程编号
Education_date	date	不允许为空	授课日期

4.5.2　编码

编码是把软件设计结果翻译成某种程序设计语言编写的程序。编码是对系统设计的进一步具体化，因此程序的质量主要取决于软件系统设计的质量。

1. 编码原则

（1）程序内部的文档：程序内部的注解是增加程序可读性的重要环节，对复用和维护的帮助很大。

（2）数据说明风格：在系统设计阶段已经对数据结构进行了设计，在编码的过程中数据风格对理解和维护十分重要。数据说明的次序、变量名都应该遵循一定的次序，以加快测试、调试和维护的过程。

（3）输入与输出：在设计和编写程序时应该采取结构化程序语言、对输入数据进行检验、对输出数据加以标志等。

（4）效率：效率主要指时间和空间的效率。需要注意的是，程序的效率和程序的简单程度是一致的，不能牺牲程序的清晰性和可读性而一味地提高效率。

2. 编码方式

信息管理专业综合训练编码主要采取 Spring Boot 框架。

（1）后台接口实现：项目主要采取前、后端分离的方法，将 Spring Boot 后端获取前端传递的数据并进行业务逻辑处理和接口封装，通过建立 Controller、Mapper、Services、ServicesImpl、Entity 和 Utils，进行层层调用，最终实现接口。

（2）前端页面实现：通过获取用户信息，将前端用户数据传递到后端，后端在进行业务逻辑处理后，将数据返还到前端，前端页面执行数据回显的任务，其流程如图 4-2 所示。

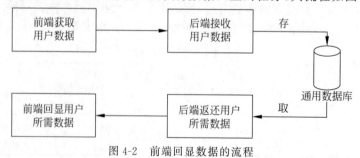

图 4-2　前端回显数据的流程

4.5.3 测试

1. 测试方面

（1）模块接口：接口测试是测试系统组件间接口的一种测试。接口测试主要用于检测外部系统与系统之间以及内部各个子系统之间的交互点。其目的是对被测系统各个部件之间的功能性、稳定性进行全面验证。测试的核心内容是对数据的传递、控制和交互进行全面的查验，并验证各子系统、功能的逻辑关系。

（2）局部数据结构：局部数据结构错误经常包括局部数据说明、初始化和默认值。

（3）重要的执行通路：因为穷尽测试几乎是不可能的，故选择最有代表性、最可能出现错误的执行通路进行测试是最经济有效的。

（4）出错处理通路：好的程序应该能够预见出现的各种错误并为这种错误提供适当的处理通路，以便使用者能够清晰地明了错误点并加以改正。

（5）边界条件：边界条件测试是单元测试最后的部分，但是也是最重要的部分，因为软件常常在它的边界上失效，因此程序员需书写刚好小于、刚好等于和刚好大于的数据值的测试方案，以便更好地发现软件中存在的错误。

2. 功能测试过程

项目组主要采用 Idea 断点调试方法，从需求出发，主要验证该功能是否与最初项目组确定的该功能需求相符合，以避免需求出现问题导致后续的开发在错误的基础上进行。

3. BugList

系统测试过程中会发现有一些功能上、样式上、业务流程上的 Bug 出现，项目中采用 BugList 表格来管理 Bug，并将遇到的 Bug 按照重要程度或出现频率进行分级，便于给后续开发提供参考借鉴作用。

4.6 项目验收

4.6.1 用户手册

用户手册是信息系统的指导手册，用以描述整个信息系统的业务流程，帮助用户更好地使用该信息系统。

1. 用户手册的作用

（1）通过减少大量的客户服务请求来节省时间和人力成本。

将产品的使用方法、用户可能遇到的问题编写成书，在用户遇到问题时通过用户手册进行查阅，可以有效减少用户服务请求带来的后续服务成本。

（2）提升客户满意度，在用户中建立忠诚度，增加用户黏性。

一本结构明了、内容清晰的用户手册可以极大程度提高用户的满意度，在用户心中留下有规则、有秩序的好印象，进而增加用户黏性。

2. 用户手册的内容

通常，用户手册的内容包括系统的目标、性能、运行环境和使用说明。其中使用说明面向各类用户对象，以覆盖各种类型业务流程。

（1）目标：阐述项目有什么作用、能够为用户解决什么样的问题。

（2）性能。

数据精确度：输入、输出及处理数据的精度。

时间特性：响应时间、处理时间、数据传输时间等。

灵活性：在操作方式、运行环境需做某些变更时软件的适应能力。

（3）运行环境。

硬件：列出用户使用该系统所需的计算机型号、主存容量；输入、输出设备等。

支持软件：操作系统名称及版本号、语言编译系统的名称及版本号、数据库管理系统的名称及版本号及其他必要的支持软件。

（4）使用说明。

使用说明的内容面向不同类型的用户对象，以覆盖不同的业务流程。如前台用户操作的使用说明与后台管理员操作的使用说明，需要分别进行阐述。使用说明需按照完整的业务流程进行叙述，并最好配有图片，以降低用户的阅读难度。

4.6.2　验收视频

录制验收视频是用户手册的另一种展现方式，项目组可以在某一特定情境下将不同用户的整套业务流程串联起来，使用户对该系统有更加直观的了解。

第5章

系统开发的指导

本章从系统开发指导教师的角度，主要介绍综合实训中对系统开发训练的指导方案，包括训练时间轴、课表、各角色任务、指导流程和指导文件等内容。

需要说明的是，本章内容仅针对中南民族大学信管专业的系统开发训练指导，由于各校实训目标不同、实训方式不同、实训内容不同、学生基础不同，实训指导内容可能千差万别，这里仅供参考。

5.1 系统开发训练的时间轴

系统开发训练的指导工作主要由校企双方的老师共同承担，以企业老师为主，学校老师为辅，历经基础训练和专业训练两个阶段，系统开发训练的时间轴如图 5-1 所示。

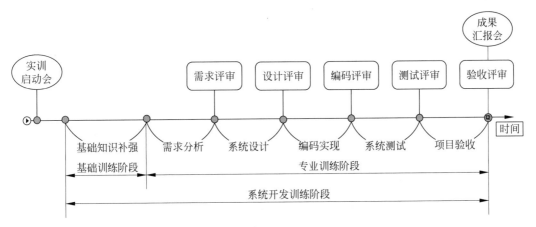

图 5-1　系统开发训练的时间轴

图 5-1 中，基础训练阶段主要完成基础知识补强任务。专业训练阶段主要按照系统开发的生命周期完成一项小型的信息系统开发任务，包括项目的需求分析、系统设计、编码实现、系统测试、项目验收等过程。其中，在系统开发重要节点设置技术评审点，包括需求评审、设计评审、编码评审、测试评审和验收评审等。

5.2　系统开发训练的课表

系统开发训练共用 5 周时间，课表如图 5-2 所示。其中，基础训练时间为 1 周，专业训练时间为 4 周。但为了更加充分地吸收、消化和练习基础知识补强的内容提前在计算机上创造软件环境，基础训练多数会提前开始，将一周的集中训练时间提前，分散至 2～3 周完成。

第一阶段：基础训练							
第1周	周一	周二	周三	周四	周五	周六	周日
上午 8:30-10:00 10:15-12:00				基础训练	基础知识补强+练习	基础知识补强+练习	休息
下午 14:00-15:40 16:00-17:30							
第二阶段：专业训练							
第2周	周一	周二	周三	周四	周五	周六	周日
上午 8:30-10:00 10:15-12:00	基础知识补强+练习	基础知识补强+练习	基础知识补强+练习	项目需求分析与概要设计	数据库评审	自行完善需求分析和概要设计任务	休息
下午 14:00-15:40 16:00-17:30					需求评审		
第3周	周一	周二	周三	周四	周五	周六	周日
上午 8:30-10:00 10:15-12:00	系统设计	整体架构设计 模块架构设计	系统详细设计	系统详细设计	系统设计说明书修订	自行完善系统设计任务	休息
下午 14:00-15:40 16:00-17:30				系统设计评审			
第4周	周一	周二	周三	周四	周五	周六	周日
上午 8:30-10:00 10:15-12:00	编码实现 -基础功能	编码实现 -基础功能	编码实现 -基础功能	编码实现 -基础功能	编码实现 -基础功能	自行完善基础功能的编码实现任务	休息
下午 14:00-15:40 16:00-17:30					基础功能评审		
第5周	周一	周二	周三	周四	周五	周六	周日
上午 8:30-10:00 10:15-12:00	编码实现 -后台功能 -前端功能	编码实现 -后台功能 -前端功能	编码实现 -后台功能 -前端功能	编码实现 -后台功能 -前端功能	编码实现 -后台功能 -前端功能	系统整合 系统测试 细节完善	休息
下午 14:00-15:40 16:00-17:30					后台、前端功能评审		
第6周	周一	周二	周三	周四	周五	周六	周日
上午 8:30-10:00 10:15-12:00	系统整合 系统测试 细节完善	项目优化	项目发布准备	项目收尾			
下午 14:00-15:40 16:00-17:30		项目验收	项目发布与评优				

图 5-2　系统开发训练的课表（举例）

5.3　系统开发训练中各角色的任务

系统开发训练中，主要由企业老师指导训练，学校老师协助指导，全体学生参加训练，各小组组长带领团队完成训练任务。各阶段指导老师、学生及组长的任务如表 5-1 所示。该表对老师了解各阶段的指导任务，学生了解各阶段的实训任务，组长了解各阶段的技术管理任务，以及如何进行任务分工有重要的指导意义。

表 5-1　系统开发训练中各角色的任务

阶段	指导老师的任务	学生的任务	组长的技术管理任务
基础训练阶段	① 基础知识串讲； ② 学生技术摸底； ③ 发布项目立项报告； ④ 组织项目启动评审	① 完成学习任务； ② 完成基础摸底； ③ 参与撰写项目启动报告； ④ 根据选题深入挖掘项目需求	① 督促和检查团队成员每日的学习成果； ② 组织小组会议并讨论需求； ③ 讨论项目启动报告并定稿； ④ 参与项目启动评审

续表

阶段	指导老师的任务	学生的任务	组长的技术管理任务
需求分析阶段	① 知识串讲； ② 数据库设计指导和评审； ③ 需求分析指导和评审	① 完成学习任务； ② 分析并深入理解项目需求； ③ 根据分工绘制草图； ④ 参与数据库设计； ⑤ 参与撰写需求规格说明书	① 组织需求讨论； ② 绘制草图任务分工； ③ 参与数据库评审； ④ 参与需求评审； ⑤ 汇总并修订需求规格说明书； ⑥ 根据草图迭代需求
系统设计阶段	① 知识串讲； ② 系统设计指导和评审	① 完成学习任务； ② 参与确定前端风格； ③ 根据分工绘制项目原型； ④ 撰写系统设计说明书	① 组织讨论并确定前端风格； ② 组织绘制原型系统，并进行任务分工； ③ 汇总修订系统设计说明书； ④ 参与系统设计评审
编码实现阶段	① 知识串讲； ② 疑难问题解答； ③ 定期检查进度； ④ 各小组进度展示汇报； ⑤ 各小组开发经验分享	① 完成学习任务； ② 根据项目框架，熟练使用团队开发工具； ③ 根据模块划分完成功能编码任务； ④ 根据后台、前端功能编码实现模块功能； ⑤ 进行单元测试； ⑥ 持续更新 Scrum 迭代开发计划	① 组织搭建项目开发框架； ② 组织熟练使用团队开发工具（SVN 或 Git）； ③ 详细分工编码任务，定期检查，把控进度； ④ 组织后台、前端开发，优先实现主线功能开发； ⑤ 根据进度定期集成测试； ⑥ 汇总 Scrum 迭代开发计划
系统测试阶段	① 测试各组项目并提出完善意见； ② 各小组 Beta 版本交流展示； ③ 各小组开发经验分享	① 单元测试； ② 修改当前测试的 Bug； ③ 编写 BugList 表； ④ 持续项目优化	① 组织集成主线业务流程测试； ② 组织集成其他功能点测试； ③ 汇总 BugList 表； ④ 确保项目无 Bug； ⑤ 确定最终发布的项目版本
项目验收阶段	① 组织项目发布； ② 文档验收； ③ 项目评优	① 撰写个人总结； ② 撰写用户手册； ③ 项目验收流程准备； ④ 根据项目最终版本迭代项目文档	① 撰写项目总结报告； ② 汇总用户手册、个人总结； ③ 准备项目验收 PPT； ④ 准备项目验收流程； ⑤ 组织根据项目最终版本迭代项目文档

5.4　系统开发训练的指导流程

系统开发训练包括基础训练阶段和专业训练阶段，但早在基础训练之前，各团队就开始了不同程度的技术自学。

技术自学始于实训启动会，届时企业老师会介绍实训流程、发布并介绍选题和相关技术。然后，学生根据选题偏好组建团队，根据企业老师布置的学习任务，通过指导视频、技术说明书边看边自学相关技术。

基础训练阶段由企业老师针对各组所选项目要运用到的技术进行知识补强，同时企业老师还会对学生技术基础进行摸底。除补习在校已学过的 Java、数据库等知识之外,还要学习许多企业目前普遍在用的甚至是最新的开发技术,为后续专业训练打下良好的技术基础。

专业训练阶段严格按照需求分析、系统设计、编码实现、系统测试、项目验收的系统开发流程,完成一个小型的系统开发任务。同时完成 6 项系统开发文档的撰写工作,项目验收时还需完成项目总结报告和个人总结报告。

系统开发训练指导流程如表 5-2 和表 5-3 所示,表中详细列出了企业老师在各阶段各项实训任务中的指导内容、技术归属课程,以及所需要的各类相关指导文件。这些指导文件中,除了系统开发所需要的软件、工具、组件和插件外,指导老师还可以根据训练需要将上课内容录屏,或制作相关的操作视频,供学生反复观摩和学习。表 5-2 和表 5-3 对指导老师了解实训各阶段详细的指导内容、相关技术与课程之间的关联,以及所需要制作或准备的指导文件有重要的指导意义。

表 5-2 系统开发训练的详细指导流程

序号	实训任务	老师指导	技术归属课程	指导文件编号
1	实训启动阶段			
1.1	实训启动宣讲	实训启动宣讲		1
		发布实训课表		2
		发布并介绍选题		3
		相关开发技术介绍	面向对象程序语言(Java)	—
1.2	开发环境安装	指导安装 ideaIU		4
		指导安装 MySQL		5
		指导安装 JDK		6
		指导安装 Postman		7
2	基础训练阶段			—
2.1	技术摸底	学生技术基础摸底＋分组		8
2.2	前端知识补强	串讲 HTML5 及 DOM 基础	网页制作与网站建设	9
		串讲 HTML5 表单技术与 CSS3 基础	网页制作与网站建设	10
		串讲 JavaScript 及 jQuery 基础	网页制作与网站建设	11
		串讲 Bootstrap 框架及网站模板的使用	网页制作与网站建设	12
		串讲 Vue 框架与 ElementUI	网页制作与网站建设	13
2.3	数据库技术	串讲数据库基础操作/条件查询	数据库原理与应用	14
		串讲数据库子查询/分组查询	数据库原理与应用	
		串讲数据库聚合函数/多表查询	数据库原理与应用	
2.4	Spring Boot 技术框架	Spring Boot 基础入门	面向对象程序语言(Java)	15
		Apache Maven 简介与 Spring Boot 依赖管理	面向对象程序语言(Java)	16
		Spring Boot 与 MyBatis 的整合	面向对象程序语言(Java)	17
		Spring Boot 与 Vue3 的整合	面向对象程序语言(Java)	—
		Spring Boot 与 Axios 的整合	面向对象程序语言(Java)	17
		接口测试工具 Postman 的基本用法	面向对象程序语言(Java)	—

续表

序号	实训任务	老师指导	技术归属课程	指导文件编号
2.5	表相关操作	搭建开发框架	面向对象程序语言(Java)	18
		创建表结构	数据库原理与应用	19
		绘制业务原型界面	网页制作与网站建设	20
		实现数据展示功能	数据库原理与应用	21
		实现数据添加与删除功能	数据库原理与应用	22
		实现数据修改功能	数据库原理与应用	23
		实现多条件查询功能	数据库原理与应用	
		实现业务分页与带查询条件的分页功能	数据库原理与应用	
		实现文件上传、下载功能	面向对象程序语言(Java)	
		实现多表关联的相关操作	数据库原理与应用	24
		Spring Boot session 管理	面向对象程序语言(Java)	25
		Spring Boot 的接口开发	面向对象程序语言(Java)	26
2.6	撰写项目启动报告	发布项目启动报告模板		27
2.7	项目启动评审	组织项目启动评审		
3	专业训练阶段			
3.1	需求分析			
3.1.1	系统需求调研	各组需求调研并深入讨论	信息系统分析与设计	—
3.1.2	绘制系统草图	串讲 AxurePro 草图绘制的使用	信息系统分析与设计	28
		根据需求分工指导 AxurePro 草图绘制	信息系统分析与设计	29
		根据草图迭代需求	信息系统分析与设计	30
3.1.3	撰写需求规格说明书	发布需求规格说明书模板		31
3.1.4	需求评审	组织需求评审		—
3.2	系统设计			—
3.2.1	用户界面(UI)的设计	系统 UI 的设计	网页制作与网站建设	32
3.2.2	绘制系统原型	根据 UI 与系统分工绘制原型界面	网页制作与网站建设	32
3.2.3	数据库设计	发布数据字典模板,指导数据库设计	数据库原理与应用	—
		串讲并指导 SVN 或 Git 团队开发工具的使用		
3.2.4	数据库评审	组织数据库评审	数据库原理与应用	—
3.2.5	团队协作开发	利用 Gitee 实现团队协作开发		33、34
3.2.6	数据库的创建	系统数据库表结构的创建	数据库原理与应用	35
				36
3.2.7	撰写系统设计说明书	发布系统设计说明书模板		37
3.2.8	系统设计评审	组织系统设计评审		—
3.3	编码实现			
3.3.1	搭建系统开发框架	各小组搭建本小组系统开发框架		
3.3.2	团队协作开发	利用 Gitee 实现团队协作开发		

续表

序号	实训任务	老师指导	技术归属课程	指导文件编号
3.3.3	基础功能开发	登录功能实现	面向对象程序语言(Java)	38
				39
				40
		登录功能日志实现	面向对象程序语言(Java)	41
		权限功能实现(ElementsUI 表单验证)	面向对象程序语言(Java)	42
		菜单功能实现(利用 JSON 文件统一编码菜单)	面向对象程序语言(Java)	43
				44
3.3.4	基础功能评审	组织基础功能评审		—
3.3.5	后台功能开发	指导后台功能开发		—
3.3.6	后台开发评审	组织后台开发评审		—
3.3.7	前端功能开发	指导前端功能开发		—
3.3.8	前端开发评审	组织前端开发评审		—
3.3.9	编码技术指导	解决各小组疑难问题		—
		定期检查进度		—
		各小组进度展示汇报		—
		各小组开发经验分享		—
3.3.10	编写迭代开发计划表	发布迭代开发计划表模板		45
3.4	系统测试			—
3.4.1	测试技术指导	测试各小组项目并提出完善意见		—
		各小组 Beta 版本交流展示		—
		各小组开发经验分享		—
3.4.2	编写 BugList 表	发布 BugList 表模板,指导系统测试		46
3.5	项目验收			—
3.5.1	撰写项目总结文档	发布总结报告模板		47
		发布个人总结模板		48
		发布用户手册模板		49
3.5.2	项目验收	发布项目验收与成果汇报会的安排		50
		小组项目验收		—
		小组文档验收		—
3.6	项目发布			—
3.6.1	成果汇报会	组织成果汇报会		—
		项目评优		—

表 5-3　系统开发训练的指导文件列表

指导文件编号	指导文件名称	文 件 类 型
1	1-实训启动宣讲报告	文档类(流程文档)
2	2-实训课表	文档类(流程文档)
3	3-实训选题简介	文档类(流程文档)

续表

指导文件编号	指导文件名称	文 件 类 型
4	4-ideaIU-2021.1	软件类(开发工具)
5	5-mysql-installer-community	软件类(数据库)
6	6-jdk-8u201-windows-x64	软件类(工具包)
7	7-Postman-win64-7.0.7	软件类(调试工具)
8	8-摸底练习题	文档类(教程)
9	9-HTML 及 DOM 基础	文档类(教程)
10	10-HTML5 表单技术	文档类(教程)
11	11-CSS 基础	文档类(教程)
12	12-BootStrap-3.4.1	配置文件类(插件)
13	13-vue.js	脚本类(组件库)
14	14-连接数据库	文档类(教程)
15	15-student_info	脚本类(数据库文件)
16	16-apache-maven	软件类(项目管理工具)
17	17-axios.min.js	脚本类(HTTP 库)
18	18-列表功能(classinfo).sql	脚本类(示例)
19	19-Demo1120.zip	脚本类(示例)
20	20-添加功能(Spring Boot＋MyBatis＋Vue)	视频类(功能点串讲)
21	21-删除及调试方法(Spring Boot＋MyBatis＋Vue)	视频类(功能点串讲)
22	22-修改方法(1)(Spring Boot＋MyBatis＋Vue)	视频类(功能点串讲)
23	23-修改方法(2)(Spring Boot＋MyBatis＋Vue)	视频类(功能点串讲)
24	24-带查询的分页功能(Spring Boot＋MyBatis＋Vue)	视频类(功能点串讲)
25	25-多表关联(Spring Boot＋MyBatis＋Vue)	视频类(功能点串讲)
26	26-多条件查询(Spring Boot＋MyBatis＋Vue)	视频类(功能点串讲)
27	27-(项目名称)项目启动	文档类(过程文档)
28	28-AxureRP9hhb	软件类(原型设计工具)
29	29-Axure 的使用简介(Spring Boot＋MyBatis＋Vue)	视频类(软件使用串讲)
30	30-数据字典模板	文档类(教程)
31	31-(项目名称)需求规格说明书	文档类(过程文档)
32	32-Element_Components_v2.1.0	软件类(开发工具)
33	33-Git-2.24.0.2-64-bit.exe	视频类(软件使用串讲)
34	34-基于 Gitee 的团队协作	视频类(软件使用串讲)
35	35-从草图到原型(Spring Boot＋MyBatis＋Vue)	视频类(功能点串讲)
36	36-ElementsUI 之添加与列表(Spring Boot＋MyBatis＋Vue)	视频类(功能点串讲)
37	37-(项目名称)系统设计说明书	文档类(过程文档)
38	38-ElementUI 及登录功能(Spring Boot＋MyBatis＋Vue)	视频类(功能点串讲)
39	39-index.js	脚本文件(示例)
40	40-index.css	脚本文件(示例)
41	41-登录日志功能的实现	文档类(教程)
42	42-ElementsUI 表单验证(Spring Boot＋MyBatis＋Vue)	视频类(功能点串讲)
43	43-菜单 JSON 数据处理(Spring Boot＋MyBatis＋Vue)	视频类(功能点串讲)
44	44-MenuInfo.json	脚本类(示例)
45	45-(项目名称)迭代开发计划表	文档类(过程文档)
46	46-(项目名称)BugList 表	文档类(过程文档)
47	47-(项目名称)总结报告	文档类(过程文档)
48	48-个人总结(学生姓名)	文档类(过程文档)
49	49-(项目名称)用户手册	文档类(过程文档)
50	50-项目验收与成果汇报会的安排	文档类(辅助文档)

5.5 系统开发文档的指导文件

系统开发文档用于在系统开发过程中记录各个开发阶段的成果性产出,是系统开发、使用和维护过程中的必备资料。不同的系统开发阶段产出不同的开发文档,并且这些文档基于开发流程的先后顺序具有前后衔接的关系。一般而言,系统开发文档主要包括:可行性分析报告、系统立项报告、系统需求分析说明书、系统设计说明书、系统测试报告、系统使用与维护手册(用户手册)等。

专业综合实训系统开发文档的指导文件包括以下 8 项。

(1)(项目名称)项目启动报告。

(2)(项目名称)需求规格说明书。

(3)(项目名称)系统设计说明书。

(4)(项目名称)迭代开发计划表。

(5)(项目名称)BugList 表。

(6)(项目名称)总结报告。

(7)(学生姓名)个人总结。

(8)(项目名称)用户手册。

由于系统开发是个不断迭代的过程,对前 5 项文件,都应在文档的最开始添加版本修订记录页,如表 5-4 所示。

表 5-4 版本修订记录

日期	修订版本	修改章节	修 改 描 述	修订人

5.5.1 (项目名称)项目启动报告模板

(项目名称)项目启动报告

1 项目提出

  1.1 项目简介

  (提示:用简练的语言说明本项目"是什么"以及"什么用途")

  1.2 类似产品或系统的分析

  (提示:对比市场同类型产品或系统,并进行分析)

  1.3 产品或系统的特色

  (提示:描述本项目在市场细分或个性化服务上的差异化竞争优势)

  1.4 项目预计达到的目标

  (提示:描述本项目所要实现的预期功能)

2 团队组成和计划

  2.1 项目成员与分工

（提示：以表格形式清晰地列出项目成员及角色分工）

【示例】

角 色	知识技能要求	负 责 人
项目经理	（填写该角色的知识技能要求）	（填写成员姓名）
前端工程师		
后端工程师		
...		

  2.2 项目计划

（提示：可以只填写示例内容，也可以使用甘特图绘制项目开发进度表）

【示例】

XXXX 年 XX 月 XX 日～XXXX 年 XX 月 XX 日（共计 XX 周）。

3 风险评估和规避

  3.1 过程中存在的技术风险

（提示：按点列出过程中存在的技术风险，并针对问题提出解决办法）

【示例】

风险 1：XXXXX。

风险 2：XXXXX。

解决办法：

  3.2 过程中存在的管理风险

（提示：按点列出过程中存在的管理风险，并针对问题提出解决办法）

【示例】

风险 1：XXXXX。

风险 2：XXXXX。

解决办法：

  3.3 其他可能的风险

（提示：按点列出其他可能的风险，并针对问题提出解决办法）

【示例】

风险 1：XXXXX。

风险 2：XXXXX。

解决办法：

5.5.2 （项目名称）需求规格说明书模板

（项目名称）需求规格说明书

1 简介

  1.1 编写目的

（提示：描述文档的目的并指明本文档的读者对象）

1.2 范围

(提示:① 说明本项目"适用的领域"和"不适用的领域";② 说明本项目"应当包含的内容"和"不包含的内容")

2 总体概述

(提示:本节描述影响产品和产品需求的一般因素。由以下 4 个部分构成。本节不描述具体的需求,只是使那些将要描述的具体需求更易于理解)

2.1 软件概述

(提示:描述开发本系统的原因以及该系统需要完成的基本功能等)

2.2 项目介绍

(提示:描述本软件需求所描述的项目的背景,例如,本项目是一系列版本中的一个,或者是替代某个已经存在的系统,还是一个新的独立的项目)

2.3 产品环境介绍

(提示:描述本产品与其他产品或项目所组成的整体环境,如硬件环境、软件环境等)

2.4 软件功能

(提示:概述系统的主要功能。本节只需要简要描述,详细描述在功能需求部分进行。对需求功能进行组织,以便于读者理解,并能指导后续的设计和测试。可以用图表来表示主要需求之间的关系,如高层的数据流图、面向对象的分析等)

3 功能需求

3.1 用例图

(提示:绘制用例图,包括涉及的所有参与者、用例及其关系)

3.2 系统模块

(提示:描述系统的功能模块,列出其主要功能模块和对应子功能,并对功能进行描述)

【示例】

(1)前台功能

功能名称	子功能	描　述
用户中心	我的信息	
	我的发文	
	我的收藏	
	故障申报	

(2)后台功能

功能名称	子功能	描　述
系统管理	部门管理	
	用户管理	
	用户组管理	
	故障申报管理	
	日志管理	

4 性能需求

(提示：如果有性能方面的需求，在这里列出并解释它们的原理，以帮助开发者理解意图以做出正确的设计选择，可选用列点或图表的方式呈现)

【示例】

系统的性能需求主要有如下几点。

(1) 响应性能：要求一般操作响应时间小于 5 秒，复杂操作响应时间小于 20 秒。

(2) 用户接入数：最大用户接入数量为 300；Web 并发使用用户数量为 100。

(3) 数据存储时间：要求数据库用户设置详细信息并在线长期保存，系统数据详细信息要求在服务器中长期保存。

(4) XXXXXX。

5 接口需求

(提示：详细描述与其他系统/模块/项目之间的接口，如数据管理系统、操作系统、算法工具包等；详细描述与硬件的接口，如支持哪些设备和协议、怎样支持这些设备和协议等)

6 用户接口需求

(提示：详细描述用户操作和系统反馈，可以通过草图的形式展示)

7 总体设计约束

(提示：描述可能限制开发人员选择的事项)

8 其他需求

(提示：详细说明任何其他的客户需求，包括数据库、编码需求、错误处理、测试需求等)

9 需求分级

(提示：参照示例对需求进行分级)

【示例】

A. 必须的绝对基本的特性：如果不包含，产品就会被取消。

B. 重要的不是基本的特性：但这些特性会影响产品的生存能力。

C. 最好有的期望的特性：但省略一个或多个这样的特性不会影响产品的生存能力。

需 求 ID	需 求 名 称	需 求 分 级

10 待确定问题

(提示：参照示例描述待确定问题)

需求 ID	问题描述	影响	风险	责任人	解决日期

5.5.3 （项目名称）系统设计说明书模板

（项目名称）系统设计说明书

1　简介

　　1.1　编写目的

（提示：描述文档的目的并指明本文档的读者）

　　1.2　范围

1）软件名称

（提示：对软件命名）

2）软件功能

（提示：解释软件产品将完成或不完成的功能。可以直接描述也可以参考相关文档）

3）软件应用

（提示：描述软件产品的应用领域，可以直接描述也可以参考相关文档）

2　第0层设计描述

　　2.1　软件系统上下文定义

（提示：描述待开发软件系统与外部实体的关系，可以使用系统结构图来描述系统结构和交互关系，也可以使用系统与外部环境之间的网络拓扑图来说明。外部实体属性描述只限于描述与本系统软件设计相关的属性。考虑到描述的完整性，可参考相关软件的实体文档，如需求说明书）

　　2.2　设计思路

1）设计可选方案

（提示：对本软件系统的几种设计方案进行分析、比较，并确定所采用的方案）

2）设计约束

（提示：① 遵循标准，即描述本软件所遵循的标准、规范；② 硬件限制，即描述本软件系统实现的硬件限制；③ 技术限制，即描述本软件的受到人力、时间、合作等带来的限制）

3）其他

（提示：描述其他有关的设计考虑）

3　第一层设计描述

　　3.1　系统结构

1）系统结构描述

（提示：描述软件系统的总体结构，可以使用结构图、层次分解图或包图来描述，并应说明系统结构划分的原则）

2）业务流程说明

（提示：通过描述系统架构模块/分析类之间的动态交互，来说明用例模型中的典型用例场景，以体现系统功能是如何实现的。建议采用时序图、协作图等来描述）

3.2　分解描述

（提示：参考示例，描述系统中的子系统和模块）

【示例】

1）模块 1/子系统 1 描述

（提示：不要直接写"模块/子系统"，用简短的词语命名模块/子系统，并按照以下格式描述）

（1）模块 1/子系统 1 概述。

（提示：描述该模块/子系统的类型和目的）

（2）功能列表。

（提示：以表的形式说明该模块/子系统的功能点以及功能描述，如果功能列表比较复杂，用文字不容易描述，可以使用活动图进行辅助描述）

2）模块 1/子系统 2 描述

（1）模块 1/子系统 2 概述。

（2）功能列表。

3）模块 2/子系统 1 描述

（1）模块 2/子系统 1 概述。

（2）功能列表。

……

3.3　依赖性描述

（提示：描述系统中的子系统、数据结构、模块、进程等设计实体间的关系，依赖关系描述可以使用文字、结构图、事务图）

3.4　接口描述

（提示：参照示例，描述软件系统中设计实体，如子系统、模块、进程的接口。接口描述可以使用接口文件、参数表。对于外部实体只有与被描述软件相关的接口才需描述，接口可以是函数调用、事件、消息、信号等）

【示例】

1）模块 1/子系统 1 的接口描述

（1）名称：（接口名称）。

（2）说明：（对接口的简短说明）。

（3）定义：（接口原型定义，说明接口类型及相关参数）。

2）模块 1/子系统 2 的接口描述

（1）名称：（接口名称）。

（2）说明：（对接口的简短说明）。

（3）定义：（接口原型定义，说明接口类型及相关参数）。

3）模块 2/子系统 1 的接口描述

（1）名称：（接口名称）。

（2）说明：（对接口的简短说明）。

（3）定义：（接口原型定义，说明接口类型及相关参数）。

……

4 第二层设计描述

（提示：描述第一层设计中定义的每个模块的进一步设计。对于层次比较多的模块，可以增加设计层次，最终要说明对应于最小分解模块的具体设计类，包括其 public 属性和 public 方法。对每个模块重复使用下面的格式）

4.1 模块 1 名称

（提示：不要直接写"模块 X 名称"，用简短的词语命名模块）

1）模块设计描述

（提示：描述模块分解，如每个子模块的功能定义。定义出具体的设计类，用类图来描述其相互关系，并说明所采用的设计模式。对每个类重复使用下述的格式进行描述）

（1）类名。

① 标识。

（提示：说明该类的配置项标识，一般为产品名_模块名_类名）

② 简介。

（提示：简单介绍该类的功能）

③ 类定义（可选）。

（提示：如果该类在前面没有定义，使用类图、伪代码描述该类的类定义，需说明该类的所有 public 属性和 public 方法）

（2）类名。

① 标识。

② 简介。

③ 类定义（可选）。

2）功能实现说明

（提示：使用时序图、协作图等来说明这些设计类之间如何交互，实现本模块的典型功能）

4.2 模块 2 名称

1）模块设计描述

（1）类名。

（2）类名。

2）功能实现说明

······

5 数据库设计

（提示：列出所有的数据存储类的实体，如表、存储过程、触发器等，详细描述实体的内容并列出全部属性。对每个属性详细描述其数据库、数据大小、特定约束。实体的所有约束及实体间的关系也要注明）

5.1 实体定义

1）分解描述

（提示：阐述设计思路及约束规则。详细定义每个关键数据表、视图中的各个字段属性、存储要求、完整性约束、功能、注意事项等，对静态数据表应考虑定义初始配置记录）

2）内部依赖性描述

（提示：使用 E-R 图描述实体间的关联依赖关系，分析对存取空间、性能、完整性的要求）

5.2　行为定义

1）分解描述

（提示：根据功能或其他方式对存储过程/触发器进行归类，便于进一步细化和分解，并说明每类存储过程/触发器的主要功能。详细定义每个存储过程或触发器的功能、输入输出参数、返回值、返回的记录集、依赖的数据表和存储过程，以及一些特殊要求，如需要启用事务等）

2）外部依赖性描述

（提示：描述与其他模块之间的依赖关系）

3）内部依赖性描述

（提示：描述存储过程间、存储过程和数据表/视图间的依赖关系）

6　原型或界面设计

（提示：包含系统的原型设计或者界面设计图和描述）

5.5.4　（项目名称）迭代开发计划表模板

XX 项目组第 X 次迭代开发计划表

序号	功能	子功能名称	功能描述	负责人	开始日期	结束日期	状态	滞后原因
1								
2								
3								
4								
5								

填表人：　　　　　审查人：　　　　　时间：

注：本次迭代时间按实际时间填写。"状态"栏3个选项：待开发、开发中、完成。

5.5.5　（项目名称）BugList 表模板

XX 项目组第 X 次迭代 BugList 表

序号	Bug 名称	Bug 描述	解决方法	负责人	开始日期	结束日期	状态
1							
2							
3							
4							
5							

填表人：　　　　　审查人：　　　　　时间：

注："状态"栏3个选项：待解决、解决中、已解决。

5.5.6 （项目名称)总结报告模板

（项目名称）总结报告

1 项目基本情况

项目名称			
开发环境		运行平台	
涉及技术			
项目起止时间		项目地点	
项目组成员			
项目描述			

2 项目的完成情况

（提示：描述项目总体的完成情况、各模块的完成情况，以及总体代码规模和代码缺陷率）

3 个人任务及其工作量总结

（提示：描述个人任务完成情况及工作量）

姓名	职责	负责模块	代码行数/代码注释行数
合计			

4 项目进度

（提示：描述项目计划进度和实际进度）

项目阶段	计划		实际		项目进度偏移/天
	开始日期	结束日期	开始日期	结束日期	
立项					
需求					
设计					
编码					
测试					

5 经验教训及改进建议

（提示：从实训角度提出团队经验教训及改进建议）

5.5.7　（学生姓名）个人总结模板

（学生姓名）个人总结

学生姓名		填写日期	
实训项目名称		同组成员	
项目起止时间		项目地点	
实训项目简介			
实训过程中所承担的工作			
实训过程中存在的问题（团队和个人）			
个人的经验与收获			
针对实训中个人存在的问题如何在后面的学习中进行提高			

5.5.8　（项目名称）用户手册编写要求

（项目名称）用户手册

编写要求：

（1）用户手册包括系统安装手册以及用户使用指导两部分内容。

（2）系统安装手册主要包括系统运行的具体软硬件环境说明、数据库配置说明等；用户使用指导则需要以普通用户能够进行系统的基本使用为目标。

（3）用户使用指导必须针对操作界面进行截图说明，操作界面一般应包含登录界面、主界面、功能界面的截图，截图后应有相应文字说明，能全面展示软件的主要功能。

（4）用户手册不少于15页，若少于15页，则必须描述清楚全部功能。

第6章

实践1："文献宝"系统开发报告

"文献宝"系统开发报告以信息系统开发训练时间轴为主线,全面呈现系统开发训练的真实过程以及训练成果,并结合各阶段项目经理的经验、挫折、思考与感悟,以期对再受训者起到借鉴作用。

6.1 项目的基本情况

6.1.1 实训背景

信息系统开发综合实训(下称"实训"),是以信息系统开发项目为依托,以实现某类型信息系统开发为目的的为期5周的教学实践活动。通过此次实训,同学们可以将以往课程中学习到的理论知识应用于实际开发中,同时模拟企业进行系统开发的流程,并在此过程中学习新技术、新工具、新方法。

在实训过程中也受到人员、时间、能力等条件的限制,具体表现如下。

(1) 人员约束:项目小组一般由4～5人组成,完成小型信息系统开发。

(2) 时间约束:除去知识补强阶段,实际开发周期时间仅有4周。

(3) 能力约束:项目小组成员的能力水平可能会有差异,且均不是专业人员。

项目经理要注意协调各类约束条件,同时要注意每位同学在开发过程中技术和管理能力的提升,既要保证项目的完成度和质量,也要兼顾组员的成长。

6.1.2 项目简介

随着互联网的发展,文献的数量呈现出指数级上升的趋势。文献数量的爆炸式增长带来了一个问题:如何在海量文献中快速、准确地找到自己需要的文献?

目前主流文献数据库的检索功能十分强大,但局限性比较明显——用户交互体验较差、呈现的内容枯燥、检索难度较高、功能比较单一、对新手不够友好。目前大数据、机器学习、人工智能等技术蓬勃发展,各类算法不断涌现,使用这些技术能够极大地丰富产品功能,提升用户体验。

"文献宝"能够针对开源的学术文献进行特定领域的分类梳理,可以提供相应的信息查看,包括标题、作者、摘要等,同时可以进行在线阅览,基于算法对文献的关联进行分析,通过用户点赞、评论等交互式设计,降低用户检索文献的难度,增强用户体验。

6.1.3 项目特色

从技术使用角度,项目使用目前主流的前端技术 Vue.js 和 BootStrap 进行前端开发,使用框架技术 Spring Boot＋MyBatis 进行接口开发,并综合运用大数据技术、爬虫技术等,实现了一个较为完善的文献检索系统。

从功能实现角度,项目注重业务逻辑的梳理、各类数据的分析以及网站设计的规范,从数据采集、数据处理、数据分析及数据可视化各个阶段实现了对应的功能点,开发了一套自动化的文献检索系统。

6.1.4 项目进度

本节将以系统开发训练时间轴为主线梳理项目进度,并详细说明项目各阶段的任务,如表 6-1 所示。

表 6-1 项目各阶段的任务

项 目 阶 段	任 务
11 月 19 日～11 月 28 日	需求分析,确定项目的主线任务及特色功能
11 月 29 日～12 月 2 日	草图绘制,前端模板挑选及数据库设计
12 月 3 日～12 月 8 日	"文献宝"后台管理系统编码实现(主线任务功能实现,完成数据对接及可视化)
12 月 9 日～12 月 18 日	"文献宝"官网编码实现(主线任务功能实现,完成数据对接及业务流程的完善)
12 月 19 日～12 月 23 日	特色功能添加,项目完善和测试(如推荐系统、情感分析等,所添加的特色功能都是在该阶段进行完善的);同时需要准备小组验收以及项目验收的相关材料
12 月 24 日	项目验收,小组汇报及评选

6.1.5 项目使用的技术

项目使用的技术如表 6-2 所示。

表 6-2 项目使用的技术

项目使用的技术	用 途
Spring Boot＋MyBatis	后台接口开发
BootStrap＋Element-UI	前端页面实现
axios	异步
ECharts	数据可视化
MapReduce 编程	词频统计、基于协同过滤的推荐系统
Python Selenium	爬虫
Python PyMySQL	连接数据库,实现增、删、改、查
Python SnowNLP	情感分析
Python jieba	分词
JPython	Java 调用 Python 脚本

6.1.6 项目的软硬件环境

项目使用的软件或工具的版本号如表 6-3 所示。

表 6-3 软件或工具的版本号

软件或工具	版 本 号	软件或工具	版 本 号
IntelliJ IDEA	2021.1	Python Selenium	4.1.0
Spring Boot	2.4.1	Python PyMySQL	1.0.2
MyBatis	2.1.4	Python SnowNLP	0.12.3
JDK	1.8	Python jieba	0.42.1
Hadoop	2.7.7		

6.1.7 项目的完成情况

项目的最终 HTML 页面数量超 40 页,代码量超 25 000 行,功能点超 100 个,并综合利用大数据技术、爬虫技术、推荐系统、情感分析等实现项目的特色功能,业务逻辑清晰,用户界面友好,界面跳转流畅,页面布局美观,较好地完成了本次实训的目标。

6.2 需求分析

需求分析阶段是整个项目中最关键的阶段,它是用户需求到产品需求转换的过程。从系统设计角度来看,需求分析是数据库设计的起点,其分析结果是否能准确反映用户的实际需求会直接影响后续各阶段的设计工作。

结合实训背景来看,需求分析阶段既需要考虑在"文献宝"选题下的主线需求(即发布的项目选题中所包含的基本功能),又需要考虑为了使项目更具特色所提出的亮点功能(即业务逻辑新、使用技术新的特色功能)。

6.2.1 需求分析的流程

实训过程的需求主要来源于选题发布时提供的项目简介,另外还包括项目小组通过查阅资料、头脑风暴等方法围绕项目选题提出的新需求。

项目经理收集好组员提出的各类需求后,需要结合项目定位思考需求产生的原因。例如,本项目中的文献检索功能就是为了满足用户对文献检索系统的基本需求;文献词云功能是为了提升用户阅读文献的效率;推荐系统、情感分析等功能是从实训角度考虑,希望突出项目亮点所提出的需求。

项目小组需要针对采集到的需求进行评估,去伪存真,并把留下来的需求排定一个实现的优先级。划分需求的优先级对于实训来说是十分必要的,如果不进行优先级的划分,很容易在实训过程中忽略主线任务。如本项目中实现文献检索、文献互助以及其对应的文献管理和互助管理就是项目的主线任务,而推荐系统、情感分析、文献词云等都是在主线任务基础之上的非主线任务。主线任务是项目小组重要且紧迫需要完成的任务,而非主线任务是用于突出项目亮点的,要根据组内整体技术水平以及时间、精力等各类限制条件综合考虑。

通过以上需求分析流程,最终得到本项目后台管理系统的结构图以及官网的结构图,分别如图 6-1 和图 6-2 所示。

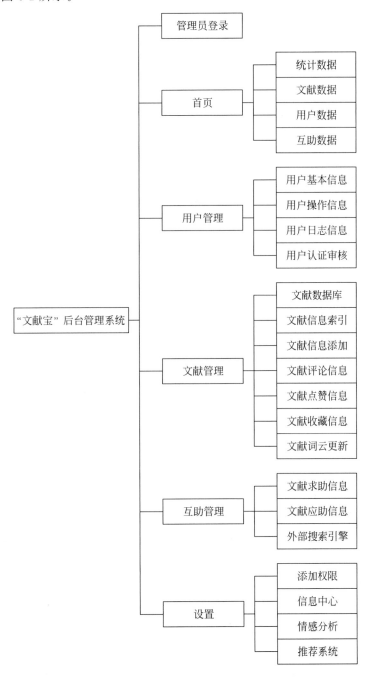

图 6-1 "文献宝"后台管理系统结构图

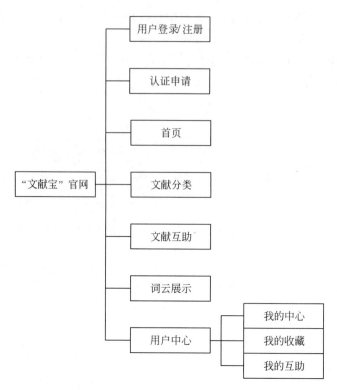

图 6-2 "文献宝"官网结构图

6.2.2 系统功能的全貌

本节将在说明系统功能全貌的同时,简要说明新技术的使用思路,对于想要学习新技术并应用到实际系统的项目小组来说至关重要。

由于软件包含了"文献宝"官网(即"文献宝"的用户界面,以类似于微博的网站布局进行搭建)和"文献宝"后台管理系统(即"文献宝"的后台界面,以传统信息系统的布局进行搭建),因此软件功能分为两部分进行说明。

1."文献宝"后台管理系统

"文献宝"后台包括五大基本模块:首页、用户管理、文献管理、互助管理及设置,每个模块下都包含多个子模块。"文献宝"后台管理系统(下称"后台")权限只针对管理员开放,不对用户开放,但管理员账户也可以登录"文献宝"官网(下称"官网"),具体的后台功能如下(表中带有"*"标记的功能点会在各表格的下方进行详细说明)。

1)首页

首页即数据分析模块,通过数据可视化将系统中的重要数据、数据与数据之间的关系进行呈现。此模块包含表 6-4 中所示的 4 个功能页面,共 26 个功能点(表中功能点后列出数据可视化的方式,共 3 类:数字、列表及统计图表)。

表 6-4 首页模块的功能页面及其功能点

功 能 页 面	功 能 点
统计数据	用于展示重要数据的可视化页面,共 6 个功能点: ① 今日用户登录用户数量(数字); ② 每日用户登录量统计(折线图); ③ 新增用户数量(数字); ④ 文献热度榜 *(列表); ⑤ 活跃用户榜(列表); ⑥ 我的消息 *(列表)
文献数据	用于展示文献数据的可视化页面,共 8 个功能点: ① 文献总数(数字); ② 一级分类(数字); ③ 二级分类(数字); ④ 一级分类文献数量(条形图); ⑤ 收藏、评论、点赞占比(饼图); ⑥ 评论 TOP5(列表); ⑦ 点赞 TOP5(列表); ⑧ 收藏 TOP5(列表)
用户数据	用于展示用户数据的可视化页面,共 6 个功能点: ① 用户总数(数字); ② 认证用户数量(数字); ③ 新增用户情况(折线图); ④ 用户年龄段统计(柱状图); ⑤ 用户学历统计(柱状图); ⑥ 用户性别及认证情况(饼图)
互助数据	用于展示用户数据的页面,共 6 个功能点: ① 求助总数(数字); ② 应助总数(数字); ③ 每日求助数量(折线图); ④ 求助完成情况(饼图); ⑤ 求助用户 TOP5(条形图); ⑥ 应助用户 TOP5(条形图)

其中,"文献热度榜"等列表形式表现的功能点,都是基于算法计算得分进行排序的,如"文献热度榜"就是基于某篇文献点赞、评论、收藏的数量之和代表热度得分并进行排序的,更复杂的榜单可以设计更复杂的算法来进行计算(如官网的"猜你喜欢"就是采用的基于协同过滤的推荐算法)。

"我的消息"的数据来源路径为"官网"→"用户中心"→"反馈中心",当用户发送反馈信息时,后台会接收到该消息并将其标注为"未读",当管理员单击并查阅该消息后,该消息会被标注为"已读"。

组长感悟:数据分析页面大多基于 ECharts 实现数据可视化,其前置课程"商务数据可视分析"会介绍 ECharts 技术。在设计时要注意针对不同的数据类型、不同的需求,选择适合的方式进行可视化,单一数据部分可只选择数字展示,需要表示数据之间关系的(如时间序列),可以选用恰当的图表进行展示,图表不是越复杂越好。

2）用户管理

用户管理模块用于各类用户信息的增、删、改、查。此模块包含表 6-5 所示的 4 个功能页面，共 12 个功能点。

表 6-5　用户管理模块的功能页面及功能点

功　能　页　面	功　能　点
用户基本信息	用于展示用户基本信息（如用户名、密码等）的列表页，共 4 个功能点： ① 用户基本信息列表展示； ② 用户基本信息条件查询（针对用户名、认证等进行模糊查询）； ③ 取消 VIP 认证； ④ 查看用户详细信息 *
用户操作信息	用于展示用户操作信息（如点赞、收藏等）的列表页，共 4 个功能点： ① 用户操作信息列表展示； ② 用户点赞次数排序； ③ 用户评论条数排序； ④ 用户收藏次数排序
用户日志信息	用于展示用户操作信息（如点赞、收藏等）的列表页，共 2 个功能点： ① 用户日志信息列表展示； ② 用户日志信息条件查询（针对用户名进行模糊查询）
用户认证审核	用于展示用户认证信息的列表页，共 2 个功能点： ① 用户认证信息列表展示； ② 通过用户认证审核

其中，"查看用户详细信息"功能是将列表展示不下的数据放在一个专门的详细信息页进行展示，由于页面大小有限制，很难将所有用户的信息都呈现在同一行中，因此需要设置超链接进行跳转。在草图绘制时容易忽略详细信息页的设计。

组长感悟：用户管理页面以及后续的文献管理、互助管理等页面更多的是基于对数据的增、删、改、查，要熟悉 SQL 语句的写法，其前置课程"数据库概论"会介绍数据库的理论知识及 SQL 语法。其中最应注意的三个点是：不要将主键暴露出来，这样是不安全的；如果信息展示不全则需要设计详细信息页；所有的数据都没有设置删除功能，因为一般不删除数据库中的数据，只改变其状态。

3）文献管理

文献管理模块用于各类文献信息的增、删、改、查以及词云算法的实现。此模块包含表 6-6 所示的 7 个功能页面，共 19 个功能点。

表 6-6　文献管理模块的功能页面及功能点

功　能　页　面	功　能　点
文献数据库	用于展示文献基本信息（如标题、关键词等）的列表页，共 4 个功能点： ① 文献基本信息列表展示； ② 文献基本信息条件查询（针对标题、关键词等进行模糊查询）； ③ 编辑文献信息； ④ 查看文献详细信息

续表

功　能　页　面	功　　能　　点
文献信息索引	用于展示分类索引信息的列表页,共 6 个功能点: ① 分类索引信息列表展示; ② 分类索引信息条件查询(针对一级和二级分类进行模糊查询); ③ 一级分类数量可视化; ④ 二级分类数量可视化; ⑤ 一级分类标签云; ⑥ 二级分类标签云
文献信息添加	用于添加新文献信息的操作页,共 2 个功能点: ① 手动添加文献信息; ② 文献自动化爬虫 *
文献评论信息	用于展示文献评论信息的列表页,共 3 个功能点: ① 文献评论信息列表展示; ② 文献评论信息条件查询(针对评论内容进行模糊查询); ③ 删除评论信息
文献点赞信息	用于展示文献点赞信息的列表页,共 1 个功能点:文献点赞信息列表展示
文献收藏信息	用于展示文献收藏信息的列表页,共 1 个功能点:文献收藏信息列表展示
文献词云更新	用于更新官网词云部分的功能页,共 2 个功能点: ① 文献一级分类列表展示; ② 词云更新 *

其中,"文献自动化爬虫"功能是特色功能之一,通过输入爬取主题、爬取页数以及分类索引,通过 Python 爬虫自动化爬取手机知网上的相关文献,并将其存入数据库。其中使用到了 Python 爬虫、Python JDBC 等技术。

"词云更新"功能是特色功能之一,通过单击对应分类下的按钮,触发词云更新算法,将数据库中该分类下所有文献的标题、关键词、摘要信息合并,并进行分词和词频统计,将其以词云的形式呈现在官网中。其中使用到了 Python jieba 分词、MapReduce 编程等技术。

组长感悟:新技术的使用势必为最终系统增光添彩,能够结合前置课程("Python 数据分析与挖掘""大数据技术原理及应用")所涉及的相关知识进行功能实现是团队遇到的最大难题。如果想新增一些特色功能,可以从需求角度入手,用新技术解决需求,也可以从技术角度入手,围绕技术提出新需求。后者并非严格按照系统开发流程,但为了更多的学习和运用新技术可以采用这种方法。

4)互助管理

互助管理模块用于求助应助信息的查询。此模块包含表 6-7 所示的 3 个功能页面,共 7 个功能点。

表 6-7　互助管理模块的功能页面及功能点

功　能　页　面	功　　能　　点
文献求助信息	用于展示用户求助信息的列表页,共 2 个功能点: ① 用户求助信息列表展示; ② 用户求助信息条件查询(针对求助完成状态进行查询)

续表

功 能 页 面	功 能 点
文献应助信息	用于展示用户应助信息的列表页,共 2 个功能点: ① 用户应助信息列表展示; ② 查看用户应助详细信息
外部搜索引擎	用于展示外部搜索引擎链接的列表页,共 3 个功能点: ① 外部搜索引擎链接列表展示; ② 添加外部搜索引擎链接; ③ 启用和禁用外部搜索引擎链接

组长感悟:项目经理应该从用户体验的角度考虑系统所需的功能点,外部搜索引擎链接其实就是给用户一个外部接口,就项目本身来说,能提供的文献数量较少,用户的其他文献需求一方面通过文献互助来解决,另一方面通过提供其他文献数据库的链接来解决。

5)设置

设置模块用于系统的一些基础设置以及特色功能的实现。此模块包含表 6-8 所示的 4 个功能页面,共 15 个功能点。

表 6-8　设置模块的功能页面及功能点

功 能 页 面	功 能 点
添加权限	用于展示管理员基本信息的列表页,共 5 个功能点: ① 管理员基本信息列表展示; ② 文献基本信息条件查询(针对管理员用户名进行模糊查询); ③ 查看管理员详细信息; ④ 停用或启用管理员权限; ⑤ 取消管理员权限
信息中心	用于展示反馈信息的列表页,共 2 个功能点: ① 反馈信息列表展示; ② 查看反馈信息的详细信息
情感分析 *	用于实现情感分析算法的功能页,共 6 个功能点: ① 更新情感分析得分; ② 正向文献数量展示; ③ 负向文献数量展示; ④ 无评论文献数量展示; ⑤ 正向文献 TOP5; ⑥ 负向文献 TOP5
推荐系统 *	用于更新文献推荐得分的功能页,共 2 个功能点: ① 推荐文献得分列表展示; ② 更新文献推荐得分

其中,"情感分析"功能是特色功能之一,通过对某一篇文献的所有评论计算平均情感得分,设置阈值,高于阈值被判定为正向文献,低于阈值被判定为负向文献,管理员根据分析结果,及时对文献进行更新和管理。其中使用到 Python SnowNLP、Python jieba 分词等技术。

"推荐系统"功能是特色功能之一,通过对用户对某一篇文献的所有评论进行打分并求得均值作为用户对该文献的评分,再使用协同过滤算法进行个性化推荐。其中使用到 Python SnowNLP、Python jieba 分词、MapReduce 编程等技术。

组长感悟:亮点功能需要技术和想法支持,更需要时间支持,最后两个特色功能是在验收前一天才完成的,实训过程可能会比较消耗团队的时间和精力,但一定不要放弃,敢想敢做最重要。但也要注意不要被亮点蒙蔽双眼,要保证基础功能的实现质量。

2. "文献宝"官网

"文献宝"官网包括六大基本模块:首页、文献分类、文献互助、戳我看词云、用户中心以及其他功能模块,部分模块包含多个子模块,具体的官网功能如下(表中带"＊"标记的功能点会在各表格的下方进行详细说明)。

1)首页

首页即官网首页,包括宣传栏及各类榜单。此模块只包含表 6-9 所示的 1 个功能页面,共 3 个功能点。

表 6-9　首页模块的功能页面及功能点

功 能 页 面	功 能 点
首页	对外展示的主页面,共 3 个功能点: ① 文献热评榜; ② 文献热度榜; ③ 猜你喜欢＊

其中,"猜你喜欢"功能是根据后台计算的推荐得分选取排名前五进行展示,实现了针对不同用户的个性化推荐,这也要求用户对一些文献进行评论才能进行推荐,如果没有评论系统则无法得到推荐结果。

2)文献分类

文献分类模块可用于文献检索,检索结果为该文献的基本信息以及评论、点赞、收藏信息。此模块只包含表 6-10 所示的 1 个功能页面,共 4 个功能点。

表 6-10　文献分类模块的功能页面及功能点

功 能 页 面	功 能 点
文献分类	文献检索引擎页面,共 4 个功能点: ① 文献信息列表(外加点赞、收藏、关注数量); ② 文献搜索引擎(可进行条件查询); ③ 检索目录(一级分类及二级分类的标签云); ④ 查看文献的详细内容

组长感悟:本模块是项目主线任务的关键一环,作为文献系统,文献检索功能是必不可少的,尽管只是简单的数据展示,但作为主线任务也是至关重要的一环。文献信息列表作为前端页面的展示部分,是有必要好好考虑如何设计的,例如是按照点赞次数进行排序,选取前 10 个进行展示,还是根据用户偏好进行推荐。

3)文献互助

文献互助模块用于查看文献求助信息,如果是 VIP 认证用户还可以进行帮助。此模块只包含表 6-11 所示的 1 个功能页面,共 3 个功能点。

表 6-11 文献互助模块的功能页面及功能点

功 能 页 面	功 能 点
文献互助	文献检索引擎页面,共 3 个功能点: ① 求助信息列表; ② 我来帮助; ③ 应助达人

组长感悟:本模块同样是项目主线任务的关键一环,与文献分类模块不同,文献互助不是侧重于数据的展示,而是侧重于业务逻辑。

在功能实现前,先将完整的业务逻辑厘清,如互助的业务逻辑为:用户进入"用户中心"模块,单击"我的互助"后可发布文献求助信息,发布求助后,求助信息将会显示到"文献互助"模块的"求助信息列表"中,VIP 用户可以单击"我来帮助"进行帮助,帮助成功后互助信息将会进入"我的互助"模块,等待进行下一步操作……梳理清楚业务逻辑对功能的实现至关重要,这意味着要将多个子功能串联起来。

4)戳我看词云

戳我看词云模块用于查看由某二级分类的文献标题、关键词、摘要所构成的词云。此模块只包含表 6-12 所示的 1 个功能页面,共 2 个功能点。

表 6-12 戳我看词云模块的功能页面及功能点

功 能 页 面	功 能 点
戳我看词云	文献检索引擎页面,共 2 个功能点: ① 二级分类列表; ② 查看词云(单击列表标题进入分类词云页)

5)用户中心

用户中心模块用于展示用户的个人信息以及动态信息。此模块包含表 6-13 所示的 3 个功能页面,共 12 个功能点。

表 6-13 用户中心模块的功能页面及功能点

功 能 页 面	功 能 点
我的中心	展示个人基本信息及动态信息的页面,共 8 个功能点: ① 基本信息列表; ② 个人成就列表; ③ 通知栏; ④ 反馈中心; ⑤ 编辑基本信息; ⑥ 点赞动态; ⑦ 获赞动态; ⑧ 评论动态
我的收藏	展示文献收藏夹的页面,共 1 个功能点:收藏文献列表
我的互助	发布求助和查看互助信息的页面,共 3 个功能点: ① 我要求助; ② 我的求助列表; ③ 我的应助列表

6) 其他功能

其他功能模块是一些较简单页面的总称。此模块包含表 6-14 所示的 3 个功能页面,共
3 个功能点。

表 6-14　其他功能模块的功能页面及功能点

功 能 页 面	功 能 点
登录	用户登录页面,共 1 个功能点:登录表单
注册	用户注册页面,共 1 个功能点:注册表单
申请成为 VIP	申请成为认证用户的页面,共 1 个功能点:申请认证

6.2.3　项目经理感想

需求分析是整个项目中最为关键的一环,但团队成员往往因为自己觉得对技术的掌握
程度还不够,而花费大量时间用于系统实现,却忽视了需求分析的重要性。只有把需求了
解、分析得非常透彻,在数据库设计等阶段才能尽可能避免出错和返工。同时也要考虑除了
项目需求之外的实训需求和个人需求,尽量平衡各方面需求,排出优先等级,这样才能制订
下一步设计的方案。

6.3　原型设计

需求分析阶段结束后,项目小组已经形成明确的产品需求,并以需求规格说明书的形式
将需求完整地表达出来。但文字的表达效果有一定的局限性,能使用原型界面,将页面的模
块、元素、交互等利用线框描述的方法,就可以将不加前端样式美化的产品界面更加生动具
体地进行表达,它用来让用户提前体验产品、交流设计构想。

6.3.1　原型类型的选择

各项目小组都是第一次进行信息系统的开发,如果直接进入编码阶段,很容易会造成不
知道如何下手或业务逻辑梳理不清等问题,为了明确产品方向,就需要进行原型设计,一方
面要将功能的展现方法和展现形式进行绘制,另一方面要梳理业务逻辑并模拟实际业务操
作流程,最终利用制作好的原型作为沟通工具,和实训指导老师进行沟通。

在原型设计时有很多类型可以进行选择,如纸质草图、可单击的原型、编码原型等,结合
上段提出的实训过程中原型设计的目的,最合适选用可单击的原型(下称"草图"),并使用
Axure 原型设计软件进行绘制。

6.3.2　原型界面的呈现

本节将呈现"文献宝"项目的部分具有代表性的草图。在绘制草图时,要注意应该将重
点放在功能实现和业务逻辑上,而不是放在页面美化上,因此在项目中绘制的草图均为黑白
线框描绘的图形,同时通过设置交互实现了原型界面的跳转。除此之外,草图中的数据最好
是模拟数据,而不是用"XXX"代替。

后台首页的草图如图 6-3 所示,较清晰地展示了数据分析页面所需要实现的功能点,如
数字、列表、统计图表等。

文献操作信息的草图如图 6-4 所示,将该页面需要实现的查询功能,包括查询条件描述
出来,列表也从视图角度进行确定,具体到每个字段的名称。

图 6-3　后台首页的草图

图 6-4　文献操作信息的草图

6.3.3　前端模板的选择

草图绘制完成之后,应该对系统已经有一个较为直观的了解,每个部分有哪些模块,模块内有哪些功能点等,但在系统实现时,前端的美化、样式也是必不可少的。实训从零开始进行前端样式的设计是不现实的,一方面受到时间的约束,另一方面受到审美的约束。因此,团队可使用网上的前端模板,并修改至适应项目。使用的模板最好能满足以下两个条件。

(1) 说明文档全面详尽(模板提供的组件越全面,使用起来就越方便)。

(2) 模板样式简洁大方(尽可能避免过多动效,修改时会比较困难)。

"文献宝"项目选用的后台模板修改前后的对比如图 6-5 和图 6-6 所示,其中,图 6-5 是最初模板的页面,图 6-6 是适应项目修改后的页面。

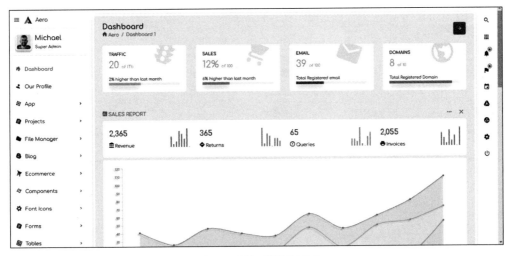

图 6-5 最初模板的页面

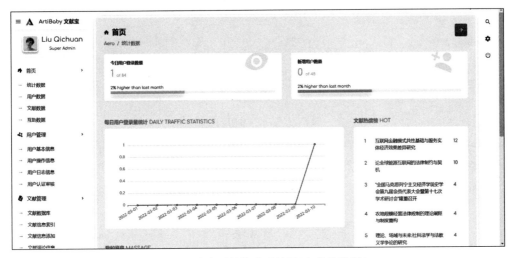

图 6-6 适应项目修改后的页面(统计数据)

6.3.4 项目经理感想

原型设计是实训过程中非常重要的一环,它能抛开具体的代码实现将系统的样子展现出来。由于是团队第一次绘制,原型界面和最终系统实现有所出入,大家可以在原型设计时,就把一些关键信息标注在原型中,作为系统实现的参照。除此之外,挑选模板时不要陷入审美的"死胡同",选定模板后就一直使用,不要中途更换,否则会给项目造成非常大的负担。

6.4 编码和测试

6.4.1 数据库设计

1. "文献宝"数据库的 E-R 图

"文献宝"数据库包括 19 张表,基于 MySQL Workbench 中 EER Diagram 模块进行数

据库 E-R 图的绘制，见图 6-7。

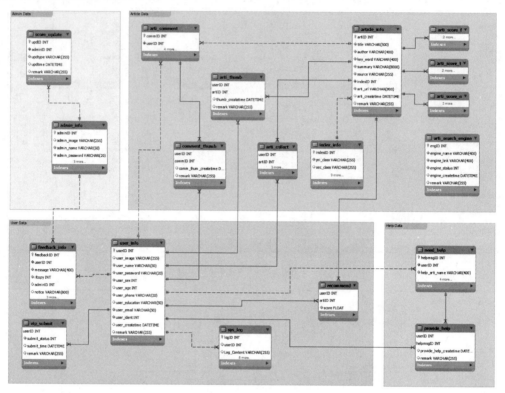

图 6-7　数据库的 E-R 图

2．"文献宝"数据库的表

1) 管理员信息（admin_info）表

admin_info 表列出了所有管理员的基本信息，表结构如表 6-15 所示。

表 6-15　admin_info 表结构

列　　名	数据类型	约束条件	默　认　值
adminID	int	PK、NN	
admin_image	varchar(255)		images/user_images/default.png
admin_name	varchar(50)	NN	
admin_password	varchar(20)	NN	
status	int	NN	1
permittime	datetime		CURRENT_TIMESTAMP
remark	varchar(255)		NULL

（1）adminID：用于唯一标识表中的每个管理员。

（2）admin_image：表示管理员的头像。

（3）admin_name：表示管理员的用户名。

（4）admin_password：表示管理员的登录密码。

（5）status：表示管理员状态，启用为 1、禁用为 0，默认为 1。

（6）permittime：表示管理员的注册时间。

（7）remark：表示备注（每张表都会添加 remark 栏）。

2）用户信息（user_info）表

user_info 表列出了所有用户的基本信息，表结构如表 6-16 所示。

表 6-16　user_info 表结构

列　　名	数 据 类 型	约 束 条 件	默 　认 　值
userID	int	PK、NN、AI	
user_image	varchar(500)		images/user_images/default.jpg
user_name	varchar(50)	NN、UQ	
user_password	varchar(20)	NN	
user_sex	int	NN	3
user_age	int		NULL
user_phone	varchar(20)	NN	
user_education	varchar(50)		未知
user_email	varchar(50)	NN	
user_ident	int	NN	0
user_createtime	datetime		CURRENT_TIMESTAMP
remark	varchar(255)		NULL

（1）userID：用于唯一标识表中的每个用户。

（2）user_image：表示用户的头像。

（3）user_name：表示用户的用户名。

（4）user_password：表示用户的登录密码。

（5）user_sex：表示用户的性别，男为 1、女为 2、未知为 3，默认为 3。

（6）user_age：表示用户的年龄。

（7）user_phone：表示用户的电话。

（8）user_education：表示用户的学历。

（9）user_email：表示用户的邮箱。

（10）user_ident：表示用户的认证状态，认证为 1、未认证为 0，默认为 0。

（11）user_createtime：表示用户的创建时间。

（12）remark：表示备注（每张表都会添加 remark 栏）。

3）文献信息（article_info）表

article_info 表列出了所有文献的基本信息，表结构如表 6-17 所示。

表 6-17　article_info 表结构

列　　名	数 据 类 型	约 束 条 件	默 　认 　值
artiID	int	PK	
title	varchar(500)	NN	
author	varchar(400)	NN	
key_word	varchar(400)	NN	
summary	varchar(8000)	NN	
source	varchar(255)	NN	
indexID	int	NN	
arit_url	varchar(800)	NN	
arit_createtime	datetime		CURRENT_TIMESTAMP
remark	varchar(255)		NULL

（1）artiID：用于唯一标识表中的文献信息。

（2）title：表示文献的标题。

（3）author：表示文献的作者。

（4）key_word：表示文献的关键词。

（5）summary：表示文献的摘要。

（6）source：表示文献的来源。

（7）indexID：用于识别分类索引的外键。

（8）arit_url：表示原文的 URL 地址。

（9）arit_createtime：表示文献信息的记录时间。

（10）remark：表示备注（每张表都会添加 remark 栏）。

4）分类索引信息（index_info）表

index_info 表列出了所有的分类索引信息，系统采用科图法索引分类，将索引确定为 5 个大类，25 个小类，表结构如表 6-18 所示。

表 6-18　index_info 表结构

列　　名	数 据 类 型	约 束 条 件	默 认 值
indexID	int	PK、NN、AI	
pri_class	varchar(255)	NN	
sec_class	varchar(255)		NULL
index _createtime	datetime		CURRENT_TIMESTAMP
remark	varchar(255)		NULL
lc_num	varchar(45)	NN	

（1）indexID：用于唯一标识表中的每个分类索引。

（2）pri_class：表示一级分类的名称。

（3）sec_class：表示二级分类的名称。

（4）index _createtime：表示索引创建的时间。

（5）remark：表示备注（每张表都会添加 remark 栏）。

（6）lc_num：表示科图法的索引号。

5）文献收藏（arti_collect）表

arti_collect 表列出了用户收藏文献的情况，表结构如表 6-19 所示。

表 6-19　arti_collect 表结构

列　　名	数 据 类 型	约 束 条 件	默 认 值
userID	int	PK、NN	
artiID	varchar(255)	PK、NN	
collect_status	int	NN	1
collect_createtime	datetime		CURRENT_TIMESTAMP
remark	varchar(255)		NULL

（1）userID：用于识别用户的外键。

（2）artiID：用于识别文献的外键。

（3）collect_status：用于记录收藏状态，收藏为 1、取消收藏为 0，默认为 1。

（4）collect_createtime：表示收藏记录的创建时间。

（5）remark：表示备注（每张表都会添加 remark 栏）。

6）文献点赞（arti_thumb）表

arti_thumb 表列出了用户对文献点赞的情况，表结构如表 6-20 所示。

表 6-20　arti_thumb 表结构

列　　名	数据类型	约束条件	默　认　值
userID	int	PK、NN	
artiID	int	PK、NN	
thumb_createtime	datetime		CURRENT_TIMESTAMP
remark	varchar(255)		NULL

（1）userID：用于识别用户的外键。

（2）artiID：用于识别文献的外键。

（3）thumb_createtime：表示点赞记录的创建时间。

（4）remark：表示备注（每张表都会添加 remark 栏）。

7）文献评论（arti_comment）表

arti_comment 表列出了用户对文献的评论信息，表结构如表 6-21 所示。

表 6-21　arti_comment 表结构

列　　名	数据类型	约束条件	默　认　值
commID	int	PK、NN、AI	
userID	int	NN	
artiID	int	NN	
comment	varchar(400)	NN	
comment_createtime	datetime		CURRENT_TIMESTAMP
remark	varchar(255)		NULL

（1）commID：用于唯一标识表中的每条评论。

（2）userID：用于识别用户的外键。

（3）artiID：用于识别文献的外键。

（4）comment：表示评论信息。

（5）comment_createtime：表示评论的创建时间。

（6）remark：表示备注（每张表都会添加 remark 栏）。

8）评论点赞（comment_thumb）表

comment_thumb 表列出了某用户对某条评论的点赞情况，表结构如表 6-22 所示。

表 6-22　comment_thumb 表结构

列　　名	数据类型	约束条件	默　认　值
userID	int	PK、NN	
commID	int	PK、NN	
comm_thum_createtime	datetime		CURRENT_TIMESTAMP
remark	varchar(255)		NULL

（1）userID：用于识别用户的外键。

（2）commID：用于识别评论信息的外键。

（3）comm_thum_createtime：表示评论点赞的记录时间。

（4）remark：表示备注（每张表都会添加 remark 栏）。

9）认证申请（vip_submit）表

vip_submit 表列出了用户的认证申请信息，表结构如表 6-23 所示。

表 6-23　vip_submit 表结构

列　　名	数 据 类 型	约 束 条 件	默 认 值
userID	int	PK、NN	
submit_status	int	NN	0
submit_time	datetime		CURRENT_TIMESTAMP
remark	varchar(255)		NULL

（1）userID：用于识别用户的外键。

（2）submit_status：表示认证状态，未通过为 0、已通过为 1，默认为 0。

（3）submit_time：表示认证申请的提交时间。

（4）remark：表示备注（每张表都会添加 remark 栏）。

10）求助信息（need_help）表

need_help 表列出了所有用户的求助信息，表结构如表 6-24 所示。

表 6-24　need_help 表结构

列　　名	数 据 类 型	约 束 条 件	默 认 值
helpmsgID	int	PK、NN、AI	
userID	int	NN	
help_arti_name	varchar(400)	NN	
extra_message	varchar(400)		NULL
help_status	int	NN	0
need_help_createtime	datetime		CURRENT_TIMESTAMP
remark	varchar(255)		NULL

（1）helpmsgID：用于唯一标识表中的每条求助信息。

（2）userID：用于识别用户的外键。

（3）help_arti_name：表示求助文献的名称。

（4）extra_message：表示附加信息。

（5）help_status：表示求助状态，未帮助为 0、已帮助为 1，默认为 0。

（6）need_help_createtime：表示求助信息的创建时间。

（7）remark：表示备注（每张表都会添加 remark 栏）。

11）应助信息（provide_help）表

provide_help 表列出了所有用户的应助信息，表结构如表 6-25 所示。

表 6-25　provide_help 表结构

列　　名	数 据 类 型	约 束 条 件	默 认 值
userID	int	PK、NN	
helpmsgID	int	PK、NN	
provide_help_createtime	datetime		CURRENT_TIMESTAMP
remark	varchar(255)		NULL

（1）userID：用于识别用户的外键。

（2）helpmsgID：用于识别求助信息的外键。

（3）provide_help_createtime：表示应助的创建时间。

（4）remark：表示备注（每张表都会添加 remark 栏）。

12）反馈信息（feedback_info）表

feedback_info 表列出了用户所有通过反馈中心提交的反馈信息，表结构如表 6-26 所示。

表 6-26　feedback_info 表结构

列　　　名	数 据 类 型	约 束 条 件	默 　认 　值
feedbackID	int	PK、NN、AI	
userID	int	NN	
message	varchar(400)	NN	
ifcopy	int	NN	0
adminID	int		NULL
notice	varchar(800)		NULL
nt_createtime	datetime		NULL
fb_createtime	datetime		CURRENT_TIMESTAMP
remark	varchar(255)		NULL

（1）feedbackID：用于唯一标识表中的反馈信息。

（2）userID：用于识别用户的外键。

（3）message：表示反馈信息。

（4）ifcopy：表示是否已读，未读为 0、已读为 1，默认为 0。

（5）adminID：表示用于识别查看该条信息的管理员的外键。

（6）notice：表示自动回复信息，目前系统的自动回复来自"我的消息"，当用户从反馈中心提交反馈信息后，信息将在后台"统计数据"模块中的"我的消息"中显示为未读，当消息已读后，系统将会自动向用户中心发送已读信息。

（7）nt_createtime：表示自动回复信息的创建时间。

（8）fb_createtime：表示反馈信息的创建时间。

（9）remark：表示备注（每张表都会添加 remark 栏）。

13）推荐结果（recommend）表（临时表）

recommend 表列出了给某用户推荐文献评分前五的文献号，推荐结果来自于推荐算法的输出，该表作为临时表，每次计算会删除并重建该表，表结构如表 6-27 所示。

表 6-27　recommend 表结构

列　　　名	数 据 类 型	约 束 条 件	默 　认 　值
userID	int	PK、NN	
artiID	int	PK、NN	
score	float	NN	

（1）userID：用于识别用户的外键。

（2）artiID：用于识别文献的外键。

（3）score：表示推荐结果的得分。

14）负向文献得分（arti_score_f）表（临时表）

arti_score_f 表列出了负向文献的得分情况（说明：正向文献和负向文献的得分是基于某篇文献的所有评论进行情感分析的平均得分，本表及无评论文献得分表和正向文献得分表都是在计算过程中产生的临时表），表结构如表 6-28 所示。

表 6-28　arti_score_f 表结构

列　　名	数 据 类 型	约 束 条 件	默　认　值
artiID	int	PK、NN	
score	float	NN	

（1）artiID：用于识别文献的外键。

（2）score：表示文献的情感得分。

15）无评论文献得分（arti_score_n）表（临时表）

arti_score_n 表列出了无评论文献的得分情况，表结构如表 6-29 所示。

表 6-29　arti_score_n 表结构

列　　名	数 据 类 型	约 束 条 件	默　认　值
artiID	int	PK、NN	
score	float	NN	

（1）artiID：用于识别文献的外键。

（2）score：表示文献的情感得分。

16）正向文献得分（arti_score_t）表（临时表）

arti_score_t 表列出了正向文献的得分情况，表结构如表 6-30 所示。

表 6-30　arti_score_t 表结构

列　　名	数 据 类 型	约 束 条 件	默　认　值
artiID	int	PK、NN	
score	float	NN	

（1）artiID：用于识别文献的外键。

（2）score：表示文献的情感得分。

17）情感分析更新时间（score_update）表

score_update 表列出了情感分析的更新时间，因为情感分析需要在后台手动更新，所以需要记录更新时间，表结构如表 6-31 所示。

表 6-31　score_update 表结构

列　　名	数 据 类 型	约 束 条 件	默　认　值
updID	int	PK、NN、AI	
adminID	int	NN	
updtime	datetime		CURRENT_TIMESTAMP
remark	varchar(255)		NULL

（1）updID：用于唯一标识表中的每条更新记录。

（2）adminID：用于识别管理员的外键。

（3）updtime：表示更新时间。

（4）remark：表示备注（每张表都会添加 remark 栏）。

18）搜索引擎信息（arti_search_engine）表

arti_search_engine 表列出了所有搜索引擎的基本信息，表结构如表 6-32 所示。

表 6-32　arti_search_engine 表结构

列　　名	数 据 类 型	约 束 条 件	默 　认 　值
engID	int	PK、NN、AI	
engine_name	varchar(400)	NN	
engine_link	varchar(400)	NN	
engine_status	int	NN	1
engine_createtime	datetime		CURRENT_TIMESTAMP
remark	varchar(255)		NULL

（1）engID：用于唯一标识表中的每条搜索引擎的记录。

（2）engine_name：表示搜索引擎的名称。

（3）engine_link：表示搜索引擎的 URL 地址。

（4）engine_status：表示搜索引擎的状态，启用为 1、禁用为 0，默认为 1。

（5）engine_createtime：表示搜索引擎记录的创建时间。

（6）remark：表示备注（每张表都会添加 remark 栏）。

19）系统日志（sys_log）表

sys_log 表用于记录官网用户登录的配置信息，表结构如表 6-33 所示。

表 6-33　sys_log 表结构

列　　名	数 据 类 型	约 束 条 件	默 　认 　值
logID	int	PK、NN、AI	
userID	int		NULL
Log_Content	varchar(255)		NULL
IP_Address	varchar(255)		NULL
OS	varchar(255)		NULL
IE	varchar(255)		NULL
log_createDate	datetime		CURRENT_TIMESTAMP
remark	varchar(255)		NULL

（1）logID：用于唯一标识表中的每条日志信息。

（2）userID：用于识别用户的外键。

（3）Log_Content：表示日志信息。

（4）IP_Address：表示 IP 地址。

（5）OS：表示操作系统。

（6）IE：表示浏览器。

（7）log_createDate：表示日志的创建时间。

（8）remark：表示备注（每张表都会添加 remark 栏）。

6.4.2　版本控制

项目的开发需要团队的协作，而 Gitee 提供了团队协作开发的功能。通过 Gitee 可以拉取组员对项目的修改，也可以上传自己的进度，每个团队成员的工作都会被记录。这里不再介绍 Gitee 的使用方法,只说明"文献宝"项目在实现过程中针对此部分需要注意的一些问题。

(1) 每个团队成员在项目开始前都应该熟悉 Gitee 的使用方法,以免在项目开始后,因为 Gitee 操作的失误造成不必要的损失。

(2) 团队协作开发时,每个团队成员应明确自己的任务,只修改和自己相关的代码文件,避免代码文件发生冲突,例如,若两个人同时修改同样的文件,则很有可能造成代码的混乱。

(3) Gitee 将记录每个团队成员的贡献度,这也一定程度上避免了组员"划水",同时也会记录项目被修改的时间,方便进行跟踪管理。

6.4.3　后台接口的实现

本节将针对"文献宝"后台接口开发的一些典型例子做说明。大部分接口都是按照同样的方法基于 Spring Boot 框架进行开发的,在最开始的时候会建立 mapper、services、servicesImpl、controller、entity 和 utils 六个包,层层调用完成接口的实现。

1. 接口实现的流程

以查询所有分类索引的信息功能为例,介绍接口实现的流程。下面只给出每层的关键代码。

1) mapper 层

```
@Select("select * from index_info")
List < Index > findAllIndex();
```

mapper 层以 SQL 语句为主,要求组员对 SQL 语法有比较深入的了解,否则当涉及一些数据处理以及多表连接等操作时会比较棘手。

2) services 层

```
List < Index > findAllIndex();
```

services 层主要用于创建一个接口,供 servicesImpl 层实现使用。

3) servicesImpl 层

```
@Autowired
    private FrontIndexMapper frontIndexMapper;

@Override
public List < Index > findAllIndex() {
    return frontIndexMapper.findAllIndex();
}
```

servicesImpl 层主要是实现 services 层的接口,进行业务逻辑的处理。因为项目难度比较小,实训过程中大部分接口都不会涉及业务逻辑的处理,因此这一步一般只完成方法调用即可。

4) controller 层

```
@Autowired
private FrontIndexServices frontIndexServices;

@GetMapping("list")
public Result findAllIndex(){
    Result result = new Result();

    result.setCode(200);
    result.setMessage("成功显示所有索引信息");
```

```
result.setObject(frontIndexServices.findAllIndex());

return result;
}
```

controller 层主要是将得到的数据进行封装,这里将其封装到一个 Result 类中,Result 类有 3 个属性,分别为 code(状态)、message(提示信息)、object(数据),所需要的数据就存放在 object 中。

2. 关键点一:SQL 语句

上述接口开发流程是通用的,大部分功能都是按照该流程实现的,其中需要变化的只有 mapper 层的 SQL 语句。本节选取几个具有代表性的 SQL 语句进行说明。

1) 多表连接和分组聚合

实现功能:得到评论信息,包括文献标题、评论用户、评论点赞数等。

分析:评论表中只有评论信息、文献 ID 和用户 ID,因此要得到文献标题和评论用户就需要进行多表连接,而评论、点赞的数量是通过统计评论、点赞记录条数来确定的,因此还需要进行分组聚合。mapper 层的实现方法如下:

```
@Select("select ai.title,t2. * from\n" +
    "(select ui.user_name,ui.user_ident,t1. * from\n" +
    "(select ac. * ,acnum.comnum from arti_comment ac\n" +
    "left join(select commID,count( * ) as comnum from comment_thumb group by commID) as acnum\n" +
    "on ac.commID = acnum.commID) t1\n" +
    "left join user_info ui\n" +
    "on t1.userID = ui.userID) t2\n" +
    "left join article_info ai\n" +
    "on t2.artiID = ai.artiID")
List < ArtiComment > findAllArtiComment();
```

组长感悟:上述提到的实训过程中,不管选题是什么,最后的落脚点都是如何从数据库中获取需要的数据,这需要组员对 SQL 语法比较熟练,善于利用多表连接和分组聚合进行简单的统计分析并得到结果。当涉及表层层嵌套时,需要理清自己的思路。

2) 函数

实现功能:得到文献分类信息,将一级分类和二级分类的字符串组合进行输出。

分析:一级分类和二级分类在分类索引表中是两列,合并输出可以使用 SQL 中的 concat()函数来实现。mapper 层的实现方法如下:

```
@Select("select ai. * ,concat(ii.pri_class,'/',ii.sec_class) sort from article_info ai\n" +
    "join index_info ii\n" +
    "on ai.indexID = ii.indexID\n" +
    "where artiID = #{artiID}")
ArtiIndex findSingleArticle(Integer artiID);
```

由此可见 SQL 语句在项目过程中的重要性,并不简简单单是单表操作或一些简单的多表连接操作,也会涉及分组聚合、内置函数等方法的使用。

组长感悟:善于利用 SQL 中提供的函数完成一些复杂的数据分析,可以简化数据处理的过程,如果通过 Java 连接数据库取出的数据仍需要通过 Java 或 JavaScript 进行数据处理,实现上就更复杂了。当然在这次实训当中使用的数据库操作较为简单,如果想更深入地操作数据库,可以使用触发器、存储过程等。

3. 关键点二:调用 Python 脚本

很多功能的实现都是通过对数据库的增、删、改、查,但这些对于体现项目特色来说远远不够,比如在本项目中有自动化爬虫功能,使用 Java 实现该功能的难度比较大,但如果能通过 Python 脚本实现将会很轻松。

基于这种想法,思考方法调用时的逻辑:通过页面按钮触发控制器来层层调用实现功能,于是将调用 Python 脚本的任务交给 controller 层,以下为 controller 层调用 Python 脚本的代码。

```
@GetMapping("getarticle")
public void articleCraw(@Param("page") Integer page, @Param("topic") String topic, @Param
("indexID") Integer indexID){

    try{
        String[] args1 = new String[] { "python", "\"E:\\ \\articleBaBy\\src\\main\\
resources\\ static \\ py \\ crawler. py \"", topic, String. valueOf ( page), String. valueOf
(indexID)};
        Process pr = Runtime.getRuntime().exec(args1);
        BufferedReader in = new BufferedReader(new InputStreamReader(
                pr.getInputStream()));
        String line;
        while((line = in.readLine()) != null) {
            System.out.println(line);
        }
        in.close();
        pr.waitFor();
        System.out.println("end");
    }
    catch(IOException e) {
        e.printStackTrace();
    } catch(InterruptedException e) {
        e.printStackTrace();
    }
```

以上代码只能用于执行 Python 脚本,这就要求我们在编写 Python 脚本时把所有功能实现,包括爬取文献、存入数据库等。

6.4.4 前端页面的实现

本节将针对"文献宝"前端页面开发的一些典型例子做说明。前端页面样式的实现是基于开源模板的,因此前端开发的关键就在于数据渲染。本项目使用 axios 进行数据渲染和功能实现,以下将对数据渲染以及数据可视化部分做出说明。

数据渲染及功能实现和 Vue 的生命周期有关,当注册一个 Vue 实例之后,其中会有 methods 参数和 mounted 参数。简单来说,methods 参数中的方法主要用于单击按钮后触发的功能实现,mounted 参数中的方法主要用于页面加载完成后的数据渲染。

以下 methods 参数中的方法是为了实现通过单击按钮启用管理员权限:

```
//启用管理员
startAdmin:function(userID){
```

```
axios.get('admin/start',{
    params:{
        userID: userID
    }
})
    .then(function(response){
        alert("已启用该管理员权限!")
        location.href = "addpermissions.html"
    })
    .catch(function(error){
        console.log(error)
    });
}
```

以下 mounted 参数中的方法是为了实现显示所有管理员信息：

```
//显示管理员信息
axios.get('/admin/list')
    .then(function(response){
        admininfo = response.data

        for(var i = 0;i < admininfo.length;i++){
            //时间处理代码
            var time_pro = admininfo[i].permittime
            admininfo[i].permittime = time_pro.split("T").join(" ").split(".")[0]
        }

        _this.alladmin = admininfo

    })
    .catch(function(error){
        console.log(error)
    });
```

以上两类方法在实训过程中会经常使用到。此外数据可视化部分要在异步请求到数据之后，再编写 ECharts 语法才能将可视化结果呈现出来，以下为实现"一级分类文献数量"条形图可视化的代码：

```
//一级分类文献数量可视化
axios.get('echarts/echarts2')
    .then(function (response){
        var data = response.data.object;
        var data1 = []
        var data2 = []

        for(var i = 0;i < data.length;i++){
            data1.push(data[i].pri_class)
            data2.push(data[i].pnum)
        }

        var myCharts2 = echarts.init(document.getElementById('echart2'))
        var option2 = {
            xAxis: {
                type: 'value'
            },
```

```
        yAxis: {
            type: 'category',
            data: data1,
            axisLabel: {
                show: true
            }
        },
        series: [
            {
                name: '',
                type: 'bar',
                data: data2,
                label: {
                    show: true,
                    position: 'right',
                },
                color: "#ff9948",
            }
        ],
        grid: {
            x: 180, y: 25, x2: 30, y2: 35
        },
    };

    myCharts2.setOption(option2);
})
.catch(function (error){
    console.log(error)
});
```

要注意,将数据渲染到前端页面之后,还需要通过编写 JavaScript 代码将数据整理成 ECharts 语法能识别的形式。

6.4.5 BugList 表

Web 测试是软件测试的一部分,是针对 Web 应用的一类测试。由于 Web 应用与用户直接相关,又通常需要承受长时间的大量操作,因此 Web 项目的功能和性能都必须经过可靠的验证。Web 测试的类型包括内容测试、界面测试、功能测试、性能测试、兼容性测试、安全性测试等。由于技术水平限制,本次实训当中仅对界面和功能进行测试。

系统测试过程中会发现有一些内容、界面和功能的 Bug 出现,这就需要及时进行调试,完善系统。在实训过程中每个小组都会遇到各种各样的问题,以下将针对本项目中遇到的部分 Bug 进行说明,见表 6-34。

表 6-34　BugList 表(部分)

序号	测试类型	Bug 名称	Bug 描述	解 决 方 法
1	界面测试-导航测试	管理员权限启用、停用问题	无法启用或停用某管理员权限	检查接口和前端的对接
2	界面测试-图形测试	一些前端样式混乱	修改模板样式后一些样式失效或错乱	检查 CSS 代码以及选择器的设置

续表

序号	测试类型	Bug 名称	Bug 描述	解决方法
3	界面测试-内容测试	业务流程不清晰	用户对一些功能或对业务流程不熟悉	前端注释说明文字,用于引导用户使用某功能
4	功能测试-Cookie测试	未登录用户操作	未登录用户进入用户中心	对官网进行权限设置
5	功能测试-数据库测试	ECharts 可视化不显示	可视化图表不显示	检查数据渲染和 ECharts 是否对接上

1. 界面测试

1)导航测试

导航测试就是考虑按钮、对话框、列表以及窗口等因素,用于判断一个应用系统是否易于导航。例如,系统的主要模块是否可以通过主页访问或到达。导航测试确保用户可以凭借直觉或简单的判断找到自己想要的内容。本项目对"文献宝"官网和后台的导航栏进行测试,查看其是否能够跳转到相应板块以及按钮能否正常使用。

2)图形测试

在 Web 应用系统中,适当的图片和动画既能起到广告宣传的作用,又能起到美化页面的作用。一个 Web 应用系统的图形可以包括图片、动画、边框颜色、字体、背景、按钮等。本项目对"文献宝"官网和后台中的轮播图、排版布局、前端样式等进行测试,查看是否内容得当、样式美观。

3)内容测试

内容测试用来检验 Web 应用系统提供信息的正确性、准确性和相关性。信息的正确性是指信息是可靠的还是误传的。本项目对"文献宝"中的文献信息、互助信息进行测试,查看其是否可靠。

4)整体界面测试

整体界面是指整个 Web 应用系统的页面结构设计,是给用户的一个整体感。本项目对"文献宝"官网和后台进行整体界面测试,用户可通过"反馈中心"或直接联系负责人提出建议。

2. 功能测试

1)链接测试

链接是 Web 应用系统的一个主要特征,它是在页面之间切换和指导用户去一些未知地址的页面的主要手段。链接测试可从 3 个方面进行。首先,测试所有链接是否按指示的那样确实链接到了该链接的页面;其次,测试所链接的页面是否存在;最后,保证 Web 应用系统上没有孤立的页面,孤立页面是指没有链接指向该页面,只有知道正确的 URL 地址才能访问。由于项目规模较小,通过测试工程师单击遍历所有链接进行测试。

2)表单测试

当用户通过表单提交信息的时候,都希望表单能正常工作。要测试这些程序,需要验证服务器是否能正确保存这些信息,以及后台运行的程序能否正确解释和使用这些信息。当用户使用表单进行用户注册、登录、信息提交等操作时,必须测试提交操作的完整性,以校验提交给服务器的信息的正确性。如果使用默认值,还要检验默认值的正确性。如果表单只能接收指定的某些值,则也要进行测试。

3. Cookie 测试

Cookie 通常用来存储用户信息和用户在某些应用系统中的操作,当一个用户使用 Cookie 访问了某一个应用系统时,Web 服务器将发送关于用户的信息,并把该信息以 Cookie 的形式存储在用户端计算机上,这可用来创建动态和自定义页面或者存储登录等信息。本项目对"文献宝"官网和后台登录功能、需要传递 ID 的页面进行测试。

4. 数据库测试

数据库为 Web 应用系统的管理、运行、查询和实现用户对数据存储的请求等提供空间。在使用了数据库的 Web 应用系统中,一般情况下可能发生两种错误,分别是数据一致性错误和输出错误。数据一致性错误主要是由于用户提交的表单信息不正确而造成的,而输出错误主要是由于网络速度或程序设计问题等引起的,针对这两种情况,可分别进行测试。本项目对"文献宝"官网和后台前端数据渲染部分进行测试,查看数据、图表等是否正常显示。

6.4.6 项目经理感想

项目的实现过程中会遇到很多困难,这需要我们灵活使用学习到的技术,编码环节往往是用时最长的阶段,只有前期技术储备到位、基础打牢,在遇到技术问题的时候才能快速发现问题、解决问题。同时要注意编码过程中的一些规范,例如,如何给数据库表命名,如何给函数命名,什么时候要写注释,甚至包括缩进、空行的格式。

6.5 项目验收

6.5.1 用户手册

1. 系统概述

(1) 系统要求运行在 Windows 7/Windows 8/Windows 10 操作系统中,兼容谷歌、火狐、Edge 等浏览器。

(2) 服务器端要求计算机运行内存在 2GB 以上,CPU 性能良好,拥有足够的存储空间。

(3) 用户直接访问 localhost:8080/artibaby_indexok.html 即可。

(4) 管理员访问 localhost:8080/sign-in.html 即可。

2. 后台功能的介绍

下面介绍系统的主要操作界面,包括登录界面、主界面、功能界面等,并附加相应的文字说明,必要时会在界面图中进行标注。由于篇幅有限,会将一些相似界面合并介绍。

1) 后台界面的布局

后台共分为三栏,左栏包括管理员信息(用户名、头像及权限)和多级菜单,中间栏为内容部分,右栏为功能栏(设置、注销等),后台界面的布局如图 6-8 所示。

2) 登录界面

管理员输入用户名和密码后,单击"登录"按钮即可进入后台管理系统,管理员权限包括两类:超级管理员和普通管理员,其中,后台的超级管理员信息已提前写入数据库,并有管理普通管理员的高级权限(授权及取消、启用和禁用),普通管理员可通过对用户的授权来绑定,登录界面如图 6-9 所示。

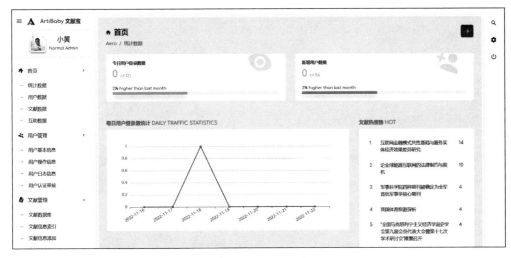

图 6-8　后台界面的布局

图 6-9　登录界面

3)"首页"模块

"首页"模块主要以数据、图表、列表的方式展示数据分析结果,包括对统计数据、用户数据、文献数据、互助数据的展示,管理员可以在"首页"模块中查看相应的数据展示,了解系统运行的基本状况。"首页"模块中共包含 4 个功能界面(除详细信息页面外),每个界面均由数据类可视化模块、列表类可视化模块以及统计图表类可视化模块构成,图 6-10 所示为"文献数据"界面,其他数据分析界面均与其类似,不再赘述。

(1) 数据类可视化模块。

数据类可视化模块通过纯数字的展现形式将系统的重要数据进行呈现,不涉及数据之间的关系,仅表示数量,图 6-11 所示为"文献数据"界面的数据类可视化模块,数据为动态数据,随数据库中数据的变动而改变。

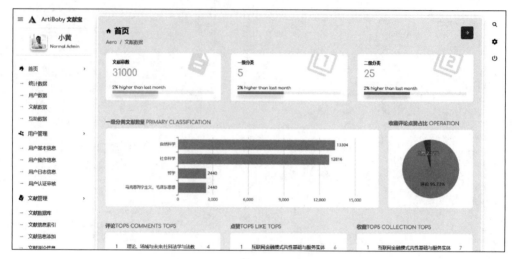

图 6-10 "文献数据"界面

图 6-11 数据类可视化模块

（2）列表类可视化模块。

列表类可视化模块通过邮箱、榜单等展现形式将业务数据或需要排名的数据展示出来。图 6-12 所示为"首页"→"统计数据"→"我的消息"中的数据以邮箱形式进行展示的效果。

已读	【ABC123】我需要多留言，督促一下你的进步	2021-12-13 00:32:15
已读	【晓萌】你猜猜我是谁	2021-12-07 15:36:26
未读	【ABC123】我是超级管理员，我在测试	2021-12-07 14:51:58

图 6-12 列表类可视化模块（邮箱形式）

"我的消息"功能的使用方法为：当用户从官网的"反馈中心"发布反馈信息后，信息将被发送至后台，管理员可在"我的消息"中进行查看。查看前该消息状态为"未读"，当管理员进入详情页面时可进行详细信息的查看，查看完成后该消息状态变为"已读"。

图 6-13 所示为"首页"→"文献数据"→"TOP 榜单"中的数据以榜单形式进行展示的效果。"TOP 榜单"是基于计算规则计算得分后，展示排名前五的榜单，可单击标题进入该文献的详情页面。

（3）统计图表类可视化模块。

统计图表类可视化模块通过统计图表，如柱状图、饼图、条形图等展现形式将数据及数据之间的关系表示出来。系统中共使用 4 类统计图表。

图 6-13 列表类可视化模块（榜单形式）

图 6-14 所示为"统计数据"界面的每日用户登录量统计模块,该模块使用折线图表示每日用户的登录情况,登录量实时更新,每日 0:00 更新一次。

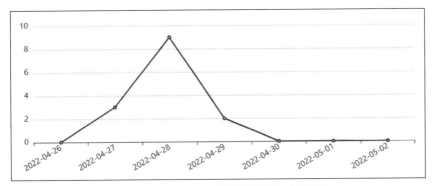

图 6-14　每日用户登录量统计模块(折线图)

图 6-15 所示为"用户数据"界面的用户学历统计模块,该模块使用柱状图表示用户的学历情况,学历数据实时更新。

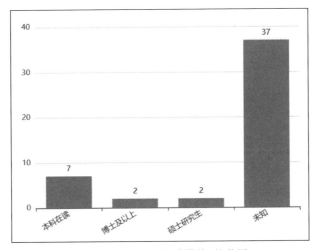

图 6-15　用户学历统计模块(柱状图)

图 6-16 所示为"文献数据"界面的一级分类文献数量模块,该模块使用条形图表示一级分类下的文献数量情况,文献数据实时更新。

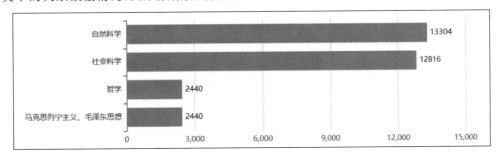

图 6-16　一级分类文献数量模块(条形图)

图 6-17 所示为"用户数据"界面的用户性别及认证情况模块,该模块使用环形图表示用户的性别及认证情况,用户数据实时更新。其他一些界面也会使用饼图用于表示占比情况、

完成情况等，在此不再赘述。

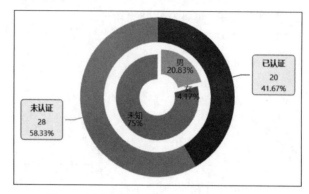

图 6-17　用户性别及认证情况模块（环形图）

4）"用户管理"模块

"用户管理"模块主要展示用户基本信息、操作信息、日志信息以及完成用户审核的业务流程。"用户管理"模块共包含 4 个功能界面，每个界面的主体部分均为数据列表，部分界面有查询等功能。

"用户管理"模块的"用户基本信息"界面如图 6-18 所示，该界面的功能主要包括：针对用户名和认证情况进行查询、取消 VIP 认证、查看用户详细信息。

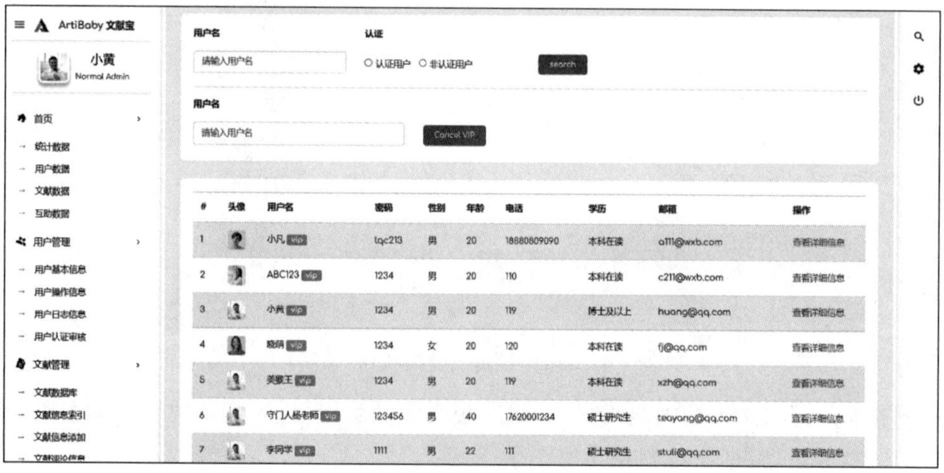

图 6-18　"用户基本信息"界面

管理员可以在"用户基本信息"界面单击"查看详细信息"超链接进入用户详细信息界面，如图 6-19 所示，该界面中包含用户的所有信息。

"用户管理"模块中的"用户操作信息"界面如图 6-20 所示，该界面的功能主要包括：针对点赞次数、评论条数、收藏次数进行排序，查看用户操作数据。

"用户管理"模块中的"用户日志信息"界面用于展示用户登录信息的列表，包括 IP 地址、操作系统、浏览器等信息，由于和前述列表样式相似，不再展示。

"用户管理"模块中的"用户认证审核"界面如图 6-21 所示，该界面用于审核用户提交的认证申请，当用户提交申请后，后台将接收到认证申请，如果条件符合，管理员可单击"通过"超链接同意用户的认证申请。

图 6-19 用户详细信息界面

#	头像	用户名	点赞次数 ⌄	评论条数 ⌄	收藏次数 ⌄
1		vip	1	32	0
2			0	31	0
3			0	31	0
4		vip	4	29	3

单击进行排序（降序）

图 6-20 "用户操作信息"界面

#	用户名	审核状态	申请时间	操作
1		待审核	2021-12-27 14:44:17	通过
2		已通过	2021-12-21 22:54:45	无
3		已通过	2021-12-21 20:52:22	无

图 6-21 "用户认证审核"界面

5）"文献管理"模块

"文献管理"模块主要包括文献数据库、索引、点赞、评论等信息的查看以及文献添加、词云更新等操作。"文献管理"模块共包含 7 个功能界面,大部分界面的主体部分为数据列表,其余界面用于完成亮点功能（如文献爬虫等）。

"文献管理"模块中的"文献数据库"界面如图 6-22 所示,该界面的功能主要包括:针对标题/作者/来源/关键词进行查询、查看或编辑文献的详细信息。

管理员可以在"文献数据库"界面单击标题进入文献的详细信息界面,如图 6-23 所示,该界面中包含文献的所有信息。

"文献管理"模块中的"文献信息索引"界面如图 6-24 所示,该界面的功能主要包括:对文献索引的查看以及索引数据可视化,这里采用科图法对索引进行分类,将索引确定为 5 个大类,25 个小类,可以通过模糊查询对索引进行检索。

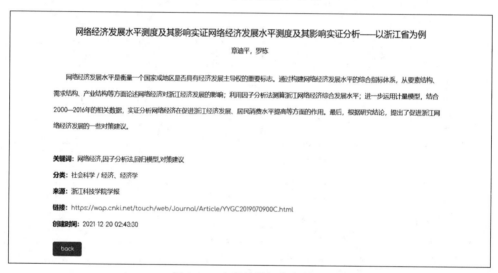

图 6-22 "文献数据库"界面

网络经济发展水平测度及其影响实证网络经济发展水平测度及其影响实证分析——以浙江省为例

章迪平, 罗栋

网络经济发展水平是衡量一个国家或地区是否具有经济发展主导权的重要标志。通过构建网络经济发展水平的综合指标体系, 从要素结构、需求结构、产业结构等方面论述网络经济对浙江经济发展的影响; 利用因子分析法测算浙江网络经济综合发展水平; 进一步运用计量模型, 结合 2000—2016年的相关数据, 实证分析网络经济在促进浙江经济发展、居民消费水平提高等方面的作用。最后, 根据研究结论, 提出了促进浙江网络经济发展的一些对策建议。

关键词: 网络经济,因子分析法,回归模型,对策建议

分类: 社会科学 / 经济、经济学

来源: 浙江科技学院学报

链接: https://wap.cnki.net/touch/web/Journal/Article/YYGC2019070900C.html

创建时间: 2021 12 20 02:43:30

back

图 6-23 文献的详细信息界面

图 6-24 "文献信息索引"界面

“文献管理”模块中的“文献信息添加”界面如图 6-25 所示，该界面的功能主要包括：对单篇文献的添加以及自动化文献爬虫。

图 6-25　“文献信息添加”界面

“文献爬虫”功能的使用方法为：管理员输入“爬取主题”“爬取页数”“分类索引”，单击 Submit 按钮进行爬取，爬虫将自动化爬取手机知网上对应主题的文献，弹出框将提示爬取的进程，爬取结束后文献信息将直接存入数据库。

“文献管理”模块中的“文献评论信息”界面用于展示用户评论、点赞、收藏信息的列表，功能较为简单，不在此展示。

“文献管理”模块中的“文献词云更新”界面如图 6-26 所示，该界面的功能主要包括：展示各类文献的数量，通过单击下方文字完成词云更新，更新完成后重启服务器（或开启热部署）可在官网查看更新后的词云。

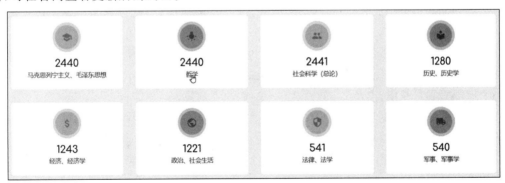

图 6-26　“文献词云更新”界面

6）“互助管理”模块

“互助管理”模块主要包括对求助、互助信息的查看，外部搜索引擎链接添加、启用与禁用。“互助管理”模块共包含 3 个功能界面，所有界面的主体部分均为数据列表。由于使用方法和前面各类信息界面基本相同，在此仅展示界面。其中，图 6-27 为“文献求助信息”界面，图 6-28 为“外部搜索引擎”界面。

图 6-27 "文献求助信息"界面

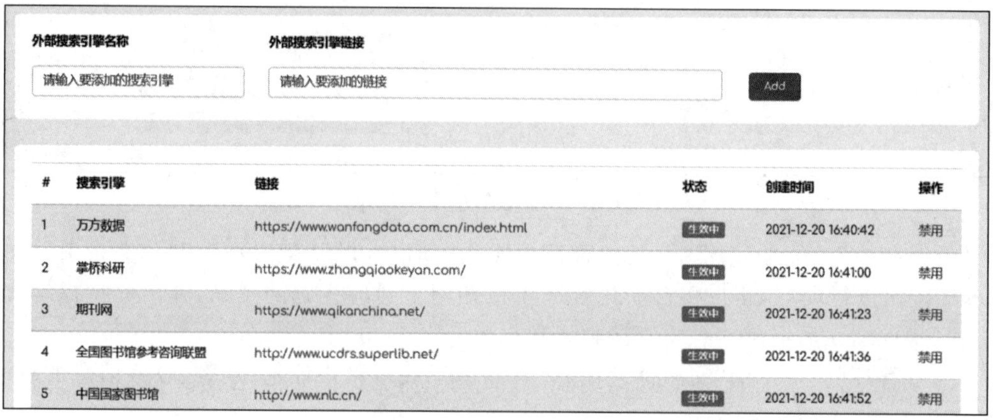

图 6-28 "外部搜索引擎"界面

7)"设置"模块

"设置"模块主要用于添加管理员权限、反馈信息、情感分析以及推荐系统等,在本项目中为主线功能的拓展部分。"设置"模块共包含 4 个功能界面,大部分界面用于完成亮点功能(如情感分析得分更新、推荐系统得分更新等)。

"设置"模块中的"添加权限"界面如图 6-29 所示,该界面的功能主要包括:超级管理员可通过用户名授权其他用户,普通管理员不能对其他用户进行授权。后台管理员可以停用、启用或取消管理员权限。

"设置"模块中的"信息中心"界面用于展示用户在官网发送的反馈信息,和"我的消息"模块的数据来源一致,区别为在这里以列表形式展现,由于和前述列表样式相似,不再展示。

"设置"模块中的"情感分析"界面如图 6-30 所示,该界面的主要功能为更新情感得分,这里按照情感得分将文献区分成正向文献、负向文献以及无评论文献,正向文献即评论反馈积极的文献,负向文献即评论反馈消极的文献。

"设置"模块中的"推荐系统"界面如图 6-31 所示,该界面的主要功能为进行推荐结果的更新,针对不同用户的偏好进行推荐,判定用户偏好的主要依据就是用户针对文献的情感分析得分,这也导致一些没有进行评论的用户,系统无法推荐。

注:本项目的评论数据均为模拟数据,正、负向文献的判定无代表性,仅用于数据模拟,不代表任何人的观点和看法。

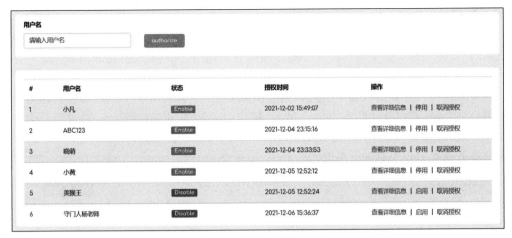

图 6-29　"添加权限"界面

图 6-30　"情感分析"界面

#	用户名	推荐文章	得分
1	小凡	中国省级GDP的构成及分解、地方政府经济竞赛与南北经济分化	49.2
2	小凡	领域法学视野下教育法学的理论定位与体系建构	60
3	小凡	《军事历史研究》征稿征订启事	56.7
4	小凡	国内外数学类MOOC发展的非参数差异比较分析	60
5	小凡	互联网+时代初中数学信息化教学的问题及优化措施	60
6	ABC123	改革开放以来党抵御历史虚无主义思潮的历史审视——以毛泽东和毛泽东思想的评价为例	45

图 6-31　"推荐系统"界面

3. 官网功能介绍

下面将介绍官网的主要操作界面,包括登录界面、主界面、功能界面等,并附加相应的文字说明,必要时会在界面中进行标注。由于篇幅有限,会将一些相似界面合并介绍。

1)登录界面

前端用户在未登录的状态下也可以进行页面的查看,如图 6-32 所示,未登录状态下不显示用户中心,只有在登录状态下才会显示"用户中心",如图 6-33 所示。通过用户名和密码进行登录,如图 6-34 所示,注册需要填写用户名、密码、电话和邮箱,如图 6-35 所示,其他个人基本信息在用户中心进行更改。

图 6-32　未登录状态

图 6-33　登录状态

图 6-34　登录界面

图 6-35　注册界面

2）官网首页

官网首页的主要功能包括文献热评榜、文献热度榜以及猜你喜欢。其中,文献热评榜是基于用户对文献评论的点赞数量进行排序,并选取前八进行展示。文献热度榜是基于对某一篇文献的点赞、评论、收藏数量求得均值,并根据得到的均值从大到小进行排序,猜你喜欢是基于协同过滤,不同用户的推荐文献都是不同的。

"文献热评榜"界面和"文献热度榜"界面如图 6-36 所示。

图 6-36　"文献热评榜"界面和"文献热度榜"界面

"猜你喜欢"界面的推荐结果如图 6-37 所示。

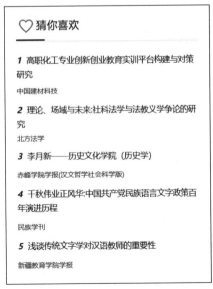

图 6-37　"猜你喜欢"界面

3）文献分类

"文献分类"界面包括对文献信息的检索以及查看详细信息,在详细信息界面可以对文章进行点赞、收藏、评论,也可以对评论点赞。

　　"文献分类"界面如图 6-38 所示,该界面的功能主要包括：文献检索、检索目录文献数据库展示。单击文献标题可进入文献的详细信息界面,如图 6-39 和图 6-40 所示。

图 6-38　"文献分类"界面

图 6-39　文献的详细信息界面-1

4）文献互助

　　"文献互助"界面的功能主要包括：VIP 用户进行互助、应助达人等。只有认证用户即 VIP 用户才能接收求助(由于求助信息内含有用户个人邮箱,为保证安全性需要进行认证的用户才能接收求助)。帮助成功后,互助信息将会进入"用户中心、我的互助"模块,等待进行下一步操作,如图 6-41 所示。

5）戳我看词云

　　"戳我看词云"界面包括 25 类文献信息的展示,单击标题可进入详细词云界面查看针对该类文献的标题、关键词、摘要做的词频统计后出现的词云,图 6-42 所示为"戳我看词云"界面的一级分类展示,图 6-43 所示为详细词云界面。

图 6-40　文献的详细信息界面-2

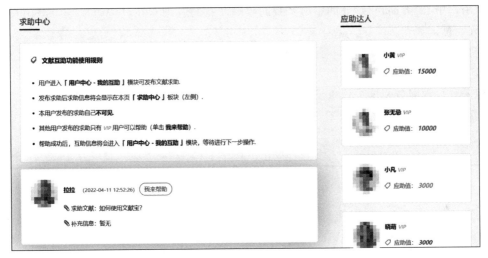

图 6-41　"文献求助"界面

图 6-42　"戳我看词云"界面的一级分类展示

图 6-43　详细词云界面

6）用户中心

"用户中心"界面包括"我的中心""我的收藏""我的互助"，在其中可以查看与用户有关的所有信息。

"我的中心"界面如图 6-44 所示，该界面中主要包括"基本信息""个人成就""通知栏""反馈中心"模块。其中"通知栏"模块目前的功能为后台管理接收到反馈中心发出的反馈后，如果后台管理员阅读了该条反馈，则自动发送一条已阅信息到用户"通知栏"。

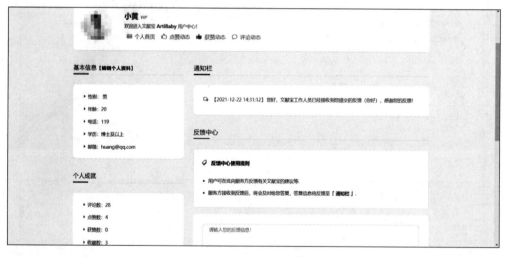

图 6-44　"我的中心"界面

"我的收藏"界面如图 6-45 所示，该界面的功能主要包括：记录收藏的文献，单击标题可进入详情页面。

"我的互助"界面如图 6-46 和图 6-47 所示，该界面的功能主要包括：求助信息的发布，显示我的求助信息以及应助信息。

7）"认证申请"界面

"认证申请"界面如图 6-48 所示，该界面的主要功能是单击"我想好了，申请认证"按钮后将认证申请发送至后台。

图 6-45 "我的收藏"界面

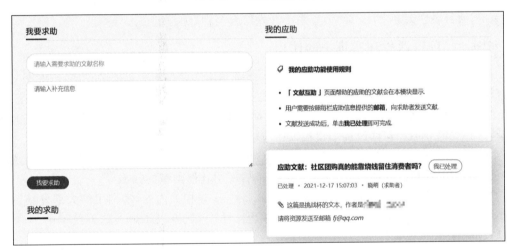

图 6-46 "我的互助"界面-1

图 6-47 "我的互助"界面-2

图 6-48 "认证申请"界面

6.5.2 验收视频

本项目的验收视频略。

6.6 实训总结

6.6.1 项目获得的奖项

（1）项目荣获 2019 级"信息系统开发综合实训"优秀项目团队（第一名）。
（2）项目经理荣获 2019 级"信息系统开发综合实训"优秀组长。

6.6.2 前置课程在实训中的作用

前置课程的学习对于本次综合实训的技术储备来说的确是非常重要的一环，而大家又往往会忽视课程与实训之间的关联性，此次实训过后发现很多技术或思想都来源于前置课程。

"网页制作与网站建设"课程介绍了前端的基础知识，在实训中能够帮助团队选择前端模板，在必要时知道如何修改前端模板以适应项目需求。

"数据库原理及应用"课程介绍了数据库设计流程以及 SQL 语法，在实训中帮助团队完成项目数据库的搭建，在此基础之上，还可以扩展使用其他类型的数据库。

"面向对象程序语言（Java）"课程介绍了 Java 语法等相关内容，实训中的大部分接口都是使用 Java 语言进行开发的，此外，通过本课程的学习，还可以了解大数据技术的 Java 实现，如 MapReduce 编程。

"Web 应用开发技术"课程介绍了 JSP 的相关知识及网站开发的流程，并汇总了网页制作、数据库以及 Java 编程的相关知识。

"Python 数据分析与挖掘基础"课程介绍了一些常用的第三方库，如 NumPy、Pandas 等，给系统开发提供了新思路，可以将复杂的数据分析与挖掘交给 Python 脚本去完成。此外，对爬虫、机器学习、人工智能有兴趣的读者也可以做相应的功能实现。

"大数据技术原理及应用"课程介绍了一些大数据技术的原理，如 Hadoop、Spark 等，在实训中可以结合大数据技术进行相应的功能实现，可以在某些功能实现上使用大数据技术完成，也可以通过搭建自己的大数据平台来完成信息系统的开发。

总体来说，前置课程是非常重要的，一些课程涉及具体的技术实现，这就要求我们注重课内实验或课程设计，另一些课程涉及原理和方法，也可以作为系统开发的思考方向。

6.6.3 项目组成员总结

1. 组员总结

1）实训过程中存在的问题

实训过程中存在的团队问题：组内很难保证每个人齐头并进，进展比较快的同学，学习和练习的内容可能会更多,进展比较慢的同学可能相对会少一些。

实训过程中存在的个人问题:尽管最终系统的完成度和丰富度较高,但由于团队管理考虑到实训需要持续不断地推进下去,只能采用"抓关键人物"的策略,这从结果来看是有效的,但从过程来看可能对非关键人物的个人成长有所忽视。

2)个人经验收获与感悟

(1)技术收获:在实训过程中,对于技术的学习没有只局限于补强的内容,而是把前置课程中的理论知识、比赛时涉及的实战技术都融入其中,通过一次实训整合了多领域知识和技术,并且能够成功地将其运行起来,实现功能。

(2)管理收获:管理问题是第一大难题,在实训过程中不断和组员交流想法和了解状态的过程中,项目经理渐渐对团队管理策略有了更为清晰的认识,最为关键的是,能够清楚地认识到组长的职责,尽力帮助每个组员成长和进步。

(3)经验收获:能够顺利走完信息系统开发的流程是很难得的,参与项目的整个生命周期带来的体验是前所未有的,过程中积累了很多技术、管理的经验和感悟,例如,如何清楚地划分每个阶段的任务,尽早培养可交付成果意识,学会如何把项目推进下去等。

2. 组长发言

1)要在齐头并进和追求效果中找平衡

客观来说,组员之间确实也存在能力不均衡的事实,但要想将结果呈现得更好,还需要能力较强的同学花费更多的精力、时间去进行开发。

2)要在项目进展中有想法、有落实

实训成功的关键在于能把团队想法、团队创新融入项目之中,敢想敢做。组内最大的优势就在于,对于提出的所有需求都能想办法实现,不管是否要用到新技术。

3)要注重团队内部的信任问题

在实训过程中组长不可能承担所有工作,分工合作时相信组员能做好是非常关键的,只有这样项目小组氛围才会和谐,才能有序、顺利地推进下去。

6.6.4 经验教训及改进建议

回顾本次实训,它是一个摸着石头过河的艰难过程,也遇到了许多问题,团队在不断调整和解决的过程中完成了本次实训,在此期间也积累了很多实训的经验教训。

(1)从团队管理的角度来说,要注重分工合作、相互信任、避免冲突。

在本次实训的过程中,任务的分配有些失衡,应该在团队建立之初,充分了解组员的技术能力以及擅长领域,同时加强团队合作和信任度的培养,当在一些关键意见上产生分歧时,要平衡好各方意见,寻求最优解,避免因团队成员之间起冲突,导致项目进展滞后。

(2)从项目管理的角度来说,要注重可交付成果意识的培养。

明确每天、每个阶段的计划,每天要有产出、有进展,切记不能努力半天却对项目进展没有贡献。在做项目管理计划时就要明确一些成果的交付时间,可早不可晚,否则后面会把任务越积累越多,最后草草了事。

(3)从技术锻炼的角度来说,要注重基础知识的理解和新技术的探索。

对于基础知识,不仅要做到会使用,更要去理解其深层逻辑,这样才能更好、更高效地解决项目进展过程中出现的问题。此外,项目的亮点可能还需要使用一些新技术,如何自主学习新技术并将其应用到项目之中,是需要不断探索和尝试的。

第7章

实践2："战国纪"系统开发报告

"战国纪"系统开发报告以信息系统开发训练时间轴为主线,全面呈现系统开发训练的真实过程以及训练成果,主要介绍了项目的基本情况以及需求分析阶段、草图和原型界面设计阶段、编码和测试阶段、项目验收阶段的详细内容。并结合各阶段项目经理的经验、挫折、思考与感悟,以期对项目综合实训的开展进行复盘以及对未来系统开发提供经验帮助。

7.1 项目的基本情况

7.1.1 实训背景

本项目的开发依托综合实训开展,综合前期项目管理相关知识的学习以及基础训练中对开发相关技术的把握,在此基础上展开为期一个月的项目开发综合实训。本次实训的开发团队由 4 人自由组队而成,由项目经理带领团队在有限的时间内完成整体的项目开发工作。

7.1.2 项目简介

本项目名为"战国纪"。以"趣味学习,玩转战国史"为内容主题,选取春秋战国时期的史实资料与历史故事作为网站素材,以历史国风为设计主题,以历史爱好者、历史研究者为主要客户群体,旨在通过历史故事检索、知识检测与闯关帮助用户更好地学习春秋战国史。

本网站的主要功能为历史事件分类检索、战国历史故事分类检索、历史人物知识图谱、3 个游戏模块和后台管理中的 7 个功能模块。

1. 项目背景

"战国纪"主要以春秋战国时期为历史背景,从公元前 770 年东周成立,到公元前 221 年秦统一六国为时间轴,旨在展现此阶段的历史人物与事件,穿插知识图谱和游戏闯关两大功能板块,构建更加具有交互性的历史学习网站。

目前学习类网站逐渐受到大众的欢迎,具有历史内涵的学习网站对讲好中国故事、传播中国历史文化有着极其重要的作用。在此背景下,本项目选取春秋战国时期的历史人物与事件,是在此背景下立项。

2. 项目特色

本项目的特色是关系图谱技术的使用,利用了 Neo4j 图数据库,对人物的国间关系网和人物国内关系网以人物图谱的形式展现;此外在游戏这一特色板块部分有"历史人物谁知晓"和"春秋战国知多少"这两个闯关游戏以及"周公解梦"功能板块。具体的项目特色介绍将会在后面章节陆续呈现。

3. 相似项目或系统与本项目的对比

在此,本小组对其他同类历史学习类网站进行分析,选择了几个比较典型的网站,具体优劣分析如下。

1)"全历史"网站

"全历史"网站以 AI 知识图谱为核心引擎,通过高度时空化、关联化数据的方式构造及展现数字人文内容,尤其是历史知识。从图 7-1 所示的"全历史"官网主界面可以看出,该网站除以时间线的形式展示从 100 万年前到 1636 年的中国和其他国家的历史外,主要有关系图谱和时空地图两大板块,即用 AI 来展现历史人物与其相关事件的关联关系,此外,时空地图可以根据时间展现地图板块的演变情况,以及基于不同的历史人物,可以在地图上展现其生平大事件的地理位置等信息。此外,主界面最下方的板块是实时文章更新,可以加载链接到关于历史的评论文章。

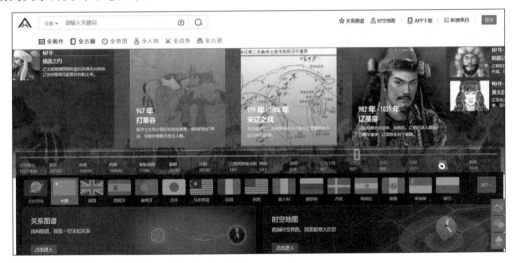

图 7-1 "全历史"官网主界面

该网站的优点为拖动时间轴的效果很有互动性;涵盖范围比较广,涉及全世界的历史;时空地图的效果很好;界面比较美观。

该网站的缺点为许多功能没有实现,还处于开发阶段;关系图谱的呈现方式过于静态和单一;对于每个朝代的历史虽然都有涉及但是比较浅,不够深入;对于每一个历史事件或人物只有单一的词条解释。

2)"中国历史网"网站

"中国历史网"是一个关于中国历史、国学文化、中国古代历史、中华五千年历史文明的公益性历史网站。每一个朝代板块列出了在此朝代发生的重大事件,对于每个事件,又有二级页面进行相应的文字说明,同时有"世界历史""探索发现""百家哲学""社会百态""野史传说"等功能板块,对于国外历史也有涉及,更加注重实用性。其主界面如图 7-2 所示。

该网站的优点为知名度比较高,有较好的用户基础;更倾向于科普性质,比较权威;更注重于实用性,如"野史传说"和"最新资讯"板块,是同类型网站所没有的;"历史专题"板块对于事件的关键词提取比较吸引眼球。

图 7-2 "中国历史网"官网主界面

该网站的缺点为界面比较枯燥,配色等有所欠缺;几乎全是文字说明和比较单一的图片;涉及的人物和事件大多为人所知,深度不够;相对而言是一个静态页面。

3)"历史车轮"网站

"历史车轮"网站是一个历史数据可视化工具的集合,读者可以补充数据并创建自定义可视化作品。针对其功能板块,主要涵盖"历史长河图""历史卷轴""生命时间轴""简易历史地图""数据""时间"等多个功能板块。其主界面如图 7-3 所示。

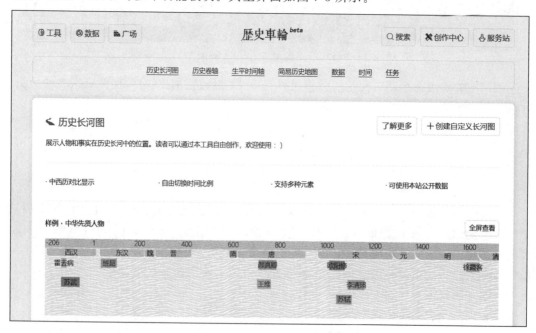

图 7-3 "历史车轮"官网主界面

该网站的优点为聚焦可视化,是历史类网站的新兴领域;功能比较多,同时功能适用性也比较高;可以让用户自定义进行设计。

该网站的缺点为界面不够美观,太过单一;可视化的呈现效果过于静态,色彩把握不好;只能自定义圈定范围,无法自定义绘图。

7.1.3 项目进度

本项目开发的主要进度与实训的进度基本一致,如图7-4～图7-6所示为系统开发的时间轴,用 Project 表示。

	任务名称	工期	开始时间	完成时间
185	⊟5.2 需求分析与概要设计	6 个工作日	2021年10月4日	2021年10月9日
186	5.2.1 项目需求导入	1 个工作日	2021年10月4日	2021年10月4日
187	5.2.2 项目需求分析	1 个工作日	2021年10月4日	2021年10月4日
188	5.2.3 SVN团队开发工具使用	1 个工作日	2021年10月5日	2021年10月5日
189	5.2.4 AxurePro的基础、绘制项目草图	1 个工作日	2021年10月5日	2021年10月5日
190	5.2.5 绘制项目草图	2 个工作日	2021年10月6日	2021年10月7日
191	5.2.6 数据库设计	1 个工作日	2021年10月6日	2021年10月6日
192	5.2.7 数据库评审	0.5 个工作日	2021年10月8日	2021年10月8日
193	5.2.8 撰写需求分析报告	1 个工作日	2021年10月9日	2021年10月9日
194	5.2.9 需求评审	1 个工作日	2021年10月9日	2021年10月9日
195	⊟5.3 系统设计	6 个工作日	2021年10月11日	2021年10月16日
196	5.3.1 搭建项目框架并导入SVN	0.5 个工作日	2021年10月11日	2021年10月11日
197	5.3.2 项目模板分解	1 个工作日	2021年10月11日	2021年10月12日
198	5.3.3 项目原型绘制	2 个工作日	2021年10月12日	2021年10月14日
199	5.3.4 撰写系统设计报告	1 个工作日	2021年10月12日	2021年10月13日
200	5.3.5 系统设计评审	0.5 个工作日	2021年10月14日	2021年10月14日
201	5.3.6 挣值分析	1 个工作日	2021年10月14日	2021年10月15日
202	5.3.7 撰写挣值分析报告	1 个工作日	2021年10月15日	2021年10月16日
203	5.3.8 挣值管理评审	0.5 个工作日	2021年10月16日	2021年10月16日
204	5.3.9 挣值分析通过,项目继续	0 个工作日	2021年10月16日	2021年10月16日

图 7-4 系统开发训练时间轴 1

	任务名称	工期	开始时间	完成时间
205	⊟5.4 编码实现	22 个工作日	2021年10月18日	2021年11月11日
206	5.4.1 撰写迭代计划表	1 个工作日	2021年10月18日	2021年10月18日
207	⊟5.4.2 基础功能实现	6 个工作日	2021年10月18日	2021年10月23日
208	5.4.2.1 项目登录功能实现	5.5 个工作日	2021年10月18日	2021年10月23日
209	5.4.2.2 项目权限功能实现	5.5 个工作日	2021年10月18日	2021年10月23日
210	5.4.2.3 项目各权限下菜单功能实现	5.5 个工作日	2021年10月18日	2021年10月23日
211	5.4.2.4 基础功能评审	0.5 个工作日	2021年10月23日	2021年10月23日
212	⊟5.4.3 后台功能实现	6 个工作日	2021年10月25日	2021年10月30日
213	5.4.3.1 后台主菜单实现	4.5 个工作日	2021年10月25日	2021年10月29日
214	5.4.3.2 后台文章管理模块开发	4.5 个工作日	2021年10月25日	2021年10月29日
215	5.4.3.3 后台游戏管理模块开发	4.5 个工作日	2021年10月25日	2021年10月29日
216	5.4.3.4 后台可视化模块开发	4.5 个工作日	2021年10月25日	2021年10月29日
217	5.4.3.5 撰写Scrum后台开发报告	1 个工作日	2021年10月29日	2021年10月30日
218	5.4.3.6 后台开发评审	0.5 个工作日	2021年10月30日	2021年10月30日
219	⊟5.4.4 前端功能实现	6 个工作日	2021年11月1日	2021年11月6日
220	5.4.4.1 前端主菜单实现	4.5 个工作日	2021年11月1日	2021年11月5日
221	5.4.4.2 文章检索模块开发	4.5 个工作日	2021年11月1日	2021年11月5日
222	5.4.4.3 知识图谱模块开发	4.5 个工作日	2021年11月1日	2021年11月5日
223	5.4.4.4 周公解梦模块开发	4.5 个工作日	2021年11月1日	2021年11月5日
224	5.4.4.5 撰写Scrum前端开发报告	1 个工作日	2021年11月5日	2021年11月6日
225	5.4.4.6 前端开发评审	0.5 个工作日	2021年11月6日	2021年11月6日
226	5.4.5 编码整合	4 个工作日	2021年11月8日	2021年11月11日

图 7-5 系统开发训练时间轴 2

任务名称	工期	开始时间	完成时间
227 5.5 系统测试	8 个工作日	2021年11月12日	2021年11月20日
228 5.5.1 整体流程功能性测试	1 个工作日	2021年11月12日	2021年11月12日
229 5.5.2 初步系统测试	1 个工作日	2021年11月13日	2021年11月13日
230 5.5.3 细节完善	4 个工作日	2021年11月15日	2021年11月18日
231 5.5.4 系统测试	1 个工作日	2021年11月19日	2021年11月19日
232 5.5.5 开发完成	0 个工作日	2021年11月19日	2021年11月19日
233 5.5.6 撰写系统测试报告	1 个工作日	2021年11月20日	2021年11月20日
234 5.5.7 撰写BugList表	1 个工作日	2021年11月20日	2021年11月20日
235 5.5.8 撰写用户手册	1 个工作日	2021年11月20日	2021年11月20日
236 5.6 项目验收	3 个工作日	2021年11月22日	2021年11月24日
237 5.6.1 项目验收和发布材料准备	2 个工作日	2021年11月22日	2021年11月23日
238 5.6.1.1 制作可完整演示的产品包	2 个工作日	2021年11月22日	2021年11月23日
239 5.6.1.2 制作项目发布PPT	1 个工作日	2021年11月22日	2021年11月22日
240 5.6.1.3 撰写项目总结报告	1 个工作日	2021年11月22日	2021年11月22日
241 5.6.1.4 撰写个人总结报告	1 个工作日	2021年11月22日	2021年11月22日
242 5.6.2 项目验收与发布	1 个工作日	2021年11月24日	2021年11月24日
243 5.6.3 验收结束	0 个工作日	2021年11月24日	2021年11月24日
244 6 项目收尾	3 个工作日	2021年11月25日	2021年11月27日
245 6.1 整理并提交项目成果	0.5 个工作日	2021年11月25日	2021年11月25日
246 6.2 项目成效评估与分析	1.5 个工作日	2021年11月25日	2021年11月26日
247 6.3 撰写项目成效评估与分析报告	1 个工作日	2021年11月27日	2021年11月27日
248 7 项目结束	0 个工作日	2021年11月27日	2021年11月27日

图 7-6 系统开发训练时间轴 3

7.1.4 项目使用的技术和工具

本项目所涉及的技术和工具如表 7-1 所示。

表 7-1 技术和工具

类 别	使用技术或工具	用 途
基础类	Spring Boot	后台接口开发
	BootStrap、Element-UI	前端页面实现
	Axios	异步
数据库类	MySQL	关系数据库
	Neo4j	图数据库
软件类	Axure	原型绘制
	Gitee	协同开发

7.1.5 项目的软硬件环境

用户在使用本系统前,需要进行相关软件的安装、配置好相关的基础环境、准备相关的数据库、确定运行的环境以及明确该网站的访问入口。需要安装 JDK、Neo4j、MySQL 和开发工具 IDEA。具体软硬件的配置要求可见 7.5.1 节。

7.1.6 项目的完成情况

1. 项目总体的完成情况

基于与前期需求分析的对比,本项目已基本完成前期需求分析中的所有功能模块。主要包括前端和后台的两个主要功能部分。

2. 项目中详细功能点的完成情况

1）账户管理模块

账户管理模块的前端以及后台均涉及账户的管理,具体包括利用账户信息进行注册、登录、退出登录操作,且前端用户可以在个人中心的个人资料中修改个人账户信息。

2)历史事件文章浏览模块

历史事件文章浏览模块的功能实现的功能有基于时间分类信息的历史事件文章的导航和基于相关人物的文章推荐,用户可以从首页或者导航栏的文章分类中进入。

3)历史故事文章浏览模块

历史故事文章浏览模块中展示的是不含标签分类的历史故事文章。用户可以从首页进入,此部分的文章可以实现评论功能,即用户可以发表评论以及看到其他用户对此篇文章的评论,此外,还有基于文章评论数量的热门文章推荐。

4)关系图谱模块

关系图谱模块中展示的主要是利用知识图谱构建的历史人物关系网,主要包含国间关系以及国内关系两个部分。用户可以选择相关的国家以及历史人物查看相应的人物国间或者国内的相关人物关系网。

5)游戏模块

游戏模块主要包含"历史人物谁知晓"和"春秋战国知多少"两个闯关游戏和"周公解梦"这一互动游戏。"历史人物谁知晓"游戏是基于历史人物的"连连看"闯关,"春秋战国知多少"游戏是基于答题形式的科普类闯关。在"周公解梦"这一互动游戏中,通过调用 API,用户可以在输入相关的梦境关键词后检索得到相应的梦境解析。

6)个人中心模块

在个人中心模块,用户可以修改个人资料、查看积分中心中的用户积分、查看用户协议/帮助等文件。

7)后台首页模块

后台首页模块中,管理员可以对相关数据的统计信息进行查看,主要包括用户的地区分布、用户荣誉榜、最新注册、热门文章、实时评论以及包含用户总数、评论总数、文章总数和实时文章总数的相关数据总量的统计。

8)用户管理模块

用户管理模块主要涉及相应的用户数据管理以及用户数据可视化两个内容。对于用户数据管理,管理员可以对相应的用户信息进行增、删、改、查的操作;在用户数据可视化中,可以对用户总积分、用户学历以及性别的统计情况进行可视化的查看。

9)文章管理模块

文章管理模块主要涉及相应的历史故事文章管理、历史事件文章管理以及文章数据可视化和文章评论可视化。

10)游戏管理模块

游戏管理模块包括相应的"历史人物谁知晓"和"春秋战国知多少"的题库管理、答题情况以及游戏数据可视化。

11)联系我们模块

在联系我们模块,管理员主要可以查看相关的主创介绍,包括四位管理员的个人基本资料等。

12)帮助模块

帮助模块主要包括用户操作帮助以及管理员操作帮助,管理员可以在帮助模块查看相关的用户以及管理员操作手册。

3．总体代码规模

"战国纪"网站共包含 71 个 HTML 页面。

4．代码缺陷率

针对现有功能而言,代码均已完整。但是代码还存在可读性较差的问题,主要是代码的注释比较少,对于不同模块中的代码,缺少相关的基本注释,同时,代码的编写逻辑上也缺少相应的跟踪记录。

5．项目的整体进度

本项目的开发主要包括项目启动、需求分析、系统设计、编码和测试共 5 个阶段,从 9 月 6 日延续至 11 月 27 日。表 7-2 中记录了每个阶段的计划开始、结束日期和实际开始、结束日期,统计了项目的进度偏移。需要说明的是,除表 7-2 中所示的项目阶段外,还有其他如基础训练等阶段没有在此处说明。

表 7-2　项目进度表

项目阶段	计　　划		实　　际		项目进度偏移/天
	开始日期	结束日期	开始日期	结束日期	
项目启动	9 月 6 日	9 月 11 日	9 月 6 日	9 月 11 日	0
需求分析	10 月 4 日	10 月 9 日	10 月 4 日	10 月 9 日	0
系统设计	10 月 11 日	10 月 16 日	10 月 11 日	10 月 17 日	+1
编码	10 月 18 日	11 月 11 日	10 月 18 日	11 月 12 日	+1
测试	11 月 12 日	11 月 20 日	11 月 13 日	12 月 21 日	+1

7.2　需求分析

需求分析文档对"战国纪"系统开发需求的描述,是所有项目相关人后期工作的基础。作为整个项目的支撑文档,其可以为后期软件开发的实施过程进行指导和控制。总体来说,本需求分析文档的主要目的有:供"战国纪"系统开发人员使用;作为项目的里程碑之一;作为软件维护的参考资料以及作为后期软件开发的基线等。

7.2.1　系统功能的全貌

1．总体概述

本系统是一个故事化资讯工具,提供用户登录的功能,用户登录后可以对春秋战国时期的重要历史时间节点、历史事件节点和历史重要人物进行故事化的检索。知识图谱板块可以基于对关键人物的查询检索,呈现人物与人物、人物与事件之间的关联,更加直观地梳理春秋战国背景下人物与人物及人物与故事之间错综复杂的关系。游戏闯关板块基于每个用户账号,以闯关解锁的形式实时更新每个用户的闯关进度,并且可以显示不同用户之间的进度比拼情况。在游戏模块中主要分为三个板块,分别为"历史人物谁知晓"(即由用户连线历史人物及与其有关联的事件、著作等)、"春秋战国知多少"(即以选择题的形式对用户从网页上学习的知识进行考察)、"周公解梦"(是以 AI 智能聊天的形式,让用户通过提问的方式,深入解析梦境)。

作为一个独立的项目,在"中国历史网""全历史""历史车轮网"等历史学习网站对整个中国历史乃至全世界历史进行宏观展现的背景下,本项目将时间轴聚焦于春秋战国这一时期,旨在展现这段五百多年中国的历史。

虽然春秋战国是历史上一段大分裂时期,但无论是春秋的百家争鸣还是战国的列国对抗,都有无数杰出的人和轰动的事值得我们去细究,因此本项目选取了这样一个富有戏剧化和故事化的时期,为历史爱好者们提供一个学习交流的平台。

综上,"战国纪"主要以春秋战国为历史背景,从公元前 770 年东周成立,直到公元前 221 年秦统一六国为时间轴,旨在展现此阶段的历史人物与事件,构建更加具有交互性的历史学习网站。

2. 功能需求

此处从用户层面和管理员层面两个视角以用例图的形式展现功能需求。

1)用户层面(见图 7-7)

用例 1——用户登录:用户可以在登录界面通过绑定手机号进行登录,每个用户有唯一一个账号且由后台维护,只有完成登录才可以进行文章评论以及游戏闯关。此外,针对评论的文章,每位用户可基于其账户信息查询所有的评论及其对应的信息;针对游戏闯关环节,通过与用户的账户信息进行绑定可以记录用户的关卡解锁进度,从而实现不同用户间的闯关排行显示。

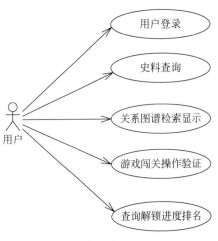

图 7-7 用户层面用例图

用例 2——史料查询:史料查询是本系统的基础功能,即进入网站首页后,用户可以根据选择的国家对应到时间轴上的特定刻度,以列表的形式呈现该国家和时间背景下的重要历史事件,用户单击某一历史事件即可跳转到历史事件的详细介绍页面。此外,相关史料有静态历史史料和动态的实时文章两种形式。

用例 3——关系图谱检索显示:关系图谱是本系统的一个亮点功能,即用户基于对关键人物的检索,即可显示以此人物为中心的关系图谱,从中用户可以直观地看出人物与人物以及人物与相关事件之间的联系,从而更系统地把控整体逻辑。

用例 4——游戏闯关操作验证:用户可进行游戏闯关,可对 3 个游戏模块进行选择,对于"历史人物谁知晓",用户只需根据历史人物一个个关卡进行检索,对于每个历史人物,需要将对应关键词与其相应解释进行连线,只有全部正确才可进入下一题,解锁此关卡,此处解锁也对应到用户的积分累计操作。对于"春秋战国知多少",当用户单击进入后,针对每个国家、朝代逐一解锁,且对于每个国家和朝代都有若干与之相关的选择题需要解答,只有用户全部选择正确才能解锁,从而累加积分。对于"周公解梦",用户可以自主针对春秋战国时期相关的问题进行提问,计算机可以通过 AI 智能技术进行对应的解答。需要说明的是,3 个游戏模块只有在用户登录之后才能进行操作,并且相应的游戏积分由后台分开记录。

用例 5——查询解锁进度排名:用户可以进入个人资料页面查看自己的个人信息,除此之外,由于系统维护了不同用户的相关积分数据,所以还可以实时展现不同用户积分数据的排行情况。

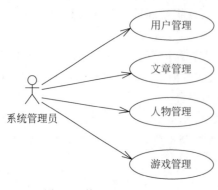

图 7-8　管理员层面用例图

2）管理员层面（见图 7-8）

用例 1——用户管理：对于用户管理功能，系统管理员可登录后台查询这一周/月/年的用户注册情况以及相应的浏览情况、用户闯关情况，以及基于每个人发表的评论管理，对于这些数据，除简单数据显示之外，还会以可视化的方式显示如用户流量变化情况、用户行为分析、用户游戏积分排行情况等功能板块，系统管理员可对这些数据进行查询和维护。

用例 2——文章管理：针对文章管理功能，管理员可从后台看到当天实时抓取的与春秋战国这一时期有关的历史文章，从而负责筛选文章，并将其置于主界面对用户展示，与此同时，对于发布的文章，可以看到用户阅读记录以及用户的评论信息，基于对文章内容和用户阅读行为的关联分析，可以为筛选热门文章以及推荐文章起到借鉴作用，此外，还可以对评论进行置顶、删除等基本操作。

用例 3——人物管理：对于人物管理模块，管理员可以登录后台观测到本系统所维护的所有历史人物数据，对于这些数据，原则上是固定不变的，但管理员可以在后台对这些人物数据做增、删、改、查的操作以修正错误，不断完善和丰富人物库。

用例 4——游戏管理：对于游戏管理，管理员可以从后台观测到对于每个游戏的整体用户解锁进度，以及通过分析用户行为，可以对关卡的设置和题目的改动提供参考。对于周公解梦这一功能，用户可以通过 AI 聊天向本系统提问，由后台收集这些问题并作归类存储，管理员可以从后台观测到热门问题，从而更加全面地了解需求，对后期系统优化提供帮助。

3. 性能需求

性能需求指系统必须满足的定时约束或容量约束。主要涉及响应时间需求、灵活性需求、精确度需求和安全性需求。

1）响应时间需求

响应时间即指用户进行交互时计算机的反应时间。响应时间需求如表 7-3 所示。

表 7-3　响应时间需求

操　　作	响应时间/s	操　　作	响应时间/s
页面跳转	<0.5	数据查询	<2
答题验证	<1	视频动画加载	<2
时间轴内容加载	<1	后台数据统计	<1

2）灵活性需求

软件的设计需要考虑其运行环境的变化，并能对不同的运行环境提供支持。具体而言，软件应支持 Windows 7 版本及以上版本的操作系统，支持 Linux 环境。

当其他软件的接口发生变化时，该系统应能够适应接口的变化。软件应具有足够的灵活性，以适应将来有可能会出现的需求更改或增加。

3）精确度需求

在执行数据的增加、删除、修改操作时，不允许因为程序原因导致操作失败；在执行数据增加时，不允许发生多增加或重复增加的情况；在执行数据删除时，不允许发生多删除数据，且对有关联的数据要求删除完全，如不能删除，请给予提示；在执行数据修改时，也要求保持对应的准确性。

4）安全性需求

传输的数据都采用高强度的加密算法加密，使得数据即使泄露或被截获后，也无法识别相关的数据内容，确保数据安全。对于客户端与服务器交互的数据，也要采用相关算法进行加密传输。

5）用户接入数需求

用户接入数需求即该平台的最大承载量，本系统规定，在同一时间可以容纳10万人同时接入访问。

6）数据存储时间需求

后台数据经过一段时间会刷新，对于临时存储的数据，规定每个月刷新一次，对于用户信息和用户闯关数据等信息，应永久保存。此外，对于评论性文章等，应当实时抓取更新。

4. 功能总览

1）系统主功能模块（见表 7-4～表 7-7）

表 7-4　登录功能模块

功 能 名 称	子 功 能	描 述
注册模块	输入信息	输入用户信息
	单击注册	进行注册，更新用户表
	返回登录	跳转到登录页面
密码登录模块	输入信息	输入对应用户的密码
	第三方登录	选择第三方登录平台
	跳转扫码登录	跳转到扫码登录页面
二维码登录模块	第三方扫码	选择第三方页面进行扫码
	跳转密码登录	跳转到密码登录页面
用户须知模块	查看用户须知	用户单击后弹出用户须知
	验证是否阅读	若没有按规定阅读则无法登录

表 7-5　首页基本功能模块

功 能 名 称	子 功 能	描 述
史料呈现模块	时间轴定位	对朝代和时间进行刻度定位
游戏模块	文章内容选择	单击相应文章，跳转到文章页面
	进入关系图谱	单击进入关系图谱页面
	进入游戏闯关	单击进入游戏主页
史实文章模块	查阅文章	单击进入实时文章页面

表 7-6　游戏闯关功能模块

功 能 名 称	子 功 能	描 述
游戏首页模块	进入二级游戏页面	单击相应模块跳转到游戏页面
“历史人物谁知晓”模块	选择人物关卡	选择对应关卡
	“连连看”操作	连接对应事件和解释
	进行验证和跳转	验证答案

续表

功 能 名 称	子 功 能	描 述
"春秋战国知多少"模块	选择朝代关卡	选择对应关卡
	答题	选择单选框答案
	验证进入下一题	验证答案
"周公解梦"模块	编辑问题内容	用户编辑内容并发送
	问题解答回复	计算机识别回答问题

表 7-7 关系图谱功能模块

功 能 名 称	子 功 能	描 述
关系图谱模块	人物选择	选择对应的历史人物
	动画选择	选择演示的动画
	关系图谱演示	展示人物关系图谱

2）后台管理功能模块（见表 7-8）

表 7-8 后台管理功能模块

功 能 名 称	子 功 能	描 述
用户管理模块	查询特定用户	多条件查询功能
	对用户信息进行增、删、改	对用户信息进行更新
	导入或导出用户数据	从外部导入或导出数据
文章管理模块	文章数据管理	对历史故事和事件数据进行增、删、改、查
	文章数据可视化	对文章数据以及用户业务操作 进行可视化展示
人物管理模块	人物数据管理	对历史人物数据进行增、删、改、查
	人物数据可视化	对两个游戏关卡中的历史人物以及由用户操作生成 的业务数据进行可视化展示
游戏管理模块	游戏数据管理	对两个游戏关卡中的历史人物数据 进行增、删、改、查
	游戏数据可视化	对用户的游戏业务数据进行可视化展示
帮助	用户操作帮助	展现用户操作帮助页面
	管理员操作帮助	展现管理员操作帮助页面

7.2.2　项目经理感想

最初设计的"春秋战国知多少"模块是以答题的形式进行的，包括答题解锁、知识补充、学习记录与荣誉奖章的获取，但由于实训的时间和技术难度的限制，本小组最终只保留了答题和学习记录两个环节，进行了需求变更。通过这次实训，使项目经理更加明白需求不是一个固定的概念，而是不断变化的，项目经理要根据项目开发的实际情况考虑需求的变更。

7.3　草图和原型界面设计

7.3.1　草图绘制

1. 登录模块

1）注册页面

注册页面的操作者是用户，主要功能为注册账户。具体如图 7-9 所示。

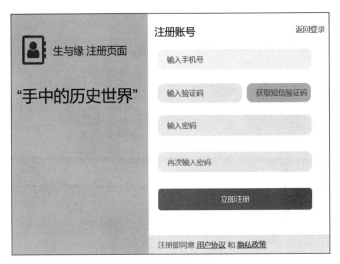

图 7-9　注册页面草图

2）密码登录页面

密码登录页面的操作者是用户，可以选择不同的登录方式，如图 7-10 所示。

图 7-10　密码登录页面草图

3）二维码登录页面

二维码登录页面的操作者是用户，具体活动流程就是用户用第三方平台进行扫码登录，如图 7-11 所示。

4）首页基本功能模块

网站首页可由用户登录进入，在网站的上方可以对关键词进行搜索，同时还有拍照识别功能，网站总体检索类别有相关文章、历史故事、历史事件和人物关系。对于该页面主体部分，是基于历史朝代和历史事件轴的二维史料呈现功能，即用户可以单击对应的朝代关键词，如"齐桓公"，然后拖动上方时间轴的刻度线，即可以展现基于这一朝代的某一时刻发生的历史事件。同时与该朝代有关的重大历史事件会在封面进行呈现。关系图谱和游戏为两大重要功能模块，后文将进行详细介绍。除静态历史事件外，用户每天还可在网站的下方浏览近期的实时历史文章，如图 7-12 所示。

图 7-11　二维码登录页面草图

图 7-12　首页草图

5）导航栏文章页面

导航栏文章页面是通过单击首页上方导航栏中的文章图片进入的，即该页面是一个根据文章关键词显示的静态页面，如图 7-13 所示。

图 7-13　导航栏文章页面草图

6）文章页面

文章页面是实时抓取的文章的显示页面，如图 7-14 所示。

图 7-14　文章页面草图

2. 游戏模块

1）游戏首页

该游戏首页是用户选择进入游戏的页面。此页面可以通过支持用户检索关键词来链接到对应的游戏，同时还可以通过此页面进入对应的游戏模块，如图 7-15 所示。

2）"历史人物谁知晓"模块

"历史人物谁知晓"模块主要是以历史人物为关键轴来建立闯关功能，用户单击第一个历史人物之后，屏幕右方会出现此人物的简单介绍，游戏主要是对问题和解释进行"连连看"操作，即用户需要连接左侧罗列的事件、著作等关键词以及右侧罗列的乱序的相关解释，连接完成后单击"立即验证"按钮即可验证是否正确，只有全部连接，才能单击"下一人物"按钮进入下一人物的关卡，如图 7-16 所示。

图 7-15　游戏首页草图

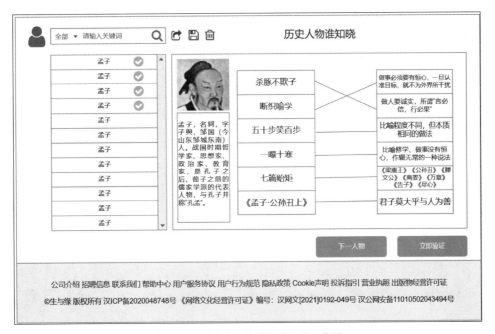

图 7-16　"历史人物谁知晓"页面草图

3）"春秋战国知多少"模块

"春秋战国知多少"模块是实现的第二个游戏功能模块，用户可以以朝代为线索逐一对关卡进行检索，用户从第一个朝代关键词开始游戏，单击之后会显示有若干题目的答题卡，屏幕右侧为具体题目的呈现，用户选择答案之后，可以单击"立即保存"按钮或"下一题"按钮对本题进行验证。此关卡解锁之后可单击"开启下一篇章"按钮解锁下一关卡，如图 7-17 所示。

全部
请输入关键词
春秋战国知多少
春秋
1
2
3
4
5
6
7
8
齐国
楚国
燕国
韩国
赵国
魏国
秦国
3.下列哪项标志着周王室在春秋时代的地位一落千丈，仅存虚名？（）
周郑交恶
齐恒公挟天子以令诸侯
周平王迁都洛邑
三家分晋
下一题
立即保存
开启下一篇章
公司介绍 招聘信息 联系我们 帮助中心 用户服务协议 用户行为规范 隐私政策 Cookie声明 投诉指引 营业执照 出版物经营许可证
©生与缘 版权所有 汉ICP备2020048748号 《网络文化经营许可证》编号：汉网文[2021]0192-049号 汉公网安备11010502043494号

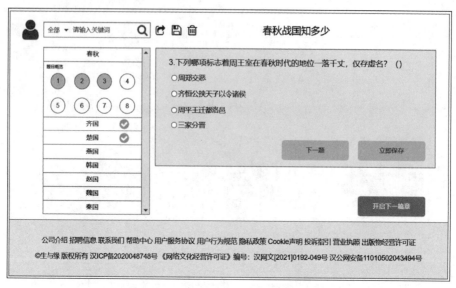

图 7-17 “春秋战国知多少”页面草图

4）“周公解梦”模块

“周公解梦”页面是 AI 智能对话的功能页面，用户可以通过此聊天窗编辑自己的问题，单击“发送”按钮即可发送此问题或关键词，系统即可通过 AI 技术对此问题作出解答，在原型设计阶段，小组将此板块命名为“战国轶事聊天窗”，后期设计时再更名为“周公解梦”，如图 7-18 所示。

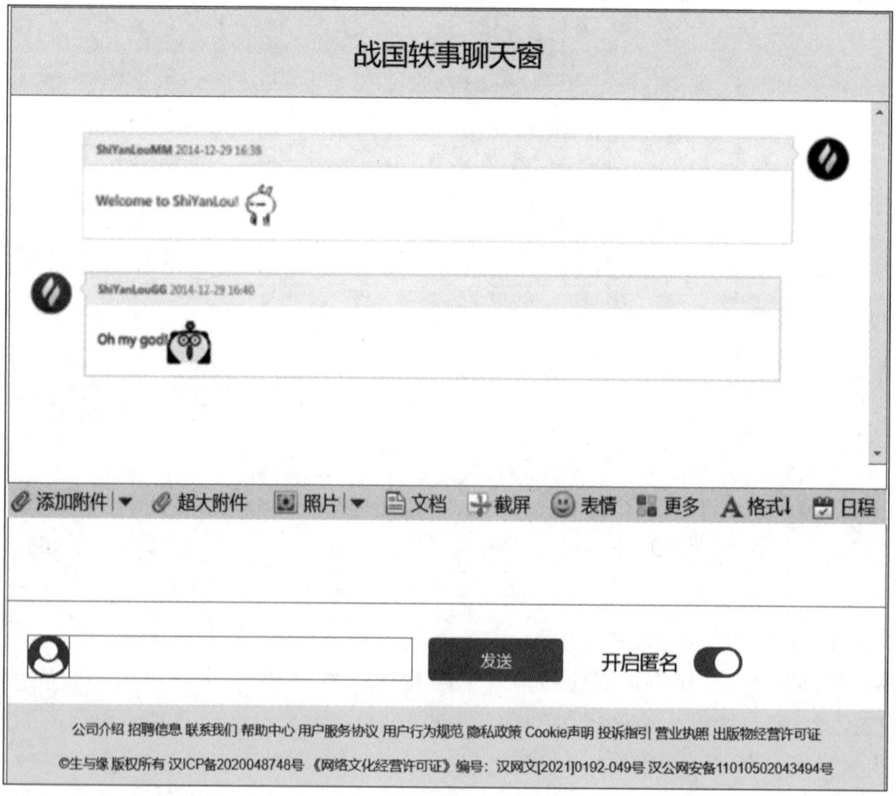

战国轶事聊天窗
ShiYanLouMM 2014-12-29 16:38
Welcome to ShiYanLou!
ShiYanLouGG 2014-12-29 16:40
Oh my god!
添加附件
超大附件
照片
文档
截屏
表情
更多
格式
日程
发送
开启匿名
公司介绍 招聘信息 联系我们 帮助中心 用户服务协议 用户行为规范 隐私政策 Cookie声明 投诉指引 营业执照 出版物经营许可证
©生与缘 版权所有 汉ICP备2020048748号 《网络文化经营许可证》编号：汉网文[2021]0192-049号 汉公网安备11010502043494号

图 7-18 “周公解梦”页面草图

3. 关系图谱模块

关系图谱页面的主要功能是以任务为主线关键词实现以人物为中心的关系图谱的展示，如图7-19所示。

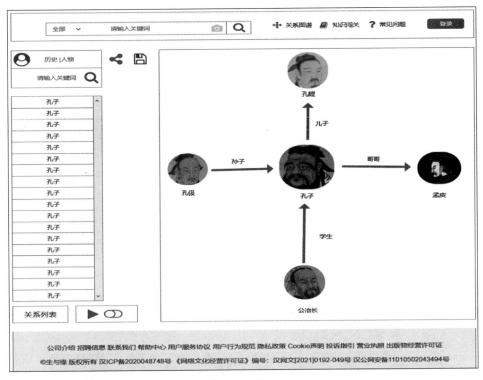

图 7-19　关系图谱页面草图

4. 后台管理模块

后台管理页面的主要功能为对相关数据进行维护和展示。该页面的受众是管理员，即管理员通过"用户管理""文章管理""人物管理""游戏管理""设置""帮助"这几个功能模块查询数据，如图7-20所示。

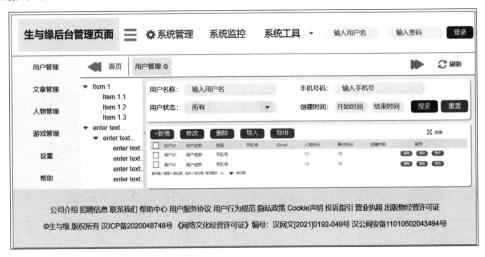

图 7-20　后台管理页面草图

7.3.2 原型界面设计

下面对本系统网站的重要页面进行展示。

1. 登录页面（见图 7-21）

图 7-21 登录页面

2. 首页（见图 7-22）

图 7-22 首页

3. 历史事件页面（见图 7-23）

图 7-23 历史事件页面

4. 历史故事页面（见图 7-24）

图 7-24 历史故事页面

5. 关系图谱页面（见图 7-25）

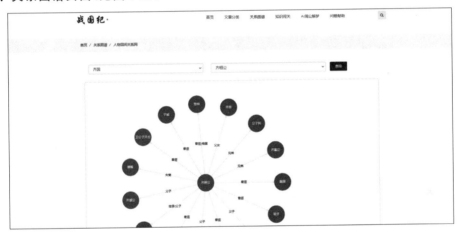

图 7-25 关系图谱页面

6. 历史人物谁知晓页面（见图 7-26）

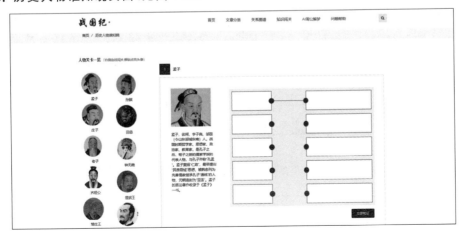

图 7-26 历史人物谁知晓页面

7. 春秋战国知多少页面（见图7-27）

图 7-27　春秋战国知多少页面

8. 周公解梦页面（见图7-28）

图 7-28　周公解梦页面

9. 后台页面（见图7-29）

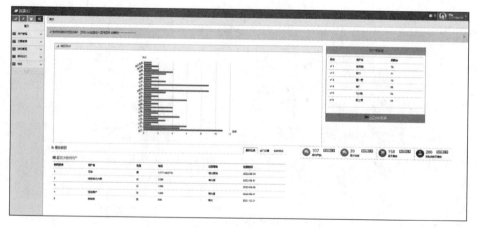

图 7-29　后台页面

7.3.3 项目经理感想

在草图和原型界面设计中,本小组的整体 UI 设计主要以"全历史"网站为参考。在此期间本小组深刻认识到网站的界面设计应以简约大方、紧扣主题为主要标准,这样才能够使网站的主题更为突出,实用性更强。在进行原型设计中,本小组的草图画得过于理想化,很多前端设计在实际开发中不能够很好地实现,因此最后在原型界面中修改了部分设计,这也使我们深刻意识到在进行草图的绘制与系统原型界面的设计时,项目经理应将可行性放在第一位。

7.4 编码和测试

7.4.1 数据库设计

1. 行为定义

类与类之间存在依赖关系,此处采用 E-R 图进行关系说明。本项目共设计 13 个表结构,图 7-30 用 E-R 图的形式对 13 个表的关系进行了展示。

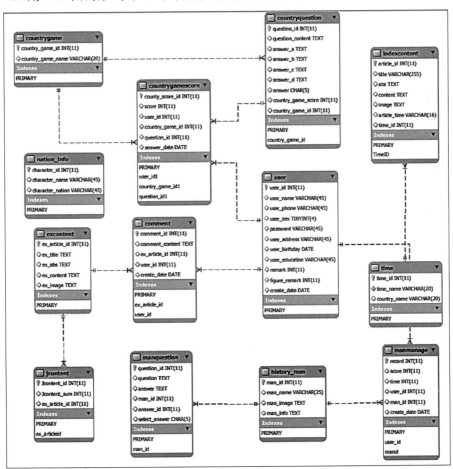

图 7-30 总体 E-R 图

图 7-31 通过联系属性图对用户、导航栏文章、扩展文章、人物题库、人物题答题记录、国家答题记录、国家题库、国家和时间之间的关系进行了说明。

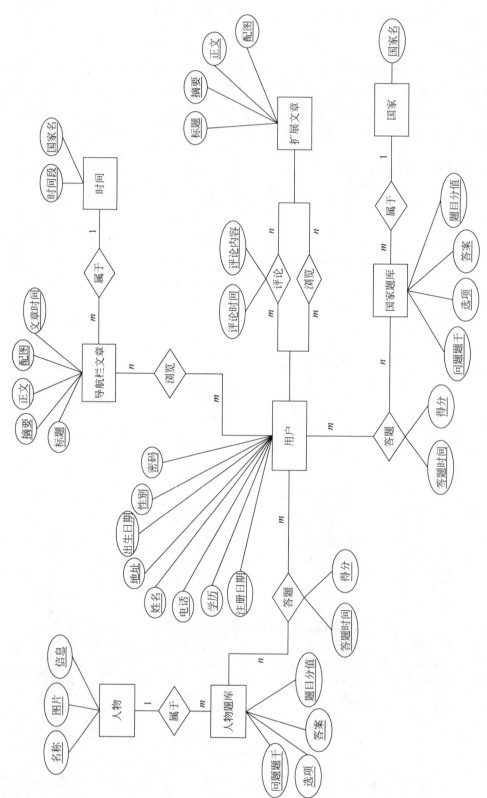

图 7-31　各实体联系属性图

2. 实体定义

1）user 表

user 表用于存储网站用户信息，如表 7-9 所示。

表 7-9　user 表的定义

字段名	数据类型	属性描述	内容描述	是否允许为空
user_id	int	主键	自然主键	否
user_phone	varchar(45)	唯一键	电话号码	是
uscr_name	varchar(45)		用户名	是
password	varchar(45)		用户密码	是
user_address	varchar(45)		地址	是
user_birthday	date		出生日期	是
user_education	varchar(45)		学历	是
user_sex	tinyint		性别	是
create_date	date		创建时间	否
remark	varchar(50)		备注	是
figure_remark	int(11)		图片备注	是

2）time 表

time 表用于存储时间段信息，如表 7-10 所示。

表 7-10　time 表的定义

字段名	数据类型	属性描述	内容描述	是否允许为空
time_id	int(11)	主键	自然主键	否
time_name	varchar(20)	唯一键	时间段	是
country_name	varchar(20)		标志事件名	是

3）indexcontent 表

indexcontent 表用于存储网站导航栏用的文章信息，如表 7-11 所示。

表 7-11　indexcontent 表的定义

字段名	数据类型	属性描述	内容描述	是否允许为空
article_id	int(11)	主键	自然主键	否
title	varchar(255)	唯一键	文章标题	是
abs	text		文章摘要	是
content	text		正文内容	是
image	text		图片链接	是
article_time	varchar(16)		文章事件年份	是
time_id	int(11)	外键	时间段表外键	否

4）excontent 表

excontent 表用于存储网站扩展新闻文章的信息，如表 7-12 所示。

表 7-12　excontent 表的定义

字段名	数据类型	属性描述	内容描述	是否允许为空
ex_article_id	int(11)	主键	自然主键	否
ex_title	text	唯一键	文章标题	是
ex_abs	text		文章摘要	是
ex_content	text		正文内容	是
ex_image	text		图片链接	是

5）comment 表

comment 表用于存储网站扩展文章的评论信息，如表 7-13 所示。

表 7-13　comment 表的定义

字段名	数据类型	属性描述	内容描述	是否允许为空
comment_id	int(11)	主键	自然主键	否
comment_content	text		用户评论	是
ex_article_id	int(11)	外键	文章表外键	否
user_id	int(11)	外键	用户表外键	否
create_date	datetime		日期	否

6）countrygame 表

countrygame 表用于存储网站"春秋战国知多少"游戏分类国家的信息，如表 7-14 所示。

表 7-14　countrygame 表的定义

字段名	数据类型	属性描述	内容描述	是否允许为空
country_game_id	int(11)	主键	自然主键	是
country_game_name	varchar(20)		国家名称	是

7）countryquestion 表

countryquestion 表用于存储网站"春秋战国知多少"游戏题库的信息，如表 7-15 所示。

表 7-15　countryquestion 表的定义

字段名	数据类型	属性描述	内容描述	是否允许为空
question_id	int(11)	主键	自然主键	否
question_content	text		问题题干	是
answer_a	text		选项 A	是
answer_b	text		选项 B	是
answer_c	text		选项 C	是
answer_d	text		选项 D	是
answer	char(5)		问题正确答案	是
country_game_score	int(11)		问题分值	是
country_game_id	int(11)	外键	国家表外键	否

8）countrygamescore 表

countrygamescore 表用于存储"春秋战国知多少"游戏用户的得分信息，如表 7-16 所示。

表 7-16　countrygamescore 表的定义

字段名	数据类型	属性描述	内容描述	是否允许为空
country_score_id	int(11)	主键	自然主键	否
score	Int(11)		对应得分	是
user_id	Int(11)	外键	用户表外键	否
country_game_id	int(11)	外键	国家表外键	否
question_id	Int(11)	外键	问题表外键	否
answer_date	date		答题时间	是

9）history_man 表

history_man 表用于存储网站"历史人物谁知晓"人物的信息，如表 7-17 所示。

表 7-17　history_man 表的定义

字段名	数据类型	属性描述	内容描述	是否允许为空
man_id	int(11)	主键	自然主键	否
man_name	varchar(25)	唯一键	人物名称	是
man_image	text		人物图片	是
man_info	text		人物信息	是

10）manquestion 表

manquestion 表用于存储网站"历史人物谁知晓"题库的信息，如表 7-18 所示。

表 7-18　manquestion 表的定义

字段名	数据类型	属性描述	内容描述	是否允许为空
question_id	int(11)	主键	自然主键	否
question	text		问题内容	是
answer	text		问题答案	是
answer_id	int(11)		答案标签 ID	是
select_answer	char(5)		答案	是
man_id	Int(11)		人物表外键	否

11）manmanage 表

manmanage 表用于存储"历史人物谁知晓"用户的得分信息，如表 7-19 所示。

表 7-19　manmanage 表的定义

字段名	数据类型	属性描述	内容描述	是否允许为空
record	int(11)	主键	自然主键	否
score	int(11)		分数	是
time	int(11)		答题时长	是
user_id	int(11)		用户 ID	否
man_id	int(11)		题目 ID	否
create_date	date		答题日期	是

12）jccontent 表

jccontent 表用于存储历史事件分类文章的浏览次数，如表 7-20 所示。

表 7-20　jccontent 表的定义

字段名	数据类型	属性描述	内容描述	是否允许为空
jcontent_id	int(11)	主键	自然主键	否
jcontent_sum	int(11)		文章访问次数	是
ex_article_id	int(11)		扩展文章编号	否

13）nation_info 表

nation_info 表由 Neo4j 图数据库转换而来，图数据库如图 7-32 所示，nation_info 表的定义如表 7-21 所示。

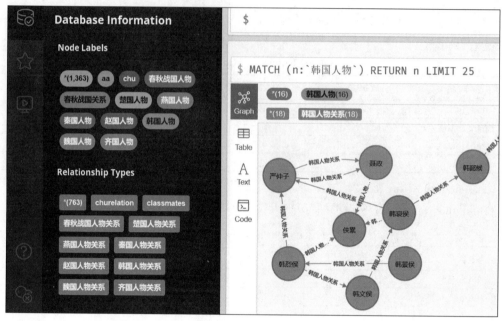

图 7-32　图数据库

表 7-21　nation_info 表的定义

字段名	数据类型	属性描述	内容描述	是否允许为空
character_id	int(11)	主键	自然主键	否
character_name	varchar(45)		人名	否
character_nation	varchar(45)		所属国家	否

7.4.2　版本控制

Scrum 开发属于敏捷开发的一种,敏捷开发是以用户的需求进化为核心,采用迭代、循序渐进的方法进行软件开发。即把一个大项目分为多个相互联系,但也可独立运行的小项目,并分别完成,在此过程中软件一直处于可使用状态。

本项目共经历 11 次迭代开发,此处以第 11 次开发为例,如表 7-22 所示。

表 7-22　第 11 次 Scrum 开发的计划表

序号	功能	子功能名称	功能描述	负责人	开始日期	结束日期	状态	滞后原因
1	账号管理	注册和登录	实现账号注册和登录验证	小琪	2021/12/1	2021/12/1	完成	\
2	前端页面	前端页面	前端页面设计	小琪	2021/12/1	2021/12/15	完成	\
3	文章浏览	历史事件	历史事件文章浏览	小佳	2021/12/1	2021/12/5	完成	\
4	文章浏览	历史故事	历史故事文章浏览及评论	小琪、小佳	2021/12/5	2021/12/9	完成	\
5	账号管理	退出登录	实现账号注销登录	小俐	2021/12/6	2021/12/6	完成	\
6	个人中心	个人资料	实现个人资料的修改	小俐	2021/12/7	2021/12/7	完成	\

续表

序号	功能	子功能名称	功能描述	负责人	开始日期	结束日期	状态	滞后原因
7	游戏闯关	历史人物谁知晓	游戏功能设置	小夏	2021/12/18	2021/12/21	完成	\
8	游戏闯关	春秋战国知多少	游戏功能设置	小佳	2021/12/15	2021/12/20	完成	\
9	关系图谱	国间关系/国内关系	关系图谱功能设计	小夏	2021/12/1	2021/12/18	完成	\
10	后台可视化	可视化	基于业务数据的可视化呈现	小俐	2021/12/12	2021/12/18	完成	\
11	后台增、删、改、查	数据管理	用户管理、文章管理、游戏管理	小俐	2021/12/1	2021/12/11	完成	\

7.4.3　后台接口的实现

本节以最基础的列表功能来演示后台接口的实现编码过程。对 Student(学生)表的遍历以及列表功能如下。

1. Entity-Student

```
package com.example.demo.entity;
import java.sql.Date;
public class Student {                        //根据数据库结构定义实体
  private Integer user_id;
  private String user_name;
  private String user_phone;
  …
  }
  public void setUser_id(Integer user_id) {    //生成实体的 set()方法
    this.user_id = user_id;
  }
  public String getUser_name() {               //生成实体的 get()方法
    return user_name;
  }
  …
}
```

2. Mapper-StudentMapper

```
package com.example.demo.mapper;
import com.example.demo.entity. * ;
import org.apache.ibatis.annotations. * ;    //首先引入相关的包
import java.util.List;
@Mapper
public interface StudentMapper {              //mapper 层定义接口
  @Select("select * from user")               //定义 SQL 语句,select 查询类型
  List < Student > findAllStudent();          //定义列表方法
  }
```

3. Services-StudentServices

```
package com.example.demo.services;
import com.example.demo.entity. * ;
```

```
…                                        //导入需要的包
import java.util.List;
public interface StudentServices {
    PageInfo<Student> findAllStudent(Integer num); //实现 findAllStudent()方法
    }
```

4. Controller-StudentController

```
package com.example.demo.controller;
import com.example.demo.entity.*;
import com.example.demo.services.StudentServices;
import com.example.demo.utils.Result;
import com.github.pagehelper.PageInfo;
import org.springframework.beans.factory.annotation.Autowired;
import org.springframework.web.bind.annotation.*;
import java.util.List;                      //导入需要的包
@RestController
@RequestMapping("stu")
public class StudentController {
  @Autowired
    @GetMapping("/listall/{num}")
  public Result getAllStudent(@PathVariable("num") Integer num){ //带分页的列表
    Result result = new Result();
    PageInfo<Student> pageInfo = studentServices.findAllStudent(num);
    result.setCode(200);
    result.setMessage("查询成功 1");          //判断页码是否正确
    result.setObject(pageInfo);
    return result;
  }
}
```

5. ServicesImpl-StudentServicesImpl

```
package com.example.demo.servicesImpl;
import com.example.demo.entity.*;
…                                        //导入需要的包
import java.util.List;
@Service
public class StudentServicesImpl implements StudentServices {   //实现 findAllStudent 方法
  @Autowired
  private StudentMapper studentMapper;
  @Override
  public PageInfo<Student> findAllStudent(Integer num){
    PageHelper.startPage(num,5);              //设置页码初始值
    List<Student> lists = studentMapper.findAllStudent();
    PageInfo<Student> pageInfo = new PageInfo<>(lists);
    return pageInfo;                         //返回页码
    }}
```

7.4.4 前端页面的实现

本节以后台首页为例展示前端页面的编码实现。

首先由图 7-33 可以看到 blank.html 的主要编码框架。主要页面构成写在 body 里面。由 div 将其包括,相关定义则写在 script 当中。

图 7-33 主要编码框架

由于主体部分篇幅过长，此处示例展示 echarts 的引入，即主要的 script 块：

```
<script type = "text/javascript">
    $(document).ready(function(){
        var myChart = echarts.init(document.getElementById('map'));
        //数据加载完之前先显示一段简单的 loading 动画
        myChart.showLoading();
        var names = [];                          //横坐标数组(实际用来盛放 X 轴坐标值)
        var values = [];                         //纵坐标数组(实际用来盛放 Y 坐标值)
        var arr = [];
        $.ajax({
            type : "get",
            async : true,                        //异步请求
            url : "/stu/address",                //请求发送到 dataAction 处
            data : {},
            dataType : "json",                   //返回数据形式为 JSON
            success : function(result) {
                //请求成功时执行该函数内容,result 即为服务器返回的 JSON 对象
                if (result) {
                    var selfme = null;
                    for(var i = 0; i < result.length; i++){
                        selfme = {name:result[i].user_address,value:result[i].address_num}
                        names.push(result[i].user_address);
                        arr.push(selfme);
                        console.log(arr);
                    }
                    myChart.hideLoading();        //隐藏加载动画
                    const mapOption = {           //加载数据图表地图
                        …
                    };
                    const barOption = {           //加载数据图表柱状图
                        …
                    };
                    var currentOption = mapOption;
                    myChart.setOption(mapOption);
                    console.log(mapOption);
                    setInterval(function () {
                        currentOption = currentOption === mapOption?barOption:apOption;
                        myChart.setOption(currentOption, true);
```

```
                                        }, 2000);
                                    }},
                    error : function(errorMsg) {
                        //请求失败时执行该函数
                        alert("图表请求数据失败!");
                        myChart.hideLoading();
                    }
                });                                              //end ajax
            });
        </script>
```

7.4.5 BugList 表

本项目在系统测试阶段发现并解决了若干 Bug,表 7-23 中记载了第 5 次系统测试所发现的所有问题。项目开发过程中的系统测试阶段时间为 2021 年 11 月 12 日至 2021 年 11 月 20 日,共经历了 5 次系统测试及系统开发迭代。

表 7-23　第 5 次迭代 BugList 表

序号	Bug 名称	Bug 描述	解决方法	负责人	开始日期	结束日期	状态
1	注册协议勾选	不勾选也可注册	注册时判断勾选框状态	小夏	2021/11/15	2021/11/15	已解决
2	注册确认密码	两次密码不一样也可注册	注册前先判断密码是否一样	小夏	2021/11/15	2021/11/15	已解决
3	无法退出登录	无法退出登录	编写退出方法	小夏	2021/11/16	2021/11/16	已解决
4	历史故事合集无法循环遍历显示	历史故事合集无法遍历显示	修改项目网站模板控制样式后再遍历	小琪	2021/11/16	2021/11/16	已解决
5	历史故事合集列表错位	标题长度不同导致格式错乱	设置标题长度上限	小夏	2021/11/16	2021/11/16	已解决
6	历史故事详细内容不换行	数据库存储字换行符不兼容	正则表达式控制换行符	小佳	2021/11/17	2021/11/17	已解决
7	未登录也可评论	用户不登录也可以进行评论	评论前判断用户登录状态	小佳	2021/11/17	2021/11/17	已解决
8	人物游戏关卡回显	用户答题关卡数据回显不成功	通过分数判断用户关卡数据	小夏	2021/11/17	2021/11/17	已解决
9	人物游戏初始页面	不显示人物信息	初始方法同时查询人物信息和题目信息	小夏、小佳	2021/11/17	2021/11/17	已解决
10	人物游戏刷分	同一用户可刷分	根据用户分数判断是否为刷分	小夏	2021/11/18	2021/11/18	已解决
11	国家游戏不同用户计分未区别	不同用户的答题情况会相互影响	将答题情况与用户 id 相关联	小佳	2021/11/18	2021/11/18	已解决
12	人物游戏关卡解锁	用户答题解锁不成功	通过分数判断解锁关卡	小夏	2021/11/18	2021/11/18	已解决

续表

序号	Bug 名称	Bug 描述	解决方法	负责人	开始日期	结束日期	状态
13	国家游戏刷分	同一用户可刷分	仅保留最新答题记录	小佳	2021/11/18	2021/11/18	已解决
14	国家游戏切题	切换分类后无法抓取第一题的记录	修改分页方法	小佳	2021/11/18	2021/11/18	已解决
15	周公解梦返回数据乱	返回的数据脏	用正则表达式控制格式	小佳	2021/11/18	2021/11/18	已解决
16	不登录也可玩游戏	用户未登录也可玩游戏	提交前判断用户是否已登录	小佳	2021/11/18	2021/11/18	已解决
17	可视化显示问题	可视化无法融入前端	js 文件调整位置	小俐	2021/11/18	2021/11/18	已解决
18	查询后端问题	加载页面无法显示数据	改为模糊查询	小俐	2021/11/19	2021/11/19	已解决
19	多条件查询问题	整型数据无法模糊查询	另加一个字符型数据联合查询	小俐	2021/11/19	2021/11/19	已解决
20	文章浏览次数不更新	文章浏览次数不自增	读出浏览次数后自增再存储	小琪	2021/11/19	2021/11/19	已解决

代码部分产生的 Bug 过多且繁杂,不予记录

7.4.6 功能测试

进行的功能测试如表 7-24 所示。

表 7-24 功能测试表

注册、登录模块

测试模块	测试说明	测试结论
注册	① 当两次输入的密码不一样时能够给出提示; ② 单击"立即注册"按钮,可以对应录入手机号和密码信息	通过
登录	① 需输入手机号、密码并勾选用户须知才可登录,否则会进行提示; ② 需输入已经注册的手机号和正确的密码,否则会提示密码错误的信息	通过
退出登录	① 登录后首页可显示用户的手机号; ② 单击"退出登录"按钮后可回到登录页面	通过

首页模块

测试模块	测试说明	测试结论
导航菜单栏	① 单击首页顶部的导航菜单栏可以进入相应的二级详情页面; ② 单击上方用户头像可以进入用户中心并可对个人资料信息进行修改	通过
历史事件文章检索	① 可以针对分类的时期标签进行历史事件类别的切换; ② 单击每个推荐的历史事件的介绍封面,可以进入历史事件详情页面	通过
历史故事文章检索	单击每个推荐的历史故事的介绍封面,可以进入历史故事详情页面	通过

续表

历史事件检索模块

测试模块	测 试 说 明	测试结论
分类标签导航栏	① 单击首页的历史事件海报可以进入历史事件总览的详情页面； ② 单击首页的文章分类导航按钮，可以选择相应的时间类别并进入详情页面	通过
文章检索	① 进入历史事件的详情页面后可以在页面顶部选择相应的时期类别； ② 可以在历史事件页面单击任意故事的海报进入单个历史事件的详情页面	通过
历史事件详情	① 可以在详情页面浏览整篇历史事件的文章； ② 可以在页面右侧查看热门文章推荐并单击进入相应的详情页面	通过

历史故事检索模块

测试模块	测 试 说 明	测试结论
检索	可以在某一个历史故事详情页面的左侧进行局部检索	通过
故事推送	可以查看热门故事的推送	通过
文章浏览	可在详情页面浏览整篇文章	通过
评论	针对每个历史故事用户可以查看其他用户的评论内容，并可以自己发表评论	通过

关系图谱模块

测试模块	测 试 说 明	测试结论
国间人物关系	单击关系图谱中的"国间人物关系"模块后，可查询战国的不同国家之间历史人物关系。具体操作为选择相应的国家和人物名称，单击"确认"按钮，即显示对应该人物的不同国家之间的人物关系网	通过
国内人物关系	单击关系图谱中的"国内人物关系"模块后，可查询战国的国家内部历史人物关系。具体操作为选择相应的国家和人物名称，单击"确认"按钮后，即显示对应该人物的国家内部人物关系网	通过

游戏闯关模块

测试模块	测 试 说 明	测试结论
历史人物谁知晓	单击左侧的人物头像可进入相应的关卡，可以针对问题和答案进行连线，单击"提交"按钮后可对答案进行检测，若答案正确即可进入下一关，相应的人物头像被点亮；若答案错误则会给予提示并清空回答	通过
春秋战国知多少	单击右侧的国家地图可以进入相应的关卡，对相应国家的每道题目进行作答并可单击"下一题"按钮进入下一道题，各题都作答完毕后可以点击"提交"按钮，单击"提交"按钮后可检测答案的正确性，给予相应的提示	通过

周公解梦模块

测试模块	测 试 说 明	测试结论
解梦模块	输入相应的梦境关键词并单击"解梦"按钮，系统进行解梦，显示梦境解析	通过

后台模块

测试模块	测 试 说 明	测试结论
首页	① 可对用户的地区进行地图的可视化展示； ② 对用户积分进行排序以及荣誉榜展示； ③ 对最新注册、热门文章和实时评论的内容进行展示，对用户总数、总评论数、总文章数以及实时更新文章数进行统计	通过

测试模块	测 试 说 明	测试结论
用户管理	可对用户数据进行增、删、改、查的操作,可对用户数据进行可视化,包括用户积分统计、学历和性别的统计	通过
文章管理	可以对历史事件以及历史故事两种文章数据进行增、删、改、查的操作,可以对文章数据进行可视化,包括两种文章的分类统计等	通过
游戏管理	① 可以针对两个闯关游戏进行题库管理,包括对题库的增、删、改、查操作; ② 可以对两个游戏的答题情况进行管理,查询实时得分以及总得分; ③ 可以对游戏数据进行可视化,包括关卡难度统计和游戏答题活跃度统计	通过
联系我们	可以查看主创介绍	通过
帮助	可以查看用户操作帮助以及管理员操作帮助	通过

7.4.7　性能测试

进行的性能测试如表 7-25 所示。

表 7-25　性能测试表

页面响应流畅度测试

测试模块	测 试 说 明	测试结论
页面跳转	各个页面之间的跳转及时,基本无停顿现象	通过
触发速度	各个功能按钮均有效,并且反应较快	通过
反应速度	选择类别进行检索以及梦境解析时均能正常流畅地显示	通过

7.4.8　项目经理感想

在进行编码和测试的过程中,本小组在数据库设计方面遇到了问题。由于引入了游戏模块,在游戏部分数据库表结构较为复杂,在数据库设计中本小组通过需求变更和询问老师的方式才最终确定了表结构。此外,由于是项目测试阶段,项目经理应使用大量测试数据来检测项目的完成度,否则很容易因为测试数据不够而忽视项目存在的 Bug 和使用问题。

7.5　项目验收

7.5.1　用户手册

1. 系统安装手册

用户在使用本系统前,需要进行相关软件的安装、配置好相关的基础环境、准备相关的数据库、确定运行的环境以及明确该网站的访问入口。

1) 环境配置

首先需要安装 JDK,本系统配置 JDK8 即可。首先进入 JDK 官网选择安装 JDK。

安装过程中会出现两次安装提示:第一次是安装 JDK 时,第二次是安装 JRE 时。建议将它们安装在同一个 Java 文件夹下的不同文件夹中。

安装完成后,需配置以下系统环境。

JAVA_HOME 环境变量:在系统变量中单击"新建"按钮,在出现的"新建变量名"文本框中填写 JAVA_HOME,在"变量值"处填写 JDK 的安装路径。

　　CLASSPATH 环境变量：新建 CLASSPATH 变量，变量值为：%JAVA_HOME%\lib；%JAVA_HOME%\lib\tools.jar。CLASSPATH 为变量名字，可以大写也可以小写。注意不要忘记前面的点和中间的分号（英文输入的状态下）。

　　Path 环境变量：在系统变量里找到 Path 变量，这是系统自带的，不用新建。双击 Path，由于原来的变量值已经存在，故应在已有的变量后加上"；%JAVA_HOME%\bin；%JAVA_HOME%\jre\bin"。注意前面的分号。

　　配置完毕后，可以进行测试，首先运行 cmd，分别输入 java、javac、java -version 测试 Java，显示版本号则配置成功。

　　然后下载 Tomcat。进入 Tomcat 官网选择 Tomcat8 进行下载。下载完成后也需要配置环境变量。

　　CATALINA_BASE：变量值为 Tomcat 的安装位置，如果是免安装版则变量值就是其解压位置（即解压压缩包后的文件存放路径）。

　　CATALINA_HOME：变量值为 Tomcat 的安装位置，免安装版的就是其解压位置。

　　Path：直接复制，添加在原变量值的末尾，填写内容如下：

```
%CATALINA_HOME%\bin; %CATALINA_HOME%\lib
```

　　然后测试是否安装配置成功。可以在浏览器中输入地址 http：//localhost：8080，如果出现图 7-34 所示界面则安装成功。

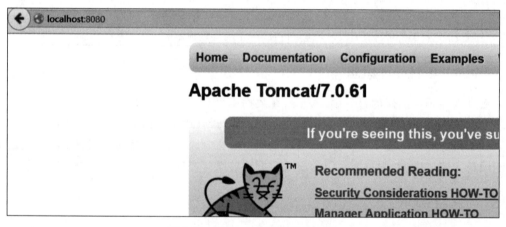

图 7-34　Tomcat 成功安装的示意

　　2）软件安装

　　Neo4j 是一个高性能的 NoSQL 图形数据库，它是一个嵌入式的、基于磁盘的、具备完全的事务特性的 Java 持久化引擎，它是一个高性能的图引擎，该引擎具有成熟数据库的所有特性。

　　用户在访问本网站关系图谱模块之前，须安装 Neo4j。在安装 Neo4j 之前，系统需要具备 Java JRE，并配置 Java 开发环境，然后安装 Neo4j 服务。

　　Neo4j 是基于 Java 运行环境的图形数据库，因此，必须向系统中安装 Java SE（Standard Edition）的 JDK，并配置系统环境变量。此外，Neo4j 4.0 版本之前，对 JDK 版本没有过高要求，在 4.0 版本之后，需要 JDK11 及以上版本。

　　可从 Neo4j 官网下载压缩包版本并解压使用。

把安装包放到指定路径后，需在 cmd 中启动，具体先进入 Neo4j 的 bin 目录，然后通过"neo4j. bat console"命令进行启动，出现图 7-35 所示形式则表明启动成功。

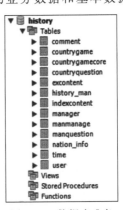

图 7-35　Neo4j 安装成功示意

3）数据库准备

在安装 MySQL 的基础上，需要建立相应的数据库，维护相应的业务数据和基本数据后，用户和管理员才可正常运行。图 7-36 所示为本网站维护的数据库，包含 comment、countrygame 等 13 个表，分别记录相应的用户信息、评论数据、文章数据、游戏题库和答题记录等基本数据以及业务数据，具体数据字典可见数据库设计文件。

4）运行环境

本网站需要通过 IDEA 来运行，首先下载 IDEA 的安装包，如图 7-37 所示，可以从官网直接下载。下载安装包并安装完成后，先直接打开本系统的所有文件，然后加载相应的配置项，接着在 application. properties 里设置相应的端口、连接自己的数据库、连接 Neo4j。

图 7-36　数据库准备

图 7-37　下载 IDEA 安装包

5）访问路径

本网站的访问端口为 9090。用户先进入注册页面进行注册，相应的网址为 localhost：9090/register. html，管理员应从管理员登录页面进入，相应的网址为 Localhost：9090/

manager_login.html。其余页面均可以互相跳转访问。

2. 用户使用指导

本网站的用户使用指导主要包括两方面的内容：一是面向用户的使用手册，二是面向管理员的使用手册。下面对这两个使用手册分开介绍。

1）用户使用手册

注册：用户首先进入网站注册页面，阅读网站相关基本介绍后，在注册账号区域依据提示输入手机号和密码，然后单击"立即注册"按钮，弹出"注册成功"提示框，单击"确认"按钮后即完成注册，并跳转到登录页面。

登录：在登录页面中，用户首先应阅读用户协议和隐私政策，阅读之后勾选"已阅读"单选按钮，然后在已经注册成功的基础之上，输入相应的手机号和密码，进行登录。

退出登录：登录成功之后，首页右上角会显示本用户的手机号。在右上角的个人中心可以实现退出登录，单击"退出登录"按钮即可实现用户登录的退出。

文章浏览：用户成功登录后，首先可以对按照时间线划分的文章进行浏览。在首页的导航栏上的"文章分类"目录下，可以看到如"平王东迁""秦灭魏"等若干分类标签，然后单击相应的标签可以进入相应的历史事件文章页面。在历史事件文章页面的下方，用户还可以查看该篇文章的"词条贡献度排行榜""浏览次数""更新时间"和"编辑次数"相关数据统计。除此之外，还可以查看相应的关系图谱信息，可以知道与此人物相关的其他人物的相关关系。除按照时间线划分的历史事件文章之外，本网站还实时抓取了相应主题的历史故事文章数据，用户可以从主页面单击进入。历史故事文章同样对历史事件进行了分类，例如，从首页中可以查看全部文章、"平王东迁"相对应主题的文章，以及以"秦楚战争""秦魏战争"等为主题的历史故事文章。同样单击图片即可进入详情页面。

文章的查询与评论：对于扩展文章，用户可以使用页面上方的"查询"按钮对文章标题进行模糊查询。进入此文章的详情页面。用户除浏览本页面的相关信息之外，还可以在页面左侧进行查询及接收其他热门义章的推送。对于该类文章，用户从首页单击相应文章的图标后可以进行评论。用户输入相关评论内容后单击"发布评论"按钮即可发布该评论，评论发布之后，用户可以看到自己已经发表的评论以及其他用户对本篇文章的评论。

关系图谱：从首页的导航栏中的"关系图谱"标签可以进入"人物国间关系网"以及"人物国内关系网"。例如，进入"人物国间关系网"之后，选择相应的国家及人物，如选择"齐国"和"齐桓公"，单击"查询"按钮即可显示与此人物相关的关系图谱；进入"人物国内关系网"之后，选择相应的国家及人物，如选择"齐国"和"齐桓公"，单击"查询"按钮即可显示与此人物相关的关系图谱。

历史人物谁知晓：从首页的导航栏进入，用户可以对相应关卡的任务题目和解答进行"连线操作"。用户在某一关卡下对该人物的相应题目和答案进行连线操作后单击"立即验证"按钮，如果回答正确即验证通过，本关卡将会解锁，页面左边的以人物头像为标识的关卡标签将会被点亮。然后用户可以直接进入下一关卡。

春秋战国知多少：从首页的导航栏进入，用户可以对相应关卡的任务题目进行答题。首先单击页面右侧相应国家的图片，即可进入该国家背景下的答题页面。每个国家有 8 道题目，用户每回答一题后即可单击"立即验证"按钮，并进入下一题，全部验证通过后即可进入下一关。此外，用户可以在页面右下角看到自己的得分情况。

周公解梦：用户可以从首页的导航栏进入"周公解梦"功能页面。实际操作为用户可以在输入框中输入相关关键字，然后单击"解梦"按钮，即可以显示这个梦的寓意。

个人信息：用户可以进入"个人中心"页面补充及修改个人数据，同样也可以进入"积分中心"查看自己的游戏积分记录，然后也可以进入"帮助中心"和"用户协议"查看相应的协议政策。

2）管理员使用手册

管理员登录、退出登录：管理员与用户的登录入口不同，管理员无须注册后再登录，可以直接通过后台数据库维护管理员信息表来维护管理员的相关信息，输入正确的手机号和密码之后单击"登录"按钮即可登录到后台首页。

首页：首页主要展示用户、文章、游戏、评论等相关数据的统计信息。首先是展现用户地址统计信息的地区统计地图，这是一个动态图，由地图转换为柱形图，可以展现本网站注册的用户的分布地区。然后右侧是依据用户游戏得分记录的用户荣誉榜，展现了前六名的用户数据。接下来是最新注册、热门文章和时事评论3个模块，分别展现了最新注册的5名用户、评论数最高的5篇热门文章以及最新发表的5条评论数据。接下来展现了整个网站的相关数据总体统计，即总用户数、总评论数、总文章数以及实时更新文章数4个数据，以上数据管理员都可以实时在后台读取出来。

用户数据管理：用户数据管理模块中，管理员可以对数据库中所有的用户数据进行查看。包括依据用户姓名或者用户地址多条件进行模糊查询，以及对相应的特定文章进行删除操作。

用户数据可视化：用户数据可视化模块中展现了用户的积分统计、用户的学历情况以及用户的性别统计。管理员可以根据柱形图直观地看到由高到低的用户积分排名情况。此外还可以借助饼图看到用户的学历以及性别的分布情况。

历史事件文章管理：在历史事件文章管理模块中，管理员可以对数据库当中的历史事件的文章数据进行增、删、改、查的操作。具体而言，除查看所有文章数据之外，可以根据文章对应事件以及文章名两个条件进行多条件的模糊查询。此外可以对文章数据进行添加以及修改、删除的基本操作，还可以通过详情链接跳转到每篇文章的详情页面。

历史故事文章管理：同样，管理员可以对历史故事文章进行相应的增、删、改、查操作。查询操作是根据文章名进行查询，然后可以对特定的历史文章数据进行修改和删除，也可以加入新的数据。同样可以单击"详情"按钮查看文章的详细信息。

文章数据可视化：文章数据可视化模块中，管理员可以对文章的整体分类情况进行查看。管理员可以通过柱形图以及饼状图对文章所属类别的分布情况进行查看。

文章评论可视化：文章评论可视化模块主要有两部分。一方面，管理员可以通过柱形图查看对应文章的相应总评论数的总计由多到少的排序；另一方面，管理员可以通过柱形图查看来自不同用户发布的评论总数的统计排序。

历史人物谁知晓题库管理：历史人物谁知晓模块的游戏题库管理中，管理员可以对该游戏的题库数据进行查看，通过选择相应的国家或者输入对应的题目名称对题目进行查询。此外，管理员同样可以新增题目数据，也可以对特定的题目进行修改和删除操作。

春秋战国知多少题库管理：春秋战国知多少模块的游戏题库管理中，管理员可以对该游戏的题库数据进行查看，通过选择相应的国家关卡或者输入对应的题目内容对题目进行查询。此外,管理员同样可以新增题目数据,也可以对特定的题目进行修改和删除操作。

历史人物谁知晓答题情况:答题情况模块中,管理员可以查看用户通过前端进行答题后的实时得分数据,以及相应用户的总分情况数据。对于实时得分情况,可以看到用户的得分、用户名、本题目相关信息,以及答题所花费的时间和提交时间等数据。

春秋战国知多少答题情况:对于总分查询情况模块,管理员可以查看每位用户的总积分情况,同时也可以通过用户 ID 进行相关数据的查询。

游戏数据可视化:用户数据可视化模块中,管理员可以查看用户游戏总积分统计、历史人物知多少游戏答题活跃度统计以及春秋战国知多少游戏答题活跃度统计 3 个数据的统计。

联系我们:联系我们模块中,管理员可以查看后台管理员的相关个人信息。

用户操作帮助:用户帮助模块展现了对用户的相关操作指导。

管理员操作帮助:管理员帮助模块展现了管理员的相关操作指导。

7.5.2 验收视频

本项目的验收视频略。

7.6 实训总结

7.6.1 项目获得的奖项

最终本团队实训获得"优秀项目团队"和"优秀组长"的奖项。

7.6.2 前置课程在实训中的作用

1. 前置课程学习阶段

前置课程的学习对项目的开发而言是一个基础,如表 7-26 所示的前置课程对本项目的开发起到了帮助作用。

表 7-26 前置课程

课 程 名 称	课程对项目的作用
数据库原理与应用	学习了数据库设计、SQL 语句,有助于本项目开发过程中的数据库表设计与数据库表数据的增、删、改、查等操作
网页制作与网站建设	学习了网站的前端设计,掌握了 HTML 和 CSS 基础,有助于项目开发过程中网站前端页面以及界面效果的设计
项目管理	学习了项目管理方法,有助于项目开发过程中项目计划的制订
商务数据可视分析	学习了利用 ECharts 进行数据分析和可视化呈现,有助于本项目对用户的基本数据以及用户业务数据进行可视化分析与展现
面向对象程序语言(Java)	学习了 Java 语法及编程框架,有助于实训项目开发中代码的编写
Web 应用开发技术	学习了网站的前端和后端相关设计和功能实现。有助于本项目前端和后端具体功能的匹配开发和代码编写等
Python 数据分析与挖掘基础	学习了数据分析相关方法,有助于项目实现基本数据清洗操作
信息系统分析与设计	学习了系统的需求分析、概要设计和详细设计,有助于本项目进行需求分析及利用用例图、组织结构图等框架进行系统设计

2. 基础训练阶段

基础训练阶段的任务与目标是掌握项目开发过程中涉及的一些基础技术,有利于项目团队成员了解自身技术水平,对自身有一个清晰的定位,以便实训中更好地配合队友开展项目。

基础训练阶段的具体任务安排如表7-27所示。

表 7-27 基础训练阶段的任务安排

时间	任 务	课 程 作 用
3 天	HTML 及 Dom 基础	学习了页面的基本知识以及 Dom 框架的运用,有助于后续开发阶段的网页前端开发工作
	CSS 基础	学习了 CSS 样式,有助于对后续页面的动态设计
3 天	BootStrap 框架	学习了 BootStrap 的开发框架,有助于后续前端使用 BootStrap 框架进行网站开发
	列表功能实现	学习了对数据库中信息进行列表形式的呈现,有助于后续开发过程中对用户、文章信息列表的呈现
	添加功能实现	学习了如何对数据库中信息进行数据的添加操作,有助于对应详细设计阶段中评论、文章数据添加功能的实现
4 天	SpringBoot 基础	学习了 SpringBoot 的框架,有助于整个后端开发框架的实现
	Vue-Axios 框架	学习了 Vue-Axios 开发框架,有助于后期利用 Vue 框架代替 SpringBoot 前端开发,以及对应后端的设计
	删除功能实现	学习了对数据库中信息进行数据的删除操作,有助于对相应数据库中表数据的删除操作的实现
	修改功能实现	学习了对数据库中信息进行数据的修改操作,有助于对相应数据库中表数据的修改操作的实现
1 天	项目管理团队周例会	学习了如何组织项目管理团队的周例会,有助于提高其开发效率
	删除功能实现	学习了对后台数据库中信息进行数据的删除操作,有助于对应账户注销和后台数据删除等
	修改功能实现	学习了对后台数据库中信息进行数据的修改操作,有助于对应用户信息的修改以及后台数据的修改
1 天	多表关联功能复查	学习了对后台数据库中多个表的信息进行多表关联查询的操作,有助于对应多条件查询检索功能
	多条件查询功能实现	学习了对后台数据库中表的信息进行多条件查询的操作,有助于对应后台的数据管理查询操作功能
2 天	登录功能实现	学习了网站的登录功能实现手段,有助于项目开发中登录功能的实现,包括前端和后台的登录
	掌握 Axure 的使用方法	学习了 Axure 软件的使用,有助于需求分析中原型界面的设计
1 天	组长例会	学习了如何组织组长例会,有助于制定项目章程及项目开发的顺利进行
	需求分析与导入	学习了如何进行需求的分析和导入,有助于概要设计和详细设计的开展

7.6.3 项目组成员总结

1. 项目总结

本项目在故事化资讯工具的类别下,以"趣味学习,玩转战国史"为内容主题,以历史爱好者、历史学习者为主要客户群体,旨在帮助用户沉浸式学习春秋战国史。

本项目有两条主线。第一条主线为知识学习路线:第一部分为历史事件检索,分别从时间线和人物线进行事件梳理;第二部分为战国历史故事检索,包括评论、热门故事推荐等。第二条主线为游戏闯关路线:第一部分为历史人物谁知晓,以连线闯关解锁的方式检验阶段学习的成果;第二部分为春秋战国知多少,以选择题的方式对更深入的知识进行科普;附加功能为周公解梦,在大量数据的支持下,以关键字进行模糊查询,得到梦境解析结果。

本项目后台管理部分主要以用户管理、文章管理、游戏管理 3 个功能为主。其记录了前端所有业务功能产生的相关数据,包括用户信息、历史事件的增/删/改/查、历史故事的增/删/改/查、游戏题库管理、用户答题积分管理等;同时包括评论数、总积分数进行实时排名及动态显示。

2. 分工描述

本项目由小琪担任项目经理,小俐、小佳和小夏作为项目组组员开发本项目。

1)小琪

(1)负责前端所有页面的交互设计及美工设计(包括 PS 美工和 AE 视频制作)。

(2)负责历史事件、历史故事的分类查询、模糊查询、前端回显。

(3)负责历史事件、历史故事的详情页面的开发及用户业务操作数据的统计、热门文章推荐部分后台及前端代码的编写。

(4)负责寻找及调用网络 API 实现周公解梦的功能及其显示。

(5)负责登录与注册页面的功能设计。

(6)负责连线游戏闯关的关卡解锁及效果显示 jsPlumb.js,将数据库中的用户答题积分在页面回显,从而判断用户解锁的关卡并使用判断语句显示关卡头像的点亮解锁(和小夏共同完成)。

(7)负责积分中心用户得分信息表的回显与实时答题数据的展示。

2)小俐

(1)负责用户、文章和游戏管理后台的编码实现。

(2)负责数据可视化的功能实现,具体涉及的数据包括用户信息、历史事件以及历史故事文章、两个游戏的题库管理以及答题情况管理。

(3)负责后台可视化工作。

3)小佳

(1)负责历史事件文章及历史故事数据的爬取(共计 11 850 条)与数据清洗工作。

(2)负责历史事件、历史故事及评论数据的增、删、改、查功能的实现以及相应功能部分的后台和前端显示功能的实现。

(3)负责答题游戏功能的所有设计及功能实现。

(4)负责答题游戏后台的积分管理。

(5)负责周公解梦功能的数据处理及分段。

4)小夏

(1)负责自学使用 Neo4j 图数据库,实现利用 Spring MVC 对 Neo4j 的节点和关系进行增、删、改、查,并通过 cytoscape.js 关系图设计框架对图数据库里的数据进行展示。

（2）负责"连连看"答题游戏的研究设计。

（3）负责用户登录过程中的协议勾选、登录的权限的功能实现，以及退出登录之后普通游客的不计分游戏体验功能的实现，具体表现为只能浏览不能答题的权限设置。

（4）负责文章数据预处理中利用 Python 对文章内容进行清洗的部分工作。

（5）负责后台"连连看"数据的增、删、改、查的功能。

3. 问题总结

团队方面，项目启动期组员间的沟通太少，项目中期组内矛盾较多。针对于此，组长小琪及时采用定期会议与施加压力的方式，提高组员对实训的重视程度，并高度集中进行组内会议，激发组员的表达欲。在项目起步期，由于组员关系的加强，无用的话说太多，导致每次的会议都讨论不到正题，对此组长小琪采用座位隔开、拒绝聊天的方式，尽量使组员在项目开发阶段不说与项目无关的话题。在项目中期，渐渐产生了意见分歧，因每位组员收到的信息不对等及想法不一致导致沟通受阻，通过老师的帮助与建议，最终采用逐一与组员谈话的方式解决了问题。

个人方面，组长小琪意识到只有加强组内的沟通，并提升每个人的技术水平，最终才能够有较好的可交付成果。而组员小俐在项目前期对于代码的编写不太熟练，推进比较慢，但是后期经过不断的练习，花费更多时间后也逐渐变得更加顺利了。组员小佳在项目前期的状态比较松散，而在项目中期出现瓶颈时又不能很好地解决，信心受到打击。组员小夏一直专注于技术创新与学习，所以耗费了比较多的时间在学习新技术上。

7.6.4 经验教训及改进建议

1. 经验教训

通过长达一个月的项目开发与实践，本团队不仅在技术上收获了许多，在管理方面也收获了很多经验与教训。

首先是技术方面，此次项目中本团队使用到的技术可归类为 4 项。第一项技术为数据管理，主要是数据收集与清洗工作；第二项技术为 Web 端技术；第三项技术为后端技术，学习了 MVC 架构，实现了后台模块的解耦内聚；第四项技术即知识图谱与图数据库的使用，是本团队最有特色的技术，为知识图谱与图数据库的使用。本团队选用 Neo4j 图数据库，使用 Cypher 描述性图形查询语言对节点以及节点之间的关系进行增、删、改、查的基本操作，也可以通过计算节点的入度和查询节点的路径，从而找出春秋战国时期人物间的关系网。

其次，本团队在管理方面也有着自己的感悟与收获。在项目初期阶段，团队组建与项目管理成为了一项十分重要的工作。通过学习，本团队了解到项目管理是有章程的，是一项非常规范的工作，团队组建也是有规则和技巧的。在团队合作的过程中，组织有不同的形态——塔克曼五阶段模型，学到了如何从震荡阶段步入规范阶段。此外，本团队学到了项目各个阶段的计划拟定方法，根据生命周期和五个过程组来拟定最终项目的各个阶段，收获颇丰。

在项目实施阶段，组长小琪认为管理方面最重要的一点为对组员能力的肯定。看得见队友的长处，才能合理分配工作与任务，才能高效率、高质量地完成每一项项目可交付成果。

此外，是团队的沟通管理。在项目初期，本团队看起来"一派祥和"，没有发生过冲突，也没有人"划水"，大家都认认真真地完成每项任务，看起来已经早早步入了"规范阶段"。可事实真的如此吗？答案当然是否定的。

在此，组长小琪总结出了两个公式以及新的定义：

$$不争吵 \neq 意见统一 \neq 信息对等 \neq 规范阶段（隐藏震荡阶段）$$
$$不争吵 + 意见统一 + 信息对等 = 规范阶段（真正规范阶段）$$

为什么会有隐藏震荡阶段？项目初期，本团队看起来是问题最少的组，但到中期反而成为问题最多的组。通过反思，发现实际上从项目启动期开始，本团队就暴露了一系列的问题，组长小琪也通过一系列措施解决了这些问题。

项目启动期有用的话说太少→定期会议、施加压力、引起重视。

项目起步期无用的话说太多→座位隔开、施加压力、拒绝聊天。

项目团队看似规范阶段，实则震荡阶段→分析成员性格特点，对症下药。

2. 改进建议

针对个人存在的问题，本团队接下来会从两方面进行提高。

首先是团队方面，组长小琪会吸取此次实训中的经验教训，对其他小组优秀的管理方式进行学习与反思，今后的比赛中在团队管理方面多尝试、多思考、多经历。组员小佳发现自己在团队沟通时效率不够高，表达观点不够简单明了，因而在未来的学习过程中应当加强沟通方面的能力。组员小俐和小夏认为在这次实训中暴露出了自己不擅长沟通的问题。如何高效的沟通，以及如何不带有情绪地解决问题是他们在后期的学习中需要去探索的问题。

其次是技术水平的提高。组长小琪会尽快找到自己感兴趣的技术领域，加强自主学习能力，加大对新技术的学习力度，并提高认知水平，找到一项拿手技术并做深层次的学习与反思；组员小佳发现爬虫的攻防是非常值得研究的领域，在未来的学习中将往这一方面靠拢；组员小俐意识到自己对代码实操编写的训练上还有所欠缺，在后期的学习当中，会抽出更多时间在实操上；组员小夏决定以后深入钻研算法编写与系统设计领域，争取让自己的开发能力更上一层楼，为日后的升学或者就业提前打下坚实的基础。

总之，通过此次实训，不管是在技术方面还是在管理方面，本团队都收获了许多，这也是其他任何一场比赛都无法替代的。

第8章

实践3："报团旅游"系统开发报告

本章以"报团旅游"系统开发报告为例，从项目的基本情况、需求分析、草图和原型界面设计、编码和测试、项目验收、实训总结 6 方面进行阐述。

8.1 项目的基本情况

如今，不少年轻人喜欢和志同道合的朋友组团出行，"报团旅游"是一个推荐当前热门旅游景点线路的组团旅游网站。本节将从实训背景、项目简介、项目进度、使用的技术和工具、软硬件环境以及项目的完成情况 6 方面来介绍项目的基本情况。

8.1.1 实训背景

信息系统专业训练是信息管理与信息系统专业学习的重要实践环节。通过专业的训练可使学生进一步领会管理信息系统分析、设计与实现的基本知识，了解程序开发的一般过程，培养并提高学生综合运用所学知识进行分析和解决实际问题的能力，为今后的系统开发打下基础。

8.1.2 项目简介

在"报团旅游"项目开始前，主要参考了"携程旅行"网站中的"跟团游"模块。在该模块中，经销商可以在经销商管理中心发布店铺的旅游路线，旅客可以根据路线内容选择心仪的跟团旅游路线。

1. 项目背景

如今，随着旅游方式的多样化，从经济性和安全性方面考虑，报团旅游成为大部分人的首选。通过"报团旅游"项目平台提供的旅行路线，旅客可以选择心仪的线路出行。项目的宗旨是通过网站平台为游客提供实时、热门的旅行线路，以组团出行的方式，增添游客在旅行中的乐趣。

2. 项目特色

"报团旅游"项目是基于旅游垂直行业的社交电商，针对旅游散客以及旅游经销商的平台。旅游经销商可以通过后台发布自己的旅游商品，包括该旅游线路需要的人数、具体特色等，用户可以选择心仪的旅游商品，后台可以进行旅游商品的发布管理以及相关数据统计。

从技术实现的角度来说，该项目通过 HTML、CSS、JavaScript 以及衍生出来的各种技术,结合 Spring Boot＋MyBatis 框架,来实现用户界面交互。此外,可以通过支付宝沙箱环境配置实现支付宝支付功能,代替传统的页面支付。

从功能使用的角度来说,"报团旅游"项目为游客提供旅行路线、游记分享、结伴同行服务的深度搜索,帮助游客做出更好的旅行选择。凭借其便捷的搜索技术来对互联网上的旅行信息进行整合,为用户提供实时、可靠、全面的旅游产品查询和信息比较服务。其次,"报团旅游"项目还为经销商提供商户中心平台,在该平台经销商可以发布自定义的旅行路线,还可查看实时更新的后台销售数据。

8.1.3 项目进度

本节将以系统开发训练时间轴为主线梳理项目进度,详细说明项目各阶段的任务内容,如表 8-1 所示。

表 8-1 项目各阶段的任务内容

时　间　线	任　务　名　称
3 月 9 日	实训启动会
3 月 9 日—3 月 22 日	进行分组,选题
3 月 9 日—5 月 14 日	制订报团旅游项目管理计划
4 月 14 日—5 月 22 日	基础知识补强＋练习
5 月 15 日—5 月 22 日	完成项目需求分析
5 月 24 日	需求评审
5 月 22 日—5 月 25 日	系统概要设计
5 月 26 日	系统设计评审
5 月 27 日—6 月 11 日	敏捷开发——编码实现
6 月 11 日—6 月 14 日	功能完善、整合与系统测试
6 月 15 日	细节完善开发
6 月 16 日—6 月 17 日	验收材料准备、项目验收
6 月 18 日	项目发布、实训结业

8.1.4 项目使用的技术和工具

本项目中使用到的技术和工具如表 8-2 所示。

表 8-2 使用的技术和工具

类　　别	使用技术或工具	用　　途
基础类	Spring Boot＋MyBatis	后台接口开发
	BootStrap、JavaScript	前端页面实现
大数据类	SQL	对数据的增、删、查、改
其他	富文本编辑器	开源的 HTML 可视化编辑器
	ECharts	为前端页面提供数据可视化

8.1.5 项目的软硬件环境

本项目中使用的软件和工具的版本号如表 8-3 所示。

表 8-3　软件和工具的版本号

类　　　别	使用软件或工具	版　本　号
编程软件	IntelliJ IDEA	2021.1.3
	Visual Studio Code	v1.64.2
开发工具包	JDK	1.8
草图绘制工具	Axure RP	9.0.0
数据库管理和设计工具	MySQL	workbench 6.3 CE
	Navicat for MySQL	11.0.10-企业版

8.1.6　项目的完成情况

该项目的完成页面有：登录/注册页面、用户中心、商户中心、管理员中心、网站首页、商品列表、商品详情页面、添加出行人页面、支付页面、评价页面、发布游记、游记详细页面、结伴旅行、结伴信息详细页面、各项数据统计页面等 47 个页面。

8.2　需求分析

需求分析的目的是准确地表达出系统的每项需求，并作为设计的基础，为系统开发人员提供明确的指导方向。需求分析的任务是确立、规范系统开发的过程，提高系统开发过程中的能见度，便于系统开发过程中的控制与管理，提高系统的质量，便于开发人员、维护人员、管理人员之间的交流与协作，并作为工作成果的原始依据。本节将对系统业务功能进行分析，对该项目的需求做一个整体描述。

8.2.1　系统业务模块划分

"报团旅游"项目的核心内容是经销商在平台发布组团出行路线，且平台提供一个完整的查询、订购、结算、售后服务的运营环境，从而帮助经销商完成营销业务。该系统设计从用户、经销商、管理员三个角度做业务流程，集用户前端、经销商后台管理、管理员后台管理 3 个业务模块为一体，3 个业务模块下包含多个子模块，具体业务模块的划分结构如图 8-1 所示。

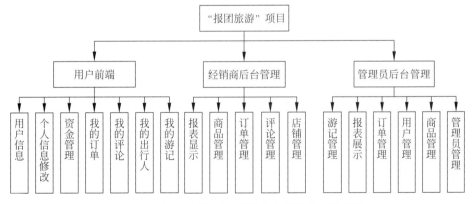

图 8-1　"报团旅游"项目具体业务模块的划分结构

8.2.2　功能介绍

在需求分析过程中就要确定好系统需要具备哪些功能。本节将从用户前端、经销商后台管理、管理员后台管理 3 个业务模块来介绍系统的功能。

1. 用户前端业务模块

根据项目功能模块的分析,此项目的用户前端业务模块主要分为两个子模块,一是前端页面功能模块,其中包含:首页、商品信息、商品查询、游记分享、结伴出行;二是用户中心管理模块,其中包含:用户信息、个人信息修改、资金管理、我的订单、我的评论、我的出行人、我的游记。用户前端业务模块如图 8-2 所示。

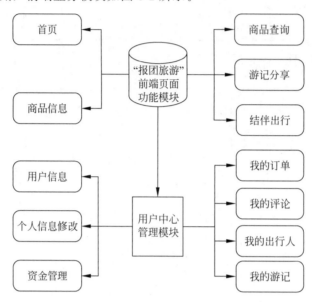

图 8-2 用户前端业务模块

1)前端页面功能模块

前端页面功能模块主要是为用户提供旅行路线的选择和购买、游记分享以及结伴出行的服务,此模块包含 4 个功能页面,具体功能页面的描述如表 8-4 所示。

表 8-4 前端页面功能模块功能页面的描述

功 能 页 面	功 能 描 述
首页	主页面。 ① 旅行路线搜索; ② 热门路线推荐; ③ 热门旅行城市推荐
商品购买	① 查看商品详细页面; ② 生成商品订单; ③ 添加订单的出行人; ④ 订单的结算与支付
游记分享	游记的发布与展示
结伴出行	结伴出行信息的发布与展示

2)用户中心管理模块

用户中心管理模块的主要功能是给用户提供一个操作平台,对个人的信息、订单、游记进行管理。此模块包含 5 个功能页面,具体功能页面的描述如表 8-5 所示。

表 8-5 用户中心管理模块功能页面的描述

功 能 页 面	功 能 描 述	功 能 页 面	功 能 描 述
用户信息	个人信息管理。 ① 用户信息的查看; ② 用户信息的修改; ③ 资金管理	我的出行人	出行人信息管理。 ① 出行人列表展示; ② 出行人信息的增加、删除、修改
我的订单	个人订单管理。 ① 用户订单的查看; ② 订单退款申请; ③ 对订单进行评价	我的游记	个人游记管理。 ① 用户游记的查看; ② 用户游记的修改、删除
我的评论	评价管理。 ① 评论的查看; ② 评论的修改、删除		

2. 经销商后台管理业务模块

根据项目功能模块的分析,经销商后台管理业务模块的功能是为经销商提供一个经营操作平台,其中包括:报表显示、商品管理、订单管理、评论管理、店铺管理。经销商后台管理业务模块如图 8-3 所示。

图 8-3 经销商后台管理业务模块

1) 报表显示

"报表显示"模块的功能是让经销商方便地掌握店铺经营的信息,对店铺商品、订单、销售额以及店铺热门商品进行统计,只需从后台数据库表中提取相应数据进行综合计算即可获得。

2) 商品管理

"商品管理"模块的功能是让经销商方便地管理店铺的商品,经销商不仅能查看店铺的所有商品信息(在售商品、审核中的商品、审核失败的商品和下架商品),还能够对商品进行添加和下架操作。

3) 订单管理

"订单管理"模块的功能是让经销商方便地管理店铺的订单,经销商不仅能查看店铺的所有订单信息(待支付订单、支付成功订单、退款待处理订单、已退款订单),还能够对正在退款的订单进行处理,根据退款订单申请日期和出发日期来判定是否同意退款。

4) 评论管理

"评论管理"模块的功能是让经销商方便地管理店铺订单的用户评论,经销商不仅能查看店铺的所有用户评论,还能够对用户的评论进行查看和回复操作。

5) 店铺管理

"店铺管理"模块的功能是让经销商方便地管理店铺的一些基础信息,实现基础信息的修改,以及店铺资产的查看。

3. 管理员后台管理业务模块

根据项目功能模块的分析,此项目中管理员后台管理业务模块的功能为给管理员提供一个业务操作平台,其中包含:用户管理、管理员管理、报表展示、商品管理、订单管理和游记管理。管理员后台管理业务模块如图 8-4 所示。

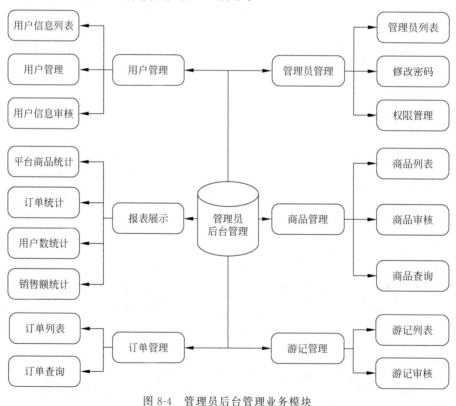

图 8-4 管理员后台管理业务模块

1) 用户管理

"用户管理"模块的功能是让管理员方便地管理用户的一些基础信息,实现基础的增加、修改、删除操作。

2）管理员管理

"管理员管理"模块的功能是让管理员方便地管理个人的一些基础信息，实现基础的增加、修改、删除操作，超级管理员还能增加和删除管理员信息。

3）报表展示

"报表展示"模块的功能是让管理员方便地掌握平台的信息，对平台商品、订单、用户数量、销售额进行统计，只需要从后台数据库表中提取后进行总和计算即可。

4）商品管理

"商品管理"模块的功能是让管理员方便地管理经销商的商品信息，实现所有在售商品列表的查看，以及对经销商新增加的商品进行审核，只需要修改商品表中的状态即可。

5）订单管理

"订单管理"模块的功能是让管理员方便地管理平台的订单信息，能对平台订单进行查询，实现一些基础的删除、修改操作。

6）游记管理

"游记管理"模块的功能是让管理员方便地管理平台的游记信息，实现对所有游记的增加、查询，以及对旅行者新发布的游记进行审核，只需要修改游记表中的状态即可。

8.2.3　项目经理感想

在此次项目的开发过程中，小组对需求分析阶段并不重视，草率地按小组成员各自的想法整合出了系统功能，导致在总体设计阶段遇到很多困难，甚至在项目实现过程中还在不断修改，花费了大量时间。我认为，需求分析阶段可以借助思维导图把整个系统的功能串起来，充分发挥团队的力量，对各个模块和功能逐一进行分析，让大家共同找出需求分析中不合理、有歧义、不完善的问题，避免后期出现过多的改动。

8.3　草图和原型界面设计

需求分析结束后，就需要做草图和原型界面设计，它能够很好地阐述项目开发小组的想法。为系统概念画一个简单的插图，这样它们就不会只存在于脑海中，更便于进一步的讨论和构思。本节将分别介绍草图绘制和原型设计的流程以及一些注意事项。

8.3.1　草图绘制

开发小组使用的草图绘制工具为 Axure RP，它是一款专业的快速原型设计工具，可以让负责定义需求和规格、设计功能和界面的开发人员快速创建应用软件或 Web 网站的线框图、流程图、原型和规格说明文档。本节将介绍草图绘制的注意事项以及重要功能页面的设计思路。

1. 草图绘制的注意事项

第一，绘制草图前要确定好整个系统的功能，并将其模块进行分解绘制；第二，思考模块之间如何衔接才能给用户带来更加好的服务和体验；第三，页面要有合理的布局。

2. 重要功能的页面设计

页面设计也是系统建设的重要组成部分，提前进行页面设计是为了让网页设计和业务逻辑完全结合，为用户提供直接、便捷、流畅的使用体验。登录/注册页面、网站首页、管理员中心都是本系统的重要入口,起到导航的作用;同时,商品详情页也同样重要,商品详情页的内容排版、图片展示都是能否吸引用户购买的关键所在。所以接下来将分别介绍登录/注册页面、网站首页、经销商/管理员管理平台、商品内容页的草图设计。

1) 登录/注册页面的草图设计

网站给用户的第一印象非常重要,所以登录页面不仅要易于操作,还要突出品牌内容,同时注册页面中的相关信息要根据用户所需信息来给定。登录页面的草图设计如图 8-5 所示,注册页面的草图设计如图 8-6 所示。

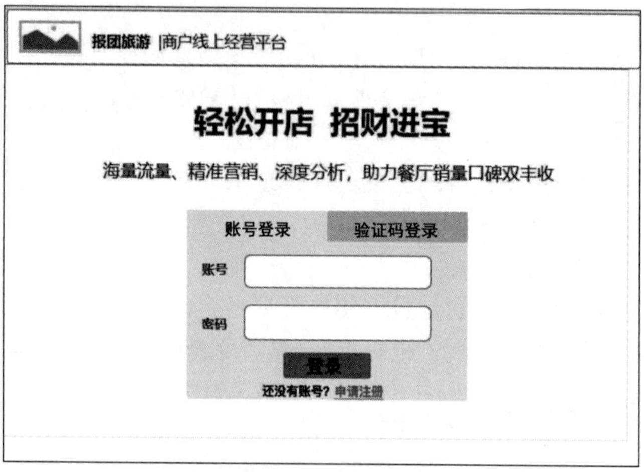

图 8-5　登录页面的草图设计

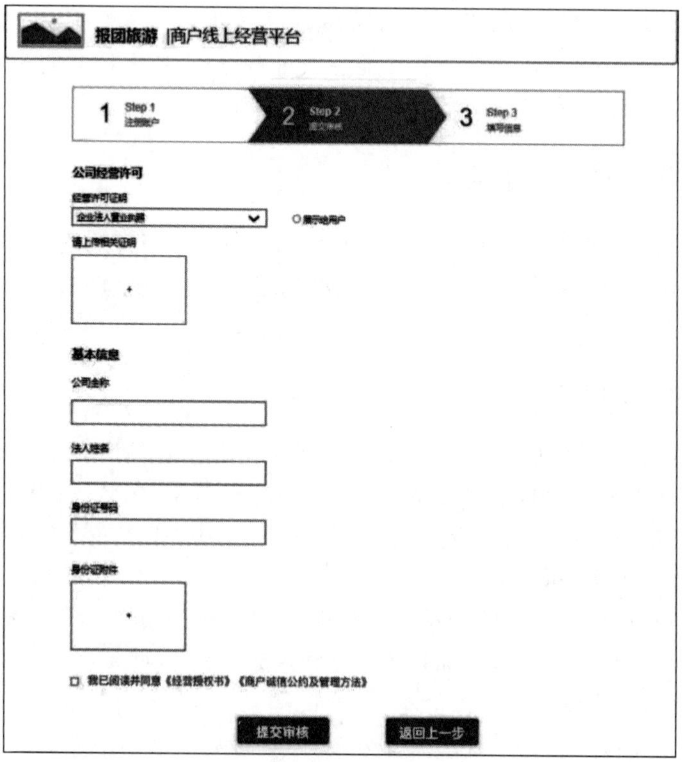

图 8-6　注册页面的草图设计

2）首页的草图设计

首页需要把最重要的东西第一时间展示给用户，导航应该设计得简洁明了，把网站最重要的内容展示在导航里就足够了，这样做的目的是减少用户的查找时间成本。用户的单击行为一般都是从左到右的，所以在设计栏目位置时也应该把最重要的放在最前面（越靠前的位置权重得分就越高，这一点也遵循用户浏览网页从左到右、从上到下的习惯）。首页的草图设计如图 8-7 所示。

图 8-7　首页的草图设计

3）经销商、管理员管理平台的草图设计

经销商、管理员管理平台的草图设计要依据经销商、管理员的需求而展开，目录的设计要便于用户查找，所以在设计该页面时应该以简单、实用为主。管理员管理平台的草图设计如图 8-8 所示。

4）商品内容页的草图设计

不同行业的网站，对于商品内容展示的方式都是不一样的，但唯一不变的就是当前的页面一定是围绕网站主题来展示的。以什么样的方式展示最能吸引用户，如何让用户看了成品之后有购买的欲望，这是设计内页布局需考虑的第一点。接下来就应该分析各个产品分别对应用户的什么需求，因为展示的产品内容一定要融入用户感兴趣的因素才能够促成订单，所以内容在展示时应该融入大部分用户都会关心的内容，然后再用图文并茂的方式展示出来。"报团旅游"的商品内容页面就是从用户需求出发，对产品价格、行程、费用说明、评价、旅行出行必备等几方面做介绍。商品内容页的草图设计如图 8-9 所示。

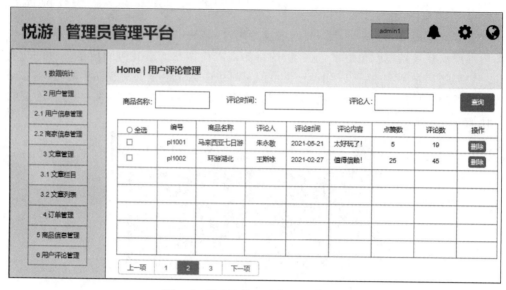

图 8-8　管理员管理平台的草图设计

图 8-9　商品内容页的草图设计

8.3.2　原型界面设计

原型界面设计是对系统的人机交互、操作逻辑、界面美观的整体设计。好的界面设计不仅让页面变得有个性、有品位，还让用户的操作变得简单、合理。本节将介绍在系统开发过程中挑选模板和修改模板的注意事项。

1. 挑选模板

原型界面设计并不需要从头开始开发，而是找到一套前端模板，再基于模板进行相应的修改和实现。可以按照以下步骤进行选择。

1）看模板的美观程度

网站的美观程度决定了给人的第一印象。外观精美的网站，能够增加用户在网站的停留时间与点击率。

2）模板的页面功能是否与需求对应

在确定要使用某个模板之前，要对比前端模板的页面功能是否能对应得上所需的页面功能，如搜索框、分页、导航栏等是否具备，这都是决定是否选择这一模板的参考因素。

3）网站模板是否便于更改

一个网站模板是否便于更改，决定了后期系统开发时间成本的高低。如果选择的网站模板代码杂乱无章，那么后期要修改时会非常麻烦。所以挑选模板时要注意判断代码部分是否便于理解，以及需要变动的模块是否是嵌套文件等，经过综合考虑后，决定是否使用该模板。

2. 修改模板

当下载了一款满意的模板后，只需做一些代码修改即可使用，本项目主要从以下3方面进行修改。

1）CSS 路径

几乎所有默认的源码网页模板的路径都是系统自带的标签，CSS 的路径修改后才可以将程序模板转换为可视化界面。程序加粗的部分就是系统标签，这时需要将其修改成本机存放 CSS 文件的路径，之后就可以直观地看到网页界面了。

```
< link id = "theme－style" rel = "stylesheet" href = "/assets/css/portal.css">
```

2）数据库内容显示

当需要将数据库的内容显示在前端界面时，就需要用到 Thymeleaf 语句（Thymeleaf 的主要作用是把 model 中的数据渲染到 HTML 中），这样能将静态页面转换为动态页面。

3）文字内容修改

可以通过快捷键 Ctrl＋F 来查找需要修改的地方。例如，如果选择修改的是"标题"，则可查找 title 标签，在对应的位置改成自己的内容即可。

8.3.3　项目经理感想

一个好产品的诞生，必定离不开原型设计。原型设计是整个产品开发中最重要的一环，且确定了整个系统的方向。如果在选择模型时只注重模板的外观，没有注重模板页面功能是否与本项目需求功能吻合、模板是否容易修改等因素，就可能会导致后期更换模板，费时费力。

8.4 编码和测试

系统实现过程中的主要任务是编码和测试,编码是把软件设计结果翻译成某种程序设计语言书写的程序,是对设计的进一步具体化;测试是保证系统质量的关键步骤,是对系统规格说明、设计和编码的最后复审。

本节将从数据库设计、开发过程中的版本控制、后台接口实现、前端页面实现、系统测试以及项目经历感想 6 方面来阐述系统开发中编码和测试的过程。

8.4.1 数据库设计

数据库设计是指对于一个给定的应用环境,构造最优的数据库模式,建立数据库及其应用系统,使之能够有效地存储数据,满足各种用户的应用需求。本节将介绍项目中数据库设计的思路和数据库表结构。

1. 设计思路

针对"报团旅游"项目,根据管理员、经销商、用户的需求确定功能,再根据应实现的功能确定数据字典,共计 10 个数据表,分别是管理员信息表、登录日志表、用户信息表、出行人信息表、经销商信息表、商品信息表、订单信息表、订单详细表、商品评价表、订单退款表。具体 E-R 图如图 8-10 所示。

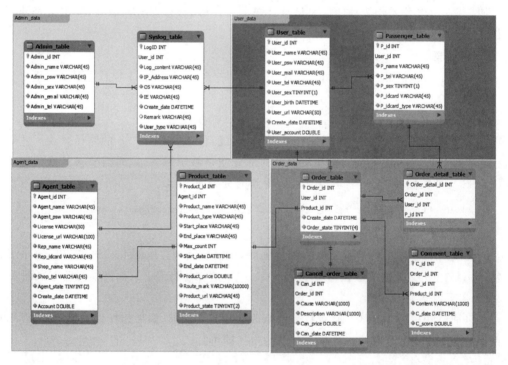

图 8-10　E-R 图设计

2. 数据表结构

数据表是由表名、表中的字段和表的记录 3 部分组成的。设计数据表结构就是定义数据表文件名,确定数据表包含哪些字段,各字段的字段名、字段类型及宽度,并将这些数据输入计算机中。本节将介绍本项目中所创建的所有数据表,具体如下。

1) 管理员信息(Admin_table)表

Admin_table 表列出了所有管理员的基本信息,表结构如表 8-6 所示。

表 8-6　Admin_table 表结构

名　　称	类　　型	约 束 条 件	说　　明
Admin_id	int	无重复	管理员标识,主键
Admin_name	varchar	不允许为空	管理员的登录名称
Admin_psw	varchar	不允许为空	管理员的登录密码
Admin_sex	tinyint	不允许为空	管理员的性别
Admin_email	varchar	不允许为空	管理员的邮箱
Admin_tel	varchar	不允许为空	管理员的电话

(1) Admin_id：用于唯一标识表中的每个管理员。

(2) Admin_name：表示管理员的登录名称。

(3) Admin_psw：表示管理员的登录密码。

(4) Admin_sex：表示管理员的性别,1 表示"男",0 表示"女"。

(5) Admin_email：表示管理员的邮箱。

(6) Admin_tel：表示管理员的电话。

2) 登录日志(Syslog_table)表

Syslog_table 表列出了所有登录信息,表结构如表 8-7 所示。

表 8-7　Syslog_table 表结构

名　　称	类　　型	约 束 条 件	说　　明
LogID	int	无重复	登录日志表标识,主键
User_id	int	不允许为空,无重复	登录用户 id,外键
Log_content	varchar	不允许为空	登录方式
IP_Address	varchar	不允许为空	登录的 IP 地址
OS	varchar	不允许为空	操作系统
IE	varchar	不允许为空	浏览器
Create_date	datatime	不允许为空	登录时间
Remark	varchar	允许为空	登录描述
User_type	varchar	不允许为空	登录用户的类型

(1) LogID：用于唯一标识表中的登录信息。

(2) User_id：用于识别用户的外键,与 User_table. User_id、Agent_table. Agent_id、Admin_table. Admin_id 相关联。

(3) Log_content：表示登录方式。

(4) IP_Address：表示登录的 IP 地址。

(5) OS：表示计算机的操作系统。

(6) IE：表示登录所使用的浏览器。

(7) Create_date：表示登录时间。

(8) Remark：表示登录描述。

(9) User_type：表示登录用户的类型,如管理员、用户或经销商。

3) 用户信息(User_table)表

User_table 表列出了所有用户的基本信息,表结构如表 8-8 所示。

表 8-8　User_table 表结构

名　　称	类　　型	约 束 条 件	说　　明
User_id	int	无重复	用户标识,主键
User_name	varchar	不允许为空	用户名
User_psw	varchar	不允许为空	登录密码
User_mail	varchar	不允许为空	用户的邮箱
User_tel	varchar	不允许为空	用户的电话号码
User_sex	tinyint	不允许为空	用户的性别
User_birth	date	不允许为空	用户的生日
User_url	varchar	不允许为空	用户的头像图片地址
Create_date	datetime	不允许为空	用户的注册日期
User_account	double	不允许为空	账户余额,默认值为 0

(1) User_id:用于唯一标识表中的每个用户。

(2) User_name:表示用户名。

(3) User_psw:表示用户的登录密码。

(4) User_mail:表示用户的邮箱。

(5) User_tel:表示用户的电话号码。

(6) User_sex:表示用户的性别,1 表示"男",0 表示"女"。

(7) User_birth:表示用户的生日。

(8) User_url:表示用户的头像图片地址。

(9) Create_date:表示用户的注册日期。

(10) User_account:表示账户余额,默认值为 0。

4) 出行人信息(Passenger_table)表

Passenger_table 表列出了所有出行人的基本信息,表结构如表 8-9 所示。

表 8-9　Passenger_table 表结构

名　　称	类　　型	约 束 条 件	说　　明
P_id	int	无重复	出行人标识,主键
User_id	int	不允许为空	外键
P_name	varchar	不允许为空	出行人的姓名
P_tel	varchar	不允许为空	出行人的电话
P_sex	tinyint	不允许为空	出行人的性别
P_idcard	varchar	不允许为空	出行人的证件号
P_idcard_type	varchar	不允许为空	出行人的证件类型

(1) P_id:用于唯一标识表中的每个出行人。

(2) User_id:用于识别用户的外键,与 User_table.User_id 相关联。

(3) P_name:表示出行人的姓名。

(4) P_tel:表示出行人的电话。

(5) P_sex:表示出行人的性别,1 表示"男",0 表示"女"。

（6）P_idcard：表示出行人的证件号。

（7）P_idcard_type：表示出行人的证件类型（护照、居民身份证、港澳台身份证）。

5）经销商信息（Agent_table）表

Agent_table 表列出了所有经销商的基本信息，表结构如表 8-10 所示。

表 8-10　Agent_table 表结构

名　称	类　型	约束条件	说　明
Agent_id	int	无重复	经销商标识，主键
Agent_name	varchar	不允许为空	经销商的登录名
Agent_psw	varchar	不允许为空	经销商的登录密码
License	varchar	不允许为空	经销商的经营执照号
License_url	varchar	不允许为空	经销商经营执照的照片地址
Rep_name	varchar	不允许为空	负责人的姓名
Rep_idcard	varchar	不允许为空	负责人的证件号
Shop_name	varchar	不允许为空	店铺的名称
Shop_tel	varchar	不允许为空	店铺的电话
Agent_state	tinyint	不允许为空	审核状态，默认值为 0
Create_date	datetime	不允许为空	注册的日期
Account	double	不允许为空	账户余额，默认值为 0

（1）Agent_id：用于唯一标识表中的每个经销商。

（2）Agent_name：表示经销商的登录名。

（3）Agent_psw：表示经销商的登录密码。

（4）License：表示经销商的经营执照号。

（5）License_url：表示经销商经营执照的照片地址。

（6）Rep_name：表示负责人的姓名。

（7）Rep_idcard：表示负责人的证件号。

（8）Shop_name：表示店铺的名称。

（9）Shop_tel：表示店铺的电话。

（10）Agent_state：表示商家的注册审核状态，0 表示"审核中"，1 表示"审核成功"，2 表示"审核失败"。初始默认值为 0。

（11）Create_date：表示注册的日期。

（12）Account：表示账户余额，默认值为 0。

6）商品信息（Product_table）表

Product_table 表列出了所有商品的基本信息，表结构如表 8-11 所示。

表 8-11　Product_table 表结构

名　称	类　型	约束条件	说　明
Product_id	int	无重复	商品标识，主键
Agent_id	int	不允许为空	外键
Product_name	varchar	不允许为空	商品的名称
Product_type	varchar	不允许为空	商品的类型
Start_place	varchar	不允许为空	出发的地点

名　　称	类　　型	约束条件	说　　明
End_place	varchar	不允许为空	解散的地点
Max_count	int	不允许为空	上限人数
Start_date	datetime	不允许为空	开团时间
End_date	datetime	不允许为空	截止时间
Product_price	double	不允许为空	路线价格
Route_mark	varchar	不允许为空	路线描述
Product_url	varchar	不允许为空	路线景点图片的地址
Product_state	tinyint	不允许为空	路线的发布状态

（1）Product_id：用于唯一标识表中的每个商品。

（2）Agent_id：用于识别经销商的外键，与 Agent_table.Agent_id 相关联。

（3）Product_name：表示商品的名称。

（4）Product_type：表示商品的类型

（5）Start_place：表示出发的地点。

（6）End_place：表示解散的地点。

（7）Max_count：表示上限人数。

（8）Start_date：表示开团时间。

（9）End_date：表示截止时间。

（10）Product_price：表示路线价格。

（11）Route_mark：表示路线描述。

（12）Product_url：表示路线景点图片的地址。

（13）Product_state：表示路线的发布状态，0 表示"审核中"，1 表示"审核成功"，2 表示"审核失败"。初始默认值为 0。

7）订单信息（Order_table）表

Order_table 表列出了所有订单的基本信息，表结构如表 8-12 所示。

表 8-12　Order_table 表结构

名　　称	类　　型	约束条件	说　　明
Order_id	int	无重复	订单标识，主键
User_id	int	不允许为空	外键
Product_id	int	不允许为空	外键
Create_date	datetime	不允许为空	订单的创建时间
Order_state	tinyint	不允许为空	订单状态

（1）Order_id：用于唯一标识表中的每个订单。

（2）User_id：用于识别下单用户的外键，与 User_table.User_id 相关联。

（3）Product_id：用于识别订单商品的外键，与 Product_table.Product_id 相关联。

（4）Create_date：表示订单的创建时间。

（5）Order_state：表示订单状态，0 表示"支付中"，1 表示"支付成功"，2 表示"支付失败"，4 表示"退款中"，5 表示"退款失败"。初始默认值为 0。

8）订单详细（Order_detail_table）表

Order_detail_table 表列出了订单的相关详细信息，表结构如表 8-13 所示。

表 8-13　Order_detail_table 表结构

名　称	类　型	约 束 条 件	说　明
Order_detail_id	int	无重复	订单详细标识,主键
Order_id	int	不允许为空	外键
User_id	int	不允许为空	外键
P_id	int	不允许为空	外键

(1) Order_detail_id:用于唯一标识 Order_detail_table 表。

(2) Order_id:用于识别订单的外键,与 Order_table.Order_id 相关联。

(3) User_id:用于识别用户的外键,与 User_table.User_id 相关联。

(4) P_id:用于识别订单出行人的外键,与 Passenger.table.P_id 相关联。

9) 商品评价(Comment_table)表

Comment_table 表列出了用户对商品的评价信息,表结构如表 8-14 所示。

表 8-14　Comment_table 表结构

名　称	类　型	约 束 条 件	说　明
C_id	int	无重复	评价标识,主键
Order_id	int	不允许为空	外键
Product_id	int	不允许为空	外键
User_id	int	不允许为空	外键
Content	varchar	不允许为空	评价的内容
C_date	datetime	不允许为空	评价的创建时间
C_score	double	不允许为空	评价的得分

(1) C_id:用于唯一标识表中的每条评价。

(2) Order_id:用于识别订单的外键,与 Order_table.Order_id 相关联。

(3) Product_id:用于识别订单商品的外键,与 Product_table.Product_id 相关联。

(4) User_id:用于识别用户的外键,与 User_table.User_id 相关联。

(5) Content:表示评价的内容。

(6) C_date:表示评价的创建时间。

(7) C_score:表示评价的得分,分值范围为 1~5 分。

10) 订单退款(Cancel_order_table)表

Cancel_order_table 表列出了某用户需要退款的订单信息,表结构如表 8-15 所示。

表 8-15　Cancel_order_table 表结构

名　称	类　型	约 束 条 件	说　明
Can_id	int	无重复	退款订单标识,主键
Order_id	int	不允许为空	外键
Cause	varchar	不允许为空	退款原因
Description	varchar	不允许为空	退款描述
Can_price	double	不允许为空	退款价格
Can_date	datetime	不允许为空	退款时间

(1) Can_id:用于唯一标识每条退款订单的信息。

(2) Order_id:表示用户识别退款订单的外键,与 Order_table.Order_id 相关联。

(3) Cause:表示退款原因。

（4）Description：表示退款描述。

（5）Can_price：表示退款价格。

（6）Can_date：表示退款时间。

8.4.2 版本控制

版本控制是指对软件开发过程中各种程序代码、配置文件及说明文档等文件变更的管理，是软件配置管理的核心思想之一。本节将介绍版本控制工具的一些概念和原理。

1. 版本控制工具

本项目的开发过程中，所使用的协同开发工具是 VisualSVN-5.1.9（以下简称 SVN），SVN 是一个跨平台的开元版本控制系统，它会备份并记录每个文件每一次的修改、更新和变动，便于开发小组在项目开发中进行协同开发，SVN 的工作流程如图 8-11 所示。

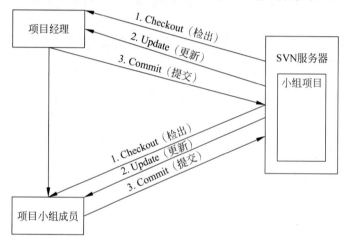

图 8-11　SVN 的工作流程

2. SVN 的三大指令

（1）检出（Checkout）操作：链接到 SVN 服务器端、更新服务端数据到本地。

提示：Checkout 只在第一次链接时操作一次，以后如果进行更新操作需先使用 Update（更新指令）。

（2）提交（Commit）操作：提交本地数据到服务器。

（3）更新（Update）操作：更新服务端数据到本地。

3. 开发者利用 SVN 的工作过程

（1）从 SVN 服务器下载项目的最新代码。

（2）进入自己的分支，进行开发工作，每隔一段时间提交一次。

（3）任务完成时把自己的分支合并到服务器的主分支上，一天的工作完成，并反映给服务器。

8.4.3 后台接口的实现

现在大多数 Web 项目都采用前后端分离的方法，用 Spring Boot 后端获取前端传递的数据并进行业务逻辑处理和接口封装。本节将通过"报团旅游"项目中典型的接口开发实例来展示接口开发的情况,在最开始的时候会建立 Controller、Mapper、Service、ServicesImpl 和 Entity 五个包,通过层层调用来完成接口的实现。

本节将介绍 Spring Boot 后台接口的实现流程,包括配置 yml 文件、连接数据库、修改 pom 文件和项目架构搭建。

1. 配置 yml 文件,连接数据库

当创建一个 Spring Boot 项目时,系统默认会在 src/main/Java/resources 目录下创建一个 application. properties。在一些特殊的情况下,需要修改一些配置,或者需要有自己的配置属性,则需要将 application. properties 改为 application. yml 文件,其代码如图 8-12 所示。

```
spring:
  datasource:
    driver-class-name: com.mysql.jdbc.Driver
    url: jdbc:mysql://127.0.0.1:3306/yueyou?serverTimezone=GMT%2B8
    username: root
    password: 123
  mvc:
    date-format: yyyy-MM-dd
  thymeleaf:
    cache: false
    encoding: UTF-8
    servlet:
      content-type: text/html; charset=utf-8

pagehelper:
                  helper-dialect: mysql
                  reasonable: true
                  support-methods-arguments: true
                  params: count==countSql
                  page-size-zero: true
```

图 8-12 application. yml 文件的代码

2. 修改 pom 文件

在 pom 文件中配置好项目开发需要的包,pom 文件的代码如图 8-13 所示。

```
<?xml version="1.0" encoding="UTF-8"?>
<project xmlns="http://maven.apache.org/POM/4.0.0"
         xmlns:xsi="http://www.w3.org/2001/XMLSchema-instance"
         xsi:schemaLocation="http://maven.apache.org/POM/4.0.0 https://maven.apache.org/xsd/maven-4.0.0.xsd">
    <modelVersion>4.0.0</modelVersion>
    <parent>
        <groupId>org.springframework.boot</groupId>
        <artifactId>spring-boot-starter-parent</artifactId>
        <version>2.4.6</version>
        <relativePath/> <!-- lookup parent from repository -->
    </parent>
    <groupId>com.example</groupId>
    <artifactId>yueyou</artifactId>
    <version>0.0.1-SNAPSHOT</version>
    <name>yueyou</name>
    <description>Demo project for Spring Boot</description>
    <properties>
        <java.version>1.8</java.version>
    </properties>
```

图 8-13 pom 文件的代码

3. 项目架构搭建(以用户信息显示为例)

在 scr/java 包下创建 5 个包,分别是 Controller、Mapper、Service、ServiceImpl 和 Entity。

（1）在 Controller 包下创建控制层类，代码如下：

```
@Controller
public class UserInfoController {
  @Autowired
private UserInfoService userInfoService;
@GetMapping()
public String getAllUserInfo(Model model) { … }
};
```

（2）在 Mapper 包下创建操作类，代码如下：

```
@Mapper
public interface UserInfoMapper {
@Select("SQL 语句 eg: select * from userinfo ")
List<UserInfo> findAllUser();
}
```

（3）在 Service 包下创建 Service 服务接口类，代码如下：

```
public interface UserInfoService {
  PageInfo<UserInfo> findAllUser(Integer user_id);
}
```

（4）在 ServiceImpl 包下创建 Service 接口实现类，代码如下：

```
@Service
public class UserInfoServiceImpl implements UserInfoService {
  @Autowired
  private UserInfoMapper userInfoMapper;
@Override
  public Integer findAllUser (Integer user_id) {
    return userInfoMapper. findAllUser (user_id);}
}
```

（5）在 Entity 包下创建实体类，代码如下：

```
public class UserInfo {
  private Integer user_id;
private String user_name;
＃从数据库获取用户 id
public Integer getUser_id() {
  return user_id;
  }
```

```
public void setUser_id(Integer user_id) {
  this. user_id = user_id;
  }
＃从数据库获取用户密码
public String getUser_psw() {
  return user_psw;
  }
public void setUser_psw(String user_psw) {
  this. user_psw = user_psw;
}
}
```

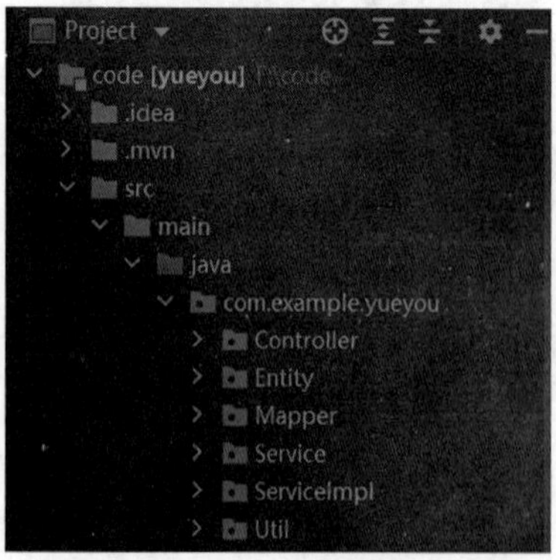

图 8-14　项目结构

通过以上 3 个步骤，项目框架就搭建完成了，项目结构如图 8-14 所示。

8.4.4 前端页面的实现

在/resources/templates 文件夹下新建所需页面。以"报团旅游"项目的个人信息管理页面为例,新建 user 文件夹,创建 user.html(个人信息管理页面),代码如下:

```
<!DOCTYPE html>
<html lang = "en" xmlns:th = "http://www.w3.org/1999/xhtml">
<head>
    <meta content = "text/html;charset = UTF-8"/>
    <title>个人信息管理页面</title>
</head>
<body><table>
<tr>
<th>序号</th>
        <th>用户 ID</th>
        <th>用户名</th>
        <th>性别</th>
        <th>出生日期</th>
        <th>操作</th>
</tr>
</body>
```

至此,页面新增完成,接下来在 HTML 文件中通过新增 Thymeleaf 语句来与页面实现交互。具体代码如下:

```
<tr th:each = "UserInfo,userStat: ${users.list}">
        <td th:text = "${userStat.index + 1}">1</td>
        <td th:text = "${UserInfo.user_id}">用户 ID</td>
        <td th:text = "${UserInfo.user_name}">用户名</td>
        <td th:text = "${UserInfo.user_sex == true?'男':'女'}">性别</td>
        <td th:text = "${UserInfo.user_birth}">出生日期</td>
        <td><a th:href = "@{'delete/' + ${UserInfo.user_id}}">删除</a></td>
        </tr>
```

接下来启动项目,输入网址 http://localhost:8080/user/userlist 查询数据,显示列表,其他页面的前端界面参考以上过程。

8.4.5 系统测试

系统测试是对整个系统的功能进行测试,在实际运行环境下对计算机系统进行一系列严格有效的测试,以发现潜在的问题,保证系统的正常运行。本节将介绍系统测试流程,列出测试过程中产生的 Bug 并对此进行相关描述。

1. 测试概要

本次系统测试主要做功能测试,针对系统功能模块,测试整个系统是否实现了需求规格说明书中的功能,以及系统的易用性、用户界面的友好性。

2. 测试流程

本项目在测试时主要使用的是 Idea 断点调试,步骤如下。

① 以 Debug 模式启动服务:在开发中,一般会直接启动 Debug 模式,方便随时调试代码。

② 断点：在测试代码的行号栏单击左键，或者按快捷键 Ctrl＋F8 打上/取消断点。

③ Debug 窗口：访问请求到达第一个断点后，会自动激活 Debug 窗口。

④ 调试按钮：调试的主要功能对应着 Step Over、Force Step Over、Step Into、Force Step Into、Smart Step Into、Step Out、Run to Cursor、Force Run to Cursor 这 8 个按钮。

⑤ 查看变量：在变量区可以查看当前断点之前的当前方法内的变量。

3. Bug 级别分类

测试过程中会出现很多 Bug，下面将出现的 Bug 进行级别分类，如表 8-16 所示。

表 8-16 测试 Bug 级别分类

错误程度	评定准则	实　　例
高	系统崩溃、重要功能未实现	① 系统崩溃、直接报错； ② 系统不稳定，常规操作造成中断或异常，数据破坏丢失或数据库异常； ③ 用户需求中的重要功能未实现，包括业务流程、主要功能等
中	系统运行基本正常，次要功能未实现	① 操作界面错误； ② 数据状态变化时，界面未及时刷新； ③ 添加数据后，页面中的内容显示不正确或不完整； ④ 修改信息后，数据保存失败； ⑤ 删除信息时，数据库未更新； ⑥ 查询信息出错或未按照查询条件显示相应信息； ⑦ 由于未对非法字符、非法操作做限制，导致系统报错等； ⑧ 兼容性差导致系统运行不正常，如使用不同浏览器导致系统部分功能异常
低	界面友好性、易用性、交互性等不够良好	① 界面风格不统一； ② 界面上存在文字错误； ③ 辅助说明、提示信息等描述不清楚

4. BugList 表

系统测试过程中会有一些功能、样式、业务流程上的 Bug 出现，项目中必须要使用 BugList 表格来管理 Bug，便于给后续提供参考借鉴作用。以下将针对本项目中遇到的部分 Bug 进行描述说明，如表 8-17 所示。

表 8-17 BugList 表

序号	Bug 名称	解决办法	Bug 级别	Bug 描述
1	数据破坏	EChart 图数组值对应失败	高	重新调整，固定顺序
2	未对格式进行处理	时间查询时没做格式的处理，时间查询的回显失败	中	对时间进行格式处理
3	修改信息后，数据库未更新	Mapper 语句书写错误	中	重新在 MySQL 中测试，实现需要的效果后再进行 Mapper 的书写
4	数据状态变化时，读取不到	分页未取到数据库数据，导致分页时页面跳转不成功	中	在页面遍历时添加路径

续表

序号	Bug 名称	解 决 办 法	Bug 级别	Bug 描述
5	数据状态变化时,未能读取到数据	商品数据不能回显到其他页面	中	调整日期回显格式
6	查询出错	SQL 语句错误	中	重新在 MySQL 中测试并实现所需效果
7	添加数据后,页面中的内容显示不完整	SQL 语句错误	中	重新在 MySQL 中测试并实现所需效果
8	界面交互性不够良好	业务处理逻辑出错	低	页面超链接调整

8.4.6 项目经理感想

在编码和测试过程中,主要总结了以下两点经验和建议。

(1) 实现每个模块功能时,尽量分步调试好再运行。

用编程语言实现模块功能时,仔细调试好每个模块,保证每个模块运行起来没有 Bug,且得到的结果也是自己期望的,再进行下一步。这样不会导致全部模块完成后,运行时却全是 Bug,耗费大量的测试时间。

(2) 要有模块化思想。

当遇到一个任务时,要将这个任务拆分成几个独立但又互相连接的子任务,然后按照逻辑顺序逐一实现这些子任务。

其实要做到这些很不容易,需要从整体的大框架上去思考自己的任务,也许要经历多次修改才可以变得高度结构化,不过这是必经之路,只有反复审视并优化自己的代码,才能够写出简洁、模块化程度高的代码。

8.5 项目验收

项目验收是核查项目计划规定范围内各项工作或活动是否已经全部完成,可交付成果是否令人满意。

8.5.1 用户手册

用户手册详细描述了系统功能、性能和用户界面,是使用用户了解到如何使用该系统的说明书。本节将从用户、商户、管理员 3 个角度来展示系统的整体业务流程。

1. 用户使用

1) 首页

首页显示的内容主要有导航栏和搜索框。用户可以根据导航栏选择相关模块进行访问,同时还可以根据自己的需求在搜索栏进行检索。首页界面如图 8-15 所示。

2) 用户登录、注册

用户注册后即可根据用户名和密码进行登录。用户登录界面如图 8-16 所示。

3) 用户选择心仪的报团路线

在内容展示界面,用户可根据关键词、出行时间和价格区间对应自己的需求搜索相关路线。商品列表界面如图 8-17 所示。

图 8-15　首页界面

图 8-16　用户登录界面

图 8-17　商品列表界面

4）跟团旅行

用户选择心仪的路线后，进入商品详情页面，单击"我要下单"按钮进入下单界面，确定出行人后提交订单，跳转到支付界面，进行扫码支付。商品详情界面如图 8-18 所示，支付界面如图 8-19 所示。

图 8-18　商品详情界面

图 8-19　支付界面

5）发布游记、结伴信息

用户可以在平台进行游记分享，还可以发布结伴信息寻找出行伙伴。结伴出行列表界面如图 8-20 所示。

2. 商户使用

1）商户登录、注册

商户注册后即可根据商户名和密码登录。商户登录界面如图 8-21 所示。

图 8-20　结伴出行列表界面

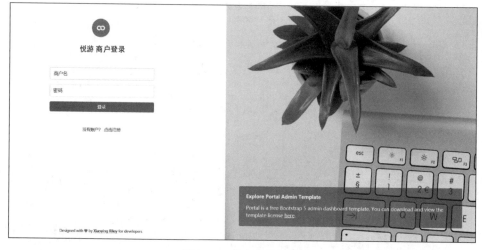

图 8-21　商户登录界面

2）商户中心页面

单击"登录"按钮后进入商户中心页面,在商户中心首页能看到店铺的经营数据。商户中心界面如图 8-22 所示,该界面可显示商户的总销售额、退款数量、商品数量、商户的订单数以及盈利信息。

3）订单、商品管理

商户能对店铺订单进行管理,如查看订单详情、处理退款订单;能够添加商品,对在售商品进行下架。商户中心-商品管理界面如图 8-23 所示。

4）评论管理

商户能对店铺的用户评论进行回复。商户中心-评论管理界面如图 8-24 所示。

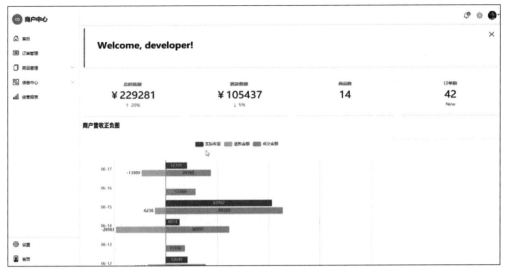

图 8-22　商户中心界面

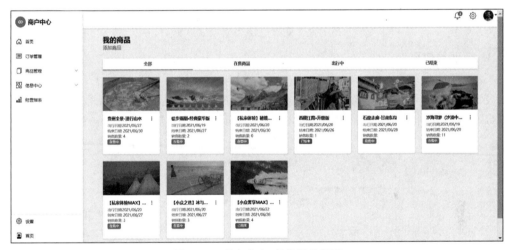

图 8-23　商户中心-商品管理界面

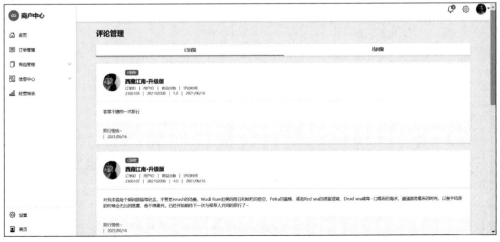

图 8-24　商户中心-评论管理界面

5）经营统计

商户能看到店铺的经营报表，根据自己的销售数据对自己的销售情况进行分析。商户中心-经营报表界面如图 8-25 所示。

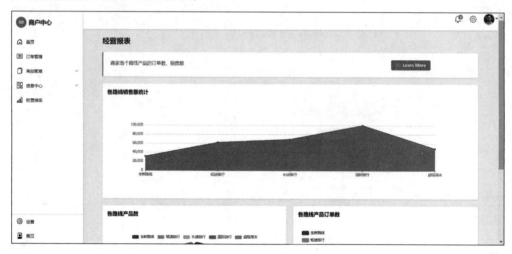

图 8-25　商户中心-经营报表界面

3. 管理员使用

1）管理员后台首页

管理员后台首页显示整个系统相关数据，即商户数、用户数、在售商品数、总销售额以及近一周的订单统计。管理员后台首页如图 8-26 所示。

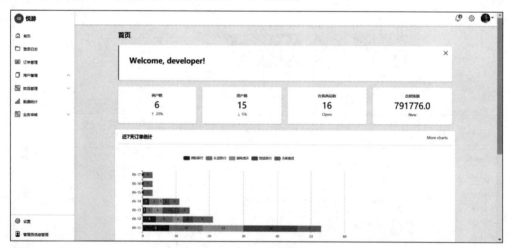

图 8-26　管理员后台首页

2）用户管理

管理员可对用户和商户进行信息管理。审核商户的注册申请，同时也可以删除商户和用户的信息记录。管理员后台-用户管理界面如图 8-27 所示。

3）业务审核

管理员可对商户上架的商品、用户发布的游记进行审核。根据平台要求，管理员会对审核内容进行通过或者不通过的处理：若审核通过，则发布的商品或游记能够显示在平台上；

图 8-27 管理员后台-用户管理界面

若审核不通过,相关反馈信息会在商户中心或用户中心显示以供商户和用户进行修改。管理员后台-商品审核界面如图 8-28 所示。

图 8-28 管理员后台-商品审核界面

8.5.2 验收视频

本项目产品验收视频略。

8.6 实训总结

本节将介绍前置课程在实训中起到的作用、项目成员的经验总结以及整个系统开发过程中小组的经验教训和应对建议。

8.6.1 项目获得的奖项

项目荣获 2018 级"信息系统开发综合实训"优秀项目团队(二等奖)。
项目经理荣获 2018 级"信息系统开发综合实训"优秀组长。

8.6.2 前置课程在实训中的作用

"网页制作与网站建设"课程介绍了 HTML 以及 CSS 的基础知识,在实训中能够帮助我们更好地去理解如何制作前端页面,并在此基础上结合 JavaScript 和 Thymeleaf 语法去实现前端功能。

"程序设计基础(C 语言)"课程介绍了程序设计的基础知识:数据类型、程序结构、函数等,以及 C 语言的语法概念,为今后学习各类计算机语言打下基础,并对实训中编程代码算法思想的应用起到了重大作用。

"数据库原理及应用"课程介绍了数据库设计方法、SQL 语法以及 MySQL 的使用,在实训中帮助我们完成项目数据库的搭建,以及如何用 SQL 语句从数据库中提取所需信息展现到前端页面。

"面向对象程序语言(Java)"课程中不仅让我们学到了 Java 语言,还了解到面向对象程序语言的思想与三大特性:封装、继承、多态。这为我们实训中进行后台开发奠定了基础,更便于理解函数调用等知识。

"Web 应用开发技术"课程介绍了 JSP 的相关知识,其中 JSP 的内置对象在实训中运用得非常频繁,使我们更容易理解 request、response、session 的概念以及更好地去使用它们。

"IT 项目管理"课程介绍了项目管理中的十大项目管理要素,同时还在此课程中学习了如何制作项目管理计划,让项目经理在实训过程的管理及计划制订中起到了关键作用。

"信息系统分析与设计"课程主要讲述了信息系统的基本概念、基本理论和基本方法,较深入地介绍了信息系统开发的完整流程,广泛介绍面向对象方法的核心内容,使我们在实训中更容易理解面向对象的核心思想,也使我们对系统开发的流程更加清晰。

总体来说,前置课程为本次信息系统开发奠定了基础,在学习过程中对原理知识的理解、系统设计思想、编程的逻辑都有很大的帮助。

8.6.3 项目组成员总结

1. 实训中存在的问题

1) 知识和技术学习方面

在基础知识补强阶段学习时,前置课程学习阶段的很多原理、知识点并没有真正掌握,导致后期接触新的学习内容时很吃力,进行系统实现时困难重重。

2) 个人能力方面

个人代码基础薄弱,很多技术实现不能独立完成,需要项目组成员的帮助,导致效率不高。

3) 管理方面

后期任务重,小组成员压力大,出现问题沟通不及时,团队凝聚力差。导致大量的返工,且效率低下。

2. 经验收获

1) 知识和技术学习方面

在实训过程中,将从书本上学到的知识运用在了实践中,学会了举一反三,真正地了解和体会到系统开发的生命周期,初步接触到基本的开发技术。

2）个人能力方面

从同组成员身上学到了许多优秀的品质，如遇事首先冷静分析，及时调整心态和情绪，能够勇于面对问题并解决问题，做情绪的管理者与控制者。

3）管理方面

明白了团队中相互帮助、相互协作、加强沟通的重要性。在团队工作中，有问题及时沟通就能很快找出问题所在，并制定解决方案。

3. 提升方向

（1）抗压能力有待提高，要学会及时调整好状态，勇敢地迈出解决问题的第一步。

（2）要学会拆分问题，从各个不同的角度观察，尽量用简单的方法解决问题，避免用复杂烦琐的方法。

（3）要学会理论联系实际。实践出真知，光是纸上谈兵没有任何意义，要自己亲自动手，才能发现许多细节问题。

（4）培养自己的专注力，更专注就可以更有效率，在生活和学习方面都对我们有很大的意义。

4. 项目组长发言

在这一个多月的时间里，从实训中学到的不仅仅是技术方面的知识，还有管理能力的提升。总结了以下几点。

1）明晰项目到底需要什么

在项目开始之前需要清楚地了解项目背景，衡量项目的需求——时间、成本、质量三个因素的重要性，这对于项目的成功推进至关重要。

2）不要事必躬亲

替别人代办本应该他来做的事情，并不是项目组长应该做的事情，要搞清楚角色定位。管理的本质就是通过别人去完成工作。

3）制订项目管理计划

根据项目完成情况每天都要制订计划，并分配给小组成员，让小组成员明确个人的职责并行动起来。

8.6.4 经验教训及改进建议

下面从管理、技术、前置课程三方面来总结实训中的不足并给出改进建议。

在管理方面，团队应该注重沟通交流，当遇到问题时，可以组织一个头脑风暴会议，大家一起想办法解决，及时沟通才能提升开发效率。

在技术方面，当编程中遇到问题时，不要逃避，应勇敢面对。只有不断摸爬滚打、不断试错、不断思考问题的解决方法才能使自己更快地成长，越是艰难处，越是修心时，在 Debug 的过程中学到的东西是最多的。

在前置课程方面，前期专业学习中应着重理解各个重要知识的概念与理论，而不是死记硬背，生搬硬套。否则在后期实训编码过程中就会很吃力，只有真正理解了其中的概念，才能做到灵活运用。

总而言之，本次实训不仅仅是专业知识的实践运用，还提高了我们的管理能力。感谢学校提供的学习平台，也感谢每位老师中肯的建议。

第3篇

项目管理的理论、指导与实践篇

　　"以项目管理引领系统开发"是中南民族大学信管专业综合实训的一大特色。组建一个专门的项目管理团队,加强实训过程中项目管理的力度,对综合实训的顺利实施起到重要的保驾护航作用。

　　本篇先简要介绍综合实训中所涉及项目管理的基本理论、方法和工具;再从项目管理指导老师的角度介绍项目管理训练的指导内容和过程;最后从学生的角度,分别选取 2019 级两组参训学生团队的完整"项目管理计划报告"作为案例,包括"文献宝"项目管理计划报告和"战国纪"项目管理计划报告。详细阐述综合实训中项目管理计划的实践过程,同时展现计划过程中项目经理的感悟,以及遇到的问题与对策。

第9章

项目管理的基本理论

项目管理基于系统的观点,在项目活动中运用一系列知识、技能、工具和技术,以满足或超过项目干系人对项目的需求和期望。项目管理是管理科学中的一个重要领域,已经形成了自身完整的知识体系。

高校中的综合实训也是一个项目,虽然时间很短,但具备项目的所有要素。因此,运用项目管理的理论与方法解决综合实训项目中遇到的管理实践问题具有重要的实践教学意义。

本章针对综合实训的需要,简要介绍项目管理的基本理论、知识、过程、方法和工具。

9.1 项目管理概述

项目和运作构成人类全部有组织的生产实践活动,在了解项目管理的相关概念之前,有必要先界定项目与运作、项目管理与运作管理之间的区别和联系。

9.1.1 项目和运作

自从有了人类,人们就开展了各种有组织的活动。随着人类生产实践的发展,有组织的生产活动逐步分化为两种类型:一是项目;二是运作,也称运营。

项目是为了实现一个独特的目的而进行的临时性任务,具有临时性、独特性和渐进明细三大主要特征。如技术改造、产品研发、楼盘开发、高铁建设、环保工程实施、体育赛事、软件开发等活动。每一个项目都会在不同程度上受到范围目标、时间目标和成本目标的约束。

运作是指在确定环境下所开展的重复性、持续性工作,具有持续性、相似性、标准化生产三大主要特征。如定型产品生产、机关办公、教学管理、超市销售、餐饮服务等活动。

9.1.2 项目管理和运作管理

项目管理和运作管理的特征和关注点各不相同。

项目管理指在项目活动中运用一系列的知识、技能、工具和技术,使项目能够实现或超过利益相关者的需要和期望。项目管理具有探索性、复杂性、整体性、多目标性和冲突性等主要特点;项目管理的依据是预先制订的正常计划和应急计划;项目管理关注的重点在于综合协调、变更管理、风险控制,以目标为导向。

运作管理指对生产运作系统的设计、运行与维护过程的管理,它包括对生产运作活动进行计划、组织与控制。运作管理需要按既定的规则尽可能有效地完成工作;运作管理的目标是高效、灵活、准时、清洁地生产合格产品或提供满意服务；运作管理的依据是制度、标准、规范、准则；运作管理关注的重点在于流程、秩序、效率、连贯性。

9.1.3 项目管理体系

项目管理体系有两个维度：一是知识维，二是过程维。具体来讲，项目管理体系包括10个知识领域、5个过程组、47个管理活动，这47个管理活动都可以映射到知识领域和过程组中，从而形成在项目管理过程中可以依据的知识和管理框架，如图9-1所示。

知识领域	过程组					工具和技术
	启动过程	计划过程	实施过程	控制过程	收尾过程	
综合管理	制定项目章程	制订项目管理计划	指导和管理项目实施	监控项目工作；执行整体变更控制	项目或阶段收尾	项目章程
范围管理		范围管理计划；收集需求；范围定义；创建工作分解结构		范围确定；范围控制		WBS
时间管理		进度管理计划；活动定义；活动排序；活动资源估算；活动工期估算；生成进度表		进度控制		甘特图；网络图；CPM；PERT
成本管理		成本管理计划；成本估算；成本预算		成本控制		挣值管理；学习曲线
质量管理		质量管理计划	执行质量保证	质量控制		帕累托分析；鱼刺图
人力资源管理		人力资源管理计划	获取项目团队；开发项目团队；管理项目团队			责任分配矩阵
沟通管理		沟通管理计划	沟通管理	沟通控制		干系人沟通；绩效报告
风险管理		风险管理计划；风险识别；定性风险估计；定量风险分析；风险响应计划		风险控制		概率影响矩阵；决策树；蒙特卡洛模拟
采购管理		采购管理计划	采购实施	采购控制	采购收尾	自制-外购决策；合同模式
干系人管理	识别干系人	干系人管理计划	干系人参与管理	干系人参与控制		

图 9-1 项目管理体系

1）项目管理的知识领域

项目管理涉及综合管理、范围管理、时间管理、成本管理、质量管理、人力资源管理、沟通管理、风险管理、采购管理和干系人管理10个知识领域。其中，范围管理、时间管理、成本管理、质量管理属于核心知识领域，决定一个特定项目的活动内容；人力资源管理、沟通管理、风险管理、采购管理、干系人管理属于辅助知识领域，是完成项目活动所需要的工具；综合管理属于支撑知识领域，在项目生命周期中，对所有其他项目管理知识领域所涉及的过程进行协调。

2）项目管理的过程组

项目管理过程指在项目实现过程中，在项目的每一个阶段，人们开展管理活动的工作方法、程序和内容。项目管理的生命周期按项目管理工作划分为启动、计划、实施、控制、收尾5个过程组。5个过程组通过各过程的结果进行连接，一个过程组的结果或输出是另一个过程组的输入。在计划、实施、控制3个核心过程组之间，反复进行连接，而且实施和控制过程基本是并行的。同时，项目管理的5个过程组并不是独立的一次性过程，它贯穿项目生命周期的每个阶段。

3）项目管理的工具和技术

项目管理的工具和技术用来帮助项目经理和他们的团队完成10个知识领域涉及的项目管理工作，如范围管理中的工作分解结构、时间管理中的关键路径分析、成本管理中的挣值管理、人力资源管理的责任分配矩阵、风险管理的概率-影响矩阵等。

9.2　项目选择

项目选择并不是一门精确的科学，但对项目管理来说非常关键。从潜在项目中进行选择的方法有很多，不管项目可能的动因和选择项目依据的标准是什么，按照一定的逻辑程序来选择项目非常重要。项目选择模型就是很好的工具，主要包括非数学模型和数学模型。

9.2.1　项目选择中的非数学模型

非数学模型指不用输入数据的模型，以下列出几种常用的非数学模型。

（1）圣牛模型：指项目由组织中高层权威人士提议，带有指令性。

（2）组织需求模型：指项目的选择以满足组织的不同需求为基础。越是符合组织的需求，项目被选的可能性就越大。

（3）比较利益模型：根据每个项目的优势和劣势进行比较，通过排序的方法来选择项目。评估人员可以采用特定标准对每一个项目进行排序，也可以简单地采用整体判断的方法进行排序。

非数学模型历史悠久、简单易用，却常常被人们认为不科学。事实上，如果这些模型都以组织目标为导向，直接反映组织的主要利益，得到高层管理者的支持，同时还兼顾到决策者的直觉、经验和洞察力，就具有一定的说服力。得到高层管理者的全力支持是项目成功的一个重要因素，没有这样的支持，项目成功的可能性会大大降低。

9.2.2　项目选择中的数学模型

数学模型是需要输入数据的模型，以下列出几种常用的数学模型。

（1）利润/盈利能力模型：一类重要的数学模型。当项目的现金流可以被清晰估计时，财务指标是进行项目选择需要考虑的重要因素，包括净现值分析、投资收益率分析、投资回收期分析和内部收益率分析等，以及面对不确定因素时的灵敏度分析。

（2）评分模型：一种基于多个标准（包含多种因素）进行项目选择的模型，包括非加权0-1因素模型、非加权评分模型、加权评分模型，以及带约束的加权评分模型等。

① 非加权0-1因素模型：项目的每一个评价标准均同等重要，符合为1，不符合为0，最后符合项的汇总结果达到一定数量的项目即被选中。

② 非加权评分模型：项目的每一个评价标准均同等重要，按照满足程度打分，通常采用 5 分制或 3 分制的计分方式，总分达到规定值的项目即被选中。

③ 加权评分模型：每一个评价因素按照权重来衡量重要程度，并按照满意程度打分，总分达到规定值的项目即被选中。

④ 带约束的加权评分模型：以模型中附加被选项目必须具有或必须不具有的性质作为约束。每一个评价因素按照权重来衡量重要程度，并按照满足程度打分，总分达到规定值的项目即被选中。这些约束是先决条件，一旦不满足，即使其他标准都较为符合也不纳入考虑范围。

（3）层次分析模型（Analytic Hierarchy Process，AHP）：AHP 是美国著名的运筹学家 T. L. Saaty 等于 20 世纪 70 年代提出的一种简便、灵活而又实用的多准则决策方法，主要用于确定综合评价的决策问题。层次分析法思路简单明了，尤其是能够紧密与决策者的主观判断和推理联系起来，对决策者的推理过程进行量化描述，可以避免出现决策者在结构复杂和方案较多时可能产生的逻辑推理上的失误，减少主观因素带来的误差，较好地克服了评分模型的缺点。

总之，无论是非数学模型还是数学模型都存在各自的优点和局限性，并且有不同的使用环境，管理者在选择模型时应充分考虑各种因素。不管选择哪一种模型，都有两点值得注意：第一，选择项目时，模型是辅助手段，最终做决策的还是管理者；第二，所有的模型无论多么复杂，都只能部分描述所反映的现实。因此，模型只有在限定条件下才能对决策进行帮助。

9.2.3 实训中的项目选择

综合实训的项目均为信息系统开发项目，来自于企业教师提供的项目清单，这些项目均来自于企业实践，反映当下前沿的开发技术。多数项目是企业曾经做过的，并为实训进行了适当的裁减；有些是企业正在做的项目的一部分。

9.3 项目组织与项目经理

项目管理体系涉及众多管理活动，这些工作不是项目经理一个人能够完成的，他必须借助有能力的、高效的项目团队一起来完成这些工作。项目经理任命后，就需要组建项目团队。

9.3.1 项目组织

项目组织是以实施某一个项目为目的，按照一定的形式组建起来的机构。一般也称为项目班子、项目组或者项目团队。有些项目，由于管理的工作量很大，单独设立的项目组织专门履行项目管理功能，技术工作由其他人或组织承担，如工程建设项目、建筑施工项目等。有些项目，管理的工作量不大，没有必要单独设立履行管理职责的组织，其具体技术性工作和管理功能均由项目组织成员承担，如软件开发项目、科研项目等，这样的项目组织不仅要承担实现产品的技术和过程工作，还要承担实现产品的各项管理工作。

实训中，由项目组长承担各项目团队的多数项目管理工作，技术能力强的组长同时还承担相应的产品技术工作。为了更好地为项目组长提供帮助，专门设立了项目管理团队，由项目管理指导老师带领全体实训指导老师,对各团队的实训项目管理过程进行有针对性的指导。

9.3.2　项目组织的结构

项目组织是实现项目目标的团体,在项目启动阶段根据项目章程由项目经理组建。

1. 项目组织的特点

不同的项目类型和管理模式有不同的项目组织形式,表现出很强的差异性。但项目组织应具有一些共性的特点:①适应项目的一次性特点。因项目的临时性而具有临时性的特点,通常是为完成特定项目任务而设。②适应柔性的特点。项目组织没有明显的界限,项目干系人之间的契约关系决定了项目具有机动灵活的组织形式和用人机制,讲求专业化与复合化的统一。③注重协调和沟通的特点。由于项目具有较高的不确定性和风险性特征,大力协作与充分沟通,发挥集体决策的作用,是减少突发性问题的有效手段。④注重借助外部资源。项目的效率与效益指标成为项目的主要指标。借助外部资源是项目管理的基本手段,也是降低项目风险、提高项目成功率的重要手段。⑤团队精神发挥更大的作用。由于很多成员是临时性的,因此,建设团队精神是项目管理组织发挥有效作用的基础。⑥跨职能部门的特点。项目是一个综合的系统,项目组织内部需要多领域专业人员的协作、沟通与分工,拥有多种技能,项目成员来源于多个部门,注重跨职能部门的横向协调。

2. 项目组织的设置原则

1)目的性原则

项目组织机构设置的根本目的是产生组织功能,实现项目目标。从这一根本目的出发,就应"因目标设事""应事设岗""应职责定权力"。

2)精干高效原则

大多数项目组织是一个临时性组织,项目结束后就要解散,因此,项目组织应精干高效,力求一专多能,一人多职,应着眼于使用和学习锻炼相结合,以提高人员素质。

3)项目组织与企业组织一体化原则

项目组织往往是企业组织的有机组成部分,企业是它的母体,项目组织是由企业组建的,项目管理人员来自企业,项目组织解体后,其人员仍回企业,所以项目的组织形式与企业的组织形式密切相关。

3. 项目组织的类型

项目组织结构的基本形式有:职能型、项目型、矩阵型等。

职能型组织结构的每一个工作部门只有唯一的一个上级领导和上级部门,即上下级成直线型的领导与被领导的关系,一级服从一级,上级工作部门在所管辖的范围内对直接下级具有指挥权,下级部门必须绝对服从。

项目型组织结构与职能型组织结构完全相反,其系统中的部门全都是按项目来设置的,每一个项目部门均有项目经理,负责整个项目的实施。系统中的成员也是以项目来进行分配与组合,接受项目经理的领导。

矩阵型组织结构是具有职能型和项目型组织结构的特征,将各自特点混合而成的一种组织结构,从而有效解决纵向控制与横向协调的矛盾。矩阵型组织结构融合了项目型和职能型组织结构的优点,在组织资源合理配置与利用方面显示出巨大的优越性。

上述组织结构的优点、缺点和适用场合归纳于表9-1中。

表 9-1　各种项目组织结构的优点、缺点和适用场合

组织结构类型	优　点	缺　点	适　用　场　合
职能型	① 同一职能部门的沟通方便、决策高效； ② 成员可以兼顾职能工作和项目工作； ③ 团队成员只有一个上级； ④ 员工有明确的职业发展路径	① 可能忽视其他职能部门在项目上的利益； ② 职能工作容易优先于项目工作； ③ 不利于跨部门、跨专业的沟通与协作； ④ 项目经理是兼职，而且没有正式权力； ⑤ 较难建立项目管理的职业发展路径	① 适用于大多数成员来自同一个部门的情况，易于协调管理； ② 适用于规模小、专业性强，偏重于技术，不涉及众多部门的项目
项目型	① 项目组织简单、有效； ② 项目经理权力充分； ③ 成员全职工作，忠诚度高； ④ 有利于建立项目管理的职业发展路径	① 重复配置资源，资源不能共享； ② 职能部门不易配合； ③ 项目结束后，团队成员"无家可归"； ④ 不利于建立团队成员的专业技术发展路径	① 适用于技术开拓型的前沿性项目，如规模较大，复杂性较高，风险较大，没有经验可以借鉴，需要协调各方面人员等； ② 适用于不生产标准产品的企业，如建筑业项目、航空航天业项目等
矩阵型	① 专职项目经理，且有一定权力； ② 项目成员兼职； ③ 提高资源的使用效率； ④ 各职能部门参与项目，能取得各职能部门的支持； ⑤ 促进跨部门的沟通与协调； ⑥ 项目完工后，成员"有家可归"	① 项目经理的权力不足； ② 成员有两个老板，资源争夺； ③ 项目经理与职能经理有权力斗争； ④ 结构复杂，沟通及管理难度比较大； ⑤ 职能部门之间可能争夺项目利益	① 适用于规模难度适中、周期不长，需要跨部门协作的项目； ② 适合于管理规范、分工明确的企业，如软件企业等

　　信息系统开发项目通常采用矩阵型组织结构，团队成员大多来自技术类职能部门，如开发部、测试部、实施部等，项目结束后，团队成员各回各"家"。矩阵型组织是一种很有效的组织结构，但由于存在人员多头管理问题，故不易操作，好的程序和系统是其关键。有时有些团队成员可能在多个项目团队中工作，更应注重各项目组与职能部门之间的沟通与协调。

9.3.3　项目经理

　　决定项目目标能否完成的至关重要的因素是人员，而不是程序和技术。项目管理是组织内最重要的"领导密集型"活动之一。项目经理是被委派实现项目目标的个人，在项目启动阶段根据项目章程由项目发起人任命。

1. 项目经理的主体责任

　　项目经理的主要责任主要体现在三个层次上：一是对企业负责，保证项目目标与企业经营目标相一致；二是对项目负责，对项目成功与否负主要责任；三是对项目组成员负责，为项目组成员提供一个良好的工作环境与氛围。

2. 项目经理的主要任务

项目经理的主要任务是对项目实行全面的管理,确保项目在范围、时间、成本的约束下,按计划完成项目任务,实现项目目标,使项目干系人满意。具体体现在对项目目标有一个全局观点,制订项目计划,组建项目团队,指挥和协调工作,控制项目进程,报告项目进展,组织项目验收,在不确定的环境下对不确定的问题进行决策。

3. 项目经理拥有的权力

项目经理的工作职责只有在相应权力的支持下才能有效履行。项目经理拥有的权力:一是指挥权,能够指挥、调度、优化人/财/物等项目资源;二是人事权,可对项目组成员进行选择、考核、指挥、奖惩、聘任和解聘等;三是财权,在项目范围内拥有财务决策权,包括项目费用、成员奖酬、风险应变、加班费用等;四是技术决策权,可对重大技术措施和技术方案进行审查和批准;五是采购与控制权,包括对设备、物资、材料等的采购与控制。

4. 项目经理应具备的知识

项目经理应具备的知识包括项目管理十大知识领域的知识;各行业应用领域的知识、标准和规则;社会、自然、政治环境、政策、法规、市场、竞争等项目环境的知识;计划、组织、领导、控制、人、财、物、产、供、销等通用管理知识和技能;软技能或人际关系能力。

5. 项目经理应具备的能力

项目经理是项目组织的管理者,负责对项目的计划、组织、领导、控制等工作,必须具备全面的管理能力,如表9-2所示。

表9-2　项目经理应具备的能力

序号	应具备的能力	具体要求
1	把控全局及项目目标的能力	需要有全局观点、远大志向及创业精神
2	获得项目资源的能力	① 分析项目所需资源,关注紧缺和特殊资源; ② 借助各种关系获取所需资源
3	组建团队的能力	① 明确并获取项目所需人才; ② 建设一个有效的团队; ③ 建立有效的沟通机制; ④ 激发团队的工作热情; ⑤ 有效激励
4	应付危机及解决冲突的能力	① 了解危机的存在; ② 评判危机和风险; ③ 果断应对危机; ④ 有效解决冲突
5	谈判及广泛沟通的能力	① 了解项目干系人的需求和期望; ② 掌握各种沟通方法,定期开会; ③ 与项目干系人进行广泛沟通
6	领导及管理能力	① 具备快速决策能力,在动态环境中处理信息,制定有效决策; ② 具备有效的领导风格; ③ 掌握项目管理的技能; ④ 懂得授权
7	技术能力	① 有一定的技术背景,对项目的技术背景有全面理解,及时制定技术决策; ② 了解市场、项目及企业所处环境,能提出有效的技术解决方案并进行技术创新

9.3.4 实训中的项目经理

实训中各项目团队的项目经理由组长担任,组长由各团队自主选择,通常有两种途径,一是毛遂自荐,二是小组投票。实训中的项目经理是项目团队的灵魂,既是团队的领军人物又要身先士卒;既要懂技术更要懂管理;既要有大局观又要细节导向;既要有雷厉风行的气魄又要有大公无私的胸襟;既要有坚韧不拔的意志还要有柔情似水的心肠。实训中的项目经理在指导老师的带领下经历艰苦的项目管理训练,在管理能力与个人心智等方面经受考验,获得成长,最终化茧成蝶,从"名义上"的项目经理成长为名副其实的、可以真正带团队的项目经理。

9.4 项目启动

项目启动是正式授权项目组开始一个项目的阶段,主要有四项重要工作:一是制定项目章程,二是分析项目干系人,三是组建项目团队,四是确定项目阶段。

9.4.1 制定项目章程

项目章程是正式确认项目存在的文件,它指明了项目的目标和管理方向,授权项目经理利用组织的资源去完成项目。项目章程的主要内容包括对项目产生的产品或服务特征以及所要满足的商业要求进行简单描述,主要的项目干系人需在项目章程上签字,表示认可项目需求和目标。

项目章程的主要内容包括以下几点。

(1)项目名称和授权日期。

(2)项目经理的姓名及联络信息。

(3)项目的最终产品或结果、开始和结束时间、初步预算。

(4)约定的项目技术和管理方法。

(5)主要项目干系人的角色与责任。

(6)主要项目干系人对项目的重要评述或承诺。

(7)主要项目干系人的签名。

项目章程的主要作用包括对项目进行完整定义;由项目发起人授权项目,分配项目经理权力;授权项目经理运用、组织生产资源进行生产;界定各方权限并经项目干系人认可,从而提供有助于解决冲突的框架。

编写项目章程的困难之处在于让那些具有恰当的知识并具有一定权力的人员来参与并在项目章程上签字。项目章程对项目经理来说非常重要,必要时可作为获得相关项目干系人支持的依据。

9.4.2 分析项目干系人

项目干系人指参与项目活动或受项目活动影响的人,可能来自内部或外部,也可能参与了项目、受到项目的影响或反对项目。项目管理的目的是达到项目要求并使干系人满意,因此,需要识别项目中所有的干系人及其组织,分析干系人的期望,并在整个项目生命周期的各阶段进行重要决策时有效吸引相关项目干系人参与。项目经理被任命和授权后要做的第一件事就是对项目干系人进行识别和分析。

1. 项目干系人类型

对一般项目而言,主要的项目干系人类型及其定义如表 9-3 所示。

表 9-3 项目干系人类型及其定义

序号	项目干系人类型	简要定义
1	项目发起者	执行组织内部或外部的个人和团体,以现金和实物的形式为项目提供资源,包括资金、人力等
2	项目经理	负责管理项目的个人
3	顾客(用户)	使用项目产品的个人和组织
4	项目团队(执行组织)	可能是企业或其他类型的组织,团队成员直接参与项目的各项工作
5	项目反对者	可能是企业、社会或居民组织,因自身利益受到影响而提出反对意见
6	项目竞争对手	可能在资源、市场等方面形成竞争

2. 项目干系人分析

对每个具体项目而言,不管对方是企业、组织还是团体,无论对方是多大的单位、多高的级别,干系人最终都会落实到某个与本项目对接的个人。因此,项目干系人分析应尽量针对具体人员。

对项目干系人的分析主要包括以下几点。

(1) 干系人所属组织。

(2) 干系人在项目中的角色。

(3) 干系人的特点或专长。

(4) 干系人对项目的关注程度。

(5) 干系人对项目的影响程度。

(6) 对该干系人的交往建议。

实训中的项目干系人主要有:项目发起人、技术指导老师、项目管理指导老师、产品用户、其他项目团队、实验中心老师,以及项目经理、项目团队成员等。其中,项目团队成员可能包括前端开发人员、后台开发人员、系统测试人员、数据库管理员等。对实训项目来说,团队人数少,每个人都可能身兼数职。

9.4.3 组建项目团队

项目团队是为了适应项目管理而建立的团队。建设一个团结和谐、士气高昂、工作高效的团队,对顺利达成项目目标至关重要。

1. 实训的组队要求

实训中要求项目团队由学生自由组建,4~5 人 1 组。而各团队大多由同寝室、同班级、相互熟识,或曾经有过一起组队经历的同学组成。熟人组队有磨合期短的优势,但不利于营造学生之间多交流、多帮助、多碰撞的团队氛围。有些队还会暴露一些难以调和的问题,这些问题在后续的案例分析中有详细阐述。因此,建议组建团队时秉持开放的心态,根据项目需求理性地组建团队。

实训与实际项目不同,实际项目需要依据项目目标尽可能地组建工作高效的团队。而实训承载着培养人、教育人的功能；同时，学生的技术水平对实训的影响较大。因此，实训组队时既追求工作效率，又要求能力兼顾、共同进步，故对实训组队有以下建议。

（1）根据前期技术类课程的考试成绩对学生进合综合分级，希望组队时参考学生的综合分级，避免出现有的团队技术特强、有的团队技术特弱的情况，努力营造"强者带弱者、一个也不拉下"的实训理念。

（2）对寝室、班级和性别做出一定限制，主张学生组队时秉持开放的态度，敞开胸怀，接纳不同寝室、不同班级、不同性别、不相熟的同学。

（3）从知识、技术、能力、性格等方面综合考量来组队。

2. 行为风格测试（PDP）

由于实训时间很短，组建团队后，需要组员之间快速加深了解，以便组长能尽量准确地进行任务分工，组员之间能更团结和谐地相处。

许多 HR 常用采用行为风格测试（Professional Dynametric Programs，PDP）的方法来了解一个人天赋中最擅长的做事风格。行为风格是天生的，无所谓好坏，但若需要可以想办法改变或改善。行为风格测试可以区分天生本我、工作中的我及他人眼中的我。

实训中，项目团队可以借用或参考行为风格测试方法，根据测试结果，帮助团队快速判断团队成员的行为风格取向，从而为分析并提出团队成员之间的相处策略提供帮助，如上下级策略、沟通策略、解决冲突策略等。

行为风格测试的方法很多，实训中运用的方法是根据不同的个性特征将人的行为风格简单区分为五种类型，分别是老虎型、孔雀型、考拉型、猫头鹰型、变色龙型。当然，许多人的行为风格并不完全是这样"非黑即白"的。测试结果中，假如某一项分数远远高于其他各项，那可能就是典型的这种风格属性；假如有某两项大大超过其他三项，说明可能是这两种风格属性的综合；假如各项分数都比较接近，那可能是一个面面俱到、近乎完美性格的人；假如有某一项分数特别低的话，想提高自己可能就需要在加强对应风格属性上下功夫。

9.4.4 确定项目阶段

项目生命周期是指按照时间顺序先后衔接的项目阶段的集合。

传统项目通常由概念、开发、实施、收尾 4 个阶段组成。但每个项目根据其项目特点的不同可能对应着不同的项目阶段，如表 9-4 所示。

表 9-4　不同项目的阶段划分

项目类型	概念阶段	开发阶段		实施阶段			收尾阶段
系统开发项目	系统规划阶段	系统分析阶段	系统设计阶段	编码阶段	测试阶段		移交阶段
建筑项目	可行性分析阶段	规划设计阶段		施工阶段	验收阶段		交付阶段
住房装修项目	合同方案阶段	装修与工程设计阶段		基础工程阶段	装饰工程阶段	安装工程阶段	收尾阶段

值得注意的是，不能把项目过程组与项目阶段等同起来，虽然两者的名称有相似之处。项目生命周期由概念、开发、实施、收尾 4 个阶段组成，项目管理由启动、计划、实施、控制、收尾 5 个过程组成。但含义不同，项目生命周期的阶段基于技术工作，按项目实施的时间顺序

考虑,没有重复,一次性结束。项目管理的5个过程组不是独立的一次性过程,贯穿项目生命周期的每个阶段,项目的任何一个阶段都包含一个或几个"启动-计划-实施-控制-收尾"过程。

项目生命周期的各个阶段都有其特点:①项目资源投入具有波动性,概念和计划阶段多投入智力劳动,实施阶段消耗大量资源,而收尾阶段的投入水平又下降;②项目风险水平逐步降低,前期风险和不确定性最高,项目成功的概率最低,后期不确定性逐渐消除,项目成功的可能性越来越高;③项目起始阶段,项目团队成员的能力对项目产品最终特征和最终成本的影响力是最大的,随着项目的进行,产品特征逐步显现,这种影响力逐渐削弱。

项目的成果是创造一个产品或提供一项服务。这里要注意项目生命周期与产品生命周期之间的关系。产品生命周期指从创造产品开始到创造产品结束,再到产品投入运营乃至退出的全过程。也就是说,产品生命周期包含建设期和运营期两大阶段。

以实训为例,实训是一个项目,实训的生命周期从实训启动开始到实训收尾结束。按照实训的项目生命周期,划分为实训启动、实训计划、基础训练、专业训练、实训收尾5个阶段。其中,基础训练和专业训练均属于项目的实施阶段,如表9-5所示。

表9-5 实训项目生命周期的阶段划分(举例)

通用项目生命周期	实训项目生命周期	子项目阶段
概念阶段	实训启动阶段	
开发阶段	实训计划阶段	
实施阶段	基础训练阶段	
	专业训练阶段	① 需求分析; ② 概要设计; ③ 系统设计; ④ 编码实现; ⑤ 系统测试; ⑥ 项目验收
收尾阶段	实训收尾阶段	

其中,专业训练阶段的主要任务是开发一个小型的信息系统。而系统开发也可视为实训的一个子项目,可包括需求分析、概要设计、系统设计、编码实现、系统测试和项目验收等子阶段。

9.5 项目综合管理

项目综合管理也称为项目整体管理、项目集成管理。项目管理的目标是整体最优,而不是局部最优。在项目管理的10个知识领域中,项目综合管理是支撑领域,是项目生命周期中对其他9个单项项目管理知识领域所涉及的过程进行综合协调的全部工作和活动。

项目综合协调表现为以下四方面。

(1) 协调要素,即从全局、整体理念出发,协调项目的各个要素。

(2) 整体权衡,即在相互影响的各个目标和方案中进行权衡和选择,达到项目整体最优。

(3) 消除局限,即尽可能消除单个知识领域管理过程的局限性。

(4) 满足期望,即最大限度地满足项目干系人的需求和期望。

9.5.1 制订项目管理计划

项目管理计划是利用项目的各种专项计划,运用集成和综合平衡的方法制定出的,用以指导项目执行和项目控制的整体性、综合性、全局性、协调统一的集成计划文件。其中,各知识领域的单项计划是项目管理计划的补充部分。项目管理计划需要解决表 9-6 中所列出的10 方面的问题,而每个问题的解决依赖于 9 个单项管理计划。

表 9-6 项目管理计划需要解决的问题

序号	需要解决的问题	解决的途径	综合计划的依据
1	完成项目需要做哪些事情	确定项目范围	项目范围管理计划
2	各项任务需要什么时间做	编制进度表	项目时间管理计划
3	各项任务需要谁去做	配置项目人力资源	项目人力资源管理计划
4	各项任务需要什么资源	编制资源计划	项目成本管理计划
5	各项任务各个阶段需要多少经费	成本估算; 成本预算	项目成本管理计划
6	项目质量如何保证	制订质量计划	项目质量管理计划
7	如何与项目干系人进行信息交流	干系人分析; 制订沟通计划	项目干系人管理计划 项目沟通管理计划
8	项目可能会出现什么问题或风险	列出风险清单	项目风险管理计划
9	项目需要采购哪些东西	列出采购清单	项目采购管理计划
10	任务发生变更怎么办	建立变更控制系统	项目综合管理计划

除项目综合管理外,其他 9 个知识领域都是针对某一特定目标展开的单项管理工作,其特点是单项的、孤立的目标,如项目范围管理主要确定项目的边界,项目时间管理主要确定项目的进度和工期,项目成本管理主要进行项目的成本估算和预算等。

项目管理计划并不是各单项管理计划的简单汇总,而是采用多要素集成的方法,分步骤逐步增加要素进行集成,如先进行时间与成本两要素集成,其次进行范围、时间、成本三要素集成,再进行质量、范围、时间、成本四要素集成等。同时还要完成项目不同专业或部门的集成、不同项目干系人目标的集成,以及项目工作与组织日常运作的集成等。

例如,在制订实训项目管理计划时,在完成了范围、时间、成本、人力资源管理计划之后,可能出现资源过度分配问题,就需要进行资源调配。资源调配后常常会出现项目总工期延长、项目总成本增加的问题,也就是会出现范围、时间、成本各目标互相冲突的情况,因此需要进一步进行各要素之间的协调和集成。

9.5.2 项目整体变更控制

由于项目一次性的特点,在项目实施过程中存在许多不确定性,因此项目变更是常态。所谓变更主要指项目不能按照预期的计划进行,项目实际结果与计划之间出现偏差。其原因主要有计划执行情况不好、原有计划考虑不周、项目环境发生了变化、客户提出了新的要求等。但并不是任何情况或任何人想变更就能变更的,需要对变更进行控制。

项目整体变更控制是在项目生命周期的全过程中对变更进行识别、评价和管理。变更控制系统是一套事先确定的修改项目文件或改变项目活动时应遵循的程序,包括变更控制委员会、配置管理、变更沟通程序三个组成部分。其中,变更控制委员会(Change Control Board,CCB)是负责批准或否决项目变更的正式团体,由项目发起人、客户、项目经理等项目主要干系人组成。

项目变更可能有大有小,通常采用多层次变更控制方法,即不同的干系人具有不同的变更控制权限。如项目小组成员对弥补范围漏洞、提高工作效率、加快进度有变更权限;项目经理对项目团队是否严格按照项目范围、进度、成本计划完成项目实施工作有变更权限,并可在不影响项目可交付成果的情况下对内部里程碑进行调整;高层管理者对可能影响项目产品的使用操作,但不影响客户需求的范围变更、客户能够接受的进度变更,以及组织可承受的费用变更有变更权限;只有变更控制委员会对涉及项目范围、进度、成本等的重大决策有变更权限。

9.5.3　实训中的变更控制

由于受到实训总体安排的限制,大的项目进度变更的可能性较小。但因各小组项目难度不同、组员技术能力不同,在系统开发阶段各组可能会有小的变更。实训中成本的概念比较弱化,较大的变更可能出现在"项目范围"方面。需求分析阶段的多数组都希望开发一个功能完善、技术高超的系统,到了编码阶段,各组的技术能力差异显现。有些技术能力强的小组不仅能实现前期需求,而且还能超强发挥实现更多更复杂的功能;而有些技术能力弱的小组只能实现最基本的主线功能,而放弃那些亮眼的技术复杂的功能。

实训中各项变更主要由项目组长总体负责,由项目团队自己控制,大的范围变更决策可能要寻求指导老师的帮助和指导。

实训中需要重点关注的是要建立一个有效的配置管理或版本管理机制,做到变更的科学性和纪律性。

9.6　项目范围管理

项目范围指开发项目产品所涉及的所有工作和用来开展工作的所有过程。其中包括两种类型:一是产品范围,即形成项目最终可交付产品所做的工作;二是过程范围,即为形成最终可交付产品而必须完成的过程或管理工作。

项目范围管理是指界定和控制项目中必需的工作和仅需的工作的过程。其中,必需的工作指遗漏后会造成项目范围的萎缩,即无范围萎缩;仅需的工作指额外增加会造成项目范围的蔓延,即无范围蔓延。项目范围管理过程确保了项目团队和项目干系人对项目的可交付成果以及生产这些可交付成果所进行的工作达成共识。

9.6.1　项目范围管理的重要要素

项目范围管理的重要要素主要有可交付成果、工作包、阶段评审、例行检查等。

1. 可交付成果

项目可交付成果是一种产品或者服务,是在项目中一种具体可见的、可以进行验证的工作结果。具有可度量的、有形的、可核实的特点,如一个建筑物、一个软件、一场盛会等。为了创造项目可交付成果(产品或者服务),在项目各阶段都有其典型活动,每个阶段结束后,都需要提交阶段性可交付成果,包括产品相关类成果,以及保证产品实现的过程成果,如技术报告、功能代码、管理文件等。

以实训为例,实训项目可交付成果包括软件产品和人才培养服务两部分,软件产品指专业训练过程中各团队产出的系统开发软件。人才培养服务指实训有培养人、教育人的功能，产出人才培养的成果，如表 9-7 所示。

表 9-7 实训的项目可交付成果（举例）

项目可交付成果	成果分类	项目可交付成果	成果分类
软件（产品）	代码	人才培养（服务）	知识培训
	技术文档		技术文档
			管理文档

2. 工作包

依据项目的大小，可交付成果可分解成多层，最底层是工作包。可交付成果的分解尤如一张大饼，可以掰成许多块小饼。工作包是位于 WBS 每条分支最底层的可交付成果，或项目工作组成部分，也就是被掰成最小块的可交付成果。

为了使项目任务可控，在设置一些大的工作包时通常遵循 80 小时法则，即项目工作分解细化到完成一个工作包的时间应该不超过 80 小时。即使这项工作并没有完成，但在 80 小时时间结束时，也要提交一个可交付成果，或是报告这个工作包的进展情况，使项目任务处于易控制的状态。同时，也考虑到工作者长时间沉浸在一项工作中容易产生倦怠感的生理特点。

要注意的是，项目范围其实是由一个个最低层的工作包或任务组成的，只有完成了所有工作包的工作才能完成全部项目的工作。

由于实训时间较短，项目较小，从专业学习的角度出发，工作包的设定依具体情况而定，可能划分成更小的单元，但也要遵循可度量的、有形的、可核实的特点。

3. 阶段评审（管理评审）

阶段评审属于管理类任务，每个项目在继续进入下一个阶段之前都必须顺利通过前面的项目阶段。在每个项目阶段结束时，都要进行阶段评审，对该阶段的关键可交付成果，以及当前的项目执行情况进行审查，以便尽可能以较小的代价查明和纠正偏差，降低项目风险。

管理评审通常有三种结果：一种是项目进展顺利，可以进入下一个阶段；第二种是项目进展不顺利，需要返工或重新定位；第三种是当发现项目成功的可能性较低时，项目可能适时终止。

以实训为例，实训的阶段评审通常设置在阶段结束时或重要可交付成果完成时，主要对该阶段应该提交的可交付成果进行评审，如表 9-8 所示。其中，可在专业训练的各个重要节点设置多个评审点。

表 9-8 实训的阶段评审点（举例）

序号	实训阶段	阶段评审	评审内容
1	实训启动	启动评审	评审项目启动报告
2	实训计划	计划评审	评审项目管理计划
3	基础训练		
4	专业训练	需求评审	评审需求分析报告
		设计评审	评审系统设计报告
		编码评审	进行单元测试、功能测试
		测试评审	进行系统测试，并评审系统测试报告
		验收评审	评审项目总结报告和个人总结报告
5	实训收尾	项目评优	召开实训汇报会，进行项目评优

4. 例行检查

例行检查属于管理类工作,是指在规定的时间间隔内对项目进行检查,比较项目实际执行情况与计划之间的差异,并根据差异进行调整或纠偏。例行检查通常以固定"采样"时点进行检查,例如,每日一次的例行检查、一年一度的年会、一周一次的项目例会、一日一次的小组会等,或上报年报、周报等。

以实训为例,实训的例行检查属于项目管理范畴,通常设置在实训计划、基础训练和专业训练阶段,对实训计划和技术训练工作进行例行检查,发现问题时立即纠偏。例行检查通常都是周期任务,如每章点评、每日汇总、每周例会、每周总结等,如表 9-9 所示。

表 9-9　实训的例行检查(举例)

实 训 阶 段	例 行 检 查	实 训 阶 段	例 行 检 查
实训计划	每章点评	专业训练	① 每日检查; ② 每日点评; ③ 每日汇总; ④ 每日小组会; ⑤ 每周例会; ⑥ 每周总结
基础训练	① 每日检查; ② 每日点评; ③ 每日汇总; ④ 每日小组会		

9.6.2　界定项目范围

为了达到项目目标,首先要明确项目所要完成的具体任务。项目范围定义就是把项目的主要可交付成果划分为更小的、更加容易管理的单元(工作包)。

1. 界定项目范围的步骤

项目范围管理的第一步是界定项目范围,步骤如下。

(1)确定项目的可交付成果。

(2)分解项目可交付成果:将项目可交付成果分解成各阶段可交付成果。

(3)逐级分解:将各阶段可交付成果逐级分解至工作包。

(4)界定过程或管理工作:确定创造各阶段工作包所必须完成的过程或管理工作。

2. 界定实训项目范围

实训项目可交付成果主要包括学习成果和软件成果两大类。项目范围包括创造这两类可交付成果的工作,以及形成可交付成果过程中的管理工作。界定实训项目范围边界的框架如图 9-2 所示。

从图 9-2 可以看出,创造实训项目学习成果和软件成果的工作都可分解到项目的各个阶段中,其中,学习成果主要在制订计划阶段和基础训练阶段完成。软件成果主要在专业训练阶段完成,由创造代码的过程工作和创造代码过程中产生的技术文档组成,包括需求分析、概要设计、系统设计、编码实现、系统测试和项目验收。同时,在创造成果的过程中需要完成一系列管理工作,包括阶段评审、例行检查等,以及相应的管理文档的撰写。

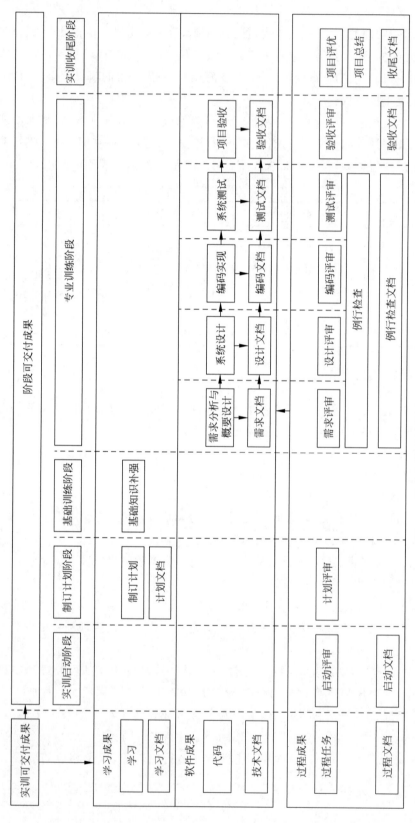

图 9-2 界定实训项目范围边界的框架思路（举例）

9.6.3　创建工作分解结构

工作分解结构(Work Breakdown Structure,WBS)是一种以结果为导向的分析方法,是对项目所涉及的工作面向可交付成果的分组,它定义了项目的全部范围,是项目范围基线的重要组成部分,还提供了计划和管理项目进度、成本、资源与变更的基础。因此,创建一个好的 WBS 至关重要。

创建 WBS 是把项目可交付成果划分为更小的、更加容易管理的工作单元。

1. WBS 的分解步骤

WBS 的分解是自上而下进行的,步骤如下。

(1) 创建第 1 层 WBS。

(2) 从第 1 层 WBS 开始,逐步将其分解为下一级的多个子项。

(3) 在此过程中,不断增加级数,细化工作任务,直到所有的工作被分解到工作包一级为止。

(4) 分解完成后,将所需资源安排到工作包一级的各项任务中。

2. WBS 的创建方法

创建 WBS 的工作中最重要的是第 1 层的分解,WBS 的创建方法如下。

(1) 按项目创造的产品/服务(项目成果)构建 WBS。

(2) 按照项目阶段(生命周期)构建 WBS。

(3) 按照项目管理过程构建 WBS。

(4) 使用指导方针构建 WBS。

(5) 采用类比法构建 WBS(模板参照法)。

WBS 强调结构性和层次性。结构性指分解任务时应根据不同类型的项目按照某种逻辑关系或规则进行分解,如上述 5 种创建 WBS 的方法都反映某种逻辑关系或规则。层次性指 WBS 是层层分解的,最多可分为 5~7 层,下一层是上层摘要任务的分解,上一层是下层子任务的概括,一直分解到最底层工作包。

3. 创建项目范围 WBS

利用 Microsoft Project 软件制定项目范围 WBS 的步骤如下。

(1) 创建 Microsoft Project 项目范围 WBS 文件。

(2) 在"任务名称"栏输入项目的所有任务。

(3) 建立任务之间的层次关系。

(4) 输入任务编号(大纲数字)。

9.6.4　实训项目范围 WBS

根据实训的阶段性和系统开发项目的特点,按照项目生命周期创建实训的 WBS。为了创造项目可交付成果,项目团队要开展许多工作,包括学习类活动、软件产品相关的活动以及创造软件产品的过程活动。

1. 分解实训项目可交付成果

参考表 9-7,对实训项目的可交付成果进行分解,以软件产品为例,其范围定义如表 9-10 所示。

表 9-10　软件产品的范围定义（举例）

项目可交付成果	可交付成果（1 层）	可交付成果（2 层或工作包）
软件（产品）	代码	基础功能代码
		后台功能代码
		前端功能代码
	技术文档	需求说明书
		系统设计报告
		迭代计划表
		Scrum 后台开发报告
		Scrum 前端开发报告
		BugList 表
		系统测试报告
		用户手册

表 9-10 表明，软件产品可以分解为代码和技术文档两大类可交付成果，而代码可按软件功能细分为 3 个工作包，技术文档可按各开发流程产生的文档细分为 8 个工作包。

2. 创建实训项目范围 WBS

根据图 9-2，构建实训项目范围 WBS，步骤如下。

（1）创建 Microsoft Project"实训项目范围 WBS"文件。

（2）创建第 1 层 WBS：将实训项目生命周期的 5 个阶段名称创建为第 1 层 WBS（参考表 9-5）。

（3）创建子任务：将第 1 层 WBS 进行分解，形成子任务。例如，第 1 层的"实训启动"可以分解成"实训准备""项目启动"两个子任务。第 1 层的"专业训练"可以分解成需求分析与概要设计、系统设计、编码实现、系统测试、项目验收 5 个子任务（参考表 9-5）。

（4）分解项目可交付成果：将项目可交付成果分解成各阶段可交付成果。也可将"专业训练"分解成需求分析与概要设计、系统设计、编码实现、系统测试、项目验收 5 个阶段可交付成果（参考表 9-7 和表 9-10）。

（5）创建工作包：不断分解阶段可交付成果，直至形成最底层的工作包。例如，项目管理计划可以分解成 8 个单项计划工作包；"系统设计"可以分解成 4 个工作包（参考表 9-10）。

（6）归属过程工作：将形成可交付成果过程中的阶段评审、例行检查等管理任务归属到各项目阶段、子任务或可交付成果中。如启动评审、计划评审等，以及计划阶段的"每章点评"等例行检查任务（参考表 9-8 和表 9-9）。

（7）为各项任务编号：通过不断分解，最终形成有结构、有层次的"实训项目范围的 WBS"，如图 9-3 所示。其中包括摘要任务、子任务、可交付成果、工作包等要素。

实训项目范围的 WBS 有以下特征。

（1）实训 WBS 的第 1 层由 5 个阶段的名称构成。

（2）各摘要任务都有下一级子任务，也包括可交付成果、阶段评审、例行检查等。

（3）有些可交付成果可继续分解，直到最底层工作包。

（4）有些任务可能是综合性的，如"2 实训计划"阶段的工作都围绕实训计划的制订而开展，包括撰写各单项子计划，通过每章点评、计划评审等过程，最终形成项目管理计划。"1.2.2 项目干系人分析"就包括项目干系人分析和撰写干系人分析报告两项任务。每日汇总、每周总结等任务又是例行检查任务，需要提交报表或总结等可交付成果。

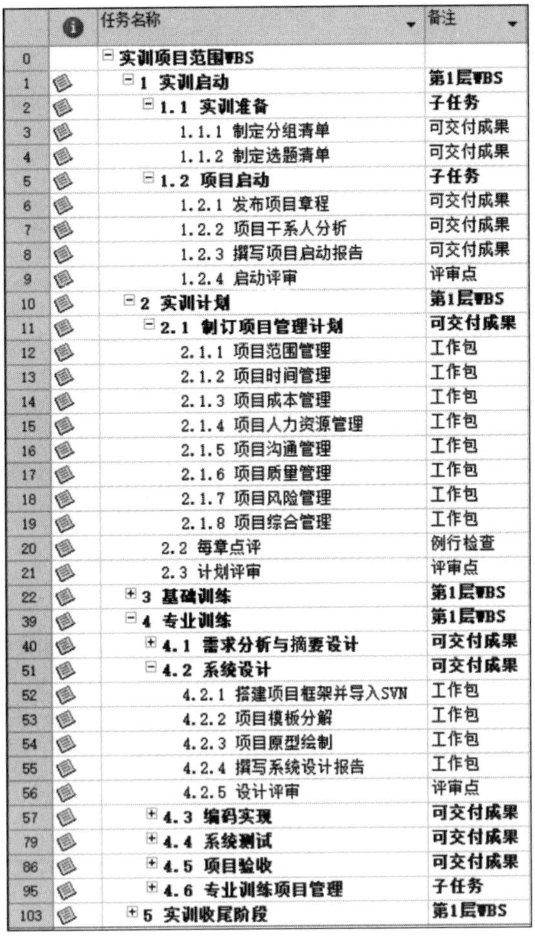

	任务名称	备注
0	⊟ 实训项目范围WBS	
1	⊟ 1 实训启动	第1层WBS
2	⊟ 1.1 实训准备	子任务
3	1.1.1 制定分组清单	可交付成果
4	1.1.2 制定选题清单	可交付成果
5	⊟ 1.2 项目启动	子任务
6	1.2.1 发布项目章程	可交付成果
7	1.2.2 项目干系人分析	可交付成果
8	1.2.3 撰写项目启动报告	可交付成果
9	1.2.4 启动评审	评审点
10	⊟ 2 实训计划	第1层WBS
11	⊟ 2.1 制订项目管理计划	可交付成果
12	2.1.1 项目范围管理	工作包
13	2.1.2 项目时间管理	工作包
14	2.1.3 项目成本管理	工作包
15	2.1.4 项目人力资源管理	工作包
16	2.1.5 项目沟通管理	工作包
17	2.1.6 项目质量管理	工作包
18	2.1.7 项目风险管理	工作包
19	2.1.8 项目综合管理	工作包
20	2.2 每章点评	例行检查
21	2.3 计划评审	评审点
22	⊞ 3 基础训练	第1层WBS
39	⊟ 4 专业训练	第1层WBS
40	⊞ 4.1 需求分析与摘要设计	可交付成果
51	⊟ 4.2 系统设计	可交付成果
52	4.2.1 搭建项目框架并导入SVN	工作包
53	4.2.2 项目模板分解	工作包
54	4.2.3 项目原型绘制	工作包
55	4.2.4 撰写系统设计报告	工作包
56	4.2.5 设计评审	评审点
57	⊞ 4.3 编码实现	可交付成果
79	⊞ 4.4 系统测试	可交付成果
86	⊞ 4.5 项目验收	可交付成果
95	⊞ 4.6 专业训练项目管理	子任务
103	⊞ 5 实训收尾阶段	第1层WBS

图 9-3　实训项目范围的 WBS(举例)

(5) 各阶段摘要任务向下分解的层次各不相同,最多四层,最少两层。

值得注意的是,项目范围 WBS 的各项摘要任务、子任务、可交付成果、工作包,以及分解的层次之间并没有一个特别严格的标准或界线,如"专业训练"可分解成 5 项子任务,也可分解成 5 个可交付成果。因此,在制定 WBS 的过程中,需要按照某个逻辑或规则将项目范围边界框图(见图 9-2)中所有要做的事情全部罗列在一起,有结构、有层次,既不能多(无范围蔓延)也不能少(无范围萎缩),便可构成项目范围的 WBS。

同时,还要注意可交付成果、工作包、评审点、例行检查点归属到各项目阶段或子任务时的逻辑关系。

9.7　项目时间管理

项目时间管理是指在项目的进程中,为了确保项目能够在规定的时间内实现项目目标,对项目活动进度及日程安排所进行的管理过程。

项目时间管理的步骤如下。

(1) 对项目范围 WBS 最底层的工作包进一步分解成活动,对活动进行完整的定义,形成活动清单,从而对项目范围进一步达成共识。

（2）分析活动清单中各活动之间的依赖关系，由此形成网络图。

（3）对各项活动进行历时估计。

（4）运用关键路径分析、计划评审技术等方法，确定项目的开始和结束时间，完成项目进度管理计划。

（5）按照项目进度计划对项目中的实际进展情况进行实时控制。

因此，创建项目时间管理计划主要有 4 个过程：一是进行活动定义，进一步定义范围；二是活动排序，定义时间；三是估算活动资源，定义成本；四是估算活动工期，进一步定义时间，最终输出项目进度管理计划。这个过程反映了项目范围、时间、成本三约束的顺序，从而平衡范围、时间、成本目标，体现范围、时间、成本三要素的集成过程。

9.7.1　活动定义

活动定义是指确定完成各个项目可交付成果所必须进行的各项具体活动的一个过程，是在 WBS 工作包的基础上，将工作包进一步分解成更小的、易于操作的活动（不一定是有形的）。但并不是每个工作包都要分解成活动，为便于更好地管理工作包，通常将那些任务量比较大的工作包进一步分解成更小的、更易于操作的"活动"。

通常活动可以分成独立型活动、依附型活动、支持型活动三种类型，如表 9-11 所示。

表 9-11　活动的类型

活动类型	开展方式	产出特点	完成特点	举　例
独立型活动	可独立开展	直接产出有形产品	完成情况可准确测量	工人砌墙
依附型活动	无法独立开展	间接产出有形产品	完成情况不能准确测量	监理工作
支持型活动	支持前两种活动	与产品形成无关	完成情况不需要准确测量	厨师为二人做饭

其中，独立型活动可独立开展并可产出产品；依附型活动不能独立开展，只能依附在独立型活动之上，能够帮助独立型活动间接产出产品；而支持型活动通常与产品形成没有关系，只为前两种活动提供服务，但通常受前两种活动所要求的时间节点的约束。

1. 定义项目活动

以实训为例，可以将工作包继续分解成更小的、易于操作的过程类活动。若"编码实现"是一个可交付成果，可以分解成"基础功能""后台功能""前端功能"3 个工作包，每个工作包又可分解为多个活动，如图 9-4 所示。

从图 9-4 可以看出，要完成"基础功能实现"工作包的任务需要完成项目登录功能、项目权限功能、项目各权限下菜单功能等活动，并进行基础功能评审。

2. 确定项目里程碑

项目的里程碑是项目进程中的重要标志，标识项目中主要可交付成果的完成。如项目发起人或用户可能要求在某一特定日期前完成某项可交付成果，一旦确定下来就不容更改，这个日期就可能是个里程碑事件。里程碑既不占用时间也不消耗资源，是具有零历时的重要事件。里程碑是时间管理阶段需要考虑的关键事件，也是构成 WBS 的重要组成部分，可以在制定 WBS 时一起完成。

		任务名称		备注
70		⊟ **5.4 编码实现**		**可交付成果**
71		5.4.1 撰写迭代计划表		工作包
72		⊟ **5.4.2 基础功能实现**		**工作包**
73		5.4.2.1 项目登录功能实现		活动
74		5.4.2.2 项目权限功能实现		活动
75		5.4.2.3 项目各权限下菜单功能实现		活动
76		5.4.2.4 基础功能评审		评审点
77		⊟ **5.4.3 后台功能实现**		**工作包**
78		5.4.3.1 项目后台功能开发（一）		活动
79		5.4.3.2 项目后台功能开发（二）		活动
80		5.4.3.3 项目后台功能开发（三）		活动
81		5.4.3.4 项目后台功能开发（四）		活动
82		5.4.3.5 撰写Scrum后台开发报告		活动+可交付成果
83		5.4.3.6 后台开发评审		评审点

图 9-4 "编码实现"部分的"活动定义"(举例)

实训的里程碑通常设置在重要的时间节点、重要事件发生时、重要工作或成果完成时，如表 9-12 所示。

表 9-12 实训的里程碑(举例)

序 号	实 训 阶 段	里 程 碑	原 因
1	实训启动	实训开始	重要的时间节点
2	实训计划	计划通过	重要工作完成
3	基础训练	基础训练结束	重要的时间节点
4	专业训练	开发完成	重要成果完成
5	实训收尾	实训结束	重要的时间节点

从表 9-12 中可以看出，实训开始、基础训练结束、实训结束都是课表上安排的时间节点，必须遵守。

3. 创建实训项目范围基线

将"实训项目范围的 WBS"文件另存为"实训项目范围基线"，经过活动定义及创建里程碑后，就可以得到实训项目范围基线，如图 9-5 所示。与项目范围 WBS 不同，项目范围基线除了包括摘要任务、子任务、工作包之外，还增加了活动、里程碑等要素。

4. 创建项目活动清单

将"实训项目范围基线"另存为"实训项目活动清单"，如图 9-6 所示。其上仅列出项目中需要执行的所有活动(无一遗漏)，即只包含 WBS 最底层的子任务、工作包或活动，不包含摘要任务，不包含任何不在项目范围里的活动。同时，项目活动清单中还包含对活动的具体描述，如工作内容与要求、所需资源、工期、开始和结束时间等，以确保项目团队成员能理解应如何进行这项工作。

9.7.2 活动排序

活动排序是指对项目活动清单中各项活动进行评估，然后确定各项活动之间的依赖关系，即只为 WBS 最底层的工作包或活动设置依赖关系，不为摘要任务设置依赖关系。

为项目活动之间创建依赖关系有如下 3 个基本原则。

(1) 强制依赖。反映活动之间有内在工作关系，也称硬逻辑关系，如先编码后测试，或项目实施的同时必须进行项目监控。

		任务名称	备注
0		⊟ 实训项目范围基线	
1		1 实训开始	里程碑
2		⊟ 2 实训启动	第1层WBS
3		⊟ 2.1 实训准备	子任务
4		2.1.1 组建团队，制定分组清单	活动+可交付成果
5		2.1.2 选择项目，制定选题清单	活动+可交付成果
6		⊟ 2.2 项目启动	子任务
7		2.2.1 项目启动会	活动
8		2.2.2 制定并发布项目章程	活动+可交付成果
9		2.2.3 项目干系人分析	活动+可交付成果
10		2.2.4 项目评估（团队、风险）	活动
11		2.2.5 撰写项目启动报告	可交付成果
12		2.2.6 启动评审	评审点
13		2.2.7 项目立项	里程碑
14		⊟ 3 实训计划	第1层WBS
15		⊞ 3.1 制订项目管理计划	可交付成果
25		3.2 计划评审	评审点
26		3.3 计划通过	里程碑
27		⊞ 4 基础训练	第1层WBS
44		⊟ 5 专业训练	第1层WBS
45		⊞ 5.1 专业训练项目管理	子任务
53		⊞ 5.2 需求分析与概要设计	可交付成果
64		⊞ 5.3 系统设计	可交付成果
70		⊟ 5.4 编码实现	可交付成果
71		5.4.1 撰写迭代计划表	工作包
72		⊟ 5.4.2 基础功能实现	工作包
73		5.4.2.1 项目登录功能实现	活动
74		5.4.2.2 项目权限功能实现	活动
75		5.4.2.3 项目各权限下菜单功能实现	活动
76		5.4.2.4 基础功能评审	评审点

图 9-5 实训项目范围基线（举例）

		任务名称	备注
0		⊟ 实训项目活动清单	
1		1 组建团队，制定分组清单	活动+可交付成果
2		2 选择项目，制定选题清单	活动+可交付成果
3		3 项目启动会	活动
4		4 制定并发布项目章程	活动+可交付成果
5		5 项目干系人分析	活动+可交付成果
6		6 项目评估（团队、风险）	活动
7		7 撰写项目启动报告	可交付成果
8		8 启动评审	评审点
9		9 项目范围管理	工作包
10		10 项目时间管理	工作包
11		11 项目成本管理	工作包
12		12 项目人力资源管理	工作包
13		13 项目沟通管理	工作包
14		14 项目质量管理	工作包
15		15 项目风险管理	工作包
16		16 项目综合管理	工作包
17		17 每章点评	例行检查
18		18 管理计划评审	评审点
19		19 ……	
20		20 搭建项目框架并导入SVN	工作包
21		21 项目模板分解	工作包
22		22 项目原型绘制	工作包
23		23 撰写系统设计报告	工作包
24		24 系统设计评审	评审点
25		25 ……	
26		26 项目登录功能实现	活动
27		27 项目权限功能实现	活动
28		28 项目各权限下菜单功能实现	活动

图 9-6 实训项目活动清单（举例）

（2）自由依赖（或选择性依赖）。反映活动之间有团队内部指定的关系，也称软逻辑关系，如编码时可以先 A 模块再 B 模块，也可以 A 模块和 B 模块同时进行，这取决于团队的最佳实践。

（3）外部依赖。反映项目活动与非项目活动之间的关系，如采购，许多时候项目进度会受制于这种关系。

根据上述活动依赖关系的判断原则，可以将活动之间的关系分为 4 种类型，如表 9-13 所示。

表 9-13　活动之间的依赖关系

依赖关系	图　　示	含　　义	详 细 描 述
完成-开始	A → B	A 完成时 B 开始	A 与 B 串行（先 A 后 B）（最常用）
开始-开始	A B	A 开始时 B 开始	A 与 B 并行（同时开始）
完成-完成	A B	A 完成时 B 完成	A 与 B 并行（同时完成）
开始-完成	A B	A 开始时 B 完成	A 与 B 串行（先 B 后 A）（很少用）

以实训为例，将项目各项最底层的工作按照任务依赖关系设置"前置任务"，形成首尾相连的网络，如图 9-7 所示。

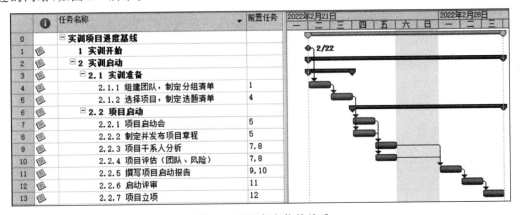

图 9-7　设置任务依赖关系

从图 9-7 中可见，依赖关系有串行任务和并行任务两种类型。例如，撰写项目启动报告、启动评审、项目立项是串行任务，采用完成-开始的方式；项目干系人分析和项目评估可同时进行，是并行关系。

9.7.3　估算活动资源

估算活动资源指估算分配给活动清单中每项活动的资源数量和类型，活动所需资源通常有人、设备、原材料、耗材等。

估计活动工期时需要估算资源,大多数活动所需工期与相关资源的多少(资源需求)和能力(资源质量)有关。例如,两人一起工作比一人工作要少用一半时间(相对一人工作所需时间);半日工作的人(兼职)通常需要两倍的时间完成某活动(相对整天工作所需时间);对同一活动,设有两个人均能全日进行工作,一个高级程序员所需时间少于初级程序员所需时间。

因此,估算活动资源时通常需要考虑如下问题。

(1) 完成某项活动的难度有多大?

(2) 以前做过这类项目吗? 员工水平如何?

(3) 需要什么资源? 组织是否拥有这些资源?

(4) 需要的数量是多少?

(5) 有没有特殊的资源限制?

(6) 有可以外包的工作吗? 对资源需求的影响有多大?

资源确定后,需要建立"资源工作表",如表 9-14 所示。

表 9-14　资源工作表(举例)

序号	资 源 名 称	最大单位/%	标准费率	加班费率/%	成本累算方式	基准日历
1	项目发起人	50	50.00 元/工时	+20	按比例	兼职
2	项目经理	100	42.00 元/工时	+20	按比例	标准
3	前端开发工程师	100	40.00 元/工时	+20	按比例	标准
4	财务人员	50	30.00 元/工时	+20	按比例	兼职
5	软件		500.00 元		结束	
6	应急储备		10 000.00 元		开始时间	
7	……					

设置资源工作表中的人力资源时需注意以下几点。

(1) 人力资源要具体到个人。

(2) 根据薪酬标准制定标准费率与加班费率(%)。

(3) 为各种资源设置成本累算的方式。

(4) 为各项人力资源设置基准日历。

(5) 只有列入资源工作表中的资源才能在后期成本管理的分配资源中使用,才能计入成本。

9.7.4　估算活动工期

估算活动工期指估算项目进度基线中所有最底层工作所需要的工期,不为摘要任务设置工期,将里程碑的工期设置为 0。

工期包括活动消耗的实际工作时间和间歇时间,需要注意工期和人工量之间的区别。人工量是完成任务所需要的工作天数或工作小时数。工期与时间估算相关联,但不与人工量估算相关联。例如,某人读完一本书需 20 小时(人工量),但读了两个月(工期)。

1. 估算活动工期的方法

估算活动工期的方法有专家评估法、类比估算法、模拟法或计划评审技术(Program Evaluation and Review Technique,PERT)估算法。

1) 专家评估法

当项目涉及新技术领域或不熟悉的领域时,需要借助专家的领域知识和经验对项目活动所需要的时间做出估计。

2）类比估算法

当项目信息和资料有限时,以过去类似项目活动的工期为基础,通过类比来估计当前项目活动所需要的时间。

3）模拟法

用模拟的方式,针对不同假设,计算项目活动所需要的时间,常用蒙特卡洛分析方法。

4）PERT 估算法

在现实情况下,因为项目存在不确定性,有时很难预测出各项活动的准确工期,于是人们常常需要采取概率的方法对活动工期进行评估。PERT 估算法就是在具体活动工期估算存在很大不确定性时,用来估计项目工期的网络分析技术。

每项活动的工期估算是从该项活动开始到完成所经历的全部时间。对于那些存在高度不确定因素的项目,可以给每项活动 3 个估计时间:一是乐观工期,指在最佳条件下完成某项活动的工期估计;二是悲观工期,指在最不利条件下完成某项活动的工期估计;三是最可能工期,指在正常条件下完成某项活动的工期估计。假定乐观工期和悲观工期都是小概率事件,最可能工期是大概率事件,那么,每项活动的均值工期可以计算为:

$$\mu = \frac{o + 4m + p}{6}$$

其中,o 代表乐观工期;p 代表悲观工期;m 代表最可能工期。

如果对每项活动都进行三次估算,得出每项活动的均值工期,就可以估算出该项目的期望总工期。

2. 估算实训工期的要点

实训是教学环节的一部分,需要严格遵守学校的教学安排。因此,实训计划阶段由"项目管理"任课老师根据教学要求进行安排;基础训练和专业训练两个阶段由企业方根据学校的教学安排、学生选课情况、企业导师工作安排情况统筹兼顾地制定系统开发训练课表,可参考图 9-8。

第一阶段：基础训练							
第1周	周一	周二	周三	周四	周五	周六	周日
上午 8:30-10:00 / 10:15-12:00				基础训练	基础知识补强+练习	基础知识补强+练习	休息
下午 14:00-15:40 / 16:00-17:30							
第二阶段：专业训练							
第2周	周一	周二	周三	周四	周五	周六	周日
上午 8:30-10:00 / 10:15-12:00	基础知识补强+练习	基础知识补强+练习	基础知识补强+练习	项目需求分析与概要设计	数据库评审	自行完善需求分析和概要设计任务	休息
下午 14:00-15:40 / 16:00-17:30					需求评审		
第3周	周一	周二	周三	周四	周五	周六	周日
上午 8:30-10:00 / 10:15-12:00	系统设计	整体架构设计 模块架构设计	系统详细设计	系统详细设计	系统设计说明书修订	自行完善系统设计任务	休息
下午 14:00-15:40 / 16:00-17:30				系统设计评审			
第4周	周一	周二	周三	周四	周五	周六	周日
上午 8:30-10:00 / 10:15-12:00	编码实现 -基础功能	编码实现 -基础功能	编码实现 -基础功能	编码实现 -基础功能	编码实现 -基础功能	自行完善基础功能的编码实现任务	休息
下午 14:00-15:40 / 16:00-17:30					基础功能评审		
第5周	周一	周二	周三	周四	周五	周六	周日
上午 8:30-10:00 / 10:15-12:00	编码实现 -后台功能 -前端功能	编码实现 -后台功能 -前端功能	编码实现 -后台功能 -前端功能	编码实现 -后台功能 -前端功能	编码实现 -后台功能 -前端功能	系统整合 系统测试 细节完善	休息
下午 14:00-15:40 / 16:00-17:30					后台、前端功能评审		
第6周	周一	周二	周三	周四	周五	周六	周日
上午 8:30-10:00 / 10:15-12:00	系统整合 系统测试 细节完善	项目优化	项目发布准备	项目收尾			
下午 14:00-15:40 / 16:00-17:30		项目验收	项目发布与评优				

图 9-8　系统开发训练课表(举例)

在前几年,实训的基础训练阶段集中培训一周,主要任务是知识补强、创造软件环境。由于时间紧、任务重,学生来不及补习和消化曾经学过的知识,也跟不上学习新知识的进度,实施下来效果不好。近两年是将基础训练阶段的培训提前并分散在 2～3 周进行,从而让学生有足够的时间充分吸收、消化和练习基础知识补强内容,学习新的基础知识。

实训工期估算时,重要的时间节点基本按照教学课表和系统开发训练课表来设置,保证项目工期在规定的时间范围内。

9.7.5 创建项目进度基线

项目进度基线是在项目各活动的依赖关系和工期确定之后,来决定项目以及各活动的开始和结束日期。项目时间管理过程会反复多次,其目的是创建一个可行的项目进度表,从项目的时间维上提供监控项目进度的重要基础。

利用 Microsoft Project 软件创建"项目进度基线"的步骤如下。

(1)将"项目范围基线"文件另存为"项目进度基线"文件。

(2)设置项目的开始时间。

(3)创建项目资源日历,包括标准日历、兼职日历、夜班日历等。

(4)建立"资源工作表"。

(5)设置各活动之间的依赖关系(只为最底层工作包或活动设置依赖关系)。

(6)确定每项活动的工期(只为最底层工作设置工期,将里程碑的工期设置为零)。

完成上述步骤后,得到的"实训项目进度基线"如图 9-9 所示,图的左边是 WBS,右边是甘特图。其中,摘要任务的工期和时间信息是系统自动算出来的,不是子任务工期或时间的累加。同时,为醒目起见,可在甘特图和 WBS 文本上设置关键路径活动的颜色。

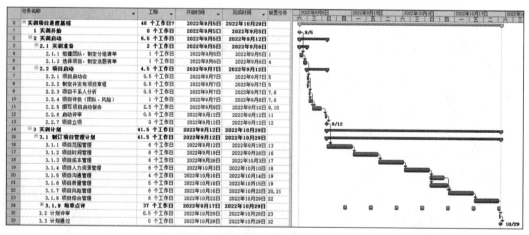

图 9-9　项目进度基线 WBS(举例)

9.7.6 前导式网络图

网络图反映的是项目活动之间的逻辑关系或表达顺序,要完成整个项目就必须完成网络图中的每一项任务。前导式网络图也称为单代号网络图,只使用方框来表示活动。

例如,某项目有 A~K 共 11 项活动,每项活动的工期和活动之间的依赖关系如图 9-10 所示,其前导式网络图如图 9-11 所示。

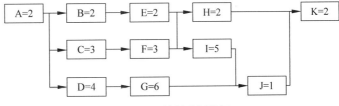

图 9-10　项目工期和依赖关系　　　　　　　　图 9-11　前导式网络图

从图 9-11 可以看出,活动 A、B、E、H、K 均为串行关系;活动 B、C、D 均为并行关系;活动 G 和 I 并行且同时指向 J,即 J 需要在 G 和 I 都完成后再开始。

9.7.7　关键路径分析

项目的关键路径是指决定该项目最早完成时间的一系列活动,由一组顺序相连的活动或任务组成。

1. 对关键路径的理解

可以从以下几方面理解项目的关键路径。

(1) 关键路径是网络图中最长的路径,但却表示完成项目所需的最短时间。

(2) 关键路径拥有最少的总时差和自由时差。

(3) 关键路径上的活动并不包括最重要活动的路径,而仅仅与时间维度相关,即关键路径上的活动是决定整个项目工期的关键瓶颈活动。

(4) 关键路径上任何活动的延迟,都会导致整个项目完工日期的延迟。

(5) 如果要压缩项目工期,也必须从关键路径着手,尽量缩短关键路径的长度。

(6) 一个项目可能有多条关键路径,必须监控所有关键路径。

(7) 随着项目的推进,关键路径也可能发生变化,在项目的不同阶段,应及时进行关键路径分析。

2. 关键路径分析

关键路径法又称关键路径分析,是一种可得到关键路径并预测项目总工期的项目网络分析技术。进行关键路径分析的基础是网络图。下面介绍两种关键路径分析方法。

1) 路径穷举法

路径穷举法即穷举出网络中所有的路径,其中最长的一条就是关键路径。如果网络中存在多条最长路径,就都是关键路径。路径穷举法适用于分析简单的、活动不多的网络图。

例如,图 9-11 所示的网络图用穷举法可得出该项目共有如下 5 条路径。

路径 1：A—B—E—H—K,长度＝10 天。

路径 2：A—B—E—I—J—K,长度＝14 天。

路径 3：A—C—F—H—K,长度＝12 天。

路径 4：A−C−F−I−J−K，长度＝16 天。

路径 5：A−D−G−J−K，长度＝15 天。

其中，路径 4 是最长的一条路径，意味着项目的关键路径是 A−C−F−I−J−K，它决定了项目完工最短需要 16 天时间。

2）参数标号法

参数标号法是关键路径分析的常用方法，它可以通过网络图分析，计算各项活动的开始时间、完成时间、总时差和自由时差，从而找到关键路径，以便项目经理用以确定项目进度的灵活度。

（1）参数标号法的相关术语。

最早开始（Earliest Start，ES）时间：指开始一项活动最早的可能时间。

最早结束（Earliest Finish，EF）时间：指结束一项活动最早的可能时间。

最晚开始（Latest Start，LS）时间：指开始一项活动最晚的可能时间。

最晚完成（Latest Finish，LF）时间：指结束一项活动最晚的可能时间。

总时差（Total Slack/Total Float，TS）：指在不拖延项目计划完成日期的情况下，一项活动从其最早开始时间算起可以被拖延的时间，也称总浮动时间。

自由时差（Free Slack/Free Float，FS）：指一项活动在不推迟任何后续活动最早开始时间的情况下，本活动可以延迟的时间，也称自由浮动时间。

（2）计算参数的方法。

参数标号法中从两个方向计算上述参数。

① 顺推法：按照正向时间顺序来计算活动的 ES 时间和 EF 时间。参数计算的规则如下。

规则一：ES 时间＋历时＝EF 时间。

规则二：如果某个活动只有一个紧前活动，那么该活动的 ES 时间＝其紧前活动的 EF 时间。

规则三：如果某个活动有多个紧前活动，那么该活动的 ES 时间＝其紧前活动的 EF 时间中的最大者。

② 逆推法：按照逆向时间顺序来计算活动的 LS 时间和 LF 时间。参数计算的规则如下。

规则一：LS 时间＝LF 时间−历时。

规则二：如果一项活动只有一个紧后活动，那么该活动的 LF 时间＝紧后活动的 LS 时间。

规则三：如果一项活动有多个紧后活动，那么该活动的 LF 时间＝其紧后活动的 LS 时间中的最小者。

③ 计算 TS：TS 必须在顺推法和逆推法均完成后才能得到。

$$TS＝LS 时间−ES 时间＝LF 时间−EF 时间$$

④ 计算 FS：FS 只需在顺推法的结果中找寻即可，并且只有在有两项或两项以上的活动指向同一活动时才存在 FS。

$$FS＝下一活动的 ES 时间−本活动的 EF 时间$$

（3）计算参数举例。

以图 9-11 所示的网络图为例，用参数标号法可得到每项活动的各项参数 ES、EF、LS、LF、TS、FS 时间，如图 9-12 所示。

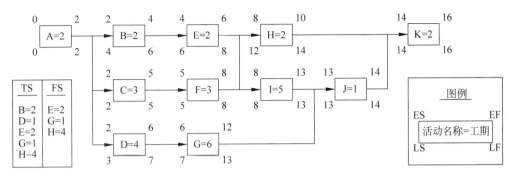

图 9-12　参数标号法分析网络图

由图 9-12 可以看出,该项目有 5 条路径,其中,A－C－F－I－J－K 为最长的一条路径,并且拥有最少的 TS 和 FS,因此确定该路径为项目的关键路径。同时可以看出,非关键路径上的活动都是有时差的,说明在进度的安排上有可以调节的余量。

3. 关键路径分析的管理意义

关键路径分析的管理意义在于:项目经理了解了关键路径的情况后,在项目进度控制过程中可以有针对性地实施"向关键路径要时间,向非关键路径要资源",用以确定项目进度的灵活度。如果需要压缩项目工期,首先考虑压缩关键活动的工期,如 A、C、F、I、J、K 活动;如果关键活动需要资源支持,可以根据非关键路径上有时差的活动的时间安排,如 B、D、E、G、H,必要时抽调资源以支援关键路径的活动。

9.7.8　加快项目进度的措施

进度压缩指在不缩减项目范围的前提下,在关键路径上进行工期压缩,一旦进行工期压缩,就必须重新审查关键路径。

可以通过给关键路径上的活动分配更多资源,包括赶工(加班)、快速跟进、增加人手或增加激励等措施来缩短关键活动的历时。

赶工是指对成本和进度进行权衡,以确定如何以最小的成本取得最大的工期压缩。赶工通常会导致风险和成本增加。当项目需要赶工时,应当首先压缩关键路径上关键活动的工期,通常有增加设备、增加人员、延长工作时间等措施。

快速跟进是指将一般情况下按顺序实施的多项活动改为并行,可能造成返工和风险增加。快速跟进也应首先在关键路径上进行,只能用于选择性依赖关系。

无论是赶工、快速跟进,还是其他措施,缩短项目时间都是以增加成本为代价的,那么用多少成本换取多长时间的工期压缩,需要在进度和成本之间找平衡。

9.7.9　实训进度管理计划要点

制订实训进度管理计划需要重点关注实训日历、并行任务、串行任务、周期任务等方面。

1. 实训日历

实训日历采用每周工作 6 天、每天工作 8 小时的工作制。实训开始日期为"项目管理"课程开课的第二周,也可以根据实际情况进行调整。

2. 并行任务、串行任务的设置

串行任务指一项任务结束后另一项任务开始；并行任务指两个及以上任务可以同时进行。实训中，设置串行任务通常有两种情况：一是任务之间有硬的逻辑关系，如需求分析在前，系统设计在后；二是资源有限，只能将可以并行的任务串行，如小刘同时承担模块 A 和 B 的编码任务，只能先做 A 再做 B。设置并行任务通常也有两种情况：一是任务之间没有硬逻辑关系，可以同时进行，如编码阶段各模块开发可以同时进行；二是需要赶进度，将某些串行任务并行。

另外，实训中项目管理计划的制订有其特殊性，范围、时间、成本之间有一定的内在逻辑，如先界定范围，再确定范围中各项活动的资源和时间，再确定成本。但范围、时间、成本乃至后续的人力资源、沟通、风险等单项计划的确定都需要不断循环、相互协调。因此，有些单项计划之间虽然有前后逻辑关系，但也常常设置成并行关系。

实训中还有一个特点，在基础训练阶段，全组甚至全班同学通常同时做同一件事，如一起学习、一起讨论、一起训练等，集体活动较多，任务分工较少。而在专业训练阶段，正式进入系统开发时，除了开会、讨论外，任务分工会越来越多。通常集体活动的串行任务较多，有了分工协作，并行任务必然会出现。

3. 周期任务的设置

系统开发任务和项目管理任务是并行的，也就是说，系统开发是项目管理的对象，项目管理为系统开发的顺利进行保驾护航。

实训中对系统开发的项目管理工作多数以检查点的形式进行，即例行检查，包括每日情况记载、每日点评、每日问题汇总、每周例会等。目的是在系统开发过程中以例行检查的方式记录工作进展情况、发现问题、分析问题，继而解决问题。可以利用 Microsoft Project 软件将这些工作设置成周期任务，在各个重要时间点上对项目进行管理。

9.8　项目成本管理

项目成本管理指在项目的进程中，为了确保项目在规定的预算内达到项目目标所进行的管理过程。

项目成本管理主要解决 3 个问题：一是项目将花费多少资金——进行成本估算；二是何时需要这些资金——进行成本预算；三是如何使用项目资金——进行成本控制。

9.8.1　项目成本的概念

成本是为了达到一个特定的目标而牺牲或放弃的资源。项目成本指项目所花费的金钱，以及消耗的可另做它用的资源。高层管理者在进行财务决策时，需要考虑项目生命周期成本，也称项目全寿命周期成本。

$$项目生命周期成本 = 开发成本 + 维护成本$$

或

$$项目生命周期成本 = 项目建设成本 + 产品运营成本 + 报废处理成本$$

项目成本主要分为变动成本与固定成本、直接成本与间接成本、有形成本与无形成本、机会成本、沉没成本、学习成本、质量成本等类型。软件开发项目的成本主要有人力资源费、培训费、软件购置费、硬件购置费和管理费等。

下面着重介绍质量成本和学习成本的概念。

1. 质量成本

质量成本是开展项目质量管理活动所需要的开支,即为达到产品/服务质量要求而进行的全部努力所发生的所有成本。质量成本通常为项目总值的 $3\% \sim 5\%$。

$$质量成本 = 一致成本 + 不一致成本$$

一致成本指在项目期间用于防止失败的费用,是积极的质量管理过程,包括预防成本和评价成本。预防成本指为了生产合格的产品所耗费的成本,如员工培训、流程文档化、质量保证措施及设备等所耗费的成本;评价成本指为了评定质量而耗费的成本,如产品测试、破坏性测试、检查等所耗费的成本。

不一致成本指项目期间和项目完成后用于处理失败的费用,包括内部失败成本和外部失败成本。内部失败成本通常为处理项目内部发现的返工、废品等问题而耗费的成本;外部失败成本通常为处理客户发现的问题而耗费的成本,如投诉处理、现场服务、责任判定等责任事故、产品召回等保修问题,以及业务流失等而耗费的成本。

对项目质量进行管理是要耗费成本的,因此,对质量活动要进行商业论证,分析成本和效益,确定最合理的质量标准和质量管理活动。

2. 学习成本

项目的学习成本指当对项目所涉及的工作没有经验时,需要付出比有经验时的工作状态更多的时间和精力所构成的成本。学习成本可以用学习曲线来表达,学习曲线的基本规律是在同一工作不断重复的条件下,每重复一次,人员的工作绩效通常会改善一些,成本会降低一些,最后趋于稳定。例如,新员工或开展新项目,由于缺乏经验,在完成一个项目时都有一个学习的过程,从工作效率上看,都有一个前慢后快的工作过程。同时,学习成本与工作绩效有关,一个人的工作绩效越低,学习成本越高;反之亦然。

9.8.2　成本估算

成本估算指为实现项目目标,根据项目资源计划所确定的资源需求,以及市场上各种资源的价格信息,对完成项目所需成本进行的估计。成本估算的步骤是先估算出每个工作包的成本,再自下而上估算出整个项目的总成本(每个活动成本的集合)。项目成本估算是基于每项任务的成本最终累加成项目成本的,由此可得到基于任务的项目成本管理计划。

利用 Microsoft Project 软件进行项目成本估算的步骤如下。

(1) 将"项目进度基线"文件另存为"项目成本管理计划"文件。

(2) 为每项活动分配资源(不为摘要任务和里程碑分配资源)。

完成上述步骤后可得到项目成本估算的结果。如图 9-13 所示,为活动分配资源后,在"资源名称"列和甘特图中的各项任务后面会出现每项活动所分配的资源。如图 9-14 所示,通过基于任务的项目成本管理计划可以看到每项任务的成本数据、子任务累加到摘要任务的成本数据,以及摘要任务成本数据再累加到最上层(第 0 行)的项目成本数据。

图 9-13　为活动分配资源（举例）

任务名称	固定成本	固定成本累算	总成本	比较基准	差异	实际	剩余
0 实训项目成本基线	¥0.00	按比例	¥29,340.00	¥0.00	¥29,340.00	¥0.00	¥29,340.00
1 实训开始	¥0.00	按比例	¥0.00	¥0.00	¥0.00	¥0.00	¥0.00
2 实训启动	¥0.00	按比例	¥2,060.00	¥0.00	¥2,060.00	¥0.00	¥2,060.00
2.1 实训准备	¥0.00	按比例	¥660.00	¥0.00	¥660.00		¥660.00
2.1.1 组建团队，制定分组清单	¥0.00	按比例	¥320.00		¥320.00		¥320.00
2.1.2 选择项目，制定选题清单	¥0.00	按比例	¥340.00		¥340.00		¥340.00
2.2 项目启动	¥0.00	按比例	¥1,400.00	¥0.00	¥1,400.00		¥1,400.00
2.2.1 项目启动会	¥0.00	按比例	¥190.00		¥190.00		¥190.00
2.2.2 制定并发布项目章程	¥0.00	按比例	¥40.00		¥40.00		¥40.00
2.2.3 项目干系人分析	¥0.00	按比例	¥80.00		¥80.00		¥80.00
2.2.4 项目评估（团队、风险）	¥0.00	按比例	¥160.00		¥160.00		¥160.00
2.2.5 撰写项目启动报告	¥0.00	按比例	¥800.00		¥800.00		¥800.00
2.2.6 启动评审	¥0.00	按比例	¥130.00		¥130.00		¥130.00
2.2.7 项目立项	¥0.00	按比例	¥0.00		¥0.00		¥0.00
3 实训计划	¥0.00	按比例	¥27,280.00	¥0.00	¥27,280.00	¥0.00	¥27,280.00
3.1 制订项目管理计划	¥0.00	按比例	¥27,040.00	¥0.00	¥27,040.00	¥0.00	¥27,040.00
3.1.1 项目范围管理	¥0.00	按比例	¥1,920.00		¥1,920.00		¥1,920.00
3.1.2 项目时间管理	¥0.00	按比例	¥1,920.00		¥1,920.00		¥1,920.00
3.1.3 项目成本管理	¥0.00	按比例	¥1,920.00		¥1,920.00		¥1,920.00
3.1.4 项目人力资源管理	¥0.00	按比例	¥1,920.00		¥1,920.00		¥1,920.00
3.1.5 项目沟通管理	¥0.00	按比例	¥640.00		¥640.00		¥640.00
3.1.6 项目质量管理	¥0.00	按比例	¥800.00		¥800.00		¥800.00
3.1.7 项目风险管理	¥0.00	按比例	¥1,920.00		¥1,920.00		¥1,920.00
3.1.8 项目综合管理	¥0.00	按比例	¥1,920.00		¥1,920.00		¥1,920.00
3.1.9 每章点评	¥0.00	按比例	¥14,080.00	¥0.00	¥14,080.00	¥0.00	¥14,080.00
3.2 计划评审	¥0.00	按比例	¥240.00		¥240.00		¥240.00
3.3 计划通过	¥0.00	按比例	¥0.00	¥0.00	¥0.00	¥0.00	¥0.00

图 9-14　基于任务的项目成本管理计划（举例）

9.8.3　成本预算

成本预算是将估算的项目总成本配置到各个具体的工作活动中，并建立一个衡量项目绩效的项目成本基准计划。成本预算是一个基于时间的项目成本管理计划，反映在各时间段项目及任务所用的人力资源、分配的资金情况，由此构成项目成本基线。成本预算把进度计划与成本结合起来，分析出项目每一阶段可用的资金流。

制定成本预算的步骤如下。

（1）将项目总估算成本分摊到项目的各个工作包中，为每个工作包建立一个预算成本。

（2）将每个工作包的预算成本再二次分配到所包含的各项活动中（活动清单）。

（3）确定各项活动成本预算支出的时间计划。

（4）确定每一时间段对应的项目累计预算成本，从而得到项目成本的预算计划。

成本预算表基于两个维度，纵向是项目活动，横向是时间。其中的时间指各项活动的开始时间，包括 ES 时间和 LS 时间。由于时差的关系，有些非关键路径上的活动其 ES 时间和 LS 时间并不相同。因此，成本预算表通常有两张：一张为基于 ES 时间的项目成本预算表（见图 9-15）；一张为基于 LS 时间的项目成本预算表（见图 9-16）。

序号	任务名称	工期	估计总成本	ES时间	单位成本	第1周	第2周	第3周	第4周	第5周	第6周	第7周	第8周	……
1														
2														
3														
4														
5														
			每周项目成本											
			累计项目成本											

图 9-15　基于 ES 的项目成本预算表（时间单位：周）（样表）

序号	任务名称	工期	估计总成本	LS时间	单位成本	第1周	第2周	第3周	第4周	第5周	第6周	第7周	第8周	……
1														
2														
3														
4														
5														
……														
			每周项目成本											
			累计项目成本											

图 9-16　基于 LS 的项目成本预算表（时间单位：周）（样表）

根据项目成本预算 ES 表和 LS 表中的"累计项目成本"数据，可得到项目成本预算折线图，如图 9-17 所示。

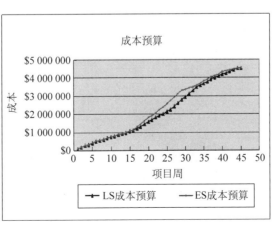

图 9-17　项目成本预算折线图（举例）

成本预算折线图的管理意义是：两条成本预算曲线(ES线和LS线)中包含了无数条预算曲线,这些预算曲线均是项目执行的可行成本预算线,按照项目组织本身的资金流情况可以选择任意一条可行的成本预算曲线,将不会超出成本预算。

9.8.4 成本控制

成本控制指按照项目成本预算过程所确定的成本预算基线,运用多种恰当的方法,如挣值管理,对项目实施过程中所消耗费用的使用情况进行管理控制(对比、检查、监督、引导、纠正),以确保项目的实际成本限定在项目预算所规定的范围内的过程。

1. 挣值管理的定义和作用

挣值管理是一种综合了范围、时间和成本数据的项目绩效衡量技术,它把基准计划规定要完成的预算、实际完成工作的价值、实际花费的成本三者进行比较分析,以确定成本和进度是否按照计划进行。挣值管理的作用是比较项目在多大程度上完成了范围、时间和成本目标。

2. 挣值分析的基本参数

(1) 计划值：计划完成工作量的预算价值(PV)。

计划值是经过批准的总成本估计中在一个给定的时间段内(到目前为止)可花费在一个活动上的成本预算。

(2) 挣值：已完成工作量的预算价值(EV)。

挣值指在某个时点上(到目前为止),实际完成工作量的实际收益值,是对实际完成的实体或实物工作价值的估计。

(3) 实际成本：已完成工作量的实际成本(AC)。

实际成本指在一定时期内(到目前为止),完成一个活动所花费的实际成本。

3. 挣值分析的度量指标

挣值分析有3种类型共7项活动度量指标,其中,成本偏差、进度偏差为偏差类指标,成本执行指数、进度执行指数为绩效类指标,完工成本估算、完工工期估算、完工尚需成本估算为预测类指标,如表9-15所示。

表 9-15　挣值分析的度量指标

指标类型	参数/度量指标	计 算 公 式	备注及说明
评估到目前为止项目的进展情况			
参数	计划值(PV)	PV	来自成本预算表
	挣值(EV)	$EV = PV \times RP(\%)$	RP 为完成百分数
	实际成本(AC)	AC	
偏差类	成本偏差(CV)	$CV = EV - AC$	结果为"+"号是有利的 结果为"—"号是不利的
	进度偏差(SV)	$SV = EV - PV$	结果为"+"号是有利的 结果为"—"号是不利的
绩效类	成本执行指数(CPI)	$CPI = EV/AC$	结果为">1"是有利的 结果为"<1"是不利的
	进度执行指数(SPI)	$SPI = EV/PV$	结果为">1"是有利的 结果为"<1"是不利的

续表

指标类型	参数/度量指标	计 算 公 式	备注及说明
基于上述目前进展情况的评价，预测未来项目的完工情况			
参数	完工成本预算	BAC(C)	项目的总成本预算，来自成本预算表，其中(C)代表成本
	完工进度预算	BAC(S)	项目的总进度预算，来自成本预算表，其中(S)代表进度
预测类	完工成本估算	EAC(C)＝BAC(C)/CPI	根据项目目前的绩效情况，推测完成项目所有活动的成本
	完工工期估算	EAC(S)＝BAC(S)/SPI	根据项目目前的绩效情况，推测完成项目所有活动的时间
	完工尚需成本估算	ETC＝EAC－AC	根据项目目前的绩效情况，推测完成项目的剩余活动还需要的成本

项目经理在项目进行过程中的某个时点上进行挣值分析，如果成本偏差(CV)为负值，说明项目成本控制得不好，成本超支；如果进度偏差(SV)为负值，说明项目进度控制得不好，进度滞后。如果成本执行指数(CPI)低于100％，说明项目进展不顺利，成本使用效率欠佳；如果进度执行指数(SPI)低于100％，说明项目进展不顺利，时间使用效率欠佳。

4. 挣值分析的管理意义

挣值分析的管理意义在于：项目经理在某个时点对项目的范围、时间和成本的消耗和控制情况进行评估，一旦发现偏差类指标出现负值，绩效类指标低于100％，若不采取纠偏措施，整个项目的成本就会超支，进度就会滞后。

项目经理应马上采取积极、适当的纠偏措施，如加班、快速跟进、严格控制项目范围等；如果情况严重，项目经理还应及时将项目执行情况提交项目变更委员会(CCB)，评估项目是否需要变更范围、成本和进度等目标。

挣值管理能帮助项目经理对项目的范围、时间和成本进行控制。

(1) 实测项目实际成本、进度与基准计划之间的差异，计算偏差，找出偏差产生的原因。

(2) 确定是否需要纠偏以及何时纠偏。

(3) 如果出现严重的成本和进度偏差，应重新修正成本和进度基准计划。

(4) 如果需要对整个项目的成本和工期进行变更，应按照变更控制系统规定的程序进行。

(5) 将成本和进度报告提交给项目干系人和团队成员，并提出警示。

(6) 总结经验教训，形成文档，以供今后项目参考。

9.9　项目人力资源管理

项目的人力资源指所有的项目干系人，包括项目发起人、客户、项目组成员、后勤支持人员、供应商等。项目人力资源管理包括最有效地管理项目人力资源的过程，要求充分发挥参与项目的人员的作用，主要包括获取人力资源，组织、管理和领导项目团队，提高团队和项目绩效等工作。

9.9.1　人员管理的关键理论

影响人们如何工作以及如何更好地工作的心理因素，包括激励理论、影响力和权力理论、提升效率理论、情商、领导力等，如表9-16所示。

表 9-16　人员管理的一些关键理论

人员管理的关键理论	代表人物、理论和图书
激励理论	马斯洛：需求层次理论； 赫茨伯格：双因素理论； 麦克利兰："获得—需求"理论； 麦格雷戈：X 理论和 Y 理论； 威廉·大内：Z 理论
影响力和权力理论	塞姆海恩和威利蒙：影响力和权力理论
提升效率理论	柯维：提升效率理论
情商	丹尼尔·戈尔曼：《情商》
领导力	彼德·诺斯豪斯：《领导力：理论与实践》

项目是由人做的，也是为人做的。每个人都喜欢与他们喜欢和尊重的人一起工作，重要的是要尊重别人，无论工作大小和职位高低。因此，对项目团队和项目经理来说，都需要了解和实践表 9-16 中的人员管理的相关概念和理论，在项目实践中有针对性地进行团队协作和人员管理。

9.9.2　知识地图

在对工作任务分配资源时，应确保分配到该项工作任务中的员工必须符合他们的技能和组织需求。因此，有必要事先了解资源的知识分布情况，特别是知识工作者。

知识地图是描述企业所拥有知识资产的指南，刻画了不同类别的各项知识在企业中所在的位置或来源。其特点是不描述知识的具体内容，只包含项目成员、知识点、流程之间的关系。其作用是当组织需要某项专业知识时，可以协助使用者快速而正确地找到所要寻找知识的拥有者。以某信息系统开发项目为例，知识地图如图 9-18 所示。

项目成员	知识点							
	系统分析		系统设计		代码编写		文档撰写	
	能力	兴趣	能力	兴趣	能力	兴趣	能力	兴趣
王冬	100	100	80	70	70	90	80	90
张秋	80	90	100	100	100	100	60	60
李春	70	80	100	90	80	90	70	70
赵夏	60	50	70	60	80	80	100	100

图 9-18　某系统开发项目团队的知识地图

系统分析、系统设计、代码编写、文档撰写、测试调试、硬件配置、网络规划、数据管理、实施规划、运行维护等是信息系统开发项目所需的知识点。团队成员与知识点的联系从能力和兴趣等多方面进行考察。图 9-18 中的数据是对团队成员在相关知识领域中具有的能力和兴趣所进行的评估。

9.9.3　责任分配矩阵

责任分配矩阵（RAM）是将 WBS 中的每一项工作任务指派给相关项目干系人而形成的一个矩阵，其定义了相关项目干系人在每项工作任务中的角色或职责，如图 9-19 所示。

编号	任务	项目干系人							
		项目发起人	项目经理	产品经理	前端工程师	后台工程师	测试工程师	数据库管理员	客户
1	需求分析	I	A、R	R					C
2	产品设计		A、R	R					C、I
3	前端开发		A、R		R	C			I
4	后台开发		A、R		C	R			I
5	系统测试		A		R	R	R		I
6	系统维护		A					R	I
7	系统评价	I	A	R					R

图 9-19　责任分配矩阵(RACI 表)

在图 9-19 所示的责任分配矩阵中,纵向列出了 WBS 中的工作任务,横向列出了项目干系人。矩阵中表达每项工作任务涉及哪些干系人,以及相关干系人在该项工作任务中所承担的责任。图 9-19 中采用了 RACI 表,表明相关干系人可能承担 4 种责任:R 表示执行这项任务的人,如前端开发工程师需要执行前端开发任务;A 表示负责这项任务的人,如项目经理需要负责并执行需求分析工作;C 表示拥有完成这项任务所需的必要信息的人,如用户拥有需求分析工作中所需要的信息,可以被咨询;I 表示需要被通知任务状态和结果的人,如项目发起人需要了解需求分析结果等。

9.9.4　资源负荷

资源负荷指在特定时段内,现有进度计划所需个体资源的数量。资源负荷可以帮助项目经理了解项目对组织资源和人力资源的需求,项目经理通常用资源直方图来描述不同时段所需的资源负荷。如图 9-20 所示,图中资源分配小于 100% 的柱状图表示在资源负荷之内,大于 100% 的柱状图表示资源超负荷,或称过度分配。过度分配指在特定的时间分配给某项工作的资源超过它可用的资源。

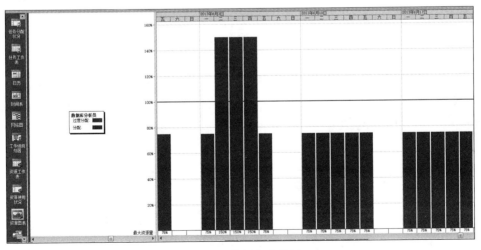

图 9-20　资源负荷举例

图 9-20 是“资源图表”中“数据库分析员”的资源负荷情况。如果“数据库分析员”每天工作满 8 小时,图片下方的最大资源量应显示 100%。图中大部分时间的最大资源量显示

75%，表明有资源分配不足（或资源短缺）的情况，即每天只分配了 6 小时的工作。但可以从图片上方的时间栏看出，在 6 月 4 日、5 日、6 日出现了 3 条超过 100%的柱状线，最大资源量均显示 150%，表明这三天有资源过度分配的情况，意味着每天分配了 12 小时的工作。

9.9.5　资源平衡

若出现资源短缺或过度分配时，需要进行资源平衡。资源平衡是通过任务延迟来解决资源冲突的技术，往往会导致关键路径的改变，多数会使工期延长。

过度分配就是一种资源冲突。如果一种资源被过度分配了，项目经理可以通过调配资源来消除过度分配；如果一种资源处于过剩状态，即资源分配不足，项目经理也可以通过调配资源尽量使资源得到充分利用。因此，资源平衡的目的是在允许的时差范围内移动任务，从而使各个时段的资源负荷变化达到最小。

在 9.7.7 节中，在进行关键路径分析时提到"向关键路径要时间，向非关键路径要资源"的理念以解决压缩项目工期的问题。在资源平衡过程中，依然可以用这个理念解决资源冲突问题，在充分了解网络图中拥有总时差和自由时差的任务情况之后，可以通过在时差范围内调配资源也可达到资源平衡的目的。

虽然项目管理软件（如 Microsoft Project）可以自动平衡资源，但项目经理在没有对软件产生的结果进行评估的情况下要谨慎使用该结果。软件自动形成的资源平衡结果常常会推迟项目完成时间，但相关资源能不能被调整、工期能不能被推迟有可能受制于某些限制因素。

项目经理要重点关注资源平衡问题，一是资源平衡有利于任务分工；二是资源稳定使用时，团队人员的工作管理起来相对容易；三是资源平衡可以提高员工士气，避免因忙闲不均而出现心里不平衡问题；四是当资源得到均衡时，相关的成本也会趋于平衡，从而有利于成本控制。

9.9.6　团队建设五阶段模型

即使项目经理为项目成功地招募到了足够的技术人才，他也必须保证这些人能像一个团队那样一起工作去实现项目目标。团队建设的主要目标是帮助员工更有效地一起工作，从而提高项目绩效。

图 9-21　塔克曼五阶段模型

布鲁斯·塔克曼博士的五阶段模型将团队建设分成形成阶段、震荡阶段、规范阶段、成熟阶段、解散阶段，如图 9-21 所示。该模型对项目经理在带团队的过程中针对团队建设不同阶段的特点采取不同管理方法有重要的指导意义。

下面针对综合实训中团队建设的特点进行分析。

1. 五阶段特点

1）形成阶段：团队初建期

形成阶段发生在项目组初建或引进新成员时，实际完成的工作很少。

形成阶段团队的特点如下。

(1) 组队方式：好兄弟、好姐妹、同寝室、共过事、旁人介绍，对个人的知识、能力、性格有所了解。

(2) 状态分化：一类斗志昂扬、豪情万丈、跃跃欲试；另一类漠不关心、随遇而安，不心动，与己无关。

(3) 目标分化：一类希望产出高水平成果；另一类则是希望过关就好，能混就混。

(4) 项目经理：普通成员心态，名义上的项目经理。

(5) 重点关注：成员对团队的认同感和凝聚力。

2) 震荡阶段：团队意见分歧

震荡阶段发生在团队成员对项目组应如何运作上具有不同观点的时期。

震荡阶段团队的特点如下。

(1) 成员关系：彼此之间互相试探，内部常常有猜疑、冲突、不信任。

(2) 表现形式：好哥们、好姐们不再，矛盾冲突常导致伤感情。

(3) 冲突原因：认知差异、目标差异、能力差异、责任心差异、性格差异。

(4) 项目经理：缺乏经验、协调不力、感情受挫、压力陡增、痛苦磨砺。

(5) 重点关注：人员管理、冲突管理和沟通管理。

3) 规范阶段：达成共识后的合作期

规范阶段发生在团队成员尝试形成一种通用的工作方法，合作与协作取代前一阶段的冲突和不信任时。

规范阶段团队的特点如下。

(1) 在知识、能力、性格等方面相互了解，逐渐达成共识。

(2) 合作机制、团队默契、团结协作、彼此信任逐渐形成。

(3) 冲突减少，高下立现，目标逐渐清晰。

(4) 项目经理：合理分工、节点管理、差异化管理等，心理承受能力不断增强，学习当项目经理。

(5) 重点关注：过程管理、流程规范。

4) 成熟阶段：强调实现团队目标

成熟阶段强调团队目标的达成，固定团队成员更可能建立彼此间的忠诚度，团队能够管理较为复杂的任务和处理更大的变更。

成熟阶段团队的特点如下。

(1) 团队成员分工协作、配合默契。

(2) 项目目标明确，工作职责清晰，工作流程规范。

(3) 项目经理：团队管理得心应手，依靠高效率的团队达成项目目标，成为真正的项目经理。

(4) 重点关注：项目目标的达成。

5) 解散阶段：实现目标后，团队解散

项目组成功达成目标，完成工作后团队解散。

解散阶段团队的特点如下。

(1) 一场团队合作的盛宴到了该结束的时候，团队解散，各自"回家"。

（2）整理和归档项目资产。

（3）项目经理：项目收尾。

（4）重点关注：善始善终，组织过程资产整理。

2．各阶段的领导风格

针对团队建设各阶段的特点，项目经理宜采用不同的领导风格，如图 9-22 所示。

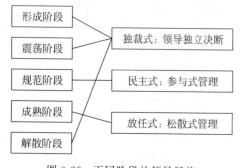

图 9-22　不同阶段的领导风格

在形成阶段和震荡阶段，团队成员的意见分歧较大，团队默契还没有形成，面对比较重要的但很难统一意见的决策问题，项目经理宜采用独裁式管理方式，当机立断，独立决策。

进入规范阶段，团队成员对项目的理解逐渐趋同，意见逐渐统一，面对重要决策，项目经理可以采用民主式管理方式，让团队成员共同参与，集思广益，既能集体决策又能进一步统一思想。

到了成熟阶段，目标共识达成、工作流程明确、工作规范形成，项目经理可以采用放任式管理方式，允许成员自我管理，依靠团队力量全力达成目标。

解散阶段项目目标达成，团队即将解散，成员难免生出懈怠之心，面对收尾工作，项目经理又需要拿出独立决断式管理风格。

3．实训的团队建设

由于综合实训需同时兼顾学习和开发的双重任务，多数团队会经历形成和震荡阶段，个别团队会进入规范阶段，很少有团队能进入成熟阶段，到实训要结束的时候，许多团队才会真正体会到团队的合力、凝聚力、向心力和创造力。

在综合实训中，除了完成系统开发任务之外，各项目小组在团队建设上都经历了刻骨铭心的磨砺和考验，特别是项目经理均在不同程度上完成了从名义上的项目经理到真正的项目经理的蜕变。

9.9.7　冲突管理

项目管理自始至终都存在着矛盾和冲突，冲突是常态。项目经理需要了解处理冲突的策略并能主动管理冲突。

团队在管理方面的冲突主要表现在进度、成本、技术、资源分配、人际关系、行政、个性等方面。引起冲突的原因通常有资源短缺、进度优先级排序、个人工作风格差异、个性差异等。

1．处理冲突的基本模式和策略

对于冲突必须有正确的态度，工作中有不同意见很正常，冲突必然存在，关键在于如何化解冲突。

布莱克和莫顿根据任务的重要性和关系的重要性提出了处理冲突的 5 种基本模式和策略，如图 9-23 和表 9-17 所示。其中，任务的重要性关注工作和目标（事），关系的重要性关注冲突各方人际关系之间的重要性（人）。

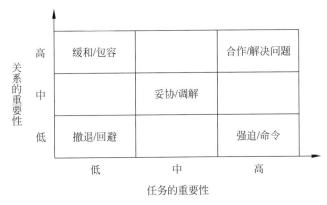

图 9-23　处理冲突的 5 种基本模式

表 9-17　处理冲突的 5 种基本模式和策略

模式/策略	任务的重要性	关系的重要性	冲突的解决方法	结　　果
撤退/回避	低	低	从冲突中退出	暂时解决，双输
缓和/包容	低	高	强调求同存异，回避差异点	暂时解决，双赢
妥协/调解	中	中	双方各让一步，主动让步	真正解决冲突，双输
强迫/命令	高	低	用权力强行解决，紧急情况用	暂时解决，可能输也可能赢
合作/解决问题	高	高	取各方案优点，形成新方案	真正解决冲突，双赢

从表 9-17 中可以看出，遇到冲突时应采取哪种处理冲突的模式和策略取决于任务的重要性和关系的重要性。

（1）如果任务和关系都重要，可能采取合作/解决问题的方式，想办法将不同的观点和见解发展成共识和承诺，从而满足组织的最佳利益，实现双赢。

（2）如果任务重要而关系不重要，可能采取强迫/命令的方式，以牺牲一方观点为代价，采用另一种观点，这是一种非输即赢的冲突处理方式。

（3）如果关系重要而任务不重要，可能采取缓和/包容的方式，求同存异，不伤感情，强调达成一致性，可能实现双赢，但问题不一定得到圆满解决。

（4）如果任务和关系的重要性一般，可能采取妥协/调解的方式，用公平交换的方法解决冲突，允许讨价还价，从而寻求一个调和折中、冲突双方都能找到满意点的方案。

（5）如果任务和关系的重要性都低，可能采取撤退/回避的方式，以避免发生实际或潜在的争端，这是一种最不理想的冲突解决方式，有可能使冲突积聚，以后逐步升级。

2. 解决冲突的一般原则和方法

解决冲突没有现成或标准的解决方法，只能遇到问题、分析问题、解决问题。有以下一些原则和方法可以借鉴。

（1）把问题摆在桌面上，双方都说明各自所担心的问题。

（2）双方在沟通过程中对事不对人。

（3）双方共同研究解决方案，以最有利于团队和项目的方式解决冲突。

（4）双方都积极设法解决存在的问题，寻找有利于现在和未来的解决方法，争取达成双赢协议。

（5）冲突最好由当事人自己尽早解决，直接上级可以协助，必要时项目经理采取强制措施。

（6）违反职业道德引发的冲突，不能靠当事人自己解决，需要依靠上级组织，甚至需要监管机构介入。

3. 冲突可能有益

冲突可能有益！并不是所有的冲突都是坏的，有些冲突可能会产生重要的结果，如新理念、新思想、更好的方案、更好的产品创意、更加努力工作的动力、更多的合作等。因此，与任务有关的冲突、来自团队目标的差异以及实现目标时方法上的差异，往往可以提高团队绩效；而与情感有关的冲突、源于性格的冲突和误解，往往会使团队机能下降。

9.9.8　实训中的人力资源管理

在实训中，项目经理在人力资源管理方面会遇到许多难题，如任务分工、冲突管理、团队管理、人员管理等。与课程学习、技术训练不同，人力资源管理涉及人的问题，除了有一般的理论作为指导外，更多的是要在实践中去经历、感悟和学习如何管人以及如何带团队。

早在"项目管理"课程上就已让学生去阅读了往届学生所撰写的实训案例，并让项目经理们提前了解了实训中可能会遇到的问题，学长们都有哪些解决问题的办法，以及有哪些经验教训。有了前期的铺垫，能让项目经理提早进入管理状态，遇到问题也不会太焦虑。

9.10　项目沟通管理

沟通指人们在社会活动中，为了彼此了解、相互合作，通过语言等多种媒介而进行的信息传递、思想交流的行为，是将信息编译，并通过各种媒介在人与人之间传递与理解的过程。沟通包括以下 4 个基本含义。

（1）沟通的主客体是人，因此人类的思维、意识、主观能动性和创造性都反映在沟通活动中。

（2）沟通需要媒介，媒介主要是语言，包括口头语言、书面语言，也包括表情语言和体势语言。

（3）沟通必须有内容，是双方关心的、精神和物质层面的互动。

（4）沟通的目的是促进双方了解与合作。

项目沟通管理指确保及时并正确地产生、收集、发布、存储和最终利用项目信息的过程。

9.10.1　沟通的方向和内容

从组织内部来说，沟通有下行沟通、上行沟通、平行沟通、外部沟通 4 个方向，如图 9-24 所示。下行沟通通常指上级向下级下达战略战术，包括目标规划、计划指令、决策方针等内容；上行沟通通常指下级向上级上报战略战术的执行情况，包括工作汇报、统计报表、绩效报告、问题反馈等内容；平行沟通通常指各平行部门之间的业务往来和信息交流，包括部门沟通、工作协调、业务咨询等内容；外部沟通通常指组织与外部环境之间的业务往来和信息交流，包括政策法规、市场行情、合作竞争、采购销售等内容。

对实训团队来说，也需要从组织层面上梳理与各项目干系人之间沟通的方向和内容，以便制订项目沟通管理计划。

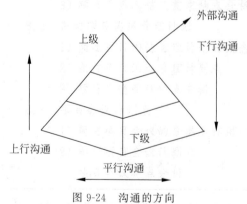

图 9-24　沟通的方向

9.10.2 沟通的复杂性

沟通的复杂性会随着项目里人数的增加而增加,项目人数越多,沟通的复杂程度越高。沟通渠道的数目可以用一个简单的公式计算:

$$沟通渠道的数目 = \frac{n(n-1)}{2}$$

从管理幅度的角度看,因时间和精力有限,任何上级能够直接有效地指挥和监督下属的数量总是有限的。传统的管理幅度是3~7人,有了信息技术的帮助,管理幅度可以拓宽至十几甚至几十人。除了理解力强、善于与人相处、博得人们忠诚和尊敬等个人品质外,影响管理幅度最重要的因素是上级减少花在下属身上时间的能力。这种能力因人而异,有些因素是共通的,如下属是否参加过培训、授权是否恰当及清晰、重复性计划是否详尽清晰、目标和标准是否能考核、沟通方式是否恰当、上下级之间是否能有效互动、会议是否有效、管理人员是否能力强、工作是否复杂、下属是否愿意承担责任或风险、下属是否成熟等。

实训中,项目团队人数不多,通常为4~5人,但情况却比较复杂。有的组长能力强,组员能力弱;有的个别组员能力强,组长能力弱;有的组长组员能力都弱;而组长组员能力都强的凤毛麟角。项目经理除了用信息技术的手段协助沟通外,更多的需要在有效授权、完善计划、基础培训、有效开会、积极沟通、绩效考核等方面下功夫。

9.10.3 沟通管理计划

项目沟通管理计划是用来指导项目实施过程中与干系人沟通的文件。在制订计划之前需要进行调研,了解干系人的信息需求。

1. 创建信息需求表

信息需求表需要表达以下逻辑。

(1) 项目进行过程中,需要跟谁进行沟通——沟通对象。

(2) 如何了解需求——调研、访谈。

(3) 需要沟通哪些信息——沟通内容。

(4) 如何收集这些信息——信息载体(文档、开会)。

(5) 什么时间沟通这些信息——沟通时间。

下面以实训中项目管理指导老师的信息需求为例进行介绍,如表9-18所示。

表 9-18 项目管理指导老师的信息需求表(举例)

项目干系人	信息需求	沟通内容	沟通时间
项目管理指导老师	项目管理计划的制订情况	① 实训启动会; ② 项目管理计划; ③ 计划评审	① "项目管理"课程开课时; ② 课程的每一章教学结束后; ③ 计划完成后
	项目管理计划的执行情况	① 项目执行情况记载表; ② 项目执行情况点评; ③ 项目执行情况汇总表; ④ 项目管理周例会; ⑤ 项目成果评审	① 当日实训结束后; ② 当日记载表提交后; ③ 当日汇总表完成后; ④ 每周一; ⑤ 实训结束时
……	……	……	……

从表 9-18 中可以看出,实训期间,项目管理指导老师需要就两方面的内容进行沟通: 一是项目管理计划的制订情况;二是项目管理计划的执行情况。

项目管理计划的制订发生在"项目管理"课程教学阶段。①召开实训启动会,发布项目 选题,组建项目团队。②在课程的每一章教学结束后,各团队针对所选项目制订相应的管理 计划,项目管理指导老师需要了解每一章节各团队计划的完成情况,并给予课堂点评。③在 课程结束前对完整计划进行评审。

项目管理计划的执行发生在系统开发训练阶段。①项目管理指导老师需要了解各团队 当日项目管理计划的执行情况,并及时给予点评。②需要了解项目执行过程中的整体情况, 针对存在的普遍问题及时与技术指导老师进交流与沟通,为第二天的实训提供有针对性的 指导依据。③通过项目管理例会总结并交流管理经验和方法,针对一些共性问题,集思广 益、出谋划策,分析问题、解决问题。④实训结束时对项目成果进行评审。

2. 制订项目沟通管理计划

项目沟通管理计划需要表达以下逻辑。

(1) 什么事情需要沟通——确定沟通内容。

(2) 开会还是发文——确定沟通类型。

(3) 界定沟通的属性——确定沟通方式。

(4) 哪些人参与沟通——确定沟通干系人。

(5) 什么时间进行沟通——确定沟通时间。

每个干系人都有不同的沟通内容,同一个沟通内容也可能被多个干系人需要。因此,项 目沟通管理计划可以在项目干系人信息需求表的基础上,确定沟通内容、沟通类型、沟通方 式、沟通干系人和沟通时间等。以"实训启动会"为例,沟通类型为会议,沟通方式为外部的、 正式的、口头和书面的、交互式沟通,全体指导老师和全体团队成员参加,在"项目管理"课程 开课的第二周进行,如表 9-19 所示。

表 9-19　项目沟通管理计划(举例)

沟通内容	沟通类型	沟通方式	沟通干系人	沟通时间
实训启动会	■会议式沟通 □文档式沟通	□内部 ■外部 ■正式 □非正式 ■口头 □书面 □推式 □拉式 ■交互式	指导指导老师 全体团队成员	"项目管理"课程开课的 第二周
……	……	……	……	……

表 9-19 中,沟通方式所说的外部沟通是因为在参会的干系人中,除了指导老师和团队成员等 内部干系人外,还有其他团队成员等外部干系人参加;口头和书面沟通指在开会时不仅要讲话, 还有文档演示和文件发布;交互式沟通指开会时不仅有指导老师讲话,还有师生互动环节。

9.10.4　绩效报告与项目会议

绩效报告和项目会议是两种重要的正式沟通手段。

1. 绩效报告

绩效报告是用来反映项目进展情况的文件,通过收集和发布绩效信息,使干系人了解资 源是如何用于实现项目目标的。

绩效报告有以下 3 种类型。

状态报告(立足现在)——时点状态,描述项目在一个特定的时间点的状态。

进度报告(回顾过去)——时期工作,描述在一定时间内项目团队已完成的工作。

预测报告(展望未来)——基于过去的信息和发展趋势,对未来项目的状态和进展做出预测。

实训中,对项目的绩效检查多采用状态报告和进度报告形式,状态报告以例行检查的方式对每个时点项目的进展状态进行监控,发现问题及时纠偏(参见 9.6.1 节的例行检查部分)。进度报告通常在每个项目可交付成果产生的时间节点,由组员向项目经理或项目经理向指导老师报告。

对个人的绩效考评采用过程考核方式,在实训过程中,及时记录团队成员对所承担工作的绩效,如工作量、工作质量、工作难度等。在实训结束时,结合任务权重对个人绩效进行综合评价。实训个人绩效评价表如表 9-20 所示。

表 9-20 实训个人绩效评价表(举例)

姓名	承担任务	工作量	工作质量	工作难度	本栏得分	任务权重
加权平均得分						

2. 项目会议

项目会议在项目绩效管理中起着重要作用,是进行过程控制、进度分析、预测及制定纠偏措施的重要沟通形式,会议的依据就是各种绩效报告,可以使人们能够对自己的工作负责,并对重要的项目问题进行面对面讨论。有时开会可能成为各方之间的冲突战场,管理者需事先设置规则以控制冲突,并努力解决任何潜在的问题。

项目会议通常有三类,包括定期召开的状态评审会议、有问题时召开的解决问题会议,以及分阶段召开的技术评审会议。为了召开有效的会议,在会前、会中、会后都有一些基本原则,如表 9-21 所示。

表 9-21 召开有效会议的原则

时间	基 本 原 则	备 注
会前	对会议有取舍	放弃可开可不开的会议
	明确会议目的和预期结果	交流信息、制订计划、收集情报、制定决策、解决问题、评审项目进展等
	确定谁应该参加会议	项目干系人、项目管理团队、团队全体成员
	提供会议议程	参会者:了解议题、收集信息、做发言准备; 主办者:会议目的、主题、时间分配、负责人等
	准备直观教具、印刷品、多媒体	图形、图表、图片、图解、实体模型等
	安排会议室、茶点	大小适中、多媒体设备、黑板、茶水等
会中	按时开始会议	养成良好的开会习惯
	指定记录员	重点:决议、行动细目、任务分派、预计完工日期
	介绍会议的目的和议程表	力求目的明确、议程清晰,不跑题、不拖沓
	主持而不能支配会议	让参会者畅所欲言
	站着开会	让会议有效率
会后	会后 24 小时内公布会议成果	总结文件、行动明细等

3. 实训中的会议

为了加强沟通,实训中要开许多会,包括实训启动会、成果汇报会、项目管理例会、开发管理例会、阶段评审会和小组例会等,如表9-22所示。实训期间时间紧、任务重,开会占时间,但会开得好一定会节省时间。

表 9-22　实训中的会议类型

序号	会议名称	参会者	主持人	开会时间/频率
1	实训启动会	实训全体成员	项目管理指导老师	实训启动时
2	计划评审会	项目管理指导老师;全部小组成员	项目管理指导老师	"项目管理"课程结束前
3	成果汇报会	实训全体成员	学校实训主管老师	实训结束时
4	项目管理例会	项目管理团队全体成员	项目管理指导老师	每周一次
5	开发管理例会	企业指导老师;全体组长	企业指导老师	前期每日一次;后期隔日一次
6	阶段评审会	企业指导老师;小组成员	企业指导老师	系统开发各阶段成果完成时
7	小组例会	小组成员	项目组长	每日一至多次

表9-22中,"小组例会"是团队管理中最重要的会,主要有工作汇报、问题解决、相互协作、绩效评价、任务分工等内容,小组例会由最初的不愿开会、拍脑袋开会到后来的计划性开会,开会水平伴随着团队建设的过程而不断提高。实训中的项目组长最初都是名义上的项目经理,不会也不知道怎样带团队,"项目管理例会"是借团队的力量带领项目组长开展项目管理工作,除了指导老师帮助答疑解惑外,项目组长也在别人的经验教训中学到知识、获得成长,完成向真正项目经理的蜕变。各项"评审会"则是在每个阶段主要可交付成果完成时开展,每一次评审都是一次重要的把关,高水平的项目成果在这一次又一次的评审中诞生。

9.10.5　沟通方式

沟通的目的是获取项目信息,以有用的格式在正确的时间提供给正确的人。因此,要选择适当的沟通方式和沟通类型,还要有一个端正、良好的沟通态度。

1. 沟通方式

沟通方式通常有三类:交互式沟通、推式沟通、拉式沟通。

交互式沟通指两人或多人通过面对面或视频会议、打电话等互动方式来交换信息,这种方法是确保对问题的共同理解最有效的方法,通常适用于需要很快达成共识的场合。

推式沟通指发送者不动,不管是否需要,都将信息发送或推送给接收者,方式有发报告、电子邮件、传真、写信等手段,这种方法可以确保信息的分发,但不能保证信息被收到或被理解,通常适用于需要沟通的信息或对象不多时。

拉式沟通指把信息放在固定位置,把干系人拉去看信息,方式有建网站、贴公告等,通常适用于需要沟通的信息或对象比较多时。

2. 沟通类型

项目的沟通方式并没有标准的分类方法,各种方式之间有交叉、有重复,并没有严格意义上的界线,只是看问题的角度和立场不同,沟通方式的基本类型如图9-25所示。

沟通类型
{
下行沟通　上行沟通　平行沟通
内部沟通　外部沟通
正式沟通　非正式沟通
官方沟通　非官方沟通
口头沟通　书面沟通
言语沟通　体语沟通
单向沟通　双向沟通
}

图 9-25　项目沟通方式的基本类型

其中,正式沟通指通过项目组织明文规定的渠道进行信息传递和交流的方式,如汇报制度、例会制度、报告制度,以及与其他组织之间的公函往来等。优点是沟通效果好,有较强的约束力,信息全面、详细、完整;缺点是沟通速度慢。

非正式沟通指在正式沟通渠道之外进行的信息传递和交流,如员工之间的私下交谈、小道消息等。优点是沟通方便、速度快,比较生动、有趣,容易引起对方足够的注意力,能提供一些正式渠道难以获得的信息等,适于了解敏感信息;缺点是易失真。

3. 沟通的五种态度

在沟通过程中,由于信任程度不同,每个人所采取的态度也不同。态度决定一切,如果没有端正、良好的态度,一定不会有良好的效果。

(1) 强迫性态度:果敢性非常强,却缺乏合作的精神(命令式,无法沟通)。

(2) 回避性态度:既不果断地下决定,也不主动去合作(消极,无法沟通)。

(3) 迁就性态度:果敢性非常弱,但却非常能与人合作(得不到正确反馈,沟通失去意义)。

(4) 折中性态度:有果敢性,也有合作性,圆滑(中庸,变相迁就,被人识破后很难赢得信任)。

(5) 合作性态度:既有一定的果敢性,勇于承担责任、做决策,同时又有合作性(沟通良好,能产生共同的协议)。

4. 实训中的沟通特点

实训中,团队成员之间的沟通方式是多种多样的,有人喜欢用 QQ、微信进行沟通,有人喜欢通过开会直接用言语沟通,有人喜欢白天沟通,有人喜欢晚上沟通,主要取决于团队成员的性格特点、成员之间的相识程度,以及团队的沟通机制。越是合作默契的团队,沟通越顺畅,交流越有效,项目绩效水平也会越高。

9.11 风险与项目风险管理

由于项目的一次性特点,使得项目初期有很多的不确定性,意味着项目无论大小都有一定的风险。

9.11.1 风险的概念

1. 风险

任何风险都包括 3 个方面:发生的有害事件是什么? 发生的可能性有多大? 如果发生,导致的后果如何? 这三者构成了评估风险的基础。

对风险的定义有不同的观点,一种观点认为,风险是指损失或损害发生的不确定性(或称可能性),是不利事件发生的概率及其后果(影响)的函数。

$$R = f(P, C)$$

式中:R——风险;

P——不利事件发生的概率;

C——不利事件的后果(影响)。

无论是哪一种观点,风险都包含以下几个特点:①风险是损失或损害;②风险是一种不确定性,当事件状态完全确定时,则风险消除;③风险是针对未来的;④风险是客观存在、不以人的意志为转移的,因此在风险度量中,不应涉及评估者的主观偏好;⑤风险是相对的,尽管风险客观存在,但同一方案,因决策目标不同,风险也不一定相同。

2. 项目风险

项目风险是一种对实现项目目标产生消极或积极影响的不确定性。例如项目所处环境和条件存在不确定性和不稳定性,项目团队不能准确预见或控制某些因素的影响,项目的最终实施结果与干系人的期望产生偏离以及可能造成损失等。

项目是有风险的,需要在风险与机会之间寻找平衡。面对风险,不同的组织或个人对风险有着不同的承受力和不同的风险偏好。风险喜好型的人愿意冒险是因为从风险活动中获得的满意度高,同时自身风险承受力大;风险厌恶型的人不愿意冒险是因为从风险活动中获得的满意度小,同时自身风险承受力小;风险中性型的人天生理性,会在风险与回报之间找平衡,愿不愿意冒险取决于风险活动可能获得的期望货币值的大小(期望货币值=风险事件概率×风险事件货币值)。

9.11.2 项目风险管理

项目风险管理是为了更好地实现项目目标,识别、分析、应对项目生命周期内风险的科学与艺术。其目标是使潜在的负面风险最小化。

项目风险管理能对项目的最终成功起到极大的促进作用,好的项目风险管理往往让人觉察不到它的存在,这和危机管理不同,危机管理面对的是明显的威胁,风险管理是预先防范或避免问题。外人很难判断一个新系统的顺利开发是归于风险管理还是运气。

项目风险管理的过程主要有风险识别、风险分析、风险应对、风险控制 4 个过程。

1. 风险识别

风险识别是弄清哪些潜在事件会对项目有害或有益的过程。如果不能事先识别风险,就不能管理风险。

风险识别可以采用多种方法,如采用查阅项目文档、专家会议的方式识别潜在风险,运用头脑风暴、德尔菲法、访谈、根源分析、SWOT 分析等方法进行信息收集。其中,头脑风暴法指团队采用面对面方式,通过本能地、不加判断地汇集一些想法,产生新的观点或找出某一特定问题的方案。德尔菲法指采用背对背方式,从一组预测未来发展的专家中得到一致的意见。

项目的风险因素结构如图 9-26 所示,该图给出了识别项目风险的一般思路和方向。

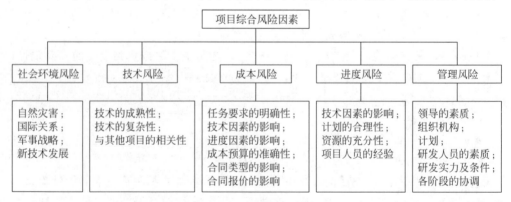

图 9-26 项目的风险因素结构

实训中,项目组实际面临的社会环境风险较少,技术风险、进度风险、管理风险较多。另外,虽然成本风险是重要的项目风险因素之一,但由于实训并没有严格的成本控制指标,因此,成员对成本风险的意识较模糊,这有待于今后实际项目的磨练。

2. 风险分析

项目风险分析包括定性风险分析和定量风险分析。定性风险分析主要是评估已识别风险发生的可能性和概率,确定其大小和优先级,组织可以通过关注高级别风险来有效改善项目绩效。定性风险分析的方法主要有概率/影响矩阵、风险因子法、十大风险事件跟踪法、专家判断法等。定量风险分析是在定性风险分析的逻辑基础上,给出各个风险源的风险量化指标及其发生的概率,再通过合成的方法得到系统风险的量化值。定量风险分析的方法主要有访谈、盈亏平衡分析、决策树分析、模拟法、敏感性分析等。至于是否需要使用风险分析技术,受项目的性质、时间、资金的可用性等因素的影响,有些小项目可能只需做定性风险分析,对一些包含前沿技术的大型复杂项目,通常需要进行较为深入的定量风险分析。

以概率/影响矩阵方法进行风险分析为例,根据已识别的潜在风险清单,评估风险影响和风险概率,计算风险值,并使用概率/影响矩阵评估风险级别,风险分析的步骤如下。

(1) 评估风险影响(后果)。风险影响指一旦风险发生将可能对项目造成的影响大小。如果损失大小不容易评估,可将损失分解为更小的部分,可用相对数值(百分比)表示,也可将损失大小折算成对计划影响的时间表示。

(2) 评估风险概率。风险概率是风险发生的可能性,用百分比表示,是一种主观判断。

(3) 计算风险值。风险值=风险概率×风险影响。例如,某风险概率是25%,一旦发生会导致项目延长4周,该风险值=25%×4(周)=1周。

(4) 分别给出风险影响和风险概率划分高、中、低风险界限的评价规则。

(5) 画出概率/影响矩阵或图表,纵坐标是风险发生的概率,横坐标是风险发生的影响(后果)。

(6) 将所有已识别风险标在图上,从概率和影响两方面给每个风险评级。

(7) 再次评估潜在风险清单,将不可能发生的风险剔除,得到最终风险清单,并进行风险优先级排序。

3. 风险应对

完成风险分析后,得到最终风险清单,根据风险性质和项目对风险的承受能力对每项风险制订相应的风险应对计划。

应对负面风险通常有如下4类基本对策。

(1) 风险规避:消除某一具体的威胁,通常采用消除其原因的方法,如改变计划,完全消除威胁。

(2) 风险承担:当风险发生时,不采取任何措施,接受其带来的后果,可能主动接受或被动接受。

(3) 风险转移:将风险的结果及其管理责任转移到第三方,如保险,支付风险费用。

(4) 风险缓解:通过减少风险事件发生的概率来缓解风险事件的影响。

4. 风险控制

实施了风险应对计划后,风险并非都会消失,在项目的推进过程中还可能会增大或衰退。因此,在项目的执行过程中,需要时刻监督风险的发展与变化情况,并密切关注随着某些风险的消失而可能带来的新的风险。

"十大风险列表"是有效监控风险的工具之一,这里的"十大风险"指需要作为控制对象的项目风险,并不限于十个,其风险监控的步骤如下。

(1) 第 1 次风险检查时,按风险值大小降序,列出"十大风险列表",将项目风险作为控制对象,对高级别风险采取风险应对措施,并密切监控它们的变化与发展情况。

(2) 第 2 次风险检查时,重新评估并按新的风险值大小降序,形成新的"十大风险列表",观察高级别风险应对前后的排名变化情况,分析应对成效,总结经验教训,并观察是否有新的风险出现。

(3) 重复步骤(2),直至所有风险都得到有效控制。

好的风险管理使项目运行起来感觉毫不费力,实际上需要投入大量的工作才能把项目运行好。项目经理应该努力使他们的工作看似容易——它反映出一个项目进行得很顺利。

第10章

项目管理的指导

本章从项目管理训练的时间轴、各角色的任务、指导内容和指导文件四方面,详细介绍综合实训中指导项目管理训练的内容和过程。

需要说明的是,本章内容仅针对中南民族大学信管专业的项目管理训练指导,仅适用于在系统开发训练中加入项目管理训练内容的实训参考。

10.1 项目管理训练的时间轴

项目管理指导工作主要由项目管理指导老师承担,历经项目管理课程实践、实训项目管理、实训总结(假期)三个阶段。其中,实训项目管理与系统开发训练的基础训练和专业训练相重合,为系统开发训练保驾护航。项目管理训练的时间轴如图 10-1 所示。

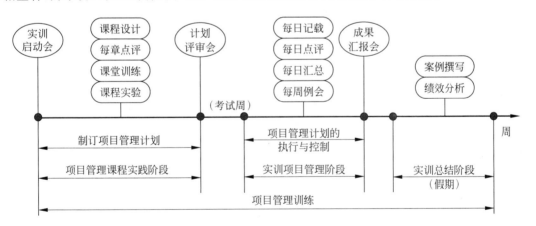

图 10-1 项目管理训练的时间轴(示意图)

10.2 项目管理训练各角色的任务

项目管理方案中,主要由项目管理指导老师带领项目管理团队,包括全体指导老师、小组长、值日班长,完成综合实训的项目管理任务,为系统开发训练保驾护航。各阶段老师、学生,以及小组长和值日班长的任务如表 10-1 所示,该表对学生了解各阶段的项目管理实践任务、各组长和班长了解各自的项目管理任务有重要的指导意义。

表 10-1 项目管理训练各角色的任务

阶　段	项目管理指导老师的任务	学生的任务	组长和值日班长的任务
项目管理课程实践阶段	① 组织实训启动会； ② 组建实训项目团队； ③ 指导课程实验； ④ 指导课程设计； ⑤ 每章点评； ⑥ 指导课堂训练； ⑦ 组织计划评审会	① 参加实训启动会； ② 组建团队； ③ 完成课程实验； ④ 完成课程设计； ⑤ 完成课堂训练； ⑥ 参加计划评审会	组长： 带领团队完成课程设计
实训项目管理阶段	① 指导完成并点评每日记载表； ② 指导完成每日汇总表； ③ 与企业老师沟通交流； ④ 组织项目管理周例会； ⑤ 参加成果汇报会	① 完成基础训练； ② 完成专业训练； ③ 参加成果汇报会	组长： ① 带领团队完成基础训练和专业训练任务； ② 完成每日记载表； ③ 参加项目管理周例会。 值日班长： ① 完成每日汇总表； ② 完成周总结； ③ 参加项目管理周例会
实训总结阶段（假期）	① 指导学生撰写实训成效分析报告； ② 指导并修改实训案例		组长： ① 填写实训成效分析表； ② 撰写实训案例

10.3 项目管理训练的指导内容

项目管理训练贯穿三个阶段,包括项目管理课程实践阶段、实训项目管理阶段、实训总结阶段。

10.3.1 项目管理课程实践指导

在"项目管理"课程期间,项目管理指导老师除了完成"项目管理"课程的教学任务,还要指导项目管理课程实践,这一阶段主要有以下 7 项指导任务。

(1) 组织实训启动会:组织和安排实训启动会,由企业指导老师介绍实训流程和相关技术,发布选题,安排课表。

(2) 组建实训项目团队:组织学生自由组队、自选组长、自定选题。

(3) 指导课程实验:指导学生在实验室学习项目管理软件 Microsoft Project 2010 版的操作。

(4) 指导课程设计:指导学生开展课程设计,学生以项目团队为单位,针对所选实训项目,在课下完成项目管理计划报告。

(5) 每章点评:对学生完成的每一章项目管理计划内容进行评阅,并及时在课堂上进行点评。

(6) 指导课堂训练:指导学生在课堂上对课程设计中的重点内容进行训练,当场解答问题。

(7) 组织计划评审会:"项目管理"课程结束前,组织和安排计划评审会,由各项目团队汇报计划完成情况,评委打分,评出优秀团队。

10.3.2 实训项目管理指导

实训项目管理阶段主要由项目管理指导老师带领项目管理团队全体人员对基础训练和专业训练开展过程监控和管理工作。这一阶段的主要任务是执行项目管理计划,通过例行检查发现问题、分析问题和解决问题,为实训的顺利开展保驾护航。这一阶段主要有以下5项指导任务。

(1) 指导完成并点评每日记载表:组织组长完成每日项目管理执行情况记载表,并进行每日点评。

(2) 指导完成每日汇总表:组织值日班长根据项目管理执行情况记载表完成每日项目管理执行情况汇总表。

(3) 与企业老师沟通交流:及时将当日项目管理执行情况汇总表中反映的问题向企业指导老师反馈,并沟通交流,以便次日得到有针对性的指导。

(4) 组织项目管理周例会:组织由全体项目管理成员参加的项目管理周例会,在会上,组长、值日班长、班长、指导老师依次发言,就实训各阶段遇到的问题进行充分沟通和交流,群策群力解决问题,为项目团队排忧解难。

(5) 参加成果汇报会:实训结束时,参加成果汇报会,评审项目成果,评选优秀项目和优秀个人。

10.3.3 实训总结指导

实训总结在假期进行,这一阶段主要有两项任务,均由项目管理指导老师与组长、班长共同完成。

(1) 撰写实训案例:以《实训中项目经理遇到的那些难事》为题撰写实训案例,包括任务分工、冲突管理、节点管理、沟通管理、团队管理、绩效管理、组员管理、项目经理管理、团队组建、实训管理、收获与感言等多项主题,该案例将会传递到下一届的"项目管理"课程实践教学中。

(2) 分析实训成效:对实训成效进行评价,包括课堂上学过的技术与管理类课程知识和技术、新学的知识和技术,以及由实训引发的对课程教学的意见和建议,分析总结,形成报告。该报告会及时反馈给各任课老师和实训指导老师,便于老师们有针对性地调整和改进教学内容和方法,提高实训指导水平。

10.4 项目管理训练的指导文件

在项目管理课程实践阶段,主要有课程实验和课程设计两大实践任务,项目管理任课老师会提前发布课程实验指导书和课程设计报告大纲。其中,课程实验指导书偏重于运用Microsoft Project 2010版软件完成课程实验操作的指导,让学生了解项目管理软件在项目计划和控制工作中的应用,虽然指导书中所选项目数据时间较早,但对学习软件的效果影响不大。课程设计报告大纲偏重于运用项目管理相关知识,结合实训项目,完成项目管理计划的制订,从而加深对项目管理实践的认识和思考。

在实训项目管理阶段,项目管理指导老师会提前向项目管理团队成员发布执行情况记载表模板和执行情况汇总表模板,以引导项目管理团队成员对整个实训过程进行例行检查,从而更有效地对实训项目的推进进行领导和控制。执行情况记载表由各组长填写,执行情况汇总表由值日班长填写。

需要说明的是,这些文件只具有指导或引领作用,各团队均可根据实训的具体实践更改或制定更有针对性、更有特色的大纲或模板。

项目管理训练的指导文件如表 10-2 所示。

表 10-2　项目管理训练的指导文件

阶　　段	指 导 文 件
项目管理课程实践阶段	① 项目管理课程实验指导书; ② 项目管理课程设计报告大纲
实训项目管理阶段	③ 项目管理执行情况记载表模板; ④ 项目管理执行情况汇总表模板

10.4.1　项目管理课程实验指导书

项目管理课程实验指导书

一、项目管理课程实验简介

项目管理课程实验运用 Microsoft Project 软件(2010 版),全部围绕一个项目——"项目跟踪数据库"来进行,其中包括对项目的范围管理、时间管理、成本管理、人力资源管理和沟通管理五大类共 7 个实验。

注意:软件的版本不同,工具栏设置和操作路径可能有不同。

二、实验目录(共计 16 学时)

实验一　项目范围管理(2 学时)

实验二　项目时间管理(一)(2 学时)

实验三　项目时间管理(二)(3 学时)

实验四　项目成本管理(一)(2 学时)

实验五　项目成本管理(二)(3 学时)

实验六　项目人力资源管理(2 学时)

实验七　项目沟通管理(2 学时)

三、进入 Microsoft Project 2010 版工作界面

(1) 打开甘特图:打开 Microsoft Project 2010 版软件,选择"视图"→"甘特图"命令,在弹出的下拉菜单中选择"甘特图"命令,进入 Microsoft Project 2010 版中最常用的甘特图工作界面,如实验图 1 所示,左边为数据输入区,右边为甘特图区。

注意:数据输入区是输入项目基本数据的地方。可看到标记、任务名称、工期、开始时间、完成时间、前置任务列,还可根据需要添加新列。若需要从其他视图界面回到甘特图界面,可通过执行"视图"→"数据"→"表格"→"项"命令。

(2) 调出视图栏:将光标指向数据输入区最左侧的灰色甘特图区域,右击并在弹出的快捷菜单中选择"视图栏"命令,此时便会在数据输入区的左侧出现视图栏,常用视图可从这里快捷调出,如实验图 2 所示。

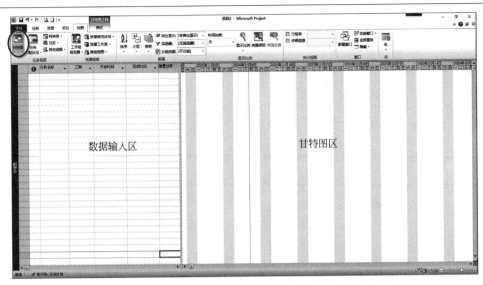

实验图 1 Microsoft Project 2010 版软件的甘特图工作界面

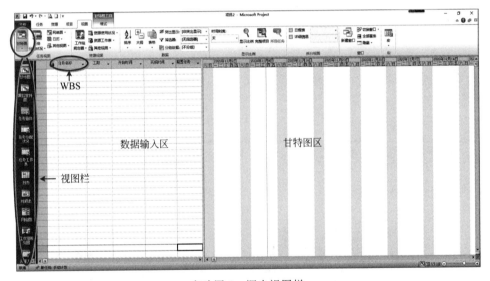

实验图 2 调出视图栏

四、设置项目总体数据

项目名称：项目跟踪数据库。

项目开始日期：2013 年 3 月 1 日。

项目日历：系统默认"标准（项目日历）"，工作时间为每周的星期一～星期五，(8:00—12:00,13:00—17:00)。

操作：

(1) 在甘特图视图下，执行"项目"→"更改工作时间"命令，将弹出"更改工作时间"对话框，如实验图 3 所示。在"对于日历"文本框中选择"标准（项目日历）"，"例外日期"和"工作周"部分暂不另外设置，单击"确定"按钮。

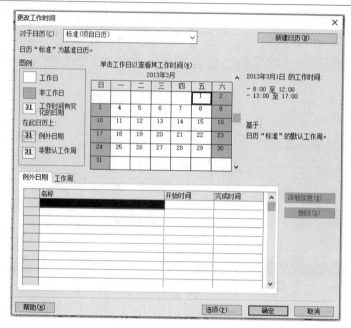

实验图 3 "更改工作时间"对话框

（2）执行"项目"→"项目信息"命令，将弹出"'项目跟踪数据库'的项目信息"对话框，如实验图 4 所示。设置项目"开始日期"为"2013 年 3 月 1 日"，并选择"标准"日历，然后单击"确定"按钮。

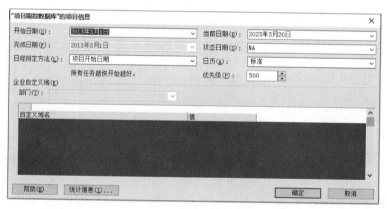

实验图 4 "'项目跟踪数据库'的项目信息"对话框

实验一 项目范围管理

一、实验目的

1. 了解项目范围管理的技术和方法。

2. 学习如何建立 Microsoft Project 2010 版项目管理文件。

3. 学习如何建立并录入工作分解结构（WBS）。

4. 学习如何以截图方式将文件保存至 Word 文档中。

二、实验内容和注意事项

1. 创建一个新文件

打开 Microsoft Project 2010 版文件，单击"视图"选项卡中的"甘特图"选项，并以"项目跟踪数据库-范围管理"名称保存文件（默认文件名为"项目 1"）。

2. 创建项目 WBS

WBS 是在甘特图数据输入区的"任务名称"列建立的。

1）输入项目任务名称

将实验表 1-1 中所列的 30 项任务输入数据输入区的"任务名称"列，如实验图 1-1 所示。也可将实验表 1-1 中的任务名称直接复制到数据输入区的"任务名称"列中。

注意：可以运用"任务"选项卡中的"字体"功能，修改数据输入区文本的字体格式。

实验表 1-1　"项目跟踪数据库"的任务

编号	任务名称	编号	任务名称
1	项目启动	16	同项目干系人一起检查计划
2	启动任务	17	执行计划
3	与项目发起人的启动会议	18	分析任务
4	研究类似项目	19	设计任务
5	草拟项目要求	20	执行任务
6	同发起人和其他项目干系人检查项目要求	21	控制任务
7	制定项目章程	22	状态报告
8	签署合同	23	输入项目的实际信息
9	编制任务计划	24	预览报告
10	创建 WBS	25	如果有必要，调整计划
11	估算工期	26	结束任务
12	分配资源	27	准备最后的项目报告
13	决定任务关系	28	向项目干系人提交最后的项目
14	输入成本信息	29	总结项目经验和教训
15	预览甘特图和 PERT 图	30	项目结束

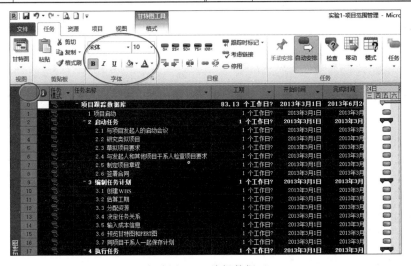

实验图 1-1　编辑数据区

2) 创建摘要任务

创建摘要任务的方法是将子任务降级。要求将实验表 1-1 中的任务 2(启动任务)、任务 9(编制任务计划)、任务 17(执行计划)、任务 21(控制任务)和任务 26(结束任务)创建成摘要任务,其中,任务 1(项目启动)和任务 30(项目结束)为 1 级任务(摘要任务)。

操作:以任务 2 为例,先同时选中任务 3、4、5、6、7、8,再执行"任务"→"日程"→"降级任务图标"命令,这时摘要任务 2 的名称会变成黑体格式,名称左侧会出现"—"。同时在甘特图中,摘要任务的符号由原来的蓝色条状线变为带箭头的黑色条状线,任务 3、4、5、6、7、8 都成为了任务 2 的子任务。

注意:当单击"—"时,摘要任务下属的子任务会隐藏,任务名称前会出现"+"。

3) 显示 WBS 的任务编号

执行"格式"→"显示/隐藏"命令,并勾选"大纲数字""项目摘要任务""摘要任务"复选框后即可自动显示"项目摘要任务"(0 行),以及摘要任务、子任务、工作包的编号。

完成上述操作后保存,可得到项目范围 WBS,如实验图 1-2 所示。

实验图 1-2　项目范围 WBS

三、实验要求

1. 完成"项目跟踪数据库-范围管理"项目管理文档的撰写。
2. 将实验图 1-2 的项目范围 WBS 截图并存入 Word 文档中。
3. 完成思考题的所有内容。

四、思考题

1. 摘要任务与子任务之间是什么关系?
2. 摘要任务与子任务的编号之间是什么关系?

3. 摘要任务与子任务在甘特图上是如何显示的?

实验二　项目时间管理（一）

一、实验目的

1. 了解项目时间管理的技术和方法。

2. 学习创建任务工期和任务的依赖关系。

3. 了解甘特图的生成原理。

二、实验内容和注意事项

调出"项目跟踪数据库-范围管理"文档,将其另存为"项目跟踪数据库-时间管理-1"文档,作为本次实验的基础文档。

1. 设置任务依赖关系

依据实验表2-1的要求,在"前置任务"列为"项目跟踪数据库"项目创建任务依赖关系,本实验均创建任务之间的"完成-开始"关系,即前一项任务完成后一项任务开始。

实验表 2-1　"项目跟踪数据库"中任务的工期和前置任务

行号	任 务 名 称	工期/天	前置任务	备注
1	项目启动	0		里程碑任务
2	启动任务			摘要任务
3	与项目发起人的启动会议	1	1	
4	研究类似项目	5	3	
5	草拟项目要求	3	4	
6	同发起人和其他项目干系人检查项目要求	1	5	
7	制定项目章程	1	6	
8	签署合同	0	7	
9	编制任务计划			摘要任务
10	创建WBS	5	8	
11	估算工期	5	10	
12	分配资源	4	10	
13	决定任务关系	2	10	
14	输入成本信息	3	10	
15	预览甘特图和PERT图	1	14	
16	同项目干系人一起检查计划	1	11、12、13、15	
17	执行计划			摘要任务
18	分析任务	20	16	
19	设计任务	30	18	
20	执行任务	20	19	
21	控制任务			摘要任务
22～35	状态报告			周期性任务
36	输入项目的实际信息	60	8	
37	预览报告	60	8	
38	如果有必要,调整计划	1	8	
39	结束任务			摘要任务
40	准备最后的项目报告	3	20、36、37、38	
41	向项目干系人提交最后的项目	1	40	
42	总结项目经验和教训	2	41	
43	项目结束	0	42	里程碑任务

操作：创建"完成-开始"任务依赖关系的方法有如下两种。

方法一：使用"链接任务"图标。先选中前一项任务，再选中后一项任务，然后执行"任务"→"日程"→"链接任务"命令，就可建立这两个任务之间的"完成-开始"依赖关系，在后一项任务的前置任务栏会出现前一项任务的行号。如果要撤销这个依赖关系，将光标指向两个任务中的任意一个，单击"取消链接任务"图标即可。

方法二：在数据录入表的"前置任务"列中键入前置任务的行号。例如，实验表 2-1 中的任务 4（研究类似项目）的前置任务是任务 3（与项目发起人的启动会议），任务 3 的行号为 3。因此，在任务 4 的前置任务中输入 3，表示任务 4 要到任务 3 结束之后才能开始。如果要撤销这个依赖关系，也可直接将这个行号删除。

注意：①建议首选方法一；用方法二时注意，行号指任务所在计算机软件上的位置，不是任务编号。②不为摘要任务设置依赖关系。

2. 输入任务工期

操作：在"项目跟踪数据库—时间管理—1"文件的数据输入区，依据实验表 2-1 中工期数据为各项任务输入工期，系统默认为"1 个工作日?"。若工期为 1 天，输入 1 后按 Enter 键可消除"?"。工期的长度单位可调整，如 mon＝月、d＝天、w＝星期、m＝分钟、h＝小时。

注意：

（1）摘要任务工期。摘要任务工期是基于子任务工期自动计算生成的，不要为摘要任务输入工期，也不要删除自动生成的摘要任务工期。

（2）里程碑工期。为里程碑的工期输入 0。

（3）开始日期和结束日期。一旦"项目信息"中的"开始日期"确定、各项任务依赖关系和工期确定，项目的结束日期、各项任务的开始日期和结束日期会自动生成，没有特殊要求，无须手动设置。

3. 设置周期性任务（循环任务）

任务 22～35（状态报告）为周期性任务（也称循环任务）：每周三开一次状态报告会，工期为 1 小时，从 2013 年 4 月 1 日到 2013 年 7 月 1 日。

操作：单击周期性任务的名称，执行"任务"→"插入"→"任务"→"任务周期"命令，弹出"周期性任务信息"对话框，如实验图 2-1 所示。设置好"任务名称""重复发生方式""开始时间""结束时间""日历"后，单击"确定"按钮。

实验图 2-1　"周期性任务信息"对话框

注意：

（1）不为周期性任务设置工期，系统自动计算生成。

（2）设置周期性任务后，在数据输入区该任务的"标记"列会出现循环标记。

（3）插入周期性任务后，会出现两个"状态报告"任务，应及时删除其中未被设置内容的任务。

（4）周期性任务的名称是粗体，且在任务名称左侧出现一个"＋"，相当于一个摘要任务，单击"＋"可以显示子循环任务，单击"－"可以隐藏子循环任务，不需要对子循环任务做任何设置。

（5）周期性子循环任务的行号是自动添加的，隐藏时行号也会折叠，如实验图 2-2 所示。

（6）由于该状态报告任务给出了开始时间和结束时间，该任务与其他任务可不设依赖关系。否则，需要设置依赖关系。

(a) 展开周期性任务的子循环任务

(b) 隐藏周期性任务的子循环任务

实验图 2-2　展开和隐藏周期性任务的子循环任务

4. 项目进度管理计划（1）——WBS 和甘特图

完成上述步骤后，得到项目进度管理计划（1）——WBS 和甘特图，如实验图 2-3 所示。从图中可看出，项目总工期为 98 天，项目开始时间为 2013 年 3 月 1 日，完成时间为 2013 年 7 月 16 日。

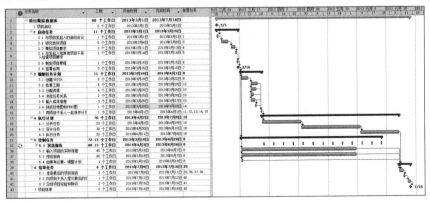

实验图 2-3　项目进度管理计划（1）——WBS 和甘特图

注意：如果看不到右侧的甘特图，可在工具栏执行"视图"→"显示比例"→"完整项目"命令。

三、实验要求

1. 完成"项目跟踪数据库-时间管理-1"项目管理文档的撰写。

2. 将完成实验所得到的实验图 2-3 项目进度管理计划（1）——WBS 和甘特图以屏幕打印方式存入 Word 文档中。

3. 完成思考题的所有内容。

四、思考题

1. 摘要任务的工期是如何确定的？

2. 如何设置里程碑任务？

3. 设置完周期性任务后，为什么要删除原来的周期性任务？

4. 如何删除一项任务？

5. 你所计划的项目总工期是多少？

6. 项目开始时间和完成时间各为哪一天？

实验三　项目时间管理（二）

一、实验目的

1. 学习如何改变任务依赖关系。

2. 学习如何利用甘特图和前导式网络图进行关键路径分析，并显示关键任务报告。

3. 学习如何利用项目日程信息来分析各项任务的最早/最晚开始和完成时间、总时差、可用时差。

二、实验内容和注意事项

调出"项目跟踪数据库-时间管理-1"文档，将其另存为"项目跟踪数据库-时间管理-2"文档，作为本次实验的基础文档。

1. 改变任务依赖关系

系统默认的任务依赖关系是"完成-开始（FS）"，若为其他依赖关系，需要重新设置。

操作：在"甘特图"界面下，执行"视图"→"数据"→"表格"→"项"命令。

方法一：双击具有前置任务的任务，弹出"任务信息"对话框，单击"前置任务"选项卡，在"类型"下拉列表框中选择新的任务依赖关系类型。

方法二：直接在数据录入区中的"前置任务"列的行号后面输入新的任务依赖关系，如"开始-开始"关系输入 SS，"完成-完成"关系输入 FF，"开始-完成"关系输入 SF。

注：本实验没有改变任务依赖关系的任务。

2. 创建超前或滞后时间依赖关系

例如，为任务 19（设计任务）设置超前 10%，为任务 20（执行任务）设置超前 3 天。任务依赖关系均为"完成-开始"（FS）。

方法一：双击需要设置超前或滞后时间关系的任务，弹出"任务信息"对话框，单击"前置任务"选项卡，在"延隔时间"列输入超前或滞后时间。有两种设置超前或滞后时间的方法，一是百分比，二是天数。若为滞后任务，直接输入滞后时间，表明时间延长；若为超前任务，需要在超前时间前加负号，表明时间缩短，如实验图 3-1 和实验图 3-2 所示。

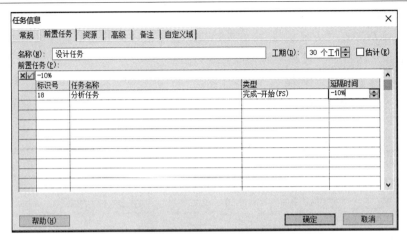

实验图 3-1　"任务信息"对话框设置超前时间——用百分比

任务信息

常规 | 前置任务 | 资源 | 高级 | 备注 | 自定义域

名称(N)：执行任务　　　　　　　　　　工期(D)：20 个工作 □估计(E)

前置任务(P)：

标识号	任务名称	类型	延隔时间
19	设计任务	完成-开始(FS)	-3d

帮助(H)　　　　　　　　　　　　　　确定　　取消

实验图 3-2　"任务信息"对话框设置超前时间——用天数

方法二：直接在数据录入区的"前置任务"列输入超前或滞后时间。例如，直接在任务 20(执行任务)的"前置任务"列输入 19FS-3d，表明任务 20 与任务 19 有"完成-开始(FS)"依赖关系，但任务 20 要在任务 19 结束前 3 天的时候开始，即超前 3 天。

3. 调整甘特图的时间范围

调整时间范围，直到在一个屏幕上看到整个甘特图。

方法一：执行"视图"→"显示比例"→"完整项目"命令。

方法二：在甘特图区上方时间轴处的任意区域右击，在弹出的快捷菜单中选择相应的命令即可改变时间刻度、显示比例。

4. 设置关键路径的颜色

1) 将甘特图上的关键任务设置为红色

操作：执行"格式"→"条形图样式"命令，勾选"关键任务"，再执行"格式"→"条形图"命令，在弹出的"设置条形图格式"对话框中将"中部"条形图设置"颜色"为红色，单击"确定"按钮后，甘特图上的关键任务显示为红色。

注意：关键任务是系统自动算出来的，不是指定的。如果甘特图中没有出现红色的关键任务，表明该项目没有关键路径，这时需要检查任务依赖关系或工期设置是否有误。

2）将数据录入区中关键任务的文本设置为蓝色

操作：执行"格式"→"格式"→"文本样式"命令，将弹出"文本样式"对话框，在该对话框中选择"要更改的项"为关键任务，并设置"颜色"为蓝色，单击"确定"按钮后，数据录入区中的关键任务文本显示为蓝色。

5. 项目进度管理计划（2）——关键路径

完成上述步骤后，会得到项目进度管理计划（2）——关键路径，如实验图 3-3 所示，此时项目的完成时间变为 2013 年 7 月 9 日。

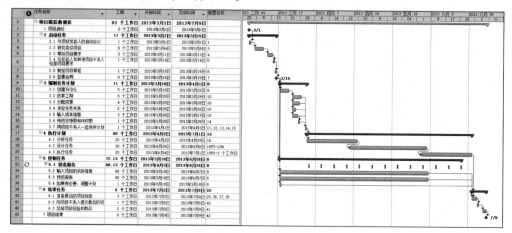

实验图 3-3　项目进度管理计划（2）——关键路径

注意：①项目总工期从 98 天变为 93 天，原因是将任务 19 设置为超前 10％，将任务 20 设置为超前 3 天后所造成的；②甘特图中所有的任务都应首尾相连，不能出现悬臂任务。

6. 前导式网络图及版式

（1）调出网络图：执行"视图"→"任务视图"→"网络图"命令，或直接从"视图"栏调出"网络图"。

（2）调整版式：执行"格式"→"格式"→"版式"命令，将弹出"版式"对话框，如实验图 3-4 所示，通过设置方框"排列方式""链接样式"等项目，或在"放置方式"栏选中"允许手动调整方框的位置"单选按钮来调整网络图的版式，尽量使整个网络图整齐、紧凑地放在一两页之内。另外，"显示摘要任务"复选框可选也可不选。前导式网络图如实验图 3-5 所示。

7. 项目进度管理计划（3）——日程表

（1）执行"视图"→"数据"→"表格"→"日程"命令，得到项目进度管理计划（2）——日程表，如实验图 3-6 所示。该图主要表达各项任务的进度数据，如开始时间（最早开始时间）、完成时间（最早完成时间）、最晚开始时间、最晚完成时间、可用可宽延时间（自由时差）、可宽延的总时间（总时差）。

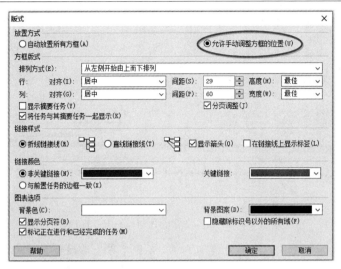

实验图 3-4 "版式"对话框

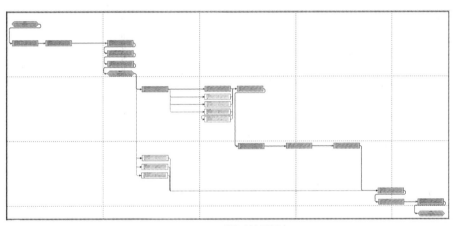

(a) 不显示摘要任务

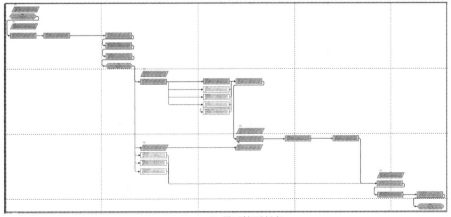

(b) 显示摘要任务

实验图 3-5 前导式网络图

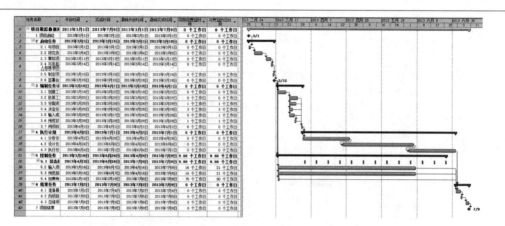

实验图 3-6 项目进度管理计划(2)—— 日程表

注意：这些数据都是系统自动计算出来的，不要轻易手动改变。

(2) 若需返回数据录入视图，则执行"视图"→"数据"→"表格"→"项"命令。

8. 显示关键任务/里程碑报表

执行"项目"→"报表"→"报表"→"总览"→"关键任务"或"里程碑"命令，可分别得到"关键任务"或"里程碑"报表。

三、实验要求

1. 完成"项目跟踪数据库-时间管理-2"项目管理文档的撰写。

2. 将实验完成后所得到的实验图 3-3、图 3-5(b)、图 3-6 所示的图表，以及"关键任务"和"里程碑"报表以屏幕打印或截图的方式存入 Word 文档中。

3. 完成思考题的所有内容。

四、思考题

1. 设置超前或滞后时间后，项目总工期会改变吗？

2. 如何将项目网络图调整在一个完整的页面中？

3. 如何在项目进度管理计划中得到关键路径？

实验四 项目成本管理(一)

一、实验目的

1. 了解项目成本管理的手段和方法。

2. 学习建立资源工作表。

3. 学习调整成本信息。

4. 学习给任务分配资源。

5. 学习成本分析，提供成本报表。

二、实验内容和注意事项

1. 建立资源工作表

调出"项目跟踪数据库-时间管理-2"文档，将其另存为"项目跟踪数据库-成本管理-1"文档，作为本次实验的基础文档。

从视图栏调出资源工作表，或执行"视图"→"资源视图"→"资源工作表"命令，将实验表 4-1 中的数据输入表中。

实验表 4-1　"项目跟踪数据库"项目的资源数据

资源名称	缩写	组	标准工资率/（元/小时）	加班工资率/（元/小时）
项目经理	PM	1	50.00	60.00
商业分析员	BA	1	40.00	50.00
数据库分析员	DA	1	40.00	50.00
实习生	IN	1	20.00	25.00

2. 调整成本信息——增加工资

从 2013 年 5 月 6 日起给项目经理增长 10％的工资。

(1) 在资源工作表中双击"项目经理"，弹出"资源信息"对话框，如实验图 4-1 所示。

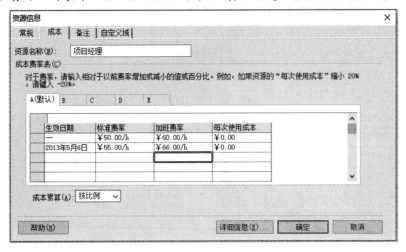

实验图 4-1　"资源信息"对话框

(2) 单击"成本"标签，在"成本费率表"中选择"A（默认）"标签，在"生效日期"列的第二行输入 2013/5/6，或在"生效日期"的下拉列表中选择生效日期。

(3) 在"标准费率"和"加班费率"列各输入 10％，即在第一行工资的基础上增加 10％的工资，系统会自动算出具体金额，单击"确定"按钮即可。若为减少 10％的工资，则输入"－10％"。

3. 调整成本信息——设置兼职工作时间

将实习生的工作时间设置为 50％。

在"资源工作表"上，将"实习生"的"最大单位"设置为 50％，此时该项资源的默认工作时间为每天 4 小时，如实验图 4-2 所示。

	❶	资源名称	类型	材料标签	缩写	组	最大单位	标准费率	加班费率	每次使用成本	成本累算	基准日历
1		项目经理	工时		PM	1	100%	¥55.00/工时	¥66.00/工时	¥0.00	按比例	标准
2		商业分析员	工时		BA	1	100%	¥40.00/工时	¥50.00/工时	¥0.00	按比例	标准
3		数据库分析员	工时		DA	1	100%	¥40.00/工时	¥50.00/工时	¥0.00	按比例	标准
4		实习生	工时		IN	1	50%	¥20.00/工时	¥25.00/工时	¥0.00	按比例	标准

实验图 4-2　资源工作表

4. 给任务分配资源

根据实验表 4-2 的要求，给各项任务分配资源，不为摘要任务分配资源，以下给出三种分配资源的方法。

实验表 4-2　"项目跟踪数据库"项目的资源分配表

编号	任 务 名 称	资 源 名 称	分 配 比 率
1	项目启动		
2	启动任务		
3	与项目发起人的启动会议	PM、BA、DA	每人 50%
4	研究类似项目	BA	100%
5	草拟项目要求	BA、PM	100%、50%
6	同发起人和其他项目干系人检查项目要求	BA、PM、DA	每人 50%
7	制定项目章程	PM	100%
8	签署合同		
9	编制任务计划		
10	创建 WBS	BA、PM、DA、IN	每人 25%
11	估算工期	BA、PM、DA	每人 25%
12	分配资源	PM	10%
13	决定任务关系	PM	10%
14	输入成本信息	IN	50%
15	预览甘特图和 PERT 图	PM	25%
16	同项目干系人一起检查计划	BA、PM、DA、IN	每人 25%
17	执行计划		
18	分析任务	BA	75%
19	设计任务	DA	75%
20	执行任务	DA、IN	75%、50%
21	控制任务		
22～35	状态报告	PM	10%
36	输入项目的实际信息	IN	5%
37	预览报告	PM	5%
38	如果有必要、调整计划	PM	25%
39	结束任务		
40	准备最后的项目报告	BA、PM、DA、IN	IN 为 50%、其余为 100%
41	向项目干系人提交最后的项目	BA、PM、DA、IN	IN 为 50%、其余为 100%
42	总结项目经验和教训	BA、PM、DA、IN	每人 25%
43	项目结束		

方法一：在"分配资源"对话框中分配资源

（1）在"甘特图"界面下，执行"资源"→"工作分配"→"分配资源"命令，弹出"分配资源"对话框，如实验图 4-3 所示，上面列有所有资源。

（2）在数据录入区中选中任一项任务，按要求在"分配资源"对话框中按要求选中一项或多项资源，单击"分配"按钮，再在"单位"处输入或调整分配百分比。例如，任务 2.3（草拟项目要求），需由项目经理和商业分析员两人完成，其中，项目经理的工作时间是 50%，商业分析员的工作时间是 100%。信息输入完成后，已分配了任务的资源前面会出现"√"，该任务在数据录入区的"资源名称"列会列出资源分配的情况。

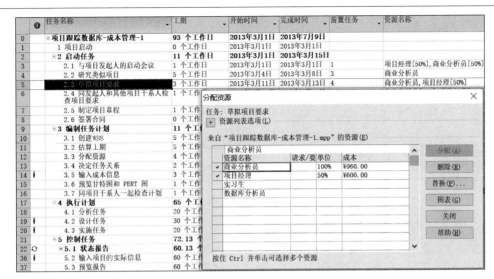

实验图 4-3　"分配资源"对话框

方法二：在"任务信息"对话框分配资源

在数据录入区双击某一任务，弹出"任务信息"对话框，如实验图 4-4 所示。选择"资源"选项卡，在"资源名称"下拉列表中选择该任务所需要的资源并输入单位后，即自动出现成本信息，单击"确定"按钮完成资源的分配。

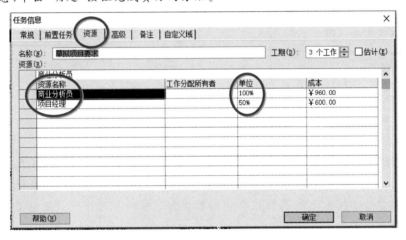

实验图 4-4　"任务信息"对话框

方法三：在窗口"拆分"对话框分配资源

（1）右击右侧甘特图区域中的任一点，在弹出的快捷菜单中选择"显示拆分"命令，屏幕下方即会出现拆分窗口，如实验图 4-5 所示。右击拆分窗口，在弹出的快捷菜单中选择"成本"命令，即可在成本视图上分配资源。

（2）单击某一任务，在"成本"拆分窗口中"资源名称"的下拉列表中选择该任务所需的资源，在"单位"列中输入工作时间百分比，如果不输入百分比，表明自动分配 100%。该任务分配完成后，单击"下一个"按钮进入下一任务的资源分配。

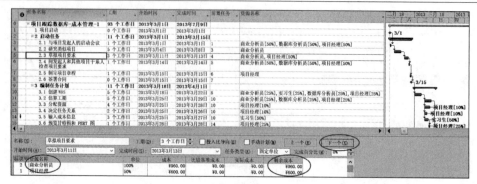

实验图 4-5　拆分窗口

5. 项目成本管理计划(基于任务维)

将全部资源信息输入完成后,即可得到基于任务维的项目成本管理计划,如实验图 4-6 所示。

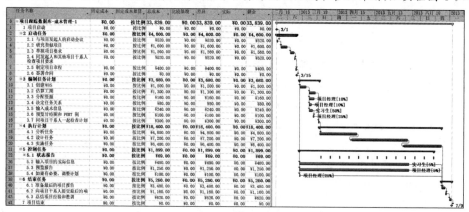

实验图 4-6　项目成本管理计划(基于任务维)

(1) 在"甘特图"界面下,执行"视图"→"数据"→"表格"→"成本"命令后即出现基于任务维的项目成本管理计划,此时项目的总成本应为 33 389.00 元。

(2) 执行"项目"→"报表"→"报表"→"成本"命令后将弹出"成本报表"对话框,如实验图 4-7 所示。其中,预算报表是基于任务维的,如实验图 4-8 所示。现金流量报表是基于时间维的,如实验图 4-9 所示,但该报告中的数据会随着项目进行中实际数据的输入而发生变化,注意在实验五中进行观察。

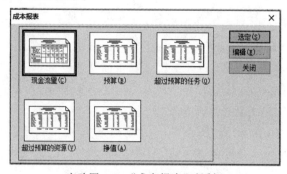

实验图 4-7　"成本报表"对话框

预算报告　打印于 2021年4月6日
项目跟踪数据库-成本管理-1.mpp

标识号	任务名称	固定成本	固定成本累积	总成本	比较基准	差异	实际	剩余
19	设计任务	¥0.00	按比例	¥7,200.00	¥0.00	¥7,200.00	¥0.00	¥7,200.00
20	实施任务	¥0.00	按比例	¥6,400.00	¥0.00	¥6,400.00	¥0.00	¥6,400.00
18	分析任务	¥0.00	按比例	¥4,800.00	¥0.00	¥4,800.00	¥0.00	¥4,800.00
40	准备最后项目报告	¥0.00	按比例	¥3,480.00	¥0.00	¥3,480.00	¥0.00	¥3,480.00
4	研究类似项目	¥0.00	按比例	¥1,600.00	¥0.00	¥1,600.00	¥0.00	¥1,600.00
5	草拟项目要求	¥0.00	按比例	¥1,560.00	¥0.00	¥1,560.00	¥0.00	¥1,560.00
10	创建WBS	¥0.00	按比例	¥1,500.00	¥0.00	¥1,500.00	¥0.00	¥1,500.00
11	估算工期	¥0.00	按比例	¥1,300.00	¥0.00	¥1,300.00	¥0.00	¥1,300.00
37	预览报告	¥0.00	按比例	¥1,250.00	¥0.00	¥1,250.00	¥0.00	¥1,250.00
41	向项目干系人提交最后项目	¥0.00	按比例	¥1,160.00	¥0.00	¥1,160.00	¥0.00	¥1,160.00
42	总结项目经验和教训	¥0.00	按比例	¥620.00	¥0.00	¥620.00	¥0.00	¥620.00
3	与项目发起人的启动会议	¥0.00	按比例	¥520.00	¥0.00	¥520.00	¥0.00	¥520.00
6	同发起人和其他项目干系人检查项目要求	¥0.00	按比例	¥520.00	¥0.00	¥520.00	¥0.00	¥520.00
36	输入项目实际信息	¥0.00	按比例	¥480.00	¥0.00	¥480.00	¥0.00	¥480.00
7	制定项目章程	¥0.00	按比例	¥400.00	¥0.00	¥400.00	¥0.00	¥400.00
16	同项目干系人一起检查计划	¥0.00	按比例	¥300.00	¥0.00	¥300.00	¥0.00	¥300.00
14	输入成本信息	¥0.00	按比例	¥240.00	¥0.00	¥240.00	¥0.00	¥240.00
12	分配资源	¥0.00	按比例	¥160.00	¥0.00	¥160.00	¥0.00	¥160.00
15	预览甘特图和 PERT 图	¥0.00	按比例	¥100.00	¥0.00	¥100.00	¥0.00	¥100.00
38	如果有必要,调整计划	¥0.00	按比例	¥100.00	¥0.00	¥100.00	¥0.00	¥100.00
13	决定任务关系	¥0.00	按比例	¥80.00	¥0.00	¥80.00	¥0.00	¥80.00
1	项目启动	¥0.00	按比例	¥0.00	¥0.00	¥0.00	¥0.00	¥0.00
8	签署合同	¥0.00	按比例	¥0.00	¥0.00	¥0.00	¥0.00	¥0.00
43	项目结束	¥0.00	按比例	¥0.00	¥0.00	¥0.00	¥0.00	¥0.00
		¥0.00		¥33,770.00	¥0.00	¥33,770.00	¥0.00	¥33,770.00

实验图 4-8　预算报表（基于任务维）

现金流量　打印于 2021年4月6日
项目跟踪数据库-成本管理-1.mpp

	2013年2月25日	2013年3月4日	2013年3月11日	2013年3月18日	2013年3月25日	2013年4月1日	2013年4月8日	2013年4
项目跟踪数据库-成本管理-1								
项目启动								
启动任务								
与项目发起人的启动会议	¥520.00							
研究类似项目		¥1,600.00						
草拟项目要求			¥1,560.00					
同发起人和其他项目干系人检查项目要求			¥520.00					
制定项目章程			¥400.00					
签署合同								
编制任务计划								
创建WBS				¥1,500.00				
估算工期					¥1,300.00			
分配资源					¥160.00			
决定任务关系					¥80.00			
输入成本信息					¥240.00			
预览甘特图和 PERT 图					¥100.00			
同项目干系人一起检查计划						¥300.00		
执行计划								
分析任务						¥960.00	¥1,200.00	
设计任务								
实施任务								
控制任务								
状态报告								
输入项目的实际信息				¥40.00	¥40.00	¥40.00	¥40.00	
预览报告				¥100.00	¥100.00	¥100.00	¥100.00	
如果有必要,调整计划				¥100.00				
结束任务								
准备最后的项目报告								
向项目干系人提交最后的项目								
总结项目整验和教训								
项目结束								
总和	¥520.00	¥1,600.00	¥2,480.00	¥1,740.00	¥2,020.00	¥1,400.00	¥1,340.00	

实验图 4-9　现金流量报表（基于时间维）

三、实验要求

1. 完成"项目跟踪数据库-成本管理-1"项目管理文档的撰写。

2. 将完成实验后所得到的实验图 4-6 截图存入 Word 文档中。

3. 完成思考题的所有内容。

四、思考题

1. 如何调整成本信息（增加工资、降低工资、设置兼职工作）？

2. 如何给任务设置固定工期？

3. 该项目的总成本为多少？

4. 如何查看成本报告？预算报告、现金流量报告各自有什么特点？

实验五　项目成本管理（二）

一、实验目的

1. 学习建立基准计划并录入实际成本与时间。

2. 学习利用基准计划与实际信息进行挣值分析。

二、实验内容和注意事项

1. 建立基准计划

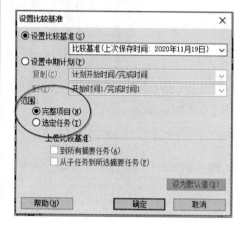

实验图 5-1　"设置比较基准"对话框

前面所建立的范围、时间、成本项目管理文档均为项目开始实施前的计划文档。计划制订完成后就需要建立基准计划，并保存一份独立的基准计划备份（只有基准计划数据，没有实际执行数据），其目的是为今后与项目实施过程中的实际执行信息（工期、成本等）加以比较。

操作：调出"项目跟踪数据库-成本管理-1"文档，将其另存为"项目跟踪数据库-基准计划"。再执行"项目"→"日程"→"设置比较基准"命令，弹出"设置比较基准"对话框，如实验图 5-1 所示，选中"完整项目"单选按钮，单击"确定"按钮，即可建立并保存一份独立的"基准计划"。

2. 录入实际成本与时间

随着项目开始实施，需要跟踪各项任务的信息，并将实际时间与成本信息输入有基准计划的文件中，从而与基准进行比较，必要时可根据比较结果调整尚未实施的任务计划。

将"项目跟踪数据库-基准计划"文件另存为"项目跟踪数据库-成本管理-2"，作为本次实验的基础文档。

假定：任务1和任务2.1按计划工期完成，任务2.2少用了1天，任务2.3多用了3天，任务2.4和任务2.5按计划工期完成，任务2.6拖延了2天，要求输入实际信息。

操作：

（1）打开"项目跟踪数据库-成本管理-2"文件，调出"甘特图"，执行"视图"→"数据"→"表格"→"项"命令，在数据输入区插入"完成百分比"列。

（2）对于任务1和任务2.1。按 Ctrl 键，同时选中任务1和任务2.1，在"任务-日程"工具栏上单击"100%"图标，表明这两项任务已按计划完成。此时这两项任务的"标记"列会出现已经完成标记，"完成百分比"列会自动显示"100%"。

（3）对于任务2.2。直接将任务2.2的工期调成4个工作日，表明实际工期比计划少用了1个工作日，并在"任务-日程"工具栏上单击"100%"图标。

（4）对于任务2.3。同第（3）步操作，将任务2.3的工期调成6个工作日，表明实际工期比计划多用了3个工作日，并在"任务-日程"工具栏上单击"100%"图标。

（5）对于任务2.4和任务2.5。同第（2）步操作，同时选中两项任务后，在"任务-日程"工具栏上单击"100%"图标。

（6）对于里程碑任务 2.6。在任务 2.6 的"开始时间"栏直接输入实际日期 2013 年 3 月 21 日，会弹出"规划向导"对话框，如实验图 5-2 所示，选中"移动任务'签署合同'，在 2013/3/21 开始，保持链接"单选按钮，单击"确定"按钮，此时该项里程碑就向后拖延了 2 天。再选中该任务，在"任务-日程"工具栏上单击"100％"图标。

实验图 5-2 "规划向导"对话框

（7）上述任务的实际完成信息均输入后，得到项目的实际执行情况，如实验图 5-3 所示。此时，项目总工期变为 96 天，项目开始时间是 2013 年 3 月 1 日，项目完成日期变为 2013 年 7 月 12 日，与进度计划相比，项目工期延后了 3 天。

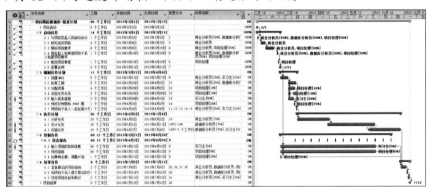

实验图 5-3 项目的实际执行情况

（8）调出"跟踪甘特图"，执行"视图"→"数据"→"表格"→"项"命令，得到项目任务的跟踪结果，如实验图 5-4 所示。

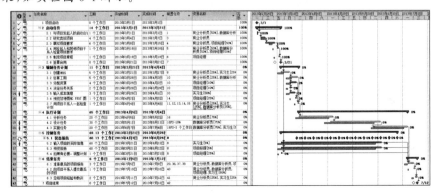

实验图 5-4 跟踪甘特图——项目任务的跟踪结果

在实验图 5-4 中,跟踪甘特图的每个任务都有上下两条横线,上面一条代表实际工期,下面一条代表基准工期。可以看出,任务 2.2 上面的横线比下面的横线短,表明实际工期比基准工期提前;任务 2.3 上面的横线比下面的横线长,表明实际工期比基准工期延后;同理,可看出任务 2.4 和任务 2.5 均延期;而任务 2.6 上出现了两个钻石,黑钻石为计划里程碑,白钻石为实际里程碑,表明这个里程碑被拖延了。

3. 挣值分析

项目的基准计划与实际信息都录入完毕后,可以浏览挣值信息。

在"甘特图"界面下,执行"视图"→"数据"→"表格"→"更多表格"命令,在弹出的"其他表"对话框中选择"挣值"并单击"应用"按钮,可以看到已经完成任务的挣值信息,如实验图 5-5 所示,图中标题栏中与挣值分析相关的参数术语及计算公式如实验表 5-1 所示。

实验图 5-5　项目成本管理计划——挣值分析表

实验表 5-1　与挣值分析相关的参数术语及计算公式

常用代号	软件中的代号	参 数 术 语	计 算 公 式
PV	BCWS	计划值(单位)	—
AC	ACWP	实际成本(单位)	—
EV	BCWP	挣值(单位)	—
CV		成本偏差(单位)	EV−AC
SV		进度偏差(单位)	EV−PV
CPI		成本执行指数	EV/AC
SPI		进度执行指数	EV/PV
BAC		完工成本预算(总)	—
EAC		完工成本估算(总)	BAC(C)/CPI
ESC		完工进度估算(总)	BAC(S)/SPI
ETC		完工尚需成本估算(总)	EAC−AC
VAC		总的成本偏差(总)	BAC−EAC

4. 浏览"跟踪"表格

在"甘特图"界面下,执行"视图"→"数据"→"表格"→"跟踪"命令后,即显示"跟踪"表格,从中可看到已完成任务的实际进度和成本数据,如实验图 5-6 所示。

实验图 5-6　"跟踪"表格

三、实验要求

1. 完成"项目跟踪数据库-基准计划""项目跟踪数据库-成本管理-2"两个项目管理文档的撰写。

2. 将完成实验后所得到的实验图 5-3～实验图 5-6 共四个图表截图存入 Word 文档中。

3. 完成思考题的所有内容。

四、思考题

1. 在甘特图中,已完成的任务有哪些标记?

2. 在跟踪甘特图中,已完成的任务有哪些标记?

3. 通过浏览挣值信息,你发现了哪些对成本管理有用的信息?

实验六　项目人力资源管理

一、实验目的

1. 学习创建新的项目日历。

2. 学习运用资源图表评价资源被过度分配的情况。

3. 学习如何进行资源调配。

二、实验内容和注意事项

调出"项目跟踪数据库-成本管理-2"文档,将其另存为"项目跟踪数据库-人力资源管理"文档,作为本次实验的基础文档。

1. 创建资源日历

Microsoft Project 2010 版软件中默认为"标准"日历,工作时间是从每周的星期一～星期五(8:00—12:00、13:00—17:00)。如果所用资源的日历与标准日历不同,则需要创建新的日历。

操作:

(1) 新建基准日历。执行"项目"→"属性"→"更改工作时间"→"新建日历"→"新建基准日历"命令,在"新建基准日历"对话框中选择"新建基准日历",并在"名称"文本框输入新日历的名称"项目跟踪数据库-日历",单击"确定"按钮后,在"更改工作时间"对话框中根据具体情况设置日历的工作时间、节假日、例外日期,单击"确定"按钮。

(2) 将新日历应用到整个项目。执行"项目"→"项目信息"命令,在弹出的"项目信息"对话框中的"日历"下拉列表中选择"项目跟踪数据库-日历",单击"确定"按钮。

(3) 将日历应用到某一特定资源。调出"资源工作表",在"基准日历"列均显示"项目跟踪数据库-日历",可以给实习生选择"夜班"日历,如实验图 6-1 所示。

	❶	资源名称	类型	材料标签	缩写	组	最大单位	标准费率	加班费率	每次使用成本	成本累算	基准日历
1		项目经理	工时		PM	1	100%	¥55.00/工时	¥66.00/工时	¥0.00	按比例	项目跟踪数据库-日历
2		商业分析员	工时		BA	1	100%	¥40.00/工时	¥50.00/工时	¥0.00	按比例	项目跟踪数据库-日历
3	◈	数据库分析员	工时		DA	1	100%	¥40.00/工时	¥50.00/工时	¥0.00	按比例	项目跟踪数据库-日历
4	◈	实习生	工时		IN	1	50%	¥20.00/工时	¥25.00/工时	¥0.00	按比例	夜班

实验图 6-1　选择特定日历

　　（4）设置特殊的工作时间。在"资源工作表"上双击某一资源，如项目经理，弹出"资源信息"对话框，如实验图 6-2 所示。单击"更改工作时间"按钮，弹出"更改工作时间"对话框，如实验图 6-3 所示，可以在"例外日期"选项卡中设置特殊的工作时间或休假日，如"出差"时间。

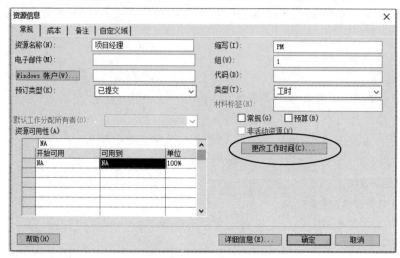

实验图 6-2　"资源信息"对话框

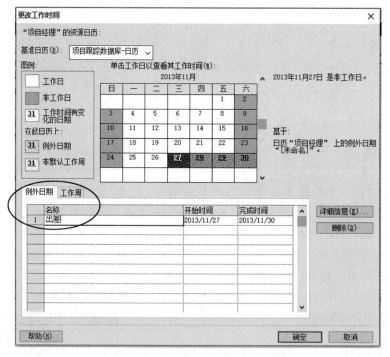

实验图 6-3　"更改工作时间"对话框

　　2. 查看"资源图表"
　　"资源图表"可以反映分配到项目上的资源是否出现过度分配或资源分配不足的情况，以下列出三种查看资源分配情况的方法。

（1）在"资源图表"上查看资源。调出"资源图表"，或执行"视图"→"资源视图"→"其他视图"→"资源图表"命令，如实验图 6-4 所示。视图左侧显示资源名称（人名），视图右侧显示资源直方图。可以调整图表上方的时间刻度，使得图表可尽量全部显示在屏幕上。

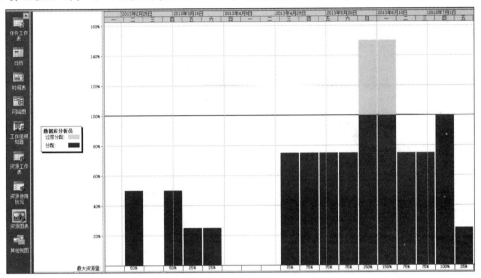

实验图 6-4　"资源图表"

实验图 6-4 为数据库分析员的"资源图表"，显示在 2013 年 5 月底 6 月初有两个红色的直方图，最大资源量是 150%，表明这段时间的资源被过度分配了，也就是说给数据库分析员分配的 1 天的工作时间为 12 个小时，超过了 8 小时。同时也可以看到，在 3 月中下旬和 4 月上旬这段时间，最大资源量只有 25%，资源分配不足。

（2）在"资源使用状况"图表上详细查看资源。调出"资源使用状况"图表，或执行"视图"→"资源视图"→"资源使用状况"命令，打开"资源使用状况"视图，如实验图 6-5 所示。有三个标记可以反映资源过度分配情况，一是在视图左侧的资源名称及承担的任务部分可以看到"数据库分析员"和"实习生"两个资源被标为了红色；二是在"标记"栏相应位置出现一个带感叹号的黄色图标；三是在图表右侧对应的详细数据部分出现了标红的数据。仔细查看发现，在 2013 年 3 月，实习生出现超负荷；在 2013 年 5 月底和 6 月初，数据库分析员和实习生都出现超负荷，放大时间刻度后可以查到具体哪一天被过度分配了。

实验图 6-5　"资源使用状况"视图

注意：不同的时间刻度所显示的资源使用状况表不同，可以通过执行"视图"→"显示比例"→"时间刻度"→"时间刻度"命令对时间刻度进行调整，如实验图 6-6 所示。也可直接拖动屏幕右下角的显示比例缩放滑块进行调整。

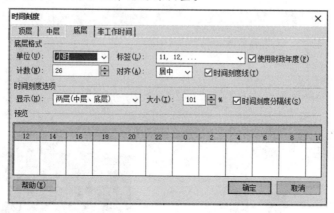

实验图 6-6　时间刻度的设置

（3）在"资源分配"图表上进一步查看资源。调出"资源分配"视图，屏幕上部显示资源的使用状况视图，下部显示甘特图，如实验图 6-7(a)和(b)所示。从甘特图中可看出，数据库分析员和实习生在相关时间段都有任务重叠现象，造成过度分配。

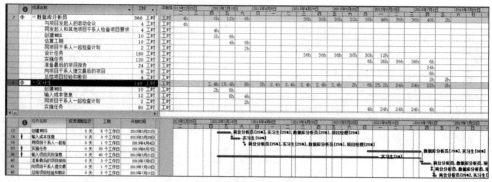

(a) 数据库分析员的资源过度分配情况

(b) 实习生的资源过度分配情况

实验图 6-7　数据库分析员和实习生的资源过度分配情况

3. 资源调配

本实验采用的资源调配方法是系统根据拥有时差的任务来自动拖延任务时间,从而使资源冲突问题得到解决的技术。

操作:

(1) 在甘特图的数据录入区可看到,任务3.5、任务4.2、任务4.3和任务5.2的"标记"列都有"小红人",表明该项任务被过度分配,如实验图6-8所示。

	ⓘ	任务模式	任务名称	工期	开始时间	完成时间	前置任务	资源名称
0			□项目跟踪数据库-基准计划	96 个工作日	2013年3月1日	2013年7月12日		
1	✓		1 项目启动	0 个工作日	2013年3月1日	2013年3月1日		
2	✓		□2 启动任务	14 个工作日	2013年3月1日	2013年3月21日		
3	✓		2.1 与项目发起人的启动会议	1 个工作日	2013年3月1日	2013年3月1日	1	商业分析员[50%],数据库分析
4	✓		2.2 研究类似项目	4 个工作日	2013年3月4日	2013年3月7日	3	商业分析员
5	✓		2.3 草拟项目要求	6 个工作日	2013年3月8日	2013年3月15日	4	商业分析员,项目经理[50%]
6	✓		2.4 同发起人和其他项目干系人检查项目要求	1 个工作日	2013年3月18日	2013年3月18日	5	商业分析员[50%],数据库分析员[50%],项目经理[50%]
7	✓		2.5 制定项目章程	1 个工作日	2013年3月19日	2013年3月19日	6	项目经理
8	✓		2.6 签署合同	0 个工作日	2013年3月21日	2013年3月21日	7	
9			□3 编制任务计划	11 个工作日	2013年3月21日	2013年4月4日		
10			3.1 创建 WBS	5 个工作日	2013年3月21日	2013年3月27日	8	商业分析员[25%],实习生[25%]
11			3.2 估算工期	5 个工作日	2013年3月28日	2013年4月3日	10	商业分析员[25%],数据库分析
12			3.3 分配资源	4 个工作日	2013年3月28日	2013年4月2日	10	项目经理[10%]
13			3.4 决定任务关系	2 个工作日	2013年3月28日	2013年3月29日	10	项目经理[10%]
14	👤		3.5 输入成本信息	3 个工作日	2013年3月28日	2013年4月1日	10	实习生[50%]
15			3.6 预览甘特图和 PERT 图	1 个工作日	2013年4月2日	2013年4月2日	14	项目经理
16			3.7 同项目干系人一起检查计划	1 个工作日	2013年4月4日	2013年4月4日	11, 12, 13, 14, 15	商业分析员[25%],实习生[25%]
17			□4 执行计划	65 个工作日	2013年4月5日	2013年7月4日		
18			4.1 分析任务	20 个工作日	2013年4月5日	2013年5月2日	16	商业分析员[75%]
19	👤		4.2 设计任务	30 个工作日	2013年5月1日	2013年6月11日	18FS-10%	数据库分析员[75%]
20	👤		4.3 实施任务	20 个工作日	2013年6月7日	2013年7月4日	19FS-3 个工作日	数据库分析员[75%],实习生[5
21			□5 控制任务	69.13 个工作日	2013年4月3日	2013年6月26日		
22	↻		□5.1 状态报告	60.13 个工作日	2013年4月3日	2013年6月26日	8	
36	👤		5.2 输入项目的实际信息	60 个工作日	2013年3月21日	2013年6月12日	8	实习生[5%]
37			5.3 预览报告	60 个工作日	2013年3月21日	2013年6月12日	8	项目经理[5%]
38			5.4 如果有必要,调整计划	1 个工作日	2013年3月21日	2013年3月21日	8	项目经理[25%]
39			□6 结束任务	6 个工作日	2013年7月5日	2013年7月12日		
40			6.1 准备最后的项目报告	3 个工作日	2013年7月5日	2013年7月9日	20, 36, 37, 38	商业分析员,数据库分析员,项
41			6.2 向项目干系人提交最后报告	1 个工作日	2013年7月10日	2013年7月10日	40	商业分析员,数据库分析员,项
42			6.3 总结项目经验和教训	2 个工作日	2013年7月11日	2013年7月12日	41	商业分析员,实习生[25%]
43			7 项目结束	0 个工作日	2013年7月12日	2013年7月12日	42	

实验图 6-8　查看过度分配情况

(2) 选中任务3.5,执行"资源"→"级别"→"调配资源"命令,弹出"调配资源"对话框,如实验图6-9所示,单击"开始调配"按钮,这时,任务3.5的过度分配标识消失,同时任务5.2的过度分配标识也消失了,但项目总工期变为103天。

(3) 选中任务4.2,按(1)的步骤进行资源调配,任务4.2的过度分配标识消失,但任务5.2的过度分配标识又出现了,项目总工期变为99天。

(4) 选中任务4.3,按(1)的步骤进行资源调配,任务4.3的过度分配标识消失,同时任务5.2的过度分配标识也消失了,项目总工期又变为103天。至此,全部过度分配调整完毕,但项目工期延迟10天,如实验图6-10所示,图中的"小红人"都消失了。

4. 清除调配

若想撤销刚才的调配操作,执行"资源"→"级别"→"清除调配"→"完整项目"命令,单击"确定"按钮后即可。

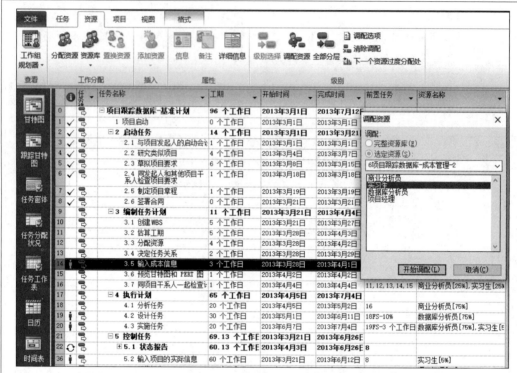

实验图 6-9　"调配资源"对话框

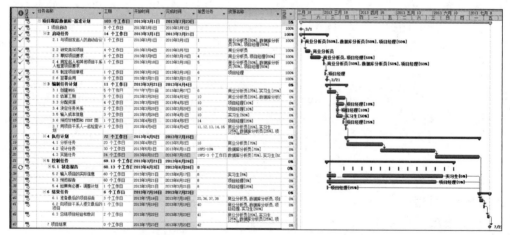

实验图 6-10　资源调配后的日程信息和甘特图

5. 在"调配甘特图"上查看调配情况

若想更加清楚地看到调配结果，调出"调配甘特图"，或单击视图栏的"其他视图"选项，在弹出的"其他视图"对话框中选择"调配甘特图"，并单击"应用"按钮，即可得到经过调配的甘特图，如实验图 6-11 所示。可以看到在右侧的甘特图中经过调配的任务由两条线表达，上面一条是基准计划的时间线，下面一条是经过调配的时间线；在左侧数据录入区的"资源调配延迟"列有相应延迟的天数。项目完成日期从原计划的 7 月 9 日变为 7 月 23 日，总工期由原计划的 93 天延长至 103 天。

实验图 6-11 资源调配后调配甘特图的结果

三、实验要求

1. 完成"项目跟踪数据库-人力资源管理"项目管理文档的撰写。

2. 将完成实验后所得到的实验图 6-5、实验图 6-8、实验图 6-10 和实验图 6-11 四张图表截图存入 Word 文档中并打印。

3. 完成思考题的所有内容。

四、思考题

1. 造成实习生和数据库分析员被过度分配的原因是什么？如何消除？

2. 进行资源调配后，原先的过度分配消失，但任务和项目的工期会发生怎样的变化？项目经理应如何对待工期变化？

实验七 项目沟通管理

一、实验目的

1. 学习为任务添加注释。

2. 学习将 Project 文件另存为 Excel 文件。

二、实验内容和注意事项

打开"项目跟踪数据库-人力资源管理"文档，将其另存为"项目跟踪数据库-沟通管理"文档，作为本次实验的基础文档。

1. 为任务添加备注

(1) 调出"甘特图"，选中"5.1状态报告"任务，执行"任务"→"属性"→"备注"命令，将弹出"摘要任务信息"对话框，如实验图 7-1 所示，在"备注"文本框中添加注释后，单击"确定"按钮。

实验图 7-1 "摘要任务信息"对话框

（2）在"甘特图"界面下，任务5.1的标记栏会出现"备注"标记，若光标指向该标记，则会显示备注的内容。

实验图7-2 任务的"标记"信息

（3）调出"调配甘特图"，任务5.1的标记栏也会出现"备注"标记，若光标指向该标记，也会显示备注的内容，如实验图7-2所示。

2. 将Project文件另存为Excel文件

（1）调出"甘特图"，将"项目跟踪数据库-沟通管理"文件另存为"Excel工作簿"，这时弹出"导出向导"对话框，接着执行"选择的数据"→"使用现有映射"→"默认任务信息"→"完成"命令后，得到一个包含"任务数据"表的Excel文件，如实验图7-3所示。

标识号	任务名称	工期	开始日期	结束日期	前置任务	资源名称
0	项目跟踪数据库-基准计划	103d	2013年3月1日	2013年7月23日		
1	项目启动	0d	2013年3月1日	2013年3月1日		
2	启动任务	14d	2013年3月1日	2013年3月21日		
3	与项目发起人的启动会议	1d	2013年3月1日	2013年3月1日	1	商业分析员[50%],数据库分析员[50%],项目经理[50%]
4	研究类似项目	4d	2013年3月7日	2013年3月7日	3	商业分析员
5	草拟项目要求	6d	2013年3月8日	2013年3月15日	4	商业分析员,项目经理[50%]
6	同发起人和其他项目干系人检查项目要求	1d	2013年3月18日	2013年3月18日	5	商业分析员[50%],数据库分析员[50%],项目经理[50%]
7	制定项目章程	1d	2013年3月19日	2013年3月19日	6	项目经理
8	签署合同	0d	2013年3月21日	2013年3月21日	7	
9	编制任务计划	11d	2013年3月21日	2013年4月4日		
10	创建WBS	5d	2013年3月21日	2013年3月27日	8	商业分析员[25%],实习生[25%],数据库分析员[25%],项目经理[25%]
11	估算工期	5d	2013年3月28日	2013年4月3日	10	商业分析员[25%],数据库分析员[25%],项目经理[25%]
12	分配资源	4d	2013年3月28日	2013年4月2日	10	项目经理[10%]
13	决定任务关系	2d	2013年3月28日	2013年3月29日	10	项目经理[10%]
14	输入成本信息	3d	2013年3月28日	2013年4月1日	10	实习生[50%]
15	预览甘特图和PERT图	1d	2013年4月2日	2013年4月2日	14	项目经理[25%]
16	同项目干系人一起检查计划	1d	2013年4月4日	2013年4月4日	11,12,13,14,15	商业分析员[25%],实习生[25%],数据库分析员[25%],项目经理[25%]
17	执行计划	72d	2013年4月5日	2013年7月15日		
18	分析任务	20d	2013年4月5日	2013年5月2日	16	商业分析员[75%]
19	设计任务	30d	2013年5月1日	2013年6月11日	18FS-10%	数据库分析员[75%]
20	实施任务	24d	2013年6月12日	2013年7月15日	19FS-3d	数据库分析员[75%],实习生[50%]
21	控制任务	69.13d	2013年3月21日	2013年6月26日		
22	状态报告	60.13d	2013年4月3日	2013年6月26日	8	
23	状态报告 1	1h	2013年4月3日	2013年4月3日		项目经理[10%]
24	状态报告 2	1h	2013年4月10日	2013年4月10日		项目经理[10%]
25	状态报告 3	1h	2013年4月17日	2013年4月17日		项目经理[10%]
26	状态报告 4	1h	2013年4月24日	2013年4月24日		项目经理[10%]
27	状态报告 5	1h	2013年5月1日	2013年5月1日		项目经理[10%]
28	状态报告 6	1h	2013年5月8日	2013年5月8日		项目经理[10%]
29	状态报告 7	1h	2013年5月15日	2013年5月15日		项目经理[10%]
30	状态报告 8	1h	2013年5月22日	2013年5月22日		项目经理[10%]
31	状态报告 9	1h	2013年5月29日	2013年5月29日		项目经理[10%]
32	状态报告 10	1h	2013年6月5日	2013年6月5日		项目经理[10%]
33	状态报告 11	1h	2013年6月12日	2013年6月12日		项目经理[10%]
34	状态报告 12	1h	2013年6月19日	2013年6月19日		项目经理[10%]
35	状态报告 13	1h	2013年6月26日	2013年6月26日		项目经理[10%]
36	输入项目的实际信息	60d	2013年3月21日	2013年6月17日	8	实习生[5%]
37	预览报告	60d	2013年3月21日	2013年6月17日	8	项目经理[5%]
38	如果有必要,调整计划	1d	2013年3月21日	2013年3月21日	8	项目经理[25%]
39	结束任务	6d	2013年7月16日	2013年7月23日		
40	准备最后的项目报告	3d	2013年7月16日	2013年7月18日	20,36,37,38	商业分析员,数据库分析员,项目经理,实习生[50%]
41	向项目干系人提交最后的项目	1d	2013年7月19日	2013年7月19日	40	商业分析员,数据库分析员,项目经理,实习生[50%]
42	总结项目经验和教训	2d	2013年7月22日	2013年7月23日	41	商业分析员[25%],实习生[25%],数据库分析员[25%],项目经理[25%]
43	项目结束		2013年7月23日	2013年7月23日	42	

实验图7-3 任务数据的Excel文件

（2）在"甘特图"界面，再将文件另存为"Excel工作簿"，在弹出的"导出向导"对话框中，执行"Project Excel模板"→"完成"命令，得到一个包含三张表的Excel文件，如实验图7-4所示的"资源_表"，实验图7-5所示的"工作分配_表"，以及实验图7-3所示的"任务_表"。

标识号	名称	编写	类型	材料标签	组	电子邮件地址	Windows 用户帐户	最大单位	标准费率	每次使用成本	备注
0			工时					100%	¥0.00/h	0	
1	项目经理	PM	工时		1			100%	¥55.00/h	0	
2	商业分析员	BA	工时		1			100%	¥40.00/h	0	
3	数据库分析员	DA	工时		1			100%	¥40.00/h	0	
4	实习生	IN	工时		1			50%	¥20.00/h	0	

实验图7-4 Project Excel模板——资源_表

	A	B	C	D	E
1	任务名称	资源名称	工时完成百分比	工时	单位
2	与项目发起人的启动会议	商业分析员	1	4h	50%
3	与项目发起人的启动会议	数据库分析员	1	4h	50%
4	与项目发起人的启动会议	项目经理	1	4h	50%
5	研究类似项目	商业分析员	1	32h	100%
6	草拟项目要求	商业分析员	1	48h	100%
7	草拟项目要求	项目经理	1	24h	50%
8	同发起人和其他项目干系人检查项目要求	商业分析员	1	4h	50%
9	同发起人和其他项目干系人检查项目要求	数据库分析员	1	4h	50%
10	同发起人和其他项目干系人检查项目要求	项目经理	1	4h	50%
11	制订项目章程	项目经理	1	8h	100%
12	创建WBS	商业分析员	0	10h	25%
13	创建WBS	实习生	0	10h	25%
14	创建WBS	数据库分析员	0	10h	25%
15	创建WBS	项目经理	0	10h	25%
16	估算工期	商业分析员	0	10h	25%
17	估算工期	数据库分析员	0	10h	25%

任务_表 资源_表 工作分配_表

实验图 7-5　Project Excel 模板——工作分配_表

（3）在"甘特图"界面，再将文件另存为"Excel 工作簿"，在弹出的"导出向导"对话框，单击"下一步-选择的数据-新建映射"，弹出"导出向导-映射选项"对话框，如实验图 7-6 所示。在"选择要导出数据的类型"和"Microsoft Excel 选项"中做出选择后，单击"下一步"按钮，弹出"导出向导-任务映射"对话框，如实验图 7-7 所示，即可创建所需要的 Excel 文件。

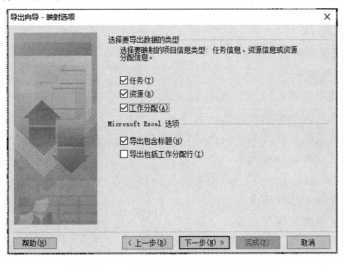

实验图 7-6　"导出向导-映射选项"对话框

三、实验要求

（1）完成"项目跟踪数据库-沟通管理"项目管理文档的撰写。

（2）将完成实验后所得到的实验图 7-3～实验图 7-5 三张图表以截图的方式存入 Word 文档中。

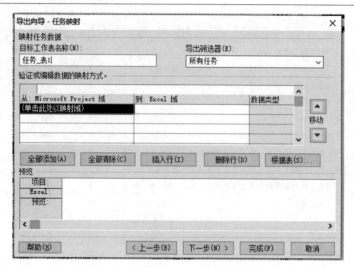

实验图 7-7 "导出向导-任务映射"对话框

（3）完成思考题的所有内容。

四、思考题

在进行沟通管理时，导出为 Excel 文件的任务数据将会起到哪些作用？

10.4.2 项目管理课程设计报告大纲

项目管理课程设计报告大纲

导言

1 建立实训项目组织

1.1 组建项目团队

   1）组建项目团队的规则与方式

   2）团队成员的职位或角色

   3）团队成员的行为风格分析（PDP 测试）

   4）团队成员的相处策略

1.2 选择项目经理

   1）选择项目经理的方式

   2）项目经理分析

2 选择实训项目

2.1 提出备选项目

2.2 建立项目评价指标体系

2.2.1 设立项目评价指标

   1）项目评价指标选取的原则

   2）建立项目评价指标体系（见报告表 2-1）

报告表 2-1　项目评价指标体系

序号	评价指标	指标含义	指标权重
合计			1(或 100%)

2.2.2　为项目指标赋权重

　　1) 选择为项目指标赋权重的方法。

　　2) 为指标赋权重(见报告表 2-1)。

2.3　评价备选项目并抉择

　　1) 选择为项目评分的方法。

　　2) 为备选项目评分。

　　3) 项目抉择。

3　启动实训项目

3.1　项目立项

　　1) 简述项目立项的概念。

　　2) 制定并发布项目章程。

3.2　项目背景分析

　　1) 项目简介。

　　2) 项目技术类型及特征。

　　3) 项目基本功能的结构图。

　　4) 项目开发方法。

3.3　项目干系人分析

　　1) 简述项目干系人的概念。

　　2) 项目干系人分析表(见报告表 3-1)。

报告表 3-1　项目干系人分析表

干系人姓名	内部/外部	所属组织	在项目中的角色	特点或专长	兴趣(关注度)	权力(影响度)	交往建议(或管理策略)

3.4　确定项目生命周期并划分项目阶段

　　1) 简述项目生命周期的概念

　　2) 划分项目阶段

3）确定各阶段重要任务（见报告表 3-2）

报告表 3-2　项目阶段及重要任务

编号	实训项目阶段	各阶段重要任务
1		
2		
3		
...		

4　实训项目范围管理

4.1　项目范围管理的基本概念

1）简述项目范围的概念

2）简述项目范围管理的概念

4.2　界定项目范围

1）阐述界定实训项目范围的思路

2）绘制实训项目范围边界图

4.3　确定可交付成果及工作包

1）简述可交付成果的概念

2）简述工作包的概念

3）确定项目可交付成果

4）确定阶段可交付成果

5）确定工作包（见报告表 4-1）

报告表 4-1　可交付成果及工作包

编号	实训项目阶段	各阶段重要任务	阶段可交付成果	工作包
1				
2				
3				
...				

4.4　确定阶段评审点

1）简述阶段评审的概念

2）设立阶段评审点的原则

3）确定阶段评审点及评审内容（见报告表 4-2）

报告表 4-2　阶段评审点

编号	实训项目阶段	各阶段重要任务	阶段评审点	评审内容
1				
2				
3				
...				

4.5　确定例行检查点

1）简述例行检查的概念

2）设立例行检查点的原则

3）确定例行检查点及检查内容（见报告表 4-3）

报告表 4-3　例行检查点

序号	实训项目阶段	各阶段重要任务	例行检查点	检查方式	工期	资源名称
1						
2						
3						
...						

4.6　选择创建项目 WBS 的方法

1）简述工作分解结构（WBS）的概念

2）简述创建 WBS 的方法

3）选择创建 WBS 的方法

4.7　创建项目范围 WBS

说明：在 Microsoft Project 2010 版软件中建立"项目范围 WBS"文件，在"任务名称"栏创建项目范围 WBS。

1）按照项目阶段创建第 1 层 WBS

2）将各阶段重要任务归属到项目阶段

3）将可交付成果任务及工作包归属到各项目阶段中

4）将阶段评审点任务归属到各项目阶段中

5）将例行检查点任务归属到各项目阶段中

6）将其他过程类任务归属到各项目阶段中

7）为各层 WBS 设置上下级关系

8）为 WBS 设置任务编号

9）得到"项目范围 WBS"并分析，截取完整的图

5　实训项目时间管理

5.1　定义项目活动

1）简述活动的概念

2）将相关工作包分解成活动

5.2　确定里程碑

1）简述里程碑的概念

2）设立项目里程碑的原则

3）确定项目里程碑及事件说明（见报告表 5-1）

报告表 5-1　里程碑

序号	实训项目阶段	各阶段重要任务	里程碑	设置为里程碑的原因
1				
2				
3				
...				

5.3 创建项目范围管理计划

说明：将"项目范围WBS"文件另存为"项目范围管理计划"文件。

  1）将活动归属到相应工作包中

  2）将里程碑归属到各项目阶段中

  3）得到"项目范围管理计划"，截取完整的图

5.4 创建项目活动清单

说明：将"项目范围管理计划"文件另存为"项目活动清单"文件。

  1）删除所有的摘要任务

  2）得到"项目活动清单"，并截取完整的图

  3）简述项目活动清单的作用

5.5 制订项目进度管理计划

说明：将"项目范围管理计划"文件另存为"项目进度管理计划"。

5.5.1 确定活动依赖关系

  1）简述活动依赖关系、前置任务的概念

  2）在"前置任务"栏确定并输入各活动之间的依赖关系

5.5.2 确定项目所需资源

  1）简述项目资源的概念

  2）确定项目所需资源及薪酬规则

  3）建立项目"资源工作表"

5.5.3 估计活动工期

  1）简述估计活动工期的常用方法

  2）设置"实训日历"

  3）设置"项目信息"

  4）在"工期"栏估计并输入活动工期

5.5.4 创建项目进度管理计划

  1）设置关键路径的颜色（甘特图为红色，文本为蓝色）

  2）完善"项目进度管理计划"

说明：①检查各项活动之间是否首尾相连、构成网络；②如果出现悬臂，检查并修改活动依赖关系。

  3）"项目进度管理计划"截图

5.6 画前导式网络图（PDM）

  1）简述前导式网络图、总时差、自由时差的概念

  2）列出项目网络图的活动清单（见报告表5-2）

报告表5-2 项目网络图的活动清单（示例）

序号	活动代号	活动名称	工期	前置任务
1	A	撰写迭代计划表		
2	B	项目登录功能实现		
		...		

3）用 Visio 画出前导式网络图

4）用参数标号法在网络图中标出各活动的时间参数

5.7　项目关键路径分析

1）简述关键路径的概念

2）各项活动的总时差和自由时差列表

3）根据前导式网络图确定项目关键路径

4）进行项目关键路径分析

6　实训项目成本管理

说明：将"项目进度管理计划"文件另存为"项目成本管理计划"文件。

6.1　为活动分配资源

1）制定项目资源分配表（见报告表 6-1）

报告表 6-1　项目资源分配表（样表）

编号	工作包或活动名称	资源名称	分配比例
1			
2			
3			
4			

2）为活动分配资源

说明：只为最底层工作包或活动分配资源，不给摘要任务分配资源。

6.2　成本估算：制订基于任务的项目成本管理计划

1）简述成本估算的概念

2）基于任务的"项目成本管理计划"截图并分析

6.3　成本预算：制订基于时间的项目成本管理计划

1）简述成本预算的概念

2）列出活动开始时间表（见报告表 6-2）

报告表 6-2　活动开始时间表

序号	活动代号	活动名称	ES 时间	LS 时间
1	A	撰写迭代计划表		
2	B	项目登录功能实现		
		...		

3）制订项目成本管理计划——ES 时间表

4）制订项目成本管理计划——LS 时间表

5）制作项目成本预算折线图

说明：根据 ES 时间表和 LS 时间表的"累计项目成本"数据用 Excel 作出"项目成本预算折线图"。

6）说明项目成本预算折线图的意义和用途

7　实训项目人力资源管理

7.1　项目人员配置计划

1）简述人员配置计划的概念

2）绘制项目各阶段的资源直方图

3）项目各阶段的资源分析

7.2　团队成员知识地图

1）简述知识地图的概念及作用

2）识别项目所需主要知识和技能

3）制定知识能力和兴趣的评分标准

4）对团队成员的知识能力和兴趣进行评分

5）绘制实训团队成员的知识地图

6）团队成员知识地图分析

7.3　责任分配矩阵

1）简述责任分配矩阵的概念

2）制定项目干系人责任分配矩阵（RACI 表）

3）项目干系人的责任分析

7.4　资源负荷与平衡

说明：将"项目成本管理计划"文件另存为"项目人力资源管理计划"文件。

1）简述资源负荷的相关概念

2）分析资源的使用情况

说明：分析资源负荷、资源超负荷、资源负荷不足等情况。

3）对超负荷资源进行调配

4）调出调配甘特图，并获得截图

5）分析资源调配后出现的问题并提出对策

8　实训项目沟通管理

8.1　创建信息需求表

1）简述信息需求表的概念

2）制定项目干系人信息需求表

3）项目干系人信息需求特点分析

8.2　制订项目沟通管理计划

1）简述项目沟通管理计划的概念

2）制订项目沟通管理计划表

3）项目沟通管理特点分析

8.3　项目会议计划表

1）简述项目会议的分类及作用

2）制订项目会议计划表

3）项目会议特点分析

8.4 个人绩效评价

　　1）实训个人绩效的评价规则

　　2）制定实训个人绩效评价表

9 项目质量管理

说明：目前许多软件企业依据"CMMI3＋敏捷开发"系统开发项目质量保证体系进行质量管理。可在百度百科中，查询并阅读相关内容。

9.1 简述 CMMI3 的概念及特点

9.2 简述敏捷开发及其核心原则

9.3 CMMI3 与敏捷开发融合对质量管理的影响

10 实训项目风险管理

10.1 项目风险识别

　　1）简述风险事件的概念

　　2）简述识别风险的方法

　　3）识别项目风险事件

说明：可运用鱼刺图进行风险识别，说明风险事件来自于哪几方面，并进行分析。

　　4）列出风险清单（见报告表 10-1）

　　5）分析项目风险的特点

报告表 10-1 项目风险清单

序号	风险因素	风险因素描述
1		
2		
3		
...		

10.2 项目风险分析

　　1）简述风险概率和风险影响的概念

　　2）制定风险概率和风险影响的认定规则

　　3）估计项目各风险概率和风险影响

　　4）计算风险得分（风险得分＝概率×影响）

　　5）得到项目风险评估表（见报告表 10-2）

报告表 10-2 项目风险评估表

序号	风险因素	风险的发生概率	风险的影响程度	风险得分
1				
2				
3				
...				

10.3 风险分级

　　1）制定风险等级划分规则

　　2）得到项目风险分级表（见报告表 10-3）

　　3）画出风险"概率-影响"矩阵图

　　4）分析项目风险的特点

报告表 10-3　项目风险分级表

序号	风险因素	风险的发生概率	风险的影响程度	风险得分	风险等级（高、中、低）
1					
2					
3					

10.4　制订项目风险应对计划

　　1）简述 TOP10 项目风险管理的方法

　　2）制订项目风险应对计划（见报告表 10-4）

报告表 10-4　项目风险应对计划（样表）

风险排序	风险事件	风险的发生概率	风险的影响程度	风险得分	风险等级	风险的应对策略	风险的应对措施
1							
2							
3							
4							
5							
6							
7							
8							
9							
10							
...							

说明：按风险得分大小自高到低排序。

　　3）分析项目风险应对计划的特点

11　项目综合管理

　　1）简述项目管理计划（综合）的概念

　　2）制定项目管理计划（综合）的思路和方法

　　3）简述项目管理计划（综合）包括哪些内容

12　实训项目管理计划总结

12.1　对制订项目管理计划过程的评价与建议

　　1）知识方面的收获与不足

　　2）技术方面的收获与不足

　　3）文档撰写方面的收获与不足

12.2　对项目管理过程的评价与建议

　　1）人力资源管理方面的收获与不足

　　2）沟通管理方面的收获与不足

10.4.3　项目管理执行情况记载表模板

项目管理执行情况记载表（每日一表）

填表日期		组号		组长姓名		填表人	
项目名称							
项目组员							

项　　目	主要内容
Ⅰ　当日计划完成的任务 （课程设计的项目管理计划中，今天计划完成的任务）	任务1： 时间： 资源： 任务2： 时间： 资源：
Ⅱ　当日实际完成的任务 （实训中实际要完成的任务，包括老师布置的任务、小组自己安排的任务）	任务1： 时间： 资源： 任务2： 时间： 资源：
Ⅲ　当日个人完成的任务 （各组员的任务可能相同，也可能不相同）	姓名1 姓名2 姓名3 姓名4 姓名5
Ⅳ　当日的变更及原因 （变更：Ⅰ计划任务和Ⅱ实际任务不相符）	变更1： 原因： ……
Ⅴ　当日遇到的难题与解决办法	难题1： 解决办法： ……
Ⅵ　当日遗留问题及希望求助的对象	遗留问题1： 求助： ……
Ⅶ　对实训过程或老师的建言	
Ⅷ　收获与经验 （知识、技术、管理、综合能力等方面）	
Ⅸ　备注 （任何未尽但重要的事）	

10.4.4 项目管理执行情况汇总表模板

项目管理执行情况汇总表（每日一汇总）

汇总日期		值日班长		当日主讲老师	

（当日遗留的难题）

组号	主要难题（小组不能解决的难题）	希望得到谁的帮助
1 组		
2 组		
3 组		
4 组		
5 组		
6 组		
7 组		
8 组		
当日普遍遇到的难题及原因		
值日班长给老师的意见或建议		

第11章

实践4：“文献宝”项目管理计划报告

"文献宝"项目管理计划报告提供了一个针对实训选题制订项目管理计划的全过程案例。从项目组织建立、项目选取、实训启动开始，以团队为单位，运用 Microsoft Project 软件，为"文献宝"项目制订了范围、进度、成本、人力资源、沟通、风险 6 个单项管理计划，并阐述了依据单项计划集成总体项目管理计划的过程和方法，最后对项目管理计划过程进行了总结。

该报告围绕项目管理的知识领域展开，大量使用图和表的形式表达，清晰明了、感受直观，强调"贴合真实情景，突显个人想法，理论联系实际"的宗旨，每个小节都包含理论支撑和想法创新，并在模拟实训场景下进行项目管理计划的制订。

11.1 建立项目组织

项目组织是指不同部门、不同专业的人员为了完成某个特定的项目任务所组成的一个特别的工作组织。"文献宝"项目作为小型软件开发项目，其管理的工作量不大，没有必要单独设立履行管理职责的组织，这样的项目组织负责人除了管理工作外，也要承担具体的系统设计、程序编制或研究工作。

11.1.1 组建项目团队

项目经理接手一个项目后，最重要的事情就是组建项目团队，其主要目标是帮助人们更有效地一起工作从而提高项目绩效。本节将介绍组建项目团队的规则和方式、团队情况以及团队成员间的相处策略。

1. 组建项目团队的规则与方式

软件开发项目团队需要对软件知识背景有所了解，需要对技术、管理方面有一定的经验，并且需要协调组员的性格差异，基于此，团队组建规则从知识、技术、管理、性格、综合 5 个维度进行评价，并且考虑同组成员的性别比例、同寝比例、熟识程度，见图 11-1。

最终确定小刘、小何、小黄、小范为一组，形成以强带弱、性格互补、团结协作的项目团队，见表 11-1。

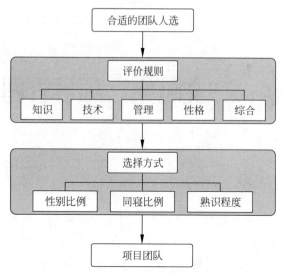

图 11-1　项目团队的组建流程

表 11-1　项目团队组建规则评价表

维度 1	知识（包括技术、管理、专业背景等）
小刘	具有较多的知识储备
小何	具有一定的知识储备
小黄	具有一定的知识基础
小范	具有基本的知识储备
维度 2	技术（包括编程、文档、工具等）
小刘	技术能力较强,善于学习、运用各种技术
小何	技术能力一般,能够学习、运用项目相关技术
小黄	技术能力中等,乐于学习、运用各种技术
小范	技术能力较弱,需要学习、掌握技术基础
维度 3	管理（包括小组作业、竞赛项目、学生工作等）
小刘	管理经验较多,多次担任小组作业组长、项目负责人
小何	管理经验较多,担任过部分项目的负责人
小黄	管理经验较少,会尽职做好分内事,服从管理
小范	管理经验较少,会尽职做好分内事,服从管理
维度 4	性格（包括项目角度、沟通角度、交往角度等）
小刘	较严格,有些追求完美,高标准、严要求
小何	较随和,能够很好地与他人沟通
小黄	平易近人,乐观和善
小范	开朗热情、积极向上,听话但有些贪玩
维度 5	综合（综合以上维度的总体评价）
小刘	技术和管理经验都比较充足,但容易将任务压在自己身上
小何	管理经验较为丰富,不懂就问,能够保质保量地配合团队、完成工作
小黄	比较平庸,对自己的事会尽力做好
小范	技术方面有所欠缺,具有一定的学习能力,可积极配合组长完成任务

2．团队成员的分工

在实训过程中需要数据库工程师进行数据库设计、前端工程师进行前端界面设计及数据渲染、后端工程师进行接口设计、测试工程师进行网站整体测试、文档工程师进行各类项目文档的撰写。根据组员的能力、性格等进行适合的分工，允许一人兼任多职，见表 11-2。

表 11-2 团队成员的分工

姓名	成 员 角 色	任 务 分 工
小刘	前端工程师、数据库工程师	在实施阶段主要负责数据库设计及部分前端页面开发
小何	后端工程师、文档工程师	在实施阶段主要负责部分后端接口开发及各类文档的撰写
小黄	后端工程师、测试工程师	在实施阶段主要负责部分后端接口开发及系统测试
小范	前端工程师、文档工程师	在实施阶段主要负责部分前端页面开发及各类文档的撰写

3．团队成员的行为风格分析

PDP（Professional Dyna-metric Programs，行为特质动态衡量系统）性格测试是一个用来衡量个人的行为特质、活力、动能、压力、精力及能量变动情况的系统。它根据人的天生特质，将人群分为 5 种类型，包括支配型、外向型、耐心型、精确型、整合型；为了将这 5 种类型的个性特质形象化，根据其各自的特点，这 5 类人群又分别被称为"老虎""孔雀""考拉""猫头鹰""变色龙"。为了更好地了解团队成员的行为风格，团队成员进行了 PDP 性格测试，其结果见表 11-3。

表 11-3 PDP 性格测试结果

姓名	类型	风 格 取 向
小刘	猫头鹰	传统而保守，分析力强，精确度高，是最佳的品质保证者，喜欢把细节条例化，个性拘谨含蓄，谨守分寸，忠于职责，但会让人觉得"吹毛求疵"。"猫头鹰"擅于清晰分析道理，说服别人很有一套，处事客观合理，只是有时会钻在牛角尖里拔不出来
小何	考拉	行事稳健，不会夸张，强调平实，性情平稳，对人不喜欢制造麻烦，不兴风作浪，温和善良，在别人眼中常让人误以为是懒散不积极，但只要决心投入，绝对是"路遥知马力"的最佳典型。对"考拉"要多多给予关注，想方设法挖掘他们内在的潜力
小黄		
小范	变色龙	中庸而不极端，凡事不执着，韧性极强，擅于沟通，是天生的谈判家，他们能充分融入各种新环境、新文化，且适应性良好，在他人眼中会觉得他们"没有个性"，没有原则就是最高原则，他们懂得凡事看情况、看场合

4．项目团队的相处策略

一个项目团队中会包含各种行为风格的成员，而想要使团队变得强大，就需要通过合适的管理手段，让各种行为风格的成员齐心协力地为项目贡献力量。本节将从沟通策略及解决冲突策略两个角度来说明项目团队中成员之间应如何相处。

1）沟通策略

在真实企业中工作时，沟通应该注意以下几点：优化沟通环境、检查和疏通管理沟通网络、明确管理沟通的目的、调整管理沟通风格、提升管理效率、管理沟通因人而异，慎重选择语言文字、建立反馈、避免管理沟通受到干扰、恰当选择管理沟通的时机/方式和环境、在组织中建立双向沟通机制。

结合实际情况来看，项目经理需要做到：不说太理想化的语言、与他人沟通不强势、对事不对人、不批评他人的不专业，同时，由于大部分任务需要在线上布置，沟通环境是较为闭塞的，因此可以多组织会议或定期组织聚餐。

2）解决冲突策略

在真实企业中，发生冲突应该注意三点。第一，当双方发生矛盾冲突时，通常选择的方式就是回避矛盾，以免矛盾继续升级；第二，在自己利益不受损的情况下，采用折中的办法，让利益损失降到最小；第三，以合作的方式让双方都达成目标，使利益最大化。

结合实际情况来看，在项目过程中发生冲突或矛盾时，应该由项目经理带头协调解决，如果是因为对项目理解与分工起冲突，应该在权衡利弊后选择最优方案，但更可能发生的情况是组内一些同学消极怠工而被批评，这种冲突可能是隐性的（即不工作也不吱声），也可能是显性的（即表明自己做不了），此时为保证项目的顺利进行应重新规划任务，而避免冲突。

11.1.2 选择项目经理

项目团队组建成功后，需要选择一位项目经理，项目经理要有条件承担合理的责任，能够把责任合理地分解，把压力分解，能够柔性地承担责任。本节将介绍选择项目经理的规则和方式，项目经理的评价与选择。

1. 选择项目经理的规则与方式

本项目是实验班专业综合实训项目，开发难度较小、团队人数较少、选题涉及领域较单一，但对项目经理管理能力、协调能力等要求较高，再加之需要一定的技术能力作为基础，因此在本项目中选择项目经理的规则从 5 个维度考虑，即知识、技术、管理、能力、性格。

2. 评价与选择项目经理

团队评价基于规则的 5 个维度，采用加权评分法进行项目经理的评价与选择。每个指标的权重为 0~1；所有指标的权重之和为 1，单项打分为 0~10 分。

权重设置规则为：项目经理需要协调管理组内事务与组间事务，对管理能力要求较高，故对"管理"赋权 0.3；任务布置大多涉及技术方面的知识，因此技术是较为重要的因素，故对"技术"赋权 0.25；由于项目背景较简单、知识储备相差无几，故对"知识"赋权 0.1；由于个人能力一定程度上决定项目发展上限，但不及管理和技术的重要性，故对"能力"赋权 0.15；团队协作过程中，性格相对能力更重要，其决定沟通方式及解决冲突矛盾的方式，故对性格赋权 0.2。综合以上权重，结合组内打分情况，得到加权评分结果，见表 11-4。

表 11-4　项目经理加权评分结果

评价指标	权重	小刘/分	小何/分	小黄/分	小范/分
知识	0.10	7.00	8.00	7.00	6.00
技术	0.25	9.00	7.00	6.00	5.00
管理	0.30	8.00	8.00	6.00	6.00
能力	0.15	8.00	8.00	7.00	6.00
性格	0.20	8.00	9.00	9.00	8.00
总分	1.00	8.15	7.95	6.85	6.15

评分结果显示，选择小刘为项目经理。评分可以大致反映团队内成员的综合能力情况，可以发现，团队并不是全部由技能全面、专业素质高的天才组成，而是由天才、通才（技术能力一般）、副手（善于从事辅助性工作）等混合型人才组成的综合团队。

11.1.3 项目经理感想

建立项目组织是实训最关键的一环，项目经理及组员的选择决定了实训项目效果的最终高度。选择合适的人选、指定恰当的管理策略是实训项目顺利进行的基础。

实训中,项目经理一般是通过自荐或推荐的方式选拔出来,这样的人一般具有技术和管理的双重背景,同时要注意项目经理一定要有权威性,可以在项目陷入困难时提出可行性建议,在队员犹豫不决时给出方向。

11.2 提出并选择项目

项目选择对项目管理来说是非常关键的,可供项目团队选择的项目很多,但团队拥有的资源是有限的。不管项目可能的动因和选择项目依据的标准是什么,按照一定的逻辑程序来选择项目是非常重要的。本节将利用项目选择模型对备选项目进行评估和选择。

11.2.1 提出备选项目

根据企业发布的《2021年综合实训项目介绍》召开小组会议进行讨论,最终选择以下项目作为备选项目,其简介和应用技术见表11-5。

表 11-5 备选项目的简介及应用技术

备选项目	项目简介	应用技术
文献宝	针对开源的学术文献进行特定领域的分类梳理,可提供相应的信息查看,包括摘要、主题、作者,同时可以进行在线阅览,基于算法对文献的关联进行分析	① 网络爬虫; ② 大数据存储; ③ 大数据处理; ④ 文献分析
IT兼职小程序	针对IT垂直领域的兼职平台,平台提供保障,确保兼职人员和雇主双方的利益。通过该平台,雇主和兼职人员可以实现互相选择和评价,保证兼职信息的可靠性	① 网络爬虫; ② 大数据存储; ③ 大数据处理
社会职位变化分析工具	针对各大招聘平台发布的招聘信息进行爬取,对相关数据建模,预测职位的招取人数、所需专业和薪资水平,通过对爬取的数据做分析,输出职位变化报告	① 微信小程序; ② Node.js/Java Web

11.2.2 建立项目评价指标体系

项目指标的选取遵循系统性、科学性、客观性、独立性、实用性、可比性等原则。由于实训是为了提升个人能力与团队协作能力,并开发一个完整、亮眼的项目,最终选择难易程度、可实施性、可扩展性、项目价值、团队偏好5个维度作为评价指标,项目评价指标体系见表11-6。

表 11-6 项目评价指标体系

指标	选择理由	评分标准
难易程度	项目团队倾向于选择挑战性更大的项目	难度越大,得分越高
可实施性	所有项目均可实施,但由于一些项目做过,一些项目没做过,可借鉴经验的多少决定了项目可实施性的高低	可实施性越强,得分越高
可扩展性	良好的扩展性能够让项目内容更加丰富,以便后期可以加入其他功能模块	可扩展性越强,得分越高
项目价值	项目实际创造的价值是评价项目好坏的关键,一些已经被其他公司做过很多遍的项目,项目价值自然比较低	项目价值越大,得分越高
团队偏好	要根据小组成员的专业方向、个人偏好选择合适的项目	项目偏好越大,得分越高

11.2.3　评价与选择项目

对管理者来说,有很多可行的对备选项目进行评估和选择的模型,这些模型大多是定量的,而且相当复杂,很多企业都在尝试通过建立项目选择模型来帮助他们在一定时间和资金约束下做出最好的选择。

项目选择模型一般分为数学模型和非数学模型两类。数学模型的输入一般是数值,是一种定量的模型,常见的数学模型有评分模型、层次分析法等;非数学模型所依据的信息不是数值,而是一些能够影响企业运转的较为复杂的因素等,是一种定性的模型,常见的非数学模型有圣牛模型、组织需求模型等。

考虑到实训项目的选择和企业项目的选择标准不同,实训项目更倾向于各类能力的提升,企业项目倾向于盈利或达成某种战略。因此,实训的项目选择模型无须构建得过于复杂,选用加权因素评分模型即可。

结合项目评价指标体系,为指标赋权,每个指标的权重为0～1,所有指标的权重之和为1,单项打分为0～10分。

权重设置规则为:本项目是在实训背景下进行的,每个项目都是可实施的,本着锻炼技术能力的目的,难易程度是团队最看重的指标,故对"难易程度"赋权0.3;项目可实施性比难易程度权重稍小,但也较为重要,因为在项目开展过程中,有之前的经验可借鉴能更好地完善项目,故对"可实施性"赋权0.25;结合团队成员综合评价来看,组内对团队能力比较自信,对项目要求较高,希望项目有价值,同时希望可以扩展更多亮点功能,故对"项目价值"赋权0.2,对"可扩展性"赋权0.15;团队一致认为要考虑个人能力、心理素质等主观因素,故对"团队偏好"赋权最低,为0.1。综合以上权重,结合组内打分情况,得到加权评分结果,见表11-7。

表 11-7　项目加权评分结果

评价指标	权重	文献宝/分	IT 兼职小程序/分	社会职位分析变化工具/分
难易程度	0.30	9.00	7.00	7.00
可实施性	0.25	7.00	8.00	8.00
可扩展性	0.15	8.00	9.00	8.00
项目价值	0.20	9.00	6.00	7.00
团队偏好	0.10	9.00	7.00	8.00
总分	1.00	8.35	7.35	7.50

根据加权评分法的计算结果,团队最终选择综合评价分数最高(即8.35)的"文献宝"项目作为实际开发项目。

11.2.4　项目经理感想

项目选择在企业中是非常关键的,需要使用一些评价选择模型选择一个利润最大化的项目,但在实训过程中其实更多的是"兴趣导向",团队成员对哪个项目更感兴趣、更有热情就选择哪个。这是由于实训是以"成长"为目的的项目,无论哪个项目,在基础功能实现的基础上,可以充分发挥想象力来融合新技术、实现新功能。

11.3　项目启动

项目启动是正式授权项目组开始一个项目或继续到项目的下一个阶段。在有些组织中,需要先完成可行性分析或需求评估,有时还需要一个初步的计划,项目才能启动。本节将介绍项目立项的主要输出成果——项目章程,并对项目背景及干系人进行分析。

11.3.1　项目立项

项目立项的主要输出成果是项目章程。项目章程是用来正式确认项目存在并指明项目目标和管理人员的一种文件。主要的项目干系人要在项目章程上签字,以表示认可项目需求和目标。组内制定并发布项目章程,"文献宝"的项目章程如图 11-2 所示。

项目名称:"文献宝"文献查询分析系统

项目启动时间:2021年9月7日

计划完成时间:2021年12月24日

项目经理:小刘

项目目标:在2021年12月24日之前完成"文献宝"系统的开发、测试工作

项目预算:20万元

项目主要干系人

姓名	角色	职责
小刘	项目经理	负责开发团队的任务安排和人员管理
林老师	项目总负责人	安排知识补强、技术评审、项目验收
王老师	项目管理小组负责人	安排项目管理小组例会、记载表
杨老师	技术指导小组负责人	安排技术支持,审核实训效果并打分

项目干系人承诺并签字:

图 11-2　"文献宝"的项目章程

11.3.2　项目背景分析

项目背景分析包括资源、技术、人才、管理等基本信息,项目运作的可行性,项目的独特与创新分析等。本节将详细说明项目背景,包括项目名称、简介、系统开发中确定的功能模块和使用的开发方法。

1. 项目名称及简介

项目名称为"文献宝"文献查询分析系统。

项目简介:随着互联网的发展,文献的数量呈现出指数级上升的趋势。文献数量的爆炸式增长带来了一个问题:如何在海量文献中快速、准确地找到自己需要的文献?

目前主流的文献数据库检索功能十分强大,但局限性比较明显:用户交互体验较差、呈现的内容枯燥、检索难度较高、功能比较单一、对新手不够友好。目前大数据、机器学习、人工智能等技术蓬勃发展,各类算法不断涌现,使用这些技术能够极大地丰富产品功能,提升用户体验。

"文献宝"能够针对开源的学术文献进行特定领域的分类梳理,可以提供相应的信息查看,包括摘要、主题、作者,同时可以进行在线阅读,基于算法对于文献的关联性进行分析,通过用户点赞、评论等交互式设计,降低用户检索文献的难度,增强用户体验。

2. 项目的基本特征

项目的 7 个基本特征包括:特定目的、临时性、独特性、渐进明细、资源来自不同领域、应有一个主要客户或发起人、不确定性。表 11-8 对本项目的临时性、独特性、渐进明细基本特征进行了解读。

表 11-8 项目基本特征（部分）的解读

基 本 特 征	解 读
临时性	本项目自 2021 年 9 月 7 日开始,2021 年 12 月 24 日结束
独特性	本项目根据整合梳理开源文献的独特需求开发新产品
渐进明细	本项目随着项目的进程有需求分析、概要设计、详细设计等阶段

3. 系统的基本功能

"文献宝"系统的基本功能模块如图 11-3 所示。

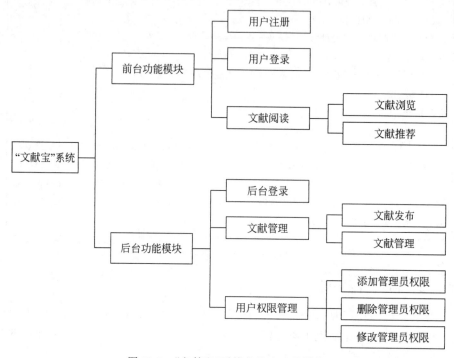

图 11-3 "文献宝"系统的基本功能模块

"文献宝"系统共分为两大功能模块：前台功能模块和后台功能模块,各模块的具体功能如表 11-9 所示。

表 11-9 "文献宝"各模块的功能

模 块		功 能
前台	用户注册	完成用户注册,录入用户的基本信息
	用户登录	用户输入账号和密码后进行登录
	文献浏览	通过文献分类查找,对感兴趣的文章进行浏览查看
	文献推荐	推送与该文章关联性高的其他文章
后台	后台登录	完成后台管理员的登录
	文献发布	将爬取的文献统一发布,基于文本挖掘算法直接生成分类、摘要等信息
	文献管理	进行文献管理,可对文章标题、摘要、分类等内容进行修改
	添加管理员权限	给注册用户添加管理员权限
	删除管理员权限	删除注册用户的管理员权限
	修改管理员权限	修改注册用户的管理员权限

4. 系统开发模型

常见的系统开发模型有：快速原型模型、增量模型、瀑布模型、螺旋模型等。由于本项目的实际开发时间只有 5 周左右，其中还包括知识补强等内容，并且由于实训需要，需要较多的文档类可交付成果以及准备项目验收，因此在本项目中采用瀑布模型进行系统开发，见图 11-4。

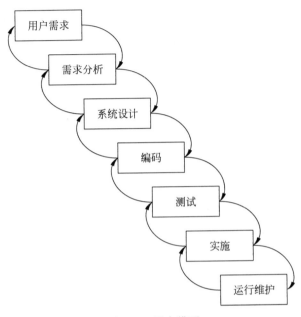

图 11-4 瀑布模型

瀑布模型为项目提供了按阶段划分的检查点，当前一阶段完成后，团队只需要去关注后续阶段；但其各个阶段的划分完全固定，阶段之间产生的大量文档，极大地增加了工作量。瀑布模型还通过过多的强制完成日期和里程碑来跟踪各个项目阶段，使用线性开发模型，导致用户只有等到整个过程的末期才能见到开发成果，不能很好地适应用户需求的变化，从而增加了开发风险。

在实训过程中，文档本身就作为实训的一部分可交付成果，可以安排专门的文档工程师来协调开发人员收集资料，安排开发计划，编写项目开发所需的各类文档，同时保证文档质量、安全；同时为了降低该模型线性开发所带来的开发风险，可以让企业老师安排不定期的技术评审，确保项目的顺利开发。

11.3.3 项目干系人分析

项目干系人是指受项目影响或能影响项目的任何个人、小组或组织。也可以说，与项目有直接或间接关系的任何个人、小组或组织，都是项目干系人。项目干系人分析是项目管理中的重要内容之一，目的是调动积极因素，化解消极影响，确保项目结果让项目干系人满意。

1. 项目干系人关系图

项目干系人关系如图 11-5 所示。

2. 项目干系人分析表

项目干系人分析表如表 11-10 所示。

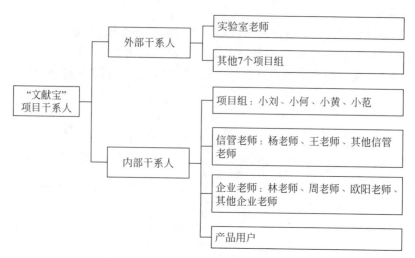

图 11-5 项目干系人关系

表 11-10 项目干系人分析表(部分)

分析维度	项目干系人						
	王老师	企业老师	小刘	小黄	小何	小范	其他小组
内部/外部	内部	内部	内部	内部	内部	内部	外部
所属组织	信管系	企业	项目组	项目组	项目组	项目组	其他项目组
项目角色	项目管理指导老师	指导老师	项目经理	项目组成员	项目组成员	项目组成员	无
特点或专长	项目管理经验丰富,多次带领学生开展专业训练	项目实操经验丰富,能够帮助解决各种技术问题	技术和管理能力强,善于沟通交流,认真负责	分析能力强,逻辑思维强,要求标准高,有上进心	做事细致认真,善于思考,善于听取意见并提出见解	善于互动,善于思考并发现问题,执行力强,注重细节	设计思路不同,通过交流可以开拓思路
关注度	很高	很高	很高	高	高	高	一般
权力	极高,有权终止项目	极高,有权终止项目	很高,直接关系到项目质量	高,难以替代	高,难以替代	高,难以替代	低
交往建议	多沟通、多征求其建议,定期向其汇报项目进展情况	多和企业导师交流,主动向老师提问,快速、高效解决遇到的问题	随时保持联系,倾听其对项目的意见,确保正确理解组长分配的任务	尊重其设计思想,前端后端及时交流	随时与前端开发及组长交流,及时解决出现的问题	高标准、严要求,工作认真、细致,多听取其分析建议及新观点	多与其他小组成员交流,取长补短

11.3.4　项目经理感想

在项目启动阶段,项目经理要理清基本的项目情况,对时间、成本、目标等做到心中有数,对项目雏形有初步的认识,对项目干系人有充分了解。实训开始前会组织实训启动会,启动会上所有项目干系人均会出现,项目干系人会对团队组建结果和项目选择情况进行询问,以了解实训开始前准备工作的情况。

11.4　制订项目范围管理计划

项目范围管理是明确界定项目范围包括什么与不包括什么,并确保项目范围所规定的工作得以顺利完成所需要的所有以分析、决策、组织、计划、控制为特征的管理活动。

11.4.1　制定 WBS 的过程

项目范围管理中最重要的就是进行项目范围定义,项目范围定义是指将项目主要的可交付成果细分成较小的更易管理的部分。在这个过程中项目组要建立一个工作分解结构(WBS)。WBS 是一种以结果为导向的分析方法,用于分析项目所涉及的工作,所有这些工作构成了项目的整个范围,而未列入 WBS 的工作是不应该做的。

11.4.2　选择制定 WBS 的方法

WBS 强调结构性和层次性。结构性是指制定 WBS 的方法,常见的制定 WBS 的方法有:使用指导方针、使用类比法、按照项目管理过程、按照项目生命周期等;层次性是指WBS 按照相关规则将项目可交付成果逐层分解开来,得到不同层次的工作单元,然后对项目单元再做进一步的分解,得到各个层次的活动单元。

软件开发项目通常选用按照项目生命周期来构建 WBS,该方法可以将从开始到结束的所有重要阶段作为第一层 WBS,阶段清晰,不会出现遗漏工作包的情况,然后将可交付成果、阶段评审点、里程碑、检查点所对应的任务名称依次加入 WBS 并进行整理,最后细分工作包直至工作完全分解。

11.4.3　确定项目生命周期和项目阶段

项目生命周期是指按照时间顺序先后衔接的项目阶段的集合。由于项目一次性的特点,其具有较大的不确定性,为便于管理,需要把项目按时间顺序划分成若干阶段,划分阶段后,可以在每个阶段结束时对项目状态进行评审,以确定其是否与计划的结果保持一致,并使其得到改进。对本项目来说,由于系统复杂度不高、业务逻辑较简单,因此采用传统项目生命周期即可,见图 11-6。

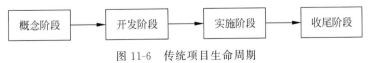

图 11-6　传统项目生命周期

根据传统项目周期及实训课表划分项目阶段,见表 11-11。

表 11-11 项目阶段划分表

项目生命周期	项 目 阶 段	
	Ⅰ层 WBS	重要的Ⅱ层 WBS
概念阶段	项目开始	
	项目启动	
开发阶段	项目管理计划	
实施阶段	基础训练	基础训练项目管理
		基础知识补强+练习
	专业训练	专业训练项目管理
		需求分析与概要设计
		系统设计
		编码实现
		系统测试
		项目验收
收尾阶段	项目收尾	
	项目结束	

11.4.4 确定可交付成果

项目可交付成果是一种产品或者服务,是在项目中一种具体可见的、可以进行验证的工作结果。可交付成果清单由老师给出,本节将对技术类、管理类可交付成果进行划分,见表 11-12。

表 11-12 可交付成果类型及包含的成果

可交付成果类型	序　　号	可交付成果
项目产品	1	系统设计
	2	原型设计
	3	数据库
	4	代码
	5	可完整演示的产品包
产品过程文档	6	项目启动报告
	7	需求分析报告
	8	系统设计报告
	9	迭代计划表
	10	Scrum 后台开发报告
	11	Scrum 前端开发报告
	12	BugList 表
	13	系统测试报告
	14	用户手册
	15	项目发布 PPT
	16	项目总结报告
	17	个人总结报告

续表

可交付成果类型	序　　号	可交付成果
管理过程文档	18	项目章程
	19	项目干系人分析报告
	20	项目管理框架分析表
	21	项目管理计划
	22	基础训练执行情况记载表
	23	基础训练执行情况汇总表
	24	基础训练总结
	25	专业训练执行情况记载表
	26	专业训练执行情况汇总表
	27	专业训练周总结
	28	挣值分析报告
	29	实训成效评估与分析报告

11.4.5　确定阶段评审点

阶段评审点是指每个项目阶段结束时,对该阶段的关键可交付成果,以及当前的项目执行情况进行审查。评审点可根据以下 3 种方式设定:每个项目阶段结束时设置评审点,即对该阶段的主要可交付成果进行评审;重要可交付成果完成时设置评审点,即对该可交付成果进行评审;综合设置评审点,即首先对每个项目阶段结束时设置评审点,再对某阶段中重要的可交付成果设置评审点。

本项目选择综合设置评审点,其中基础训练相当于巩固知识,可认为该阶段不属于项目的任何一个阶段,因此在项目启动阶段、项目管理计划阶段、专业训练阶段设定评审点,然后对其中的重要可交付成果设立评审点,见表 11-13。

表 11-13　阶段评审点

Ⅰ层 WBS	重要的Ⅱ层 WBS	任 务 名 称	评 审 点
项目开始			
项目启动		项目启动评审	项目启动评审
项目管理计划		管理计划评审	管理计划评审
基础训练	基础训练项目管理		
	基础知识补强＋练习		
专业训练	专业训练项目管理		
	需求分析与概要设计	数据库评审	数据库评审
		需求评审	需求评审
	系统设计	系统设计评审	系统设计评审
		挣值管理评审	挣值管理评审
	编码实现	基础功能评审	基础功能评审
		后台开发评审	后台开发评审
		前端开发评审	前端开发评审
	系统测试	系统测试	系统测试
	项目验收	项目验收与发布	项目评审
项目收尾			
项目结束			

11.4.6 确定里程碑

里程碑是项目进程中的重要标志,表示项目中主要可交付成果的完成。里程碑是计划阶段需要考虑的关键点,它既不占用时间也不消耗资源,它是具有零历时的重要事件。

设立里程碑的关键点在于有效分解目标,让项目成员清楚地看到目标,了解项目的进展,从而顺利交付产品。设定里程碑时,最好是将完成的功能设为里程碑,而不是以时间段来设置里程碑,同时要注意里程碑的设置要合理、清楚,并且要在团队内部达成共识。

首先,本项目作为实训项目,需要有正式的开始和结束时间,可以让大家清楚地意识到实训的开始和结束,因此在实训开始和结束两个时间点设置里程碑;其次,重要事件可以推动项目进展,因此在重要事件处设置里程碑;最后,重要工作完成后能够产生关键的可交付成果,在本项目中也可以把巩固基础知识和提升个人能力作为一种"无形的"可交付成果,因此在重要工作完成时设置里程碑,见表 11-14。

表 11-14　里程碑的设置

Ⅰ层 WBS	重要的Ⅱ层 WBS	任 务 名 称	里 程 碑
项目开始		项目开始	项目开始
项目启动		项目立项	项目立项
项目管理计划		计划通过	计划通过
基础训练	基础训练项目管理		
	基础知识补强＋练习	基础训练结束	基础训练结束
专业训练	专业训练项目管理		
	需求分析与概要设计		
	系统设计	挣值分析通过	挣值分析通过
	编码实现		
	系统测试	开发完成	开发完成
	项目验收	验收结束	验收结束
项目收尾			
项目结束		项目结束	项目结束

11.4.7 确定检查点

检查点是指在规定的时间间隔内对项目进行检查,比较实际现状与计划之间的差异,并根据差异进行调整。本节将根据设立检查点的原则确定检查点。

检查点可看作一个固定"采样"时间,而时间间隔根据项目周期长短不同而不同,频度过小会失去意义,频度过大会增加管理成本。本项目周期并不长,仅 5 周时间,因此检查点可根据检查内容在基础训练或专业训练阶段设置为每周一次或每日一次,见表 11-15。

表 11-15　检查点的设置

Ⅰ层 WBS	重要的Ⅱ层 WBS	任务名称	里程碑
项目开始			
项目启动			
项目管理计划			

续表

Ⅰ层 WBS	重要的Ⅱ层 WBS	任务名称	里程碑
基础训练	基础训练项目管理	每周记载	基础训练周记载
		每周点评	基础训练周点评
		每周汇总	基础训练周汇总
		每周小组例会	每周小组例会
	基础知识补强＋练习		
专业训练	专业训练项目管理	每日记载	综合训练日记载
		每日点评	综合训练日点评
		每日汇总	综合训练日汇总
		每周总结	综合训练周总结
		项目管理周例会	每周项目管理例会
		小组例会	每周小组例会
	需求分析与概要设计		
	系统设计		
	编码实现		
	系统测试		
	项目验收		
项目收尾			
项目结束			

11.4.8 综合重要任务

项目管理中的重要节点包括可交付成果、评审点、里程碑和检查点。本节将对重要任务按照项目阶段和逻辑顺序进行综合,初步制定 WBS,见表 11-16。

表 11-16 重要节点的设置

编号	任务名称	可交付成果	评审点	里程碑	检查点
1	项目开始			项目开始	
2	项目启动				
3	制定并发布项目章程	项目章程			
4	撰写项目启动报告	项目启动报告			
5	项目启动评审		项目启动评审		
6	项目立项			项目立项	
7	项目管理计划				
8	项目干系人分析	项目干系人分析报告			
9	项目管理框架分析	项目管理框架分析表			
10	制订项目管理计划	项目管理计划			
11	管理计划评审		管理计划评审		
12	计划通过			计划通过	
13	基础训练				
14	基础训练项目管理				
15	基础训练周记载	基础训练执行情况记载表			每周记载
16	基础训练周点评				每周点评

续表

编号	任 务 名 称	可交付成果	评审点	里程碑	检查点
17	基础训练周汇总	基础训练执行情况汇总表			每周汇总
18	每周小组例会				每周小组例会
19	基础知识补强＋练习				
20	撰写基础训练总结	基础训练总结			
21	基础训练结束			基础训练结束	
22	专业训练				
23	专业训练项目管理				
24	专业训练日记载	专业训练执行情况记载表			每日记载
25	专业训练日点评				每日点评
26	专业训练日汇总	专业训练执行情况汇总表			每日汇总
27	专业训练周总结	专业训练周总结			每周总结
28	每周项目管理例会				项目管理周例会
29	每日小组例会				小组例会
30	需求分析与概要设计				
31	数据库设计	数据库代码			
32	数据库评审		数据库评审		
33	撰写需求分析报告	项目需求分析报告			
34	需求评审		需求评审		
35	系统设计				
36	搭建项目框架并导入SVN(一个开放源代码的版本控制系统)	系统设计			
37	项目原型绘制	原型设计			
38	撰写系统设计报告	项目系统设计报告			
39	系统设计评审		系统设计评审		
40	撰写挣值分析报告	项目挣值分析报告			
41	挣值管理评审		挣值管理评审		
42	挣值分析通过,项目继续			挣值分析通过	
43	编码实现				
44	撰写迭代计划表	迭代计划表			
45	系统基础功能实现	基础功能代码			
46	基础功能评审		基础功能评审		
47	项目后台功能开发	后台功能代码			
48	撰写 Scrum 后台开发报告	Scrum 后台开发报告			
49	后台开发评审		后台开发评审		
50	项目前端功能开发	前端功能代码			
51	撰写 Scrum 前端开发报告	Scrum 前端开发报告			
52	前端开发评审		前端开发评审		
53	系统测试				
54	系统测试		系统测试		
55	开发完成			开发完成	
56	撰写系统测试报告	系统测试报告			

续表

编号	任务名称	可交付成果	评审点	里程碑	检查点
57	撰写 BugList 表	BugList 表			
58	撰写用户手册	用户手册			
59	项目验收				
60	制作可完整演示的产品包	可完整演示的产品包			
61	制作项目发布 PPT	项目发布 PPT			
62	撰写项目总结报告	项目总结报告			
63	撰写个人总结报告	个人总结报告			
64	项目验收与发布		项目评审		
65	验收结束			验收结束	
66	项目收尾				
67	撰写项目成效评估与分析报告	项目成效评估与分析报告			
68	项目结束			项目结束	

11.4.9 确定细分子任务

除重要任务外，制定 WBS 时还需要确定细分子任务，本案例中细分子任务的定义为：重要任务的分解或除重要任务外其他必须做的事情。如重要任务"制订项目管理计划"可以细分为项目范围管理计划、项目进度管理计划、项目成本管理计划、项目质量管理计划等子任务。确定细分子任务后，本项目的 WBS 见表 11-17。

表 11-17 WBS

1	项目开始	3.3.7	项目风险管理计划
2	项目启动	3.3.8	项目集成管理计划
2.1	组建团队	3.4	管理计划评审
2.2	选择项目	3.5	计划通过
2.3	制定并发布项目章程	4	基础训练
2.4	项目评估(团队、风险)	4.1	基础训练项目管理
2.5	撰写项目启动报告	4.1.1	基础训练周记载
2.6	项目启动评审	4.1.2	基础训练周点评
2.7	项目立项	4.1.3	基础训练周汇总
3	项目管理计划	4.1.4	每周小组例会
3.1	项目干系人分析	4.2	基础知识补强+练习
3.2	项目管理框架分析	4.2.1	HTML 及 DOM 基础
3.3	制订项目管理计划	4.2.2	CSS 基础
3.3.1	项目范围管理计划	4.2.3	BootStrap 框架
3.3.2	项目进度管理计划	4.2.4	Spring Boot 基础
3.3.3	项目成本管理计划	4.2.5	列表功能实现
3.3.4	项目质量管理计划	4.2.6	添加功能实现
3.3.5	项目人力资源管理计划	4.2.7	删除功能实现
3.3.6	项目沟通管理计划	4.2.8	修改功能实现

4.2.9　撰写基础训练总结	5.4.4　项目后台功能开发
4.2.10　基础训练结束	5.4.4.1　数据分析模块开发
5　专业训练	5.4.4.2　用户管理模块开发
5.1　专业训练项目管理	5.4.4.3　文献管理模块开发
5.1.1　专业训练日记载	5.4.4.4　互助管理模块开发
5.1.2　专业训练日点评	5.4.5　撰写 Scrum 后台开发报告
5.1.3　专业训练日汇总	5.4.6　后台开发评审
5.1.4　专业训练周总结	5.4.7　项目前端功能开发
5.1.5　每周项目管理例会	5.4.7.1　首页模块开发
5.1.6　每日小组例会	5.4.7.2　文献分类模块开发
5.2　需求分析与概要设计	5.4.7.3　文献互助模块开发
5.2.1　项目需求导入	5.4.7.4　用户中心模块开发
5.2.2　项目需求分析	5.4.8　撰写 Scrum 前端开发报告
5.2.3　SVN 团队开发工具使用	5.4.9　前端开发评审
5.2.4　Axure Pro 基础	5.4.10　编码整合
5.2.5　绘制项目草图	5.5　系统测试
5.2.6　数据库设计	5.5.1　整体流程功能性测试
5.2.7　数据库评审	5.5.2　初步系统测试
5.2.8　撰写需求分析报告	5.5.3　细节完善
5.2.9　需求评审	5.5.4　系统测试
5.3　系统设计	5.5.5　开发完成
5.3.1　搭建项目框架并导入 SVN	5.5.6　撰写系统测试报告
5.3.2　项目模板分解	5.5.7　撰写 BugList 表
5.3.3　项目原型绘制	5.5.8　撰写用户手册
5.3.4　撰写系统设计报告	5.6　项目验收
5.3.5　系统设计评审	5.6.1　制作可完整演示的产品包
5.3.6　挣值分析	5.6.2　制作项目发布 PPT
5.3.7　撰写挣值分析报告	5.6.3　撰写项目总结报告
5.3.8　挣值管理评审	5.6.4　撰写个人总结报告
5.3.9　挣值分析通过,项目继续	5.6.5　项目验收与发布
5.4　编码实现	5.6.6　验收结束
5.4.1　撰写迭代计划表	6　项目收尾
5.4.2　系统基础功能实现	6.1　整理并提交项目成果
5.4.2.1　项目登录功能实现	6.2　项目成效评估与分析
5.4.2.2　项目权限功能实现	6.3　撰写项目成效评估与分析报告
5.4.2.3　项目各权限下菜单功能实现	7　项目结束
5.4.3　基础功能评审	

11.4.10　确定项目范围基线

项目范围基线包括范围说明书、WBS 和 WBS 词典。根据表 11-17,使用 Microsoft Project 软件确定项目范围基线,见图 11-7～图 11-11。

由图 11-7～图 11-11 可以看出:

(1) 项目范围基线的层次关系清晰,通过大纲编号可清楚了解任务层级。

	任务模式	任务名称	工期	开始时间	完成时间	前	21年9月5日 一 二 三
0		⊟ 信息系统开发实训项目管理	**1 day**	**2021年9月7日**	**2021年9月8日**		
1		1 项目开始	1 day	2021年9月7日	2021年9月8日		
2		⊟ 2 项目启动	1 day	2021年9月7日	2021年9月8日		
3		2.1 组建团队	1 day	2021年9月7日	2021年9月8日		
4		2.2 选择项目	1 day	2021年9月7日	2021年9月8日		
5		2.3 制定并发布项目章程	1 day	2021年9月7日	2021年9月8日		
6		2.4 项目评估（团队、风险）	1 day	2021年9月7日	2021年9月8日		
7		2.5 撰写项目启动报告	1 day	2021年9月7日	2021年9月8日		
8		2.6 项目启动评审	1 day	2021年9月7日	2021年9月8日		
9		2.7 项目立项	1 day	2021年9月7日	2021年9月8日		
10		⊟ 3 项目管理计划	1 day	2021年9月7日	2021年9月8日		
11		3.1 项目干系人分析	1 day	2021年9月7日	2021年9月8日		
12		3.2 项目管理框架分析	1 day	2021年9月7日	2021年9月8日		
13		⊟ 3.3 制订项目管理计划	1 day	2021年9月7日	2021年9月8日		
14		3.3.1 项目范围管理计划	1 day	2021年9月7日	2021年9月8日		
15		3.3.2 项目进度管理计划	1 day	2021年9月7日	2021年9月8日		
16		3.3.3 项目成本管理计划	1 day	2021年9月7日	2021年9月8日		
17		3.3.4 项目质量管理计划	1 day	2021年9月7日	2021年9月8日		
18		3.3.5 项目人力资源管理计划	1 day	2021年9月7日	2021年9月8日		
19		3.3.6 项目沟通管理计划	1 day	2021年9月7日	2021年9月8日		
20		3.3.7 项目风险管理计划	1 day	2021年9月7日	2021年9月8日		
21		3.3.8 项目集成管理计划	1 day	2021年9月7日	2021年9月8日		
22		3.4 管理计划评审	1 day	2021年9月7日	2021年9月8日		
23		3.5 计划通过	1 day	2021年9月7日	2021年9月8日		

图 11-7 项目范围基线-1

	任务模式	任务名称	工期	开始时间	完成时间	前	21年9月5日 一 二 三
24		⊟ 4 基础训练	1 day	2021年9月7日	2021年9月8日		
25		⊟ 4.1 基础训练项目管理	1 day	2021年9月7日	2021年9月8日		
26		4.1.1 基础训练周记载	1 day	2021年9月7日	2021年9月8日		
27		4.1.2 基础训练周点评	1 day	2021年9月7日	2021年9月8日		
28		4.1.3 基础训练周汇总	1 day	2021年9月7日	2021年9月8日		
29		4.1.4 每周小组例会	1 day	2021年9月7日	2021年9月8日		
30		⊟ 4.2 基础知识补强+练习	1 day	2021年9月7日	2021年9月8日		
31		4.2.1 HTML及DOM基础	1 day	2021年9月7日	2021年9月8日		
32		4.2.2 CSS基础	1 day	2021年9月7日	2021年9月8日		
33		4.2.3 BootStrap框架	1 day	2021年9月7日	2021年9月8日		
34		4.2.4 Spring Boot基础	1 day	2021年9月7日	2021年9月8日		
35		4.2.5 列表功能实现	1 day	2021年9月7日	2021年9月8日		
36		4.2.6 添加功能实现	1 day	2021年9月7日	2021年9月8日		
37		4.2.7 删除功能实现	1 day	2021年9月7日	2021年9月8日		
38		4.2.8 修改功能实现	1 day	2021年9月7日	2021年9月8日		
39		4.2.9 撰写基础训练总结	1 day	2021年9月7日	2021年9月8日		
40		4.2.10 基础训练结束	1 day	2021年9月7日	2021年9月8日		
41		⊟ 5 专业训练	1 day	2021年9月7日	2021年9月8日		
42		⊟ 5.1 专业训练项目管理	1 day	2021年9月7日	2021年9月8日		
43		5.1.1 专业训练日记载	1 day	2021年9月7日	2021年9月8日		
44		5.1.2 专业训练日点评	1 day	2021年9月7日	2021年9月8日		
45		5.1.3 专业训练日汇总	1 day	2021年9月7日	2021年9月8日		
46		5.1.4 专业训练周总结	1 day	2021年9月7日	2021年9月8日		
47		5.1.5 每周项目管理例会	1 day	2021年9月7日	2021年9月8日		
48		5.1.6 每日小组例会	1 day	2021年9月7日	2021年9月8日		

图 11-8 项目范围基线-2

	任务模式	任务名称	工期	开始时间	完成时间	前	21年9月5日
49		⊟5.2 需求分析与概要设计	1 day	2021年9月7日	2021年9月8日		
50		5.2.1 项目需求导入	1 day	2021年9月7日	2021年9月8日		
51		5.2.2 项目需求分析	1 day	2021年9月7日	2021年9月8日		
52		5.2.3 SVN团队开发工具使用	1 day	2021年9月7日	2021年9月8日		
53		5.2.4 Axure Pro基础	1 day	2021年9月7日	2021年9月8日		
54		5.2.5 绘制项目草图	1 day	2021年9月7日	2021年9月8日		
55		5.2.6 数据库设计	1 day	2021年9月7日	2021年9月8日		
56		5.2.7 数据库评审	1 day	2021年9月7日	2021年9月8日		
57		5.2.8 撰写需求分析报告	1 day	2021年9月7日	2021年9月8日		
58		5.2.9 需求评审	1 day	2021年9月7日	2021年9月8日		
59		⊟5.3 系统设计	1 day	2021年9月7日	2021年9月8日		
60		5.3.1 搭建项目框架并导入SVN	1 day	2021年9月7日	2021年9月8日		
61		5.3.2 项目模板分解	1 day	2021年9月7日	2021年9月8日		
62		5.3.3 项目原型绘制	1 day	2021年9月7日	2021年9月8日		
63		5.3.4 撰写系统设计报告	1 day	2021年9月7日	2021年9月8日		
64		5.3.5 系统设计评审	1 day	2021年9月7日	2021年9月8日		
65		5.3.6 挣值分析	1 day	2021年9月7日	2021年9月8日		
66		5.3.7 撰写挣值分析报告	1 day	2021年9月7日	2021年9月8日		
67		5.3.8 挣值管理评审	1 day	2021年9月7日	2021年9月8日		
68		5.3.9 挣值分析通过，项目继续	1 day	2021年9月7日	2021年9月8日		

图 11-9　项目范围基线-3

	任务模式	任务名称	工期	开始时间	完成时间	前	21年9月5日
69		⊟5.4 编码实现	1 day	2021年9月7日	2021年9月8日		
70		5.4.1 撰写迭代计划表	1 day	2021年9月7日	2021年9月8日		
71		⊟5.4.2 系统基础功能实现	1 day	2021年9月7日	2021年9月8日		
72		5.4.2.1 项目登录功能实现	1 day	2021年9月7日	2021年9月8日		
73		5.4.2.2 项目权限功能实现	1 day	2021年9月7日	2021年9月8日		
74		5.4.2.3 项目各权限下菜单功能实现	1 day	2021年9月7日	2021年9月8日		
75		5.4.3 基础功能评审	1 day	2021年9月7日	2021年9月8日		
76		⊟5.4.4 项目后台功能开发	1 day	2021年9月7日	2021年9月8日		
77		5.4.4.1 数据分析模块开发	1 day	2021年9月7日	2021年9月8日		
78		5.4.4.2 用户管理模块开发	1 day	2021年9月7日	2021年9月8日		
79		5.4.4.3 文献管理模块开发	1 day	2021年9月7日	2021年9月8日		
80		5.4.4.4 互助管理模块开发	1 day	2021年9月7日	2021年9月8日		
81		5.4.5 撰写Scrum后台开发报告	1 day	2021年9月7日	2021年9月8日		
82		5.4.6 后台开发评审	1 day	2021年9月7日	2021年9月8日		
83		⊟5.4.7 项目前端功能开发	1 day	2021年9月7日	2021年9月8日		
84		5.4.7.1 首页模块开发	1 day	2021年9月7日	2021年9月8日		
85		5.4.7.2 文献分类模块开发	1 day	2021年9月7日	2021年9月8日		
86		5.4.7.3 文献互助模块开发	1 day	2021年9月7日	2021年9月8日		
87		5.4.7.4 用户中心模块开发	1 day	2021年9月7日	2021年9月8日		
88		5.4.8 撰写Scrum前端开发报告	1 day	2021年9月7日	2021年9月8日		
89		5.4.9 前端开发评审	1 day	2021年9月7日	2021年9月8日		
90		5.4.10 编码整合	1 day	2021年9月7日	2021年9月8日		

图 11-10　项目范围基线-4

	任务模式	任务名称	工期	开始时间	完成时间	前	21年9月5日
91		⊟5.5 系统测试	1 day	2021年9月7日	2021年9月8日		
92		5.5.1 整体流程功能性测试	1 day	2021年9月7日	2021年9月8日		
93		5.5.2 初步系统测试	1 day	2021年9月7日	2021年9月8日		
94		5.5.3 细节完善	1 day	2021年9月7日	2021年9月8日		
95		5.5.4 系统测试	1 day	2021年9月7日	2021年9月8日		
96		5.5.5 开发完成	1 day	2021年9月7日	2021年9月8日		
97		5.5.6 撰写系统测试报告	1 day	2021年9月7日	2021年9月8日		
98		5.5.7 撰写BugList表	1 day	2021年9月7日	2021年9月8日		
99		5.5.8 撰写用户手册	1 day	2021年9月7日	2021年9月8日		
100		⊟5.6 项目验收	1 day	2021年9月7日	2021年9月8日		
101		5.6.1 制作可完整演示的产品包	1 day	2021年9月7日	2021年9月8日		
102		5.6.2 制作项目发布PPT	1 day	2021年9月7日	2021年9月8日		
103		5.6.3 撰写项目总结报告	1 day	2021年9月7日	2021年9月8日		
104		5.6.4 撰写个人总结报告	1 day	2021年9月7日	2021年9月8日		
105		5.6.5 项目验收与发布	1 day	2021年9月7日	2021年9月8日		
106		5.7 验收结束	1 day	2021年9月7日	2021年9月8日		
107		⊟6 项目收尾	1 day	2021年9月7日	2021年9月8日		
108		6.1 整理并提交项目成果	1 day	2021年9月7日	2021年9月8日		
109		6.2 项目成效评估与分析	1 day	2021年9月7日	2021年9月8日		
110		6.3 撰写项目成效评估与分析报告	1 day	2021年9月7日	2021年9月8日		
111		7 项目结束	1 day	2021年9月7日	2021年9月8日		

图 11-11　项目范围基线-5

（2）摘要任务和子任务是相对的概念，摘要任务是指包含子任务的任务，是分级任务中的上级任务。

（3）项目过程中实际完成的是工作包，WBS的最底层工作任务即为工作包。

（4）活动是由工作包分解而来的，是实现工作包所需的具体工作。

11.4.11　项目经理感想

项目范围基线是项目管理计划的重要组成部分，确定了项目团队在项目中需要做什么，不需要做什么。项目团队要对项目生命周期有明确的划分，明确何时进入下一个阶段，下一个阶段有什么重要任务。在实训过程中，可交付成果对项目团队是至关重要的，进度拖延、大打折扣等情况的出现极有可能是因为团队成员的可交付成果意识不强。

11.5　制订项目进度管理计划

项目进度管理是指在项目的进程中，为了确保项目能在规定的时间内实现相应的目标，对项目活动进度及日程安排所进行的管理过程。

11.5.1　制定进度基线的过程

对项目进行进度管理就是在规定的时间内，制订出合理的进度计划，然后在该计划的执行过程中，检查实际进度是否与进度计划相一致，若出现偏差，便要及时查找原因，采取必要的措施。如有必要，还要调整原进度计划，从而保证项目按时完成。项目进度基线主要通过以下步骤来实现。

（1）确定依赖关系：依据 WBS 以及历史资料（如实训课表）确定 WBS 中活动的依赖关系，以此形成网络图。

（2）估计活动工期：利用实训课表等各种信息估计活动工期。

（3）进度计划编制：输入 Microsoft Project 软件自动确定每个活动的开始和完成时间。

（4）进度计划控制：按照进度计划对项目中的实际进展情况进行实时控制。

11.5.2　确定依赖关系

确定依赖关系是指对 WBS 的最底层活动进行评估，然后确定各活动之间的依赖关系。确定依赖关系的原则有如下 3 类：强制依赖关系、自由依赖关系和外部依赖关系。

强制依赖关系是指项目工作中固有的依赖关系，通常由实际限制条件所致，一般是物理或技术上的。自由依赖关系是指由项目团队确定的依赖关系，一般取决于某专门领域的最佳实践或者项目团队习惯采用的依赖关系。外部依赖关系是指项目活动与非项目活动之间的依赖关系，需要来自项目队伍之外其他地方的输入。

基于以上确定依赖关系的原则，可以将各项活动之间的关系分为 4 种类型：完成-开始、开始-开始、完成-完成、开始-完成。本项目中只用到完成-开始关系（Finish-to-Start，FS），见图 11-12。

图 11-12 中，任务 A 和任务 B 是完成-开始关系，则称任务 A 是任务 B 的前置任务，也称紧前任务；任务 B 是任务 A 的后续任务，也称紧后任务。在此活动关系中，由于项目分工不同，会出现并行关系和串行关系，见图 11-13。

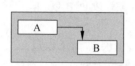

图 11-12　完成-开始关系图示

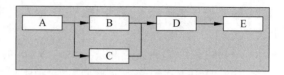

图 11-13　串、并行关系图示

图 11-13 中,任务 B 和任务 C 为并行关系,任务 D 和任务 E 为串行关系。

本项目中如"组建团队"和"选择项目"就是强制依赖关系,只有先"组建团队",才能"选择项目";再如"前端功能开发"和"撰写 Scrum 后台开发报告""撰写 Scrum 前端开发报告"就是自由依赖关系,"前端功能开发"完成后,可以根据实际分工情况等因素自由安排先完成哪一项任务或者并行完成。

11.5.3　估计活动工期

活动工期在本项目中即每项工作包的工期,以工作日为单位进行估计,估计依据是课程安排和实训课表等资料。估计工期的规则有:只为最底层活动估计工期;里程碑任务工期为 0;摘要任务工期不需要估计,子任务工期确定后会自动计算摘要任务工期。

结合实际情况来看,实训周期非常短,仅有 5 周时间,WBS 分解得到的工作包为 111 项,这是一个比较恰当的数量,如果分解过细,可能在实训进行的过程中增加将每个工作包都完成的难度,容易"矫枉过正";并且对活动周期的估计也比较紧凑。工期及前置任务的设置见表 11-18,周期任务子任务已省略。

表 11-18　工期及前置任务的设置

序号	任务名称	工期	前置任务
0	信息系统开发实训项目管理	95.5 days	
1	1　项目开始	0 day	
2	2　项目启动	10 days	
3	2.1　组建团队	3 days	1
4	2.2　选择项目	3 days	3
5	2.3　制定并发布项目章程	1 day	4
6	2.4　项目评估(团队、风险)	1 day	5
7	2.5　撰写项目启动报告	1 day	6
8	2.6　项目启动评审	1 day	7
9	2.7　项目立项	0 day	8
10	3　项目管理计划	51 days	
11	3.1　项目干系人分析	1 day	9
12	3.2　项目管理框架分析	1 day	11
13	3.3　制订项目管理计划	48 days	
14	3.3.1　项目范围管理计划	6 days	12
15	3.3.2　项目进度管理计划	6 days	14
16	3.3.3　项目成本管理计划	6 days	15
17	3.3.4　项目质量管理计划	6 days	16
18	3.3.5　项目人力资源管理计划	6 days	17
19	3.3.6　项目沟通管理计划	6 days	18

续表

序 号	任 务 名 称	工 期	前 置 任 务
20	3.3.7 项目风险管理计划	6 days	19
21	3.3.8 项目集成管理计划	6 days	20
22	3.4 管理计划评审	1 day	21
23	3.5 计划通过	0 day	22
24	4 基础训练	5 days	
25	4.1 基础训练项目管理	1.2 days	
26	4.1.1 基础训练周记载	0.1 day	
28	4.1.2 基础训练周点评	0.1 day	
30	4.1.3 基础训练周汇总	0.1 day	
32	4.1.4 每周小组例会	0.2 day	
34	4.2 基础知识补强＋练习	5 days	
35	4.2.1 HTML 及 DOM 基础	0.5 day	23
36	4.2.2 CSS 基础	0.5 day	35
37	4.2.3 BootStrap 框架	0.5 day	36
38	4.2.4 Spring Boot 基础	0.5 day	37
39	4.2.5 列表功能实现	0.5 day	38
40	4.2.6 添加功能实现	0.5 day	39
41	4.2.7 删除功能实现	0.5 day	40
42	4.2.8 修改功能实现	0.5 day	41
43	4.2.9 撰写基础训练总结	1 day	42
44	4.2.10 基础训练结束	0 day	43
45	5 专业训练	27.5 days	
46	5.1 专业训练项目管理	23.2 days	
47	5.1.1 专业训练日记载	23.1 days	
72	5.1.2 专业训练日点评	19.1 days	
93	5.1.3 专业训练日汇总	19.1 days	
114	5.1.4 专业训练周总结	18.1 days	
119	5.1.5 每周项目管理例会	18.2 days	
124	5.1.6 每日小组例会	23.1 days	
149	5.2 需求分析与概要设计	4.5 days	
150	5.2.1 项目需求导入	0.5 day	44
151	5.2.2 项目需求分析	0.5 day	150
152	5.2.3 SVN 团队开发工具使用	0.5 day	151
153	5.2.4 Axure Pro 基础	0.5 day	152
154	5.2.5 绘制项目草图	0.5 day	153
155	5.2.6 数据库设计	0.5 day	154
156	5.2.7 数据库评审	0.5 day	155
157	5.2.8 撰写需求分析报告	0.5 day	156
158	5.2.9 需求评审	0.5 day	157
159	5.3 系统设计	4 days	
160	5.3.1 搭建项目框架并导入 SVN	0.5 day	158
161	5.3.2 项目模板分解	0.5 day	160

续表

序号	任务名称	工　期	前置任务
162	5.3.3　项目原型绘制	0.5 day	161
163	5.3.4　撰写系统设计报告	0.5 day	162
164	5.3.5　系统设计评审	0.5 day	163
165	5.3.6　挣值分析	0.5 day	164
166	5.3.7　撰写挣值分析报告	0.5 day	165
167	5.3.8　挣值管理评审	0.5 day	166
168	5.3.9　挣值分析通过,项目继续	0 day	167
169	5.4　编码实现	13 days	
170	5.4.1　撰写迭代计划表	1 day	168
171	5.4.2　系统基础功能实现	1.5 days	
172	5.4.2.1　项目登录功能实现	0.5 day	170
173	5.4.2.2　项目权限功能实现	0.5 day	172
174	5.4.2.3　项目各权限下菜单功能实现	0.5 day	173
175	5.4.3　基础功能评审	0.5 day	174
176	5.4.4　项目后台功能开发	3 days	
177	5.4.4.1　数据分析模块开发	3 days	175
178	5.4.4.2　用户管理模块开发	3 days	175
179	5.4.4.3　文献管理模块开发	3 days	175
180	5.4.4.4　互助管理模块开发	3 days	175
181	5.4.5　撰写 Scrum 后台开发报告	1 day	177、178、179、180
182	5.4.6　后台开发评审	0.5 day	181
183	5.4.7　项目前端功能开发	3 days	
184	5.4.7.1　首页模块开发	3 days	182
185	5.4.7.2　文献分类模块开发	3 days	182
186	5.4.7.3　文献互助模块开发	3 days	182
187	5.4.7.4　用户中心模块开发	3 days	182
188	5.4.8　撰写 Scrum 前端开发报告	1 day	184、185、186、187
189	5.4.9　前端开发评审	0.5 day	188
190	5.4.10　编码整合	1 day	189
191	5.5　系统测试	4 days	
192	5.5.1　整体流程功能性测试	0.5 day	190
193	5.5.2　初步系统测试	0.5 day	192
194	5.5.3　细节完善	0.5 day	193
195	5.5.4　系统测试	0.5 day	194
196	5.5.5　开发完成	0 day	195
197	5.5.6　撰写系统测试报告	1 day	196
198	5.5.7　撰写 BugList 表	1 day	197
199	5.5.8　撰写用户手册	1 day	197
200	5.6　项目验收	2 days	
201	5.6.1　制作可完整演示的产品包	0.5 day	198、199
202	5.6.2　制作项目发布 PPT	0.5 day	201
203	5.6.3　撰写项目总结报告	0.5 day	202

续表

序号	任 务 名 称	工 期	前 置 任 务
204	5.6.4 撰写个人总结报告	0.5 day	202
205	5.6.5 项目验收与发布	0.5 day	203、204
206	5.6.6 验收结束	0 day	205
207	6 项目收尾	2 days	
208	6.1 整理并提交项目成果	1 day	206
209	6.2 项目成效评估与分析	0.5 day	208
210	6.3 撰写项目成效评估与分析报告	0.5 day	209
211	7 项目结束	0 day	210

由表 11-18 可见，除周期任务外其他最底层任务都设置了前置任务，使用 Microsoft Project 软件设置周期任务时，可以确定周期任务的开始和结束时间，因此并未对周期任务设置紧前任务和紧后任务。

11.5.4 确定项目进度基线

将全部依赖关系和工期输入 Microsoft Project 软件中，得到项目进度基线，见图 11-14～图 11-18，其中关键任务的字体颜色为红色。

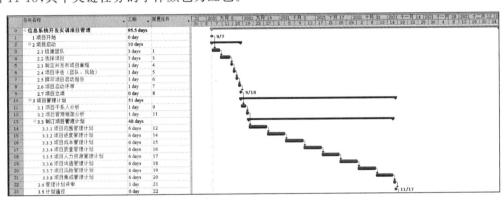

图 11-14 Microsoft Project 项目进度管理-1

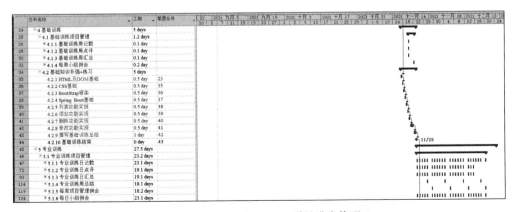

图 11-15 Microsoft Project 项目进度管理-2

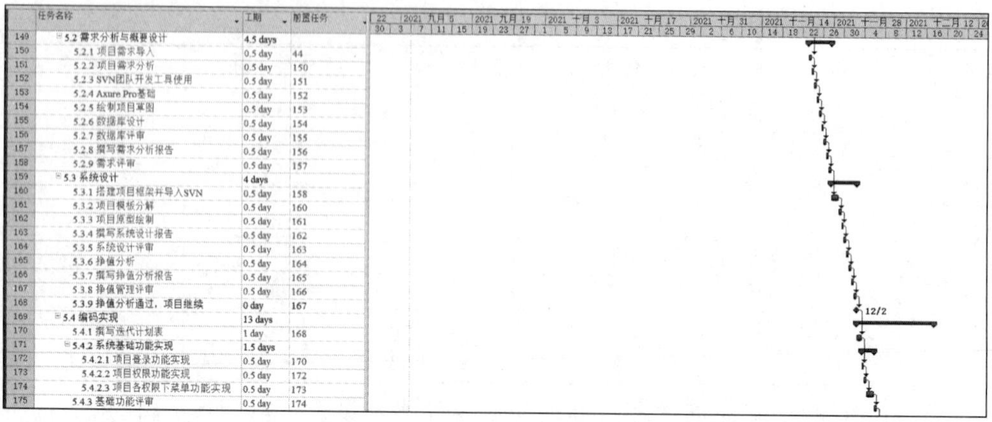

图 11-16　Microsoft Project 项目进度管理-3

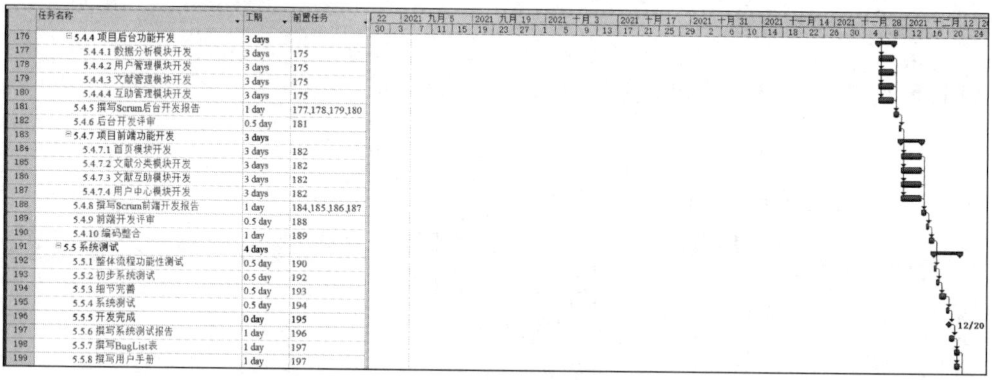

图 11-17　Microsoft Project 项目进度管理-4

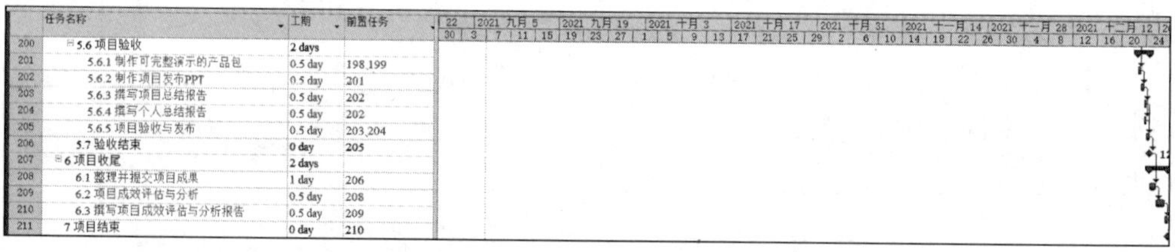

图 11-18　Microsoft Project 项目进度管理-5

从图 11-14～图 11-18 可以看出：

（1）总工期为 95.5 天，2021 年 9 月 7 日开始，2021 年 12 月 27 日结束。

（2）项目关键路径由软件自动生成，在 Microsoft Project 中显示关键路径，软件将会把关键路径对应活动的字体和甘特图中条形图的颜色设置为红色。

11.5.5　构建前导式网络图

前导式网络图中用方框表示活动，箭头表示活动之间的关系。通过 Microsoft Project 软件得到项目管理进度基线，其中各活动的时差和关键路径都是软件自动计算出来的，也可以通过网络图的参数标号法手动进行计算。网络图反映项目活动之间的逻辑关系或顺序表达，本节将采用前导式网络图绘制Ⅱ级 WBS 的网络图，并使用参数标号法确定活动的 ES 时间、EF 时间、LS 时间以及 LF 时间，并通过 ES、EF、LS、LF 时间计算总时差。Ⅱ级 WBS

的任务代号、工期、前置任务见表 11-19,Ⅱ级 WBS 的网络图见图 11-19,图中任务的左上角为 ES 时间、右上角为 EF 时间、左下角为 LS 时间、右下角为 LF 时间。

表 11-19 Ⅱ级 WBS 的任务代号、工期、前置任务

序号	任务代号	任务名称(Ⅱ级 WBS)	工期	前置任务
1	A	组建团队	3	
2	B	选择项目	3	A
3	C	制定并发布项目章程	1	B
4	D	项目评估(团队、风险)	1	C
5	E	撰写项目启动报告	1	D
6	F	项目启动评审	1	E
7	G	项目干系人分析	1	F
8	H	项目管理框架分析	1	G
9	I	制订项目管理计划	48	H
10	J	管理计划评审	1	I
11	K	基础训练项目管理	1.2	J
12	L	基础知识补强+练习	5	J
13	M	专业训练项目管理	23.2	K、L
14	N	需求分析与概要设计	4.5	K、L
15	O	系统设计	4	N
16	P	编码实现	13	O
17	Q	系统测试	4	P
18	R	项目验收	2	Q
19	S	整理并提交项目成果	1	R
20	T	项目成效评估与分析	0.5	S
21	U	撰写项目成效评估与分析报告	0.5	T

11.5.6 关键路径分析

项目的关键路径是指决定该项目最早完成时间的一系列活动,由一组顺序相连的活动或任务组成,它是网络图中最长的路径。一个项目网络图可能包含多条关键路径,并且随着项目的推进,关键路径也可能发生变化。在进行关键路径分析时,常常使用参数标号法,它不仅能找到关键路径,还能计算各项活动的开始时间、完成时间、总时差和自由时差。

ES、EF 时间一般采用正推法来计算,即按照正向时间顺序来计算活动的 ES 时间和 EF 时间。LS、LF 时间一般采用逆推法来计算,即按照逆向时间顺序来计算活动的 LS 时间和 LF 时间。图 11-19 通过计算已经得到的各项活动的 ES、EF、LS、LF 时间,可以知道哪些活动具有一定的时间伸缩范围,哪些活动没有任何变动的余地,即自由时差和总时差。

总时差是指在不延误项目完成时间的情况下,一项活动从其最早时间算起,可以延迟的时间。总时差为 0 的各项活动组成的路径即为关键路径。总时差的计算公式为:

$$TS = LS - ES = LF - EF$$

自由时差是只可以在不推迟任何后续活动 ES 时间的情况下,本活动可以推迟的时间。一般情况下 FS≤TS。只有在至少两项活动指向同一活动时,才存在自由时差,否则自由时差为 0。自由时差的计算公式为:

$$FS = 后续活动的 ES 时间 - 本活动的 EF 时间$$

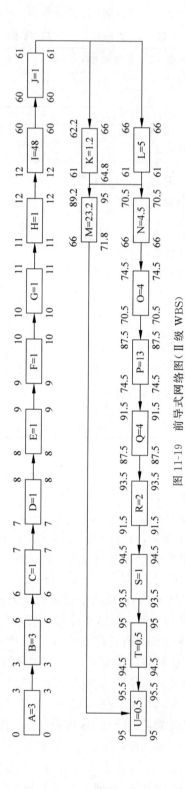

图 11-19 前导式网络图（Ⅱ级 WBS）

计算Ⅱ级WBS的总时差和自由时差并确定关键活动如表11-20所示。

表 11-20　确定时差和关键活动

序号	任务代号	任务名称（Ⅱ级 WBS）	总时差/天	自由时差/天	是否为关键活动
1	A	组建团队	0.0	0.0	是
2	B	选择项目	0.0	0.0	是
3	C	制定并发布项目章程	0.0	0.0	是
4	D	项目评估（团队、风险）	0.0	0.0	是
5	E	撰写项目启动报告	0.0	0.0	是
6	F	项目启动评审	0.0	0.0	是
7	G	项目干系人分析	0.0	0.0	是
8	H	项目管理框架分析	0.0	0.0	是
9	I	制订项目管理计划	0.0	0.0	是
10	J	管理计划评审	0.0	0.0	是
11	K	基础训练项目管理	3.8	3.8	否
12	L	基础知识补强＋练习	0.0	0.0	是
13	M	专业训练项目管理	5.8	5.8	否
14	N	需求分析与概要设计	0.0	0.0	是
15	O	系统设计	0.0	0.0	是
16	P	编码实现	0.0	0.0	是
17	Q	系统测试	0.0	0.0	是
18	R	项目验收	0.0	0.0	是
19	S	整理并提交项目成果	0.0	0.0	是
20	T	项目成效评估与分析	0.0	0.0	是
21	U	撰写项目成效评估与分析报告	0.0	0.0	是

表11-20展示了Ⅱ级WBS的关键活动，关键活动所组成的路径即为关键路径。关键路径反映了项目完成的最短时间。如果关键路径上有一项或多项活动所花费的时间超过计划的时间，那么总体项目的进度就要拖延，除非项目经理采取某种纠正措施。

一般来说，构建网络图并寻找到关键路径后，应该寻找方法缩短项目历时。缩短项目历时的方法可以总结为"向关键路径要时间，向非关键路径要资源"。"向关键路径要时间"可以理解为，关键路径是项目最长的路径，决定了完成项目所需的最短时间，能够缩短关键路径即可缩短项目历时。"向非关键路径要资源"可以理解为，通过高效利用资源来缓解时间压力，比如将某些非必需的关键路径活动移到具有浮动时间的非关键路径上，从而减少关键路径上的活动，达到缩短项目历时的目的。

11.5.7　项目经理感想

项目进度管理是项目计划的子组件之一，能确保小组在规定时间内实现功能、完成实训，因此对依赖关系和活动工期的估计就至关重要。实训中哪些任务可以并行完成、哪些任务必须按照一定顺序完成要理清，尤其是在项目开发阶段，时间紧、任务重，要充分理解在"关键路径上要时间，在非关键路径上要资源"，尽可能让非必须串行的活动并行来做，并且在保证质量的前提下压缩工期，从而节省时间，以便于最后增加创新功能，提升项目效果。

11.6 制订项目成本管理计划

项目成本管理是指在项目的进程中,为了确保项目能够在规定的预算内达到项目目标所进行的管理过程。

11.6.1 制定成本基线的过程

对项目进行成本管理就是为保障项目实际发生成本不超过项目预算。制订合理的项目资源计划,估计项目的成本,然后以此为基础,并结合项目的进度计划进行项目的成本预算。在项目进行过程中,要检查实际成本是否与预算相一致,若出现偏差,便要及时查找原因,采取必要的措施。项目成本基线主要通过以下步骤实现。

(1) 资源计划编制:确定需要什么资源、资源的种类和数量。

(2) 成本估算:计算项目活动的成本、项目的总成本。

(3) 成本预算:预算项目每周(月)需要的资金。

(4) 成本控制:确定项目进行过程中如何花费项目资金。

11.6.2 确定项目资源和日历

1. 项目资源

软件项目的成本主要指信息系统建设阶段的成本(分析、设计、实施 3 个阶段),主要包括软件的分析与设计费用、实施费用以及系统切换费用。项目成本主要由人工费、培训费、软件购置费、硬件购置费以及管理费构成。结合项目实际情况,人工费主要由项目团队产生,培训费主要由信管老师、企业导师产生,软件购置费和硬件购置费不存在,管理费主要由场地、设备产生,设置加班费率(此处的"加班费率"和表 11-21 中"加班费率"的含义不同,由于在 Microsoft Project 中,该列名称无法改动,表 11-21 中的"加班费率"实则表示为"每小时的加班费用")为 10%,建立资源工作表,见表 11-21。

表 11-21 资源工作表

资源名称	类型	缩写	最大单位	标准费率	加班费率	基准日历
王老师	工时	王	50%	¥120.00/h	¥144.00/h	兼职
杨老师	工时	杨	50%	¥100.00/h	¥120.00/h	兼职
欧阳老师	工时	欧	50%	¥100.00/h	¥120.00/h	兼职
周老师	工时	周	50%	¥100.00/h	¥120.00/h	兼职
林老师	工时	林	100%	¥90.00/h	¥108.00/h	标准
小刘	工时	刘	100%	¥60.00/h	¥72.00/h	标准
小何	工时	何	100%	¥50.00/h	¥60.00/h	标准
小黄	工时	黄	100%	¥50.00/h	¥60.00/h	标准
小范	工时	范	100%	¥50.00/h	¥60.00/h	标准
值日班长	工时	值	100%	¥60.00/h	¥72.00/h	标准
实验室	材料	实		¥500.00		
会议室	材料	会		¥300.00		

2. 项目日历

根据实际情况建立如下两个资源日历:标准日历、兼职日历。标准日历由全程参与实训的老师及项目小组成员使用,兼职日历由技术支持及项目管理小组老师使用。日历规则如下。

1) 标准日历

标准日历为本项目全天参加项目的人力资源使用的日历,工作时间为周一～周六上午8:00～12:00 和 13:00～17:00,无例外日期。

2) 兼职日历

兼职日历为本项目兼职参加项目的人力资源使用的日历,工作时间为周一～周五 13:00～17:00,无例外日期。

11.6.3 为任务分配资源

使用 Microsoft Project 软件对项目的最底层任务分配资源,得到资源分配情况如图 11-20～图 11-28 所示。

	任务名称	资源名称
0	☐ 信息系统开发实训项目管理	
1	1 项目开始	
2	☐ 2 项目启动	
3	2.1 组建团队	小范[5%],小何[5%],小黄[5%],小刘[5%]
4	2.2 选择项目	小范[5%],小何[5%],小黄[5%],小刘[5%]
5	2.3 制定并发布项目章程	小刘
6	2.4 项目评估（团队、风险）	王老师[50%]
7	2.5 撰写项目启动报告	小刘
8	2.6 项目启动评审	王老师[20%],小刘[20%],小范[20%],小何[20%],小黄[20%],欧阳老师[20%],林老师[20%],实验室[1],杨老师[20%],周老师[20%]
9	2.7 项目立项	
10	☐ 3 项目管理计划	
11	3.1 项目干系人分析	小何[50%]
12	3.2 项目管理框架分析	小刘[50%]
13	☐ 3.3 制订项目管理计划	
14	3.3.1 项目范围管理计划	小刘[20%],小何[20%]
15	3.3.2 项目进度管理计划	小刘[20%],小黄[20%]
16	3.3.3 项目成本管理计划	小刘[20%],小范[20%]
17	3.3.4 项目质量管理计划	小刘[20%],小何[20%]
18	3.3.5 项目人力资源管理计划	小刘[20%],小黄[20%]
19	3.3.6 项目沟通管理计划	小刘[20%],小范[20%]
20	3.3.7 项目风险管理计划	小刘[20%],小何[20%]
21	3.3.8 项目集成管理计划	小刘[20%],小黄[20%]
22	3.4 管理计划评审	王老师[20%],小刘[20%]
23	3.5 计划通过	

图 11-20 资源分配情况-1

	任务名称	资源名称
24	☐ 4 基础训练	
25	☐ 4.1 基础训练项目管理	
26	☐ 4.1.1 基础训练周记载	
27	4.1.1.1 基础训练周记载 1	值日班长
28	☐ 4.1.2 基础训练周点评	
29	4.1.2.1 基础训练周点评 1	王老师[50%]
30	☐ 4.1.3 基础训练周汇总	
31	4.1.3.1 基础训练周汇总 1	值日班长
32	☐ 4.1.4 每周小组例会	
33	4.1.4.1 每周小组例会 1	小范,小何,小黄,小刘,实验室[1]
34	☐ 4.2 基础知识补强+练习	
35	4.2.1 HTML及DOM基础	实验室[1],林老师
36	4.2.2 CSS基础	实验室[1],林老师
37	4.2.3 BootStrap框架	实验室[1],林老师
38	4.2.4 Spring Boot基础	实验室[1],林老师
39	4.2.5 列表功能实现	实验室[1],林老师
40	4.2.6 添加功能实现	实验室[1],林老师
41	4.2.7 删除功能实现	实验室[1],林老师
42	4.2.8 修改功能实现	实验室[1],林老师
43	4.2.9 撰写基础训练总结	实验室[1],小范,小何,小黄,小刘
44	4.2.10 基础训练结束	

图 11-21 资源分配情况-2

图中的红色字体为项目的关键路径,这些图直观地表示了资源在项目中各个阶段的耗用情况,描述了完成具体活动所需资源在时间上的分布。

	任务名称	资源名称
45	□5 专业训练	
46	□5.1 专业训练项目管理	
47	□5.1.1 专业训练日记载	
48	5.1.1.1 专业训练日记载 1	小范
49	5.1.1.2 专业训练日记载 2	小范
50	5.1.1.3 专业训练日记载 3	小范
51	5.1.1.4 专业训练日记载 4	小范
52	5.1.1.5 专业训练日记载 5	小范
53	5.1.1.6 专业训练日记载 6	小范
54	5.1.1.7 专业训练日记载 7	小范
55	5.1.1.8 专业训练日记载 8	小范
56	5.1.1.9 专业训练日记载 9	小范
57	5.1.1.10 专业训练日记载 10	小范
58	5.1.1.11 专业训练日记载 11	小范
59	5.1.1.12 专业训练日记载 12	小范
60	5.1.1.13 专业训练日记载 13	小范
61	5.1.1.14 专业训练日记载 14	小范
62	5.1.1.15 专业训练日记载 15	小范
63	5.1.1.16 专业训练日记载 16	小范
64	5.1.1.17 专业训练日记载 17	小范
65	5.1.1.18 专业训练日记载 18	小范
66	5.1.1.19 专业训练日记载 19	小范
67	5.1.1.20 专业训练日记载 20	小范
68	5.1.1.21 专业训练日记载 21	小范
69	5.1.1.22 专业训练日记载 22	小范
70	5.1.1.23 专业训练日记载 23	小范
71	5.1.1.24 专业训练日记载 24	小范

图 11-22　资源分配情况-3

	任务名称	资源名称
72	□5.1.2 专业训练日点评	
73	5.1.2.1 专业训练日点评 1	王老师[50%]
74	5.1.2.2 专业训练日点评 2	王老师[50%]
75	5.1.2.3 专业训练日点评 3	王老师[50%]
76	5.1.2.4 专业训练日点评 4	王老师[50%]
77	5.1.2.5 专业训练日点评 5	王老师[50%]
78	5.1.2.6 专业训练日点评 6	王老师[50%]
79	5.1.2.7 专业训练日点评 7	王老师[50%]
80	5.1.2.8 专业训练日点评 8	王老师[50%]
81	5.1.2.9 专业训练日点评 9	王老师[50%]
82	5.1.2.10 专业训练日点评 10	王老师[50%]
83	5.1.2.11 专业训练日点评 11	王老师[50%]
84	5.1.2.12 专业训练日点评 12	王老师[50%]
85	5.1.2.13 专业训练日点评 13	王老师[50%]
86	5.1.2.14 专业训练日点评 14	王老师[50%]
87	5.1.2.15 专业训练日点评 15	王老师[50%]
88	5.1.2.16 专业训练日点评 16	王老师[50%]
89	5.1.2.17 专业训练日点评 17	王老师[50%]
90	5.1.2.18 专业训练日点评 18	王老师[50%]
91	5.1.2.19 专业训练日点评 19	王老师[50%]
92	5.1.2.20 专业训练日点评 20	王老师[50%]

图 11-23　资源分配情况-4

	任务名称	资源名称
93	□5.1.3 专业训练日汇总	
94	5.1.3.1 专业训练日汇总 1	值日班长
95	5.1.3.2 专业训练日汇总 2	值日班长
96	5.1.3.3 专业训练日汇总 3	值日班长
97	5.1.3.4 专业训练日汇总 4	值日班长
98	5.1.3.5 专业训练日汇总 5	值日班长
99	5.1.3.6 专业训练日汇总 6	值日班长
100	5.1.3.7 专业训练日汇总 7	值日班长
101	5.1.3.8 专业训练日汇总 8	值日班长
102	5.1.3.9 专业训练日汇总 9	值日班长
103	5.1.3.10 专业训练日汇总 10	值日班长
104	5.1.3.11 专业训练日汇总 11	值日班长
105	5.1.3.12 专业训练日汇总 12	值日班长
106	5.1.3.13 专业训练日汇总 13	值日班长
107	5.1.3.14 专业训练日汇总 14	值日班长
108	5.1.3.15 专业训练日汇总 15	值日班长
109	5.1.3.16 专业训练日汇总 16	值日班长
110	5.1.3.17 专业训练日汇总 17	值日班长
111	5.1.3.18 专业训练日汇总 18	值日班长
112	5.1.3.19 专业训练日汇总 19	值日班长
113	5.1.3.20 专业训练日汇总 20	值日班长
114	□5.1.4 专业训练周总结	
115	5.1.4.1 专业训练周总结 1	值日班长
116	5.1.4.2 专业训练周总结 2	值日班长
117	5.1.4.3 专业训练周总结 3	值日班长
118	5.1.4.4 专业训练周总结 4	值日班长
119	□5.1.5 每周项目管理例会	
120	5.1.5.1 每周项目管理例会 1	会议室[1],林老师,欧阳老师[50%],王老师[50%],小范,小何,小黄,小刘,杨老师[50%],值日班长,周老师[50%]
121	5.1.5.2 每周项目管理例会 2	会议室[1],林老师,欧阳老师[50%],王老师[50%],小范,小何,小黄,小刘,杨老师[50%],值日班长,周老师[50%]
122	5.1.5.3 每周项目管理例会 3	会议室[1],林老师,欧阳老师[50%],王老师[50%],小范,小何,小黄,小刘,杨老师[50%],值日班长,周老师[50%]
123	5.1.5.4 每周项目管理例会 4	会议室[1],林老师,欧阳老师[50%],王老师[50%],小范,小何,小黄,小刘,杨老师[50%],值日班长,周老师[50%]

图 11-24　资源分配情况-5

	任务名称	资源名称
124	⊟ 5.1.6 每日小组例会	
125	5.1.6.1 每日小组例会 1	小范,小何,小黄,小刘
126	5.1.6.2 每日小组例会 2	小范,小何,小黄,小刘
127	5.1.6.3 每日小组例会 3	小范,小何,小黄,小刘
128	5.1.6.4 每日小组例会 4	小范,小何,小黄,小刘
129	5.1.6.5 每日小组例会 5	小范,小何,小黄,小刘
130	5.1.6.6 每日小组例会 6	小范,小何,小黄,小刘
131	5.1.6.7 每日小组例会 7	小范,小何,小黄,小刘
132	5.1.6.8 每日小组例会 8	小范,小何,小黄,小刘
133	5.1.6.9 每日小组例会 9	小范,小何,小黄,小刘
134	5.1.6.10 每日小组例会 10	小范,小何,小黄,小刘
135	5.1.6.11 每日小组例会 11	小范,小何,小黄,小刘
136	5.1.6.12 每日小组例会 12	小范,小何,小黄,小刘
137	5.1.6.13 每日小组例会 13	小范,小何,小黄,小刘
138	5.1.6.14 每日小组例会 14	小范,小何,小黄,小刘
139	5.1.6.15 每日小组例会 15	小范,小何,小黄,小刘
140	5.1.6.16 每日小组例会 16	小范,小何,小黄,小刘
141	5.1.6.17 每日小组例会 17	小范,小何,小黄,小刘
142	5.1.6.18 每日小组例会 18	小范,小何,小黄,小刘
143	5.1.6.19 每日小组例会 19	小范,小何,小黄,小刘
144	5.1.6.20 每日小组例会 20	小范,小何,小黄,小刘
145	5.1.6.21 每日小组例会 21	小范,小何,小黄,小刘
146	5.1.6.22 每日小组例会 22	小范,小何,小黄,小刘
147	5.1.6.23 每日小组例会 23	小范,小何,小黄,小刘
148	5.1.6.24 每日小组例会 24	小范,小何,小黄,小刘

图 11-25 资源分配情况-6

	任务名称	资源名称
149	⊟ 5.2 需求分析与概要设计	
150	5.2.1 项目需求导入	小刘,实验室[1]
151	5.2.2 项目需求分析	小何,小黄,小刘,实验室[1]
152	5.2.3 SVN团队开发工具使用	实验室[1],林老师
153	5.2.4 Axure Pro基础	实验室[1],林老师
154	5.2.5 绘制项目草图	小范,小何,小黄,小刘,实验室[1]
155	5.2.6 数据库设计	小刘,实验室[1]
156	5.2.7 数据库评审	实验室[1],小刘[20%],林老师[20%]
157	5.2.8 撰写需求分析报告	小范,小刘,实验室[1]
158	5.2.9 需求评审	实验室[1],小刘[20%],林老师[20%]
159	⊟ 5.3 系统设计	
160	5.3.1 搭建项目框架并导入SVN	小刘,实验室[1],林老师
161	5.3.2 项目模块分解	小范,小何,小黄,小刘,实验室[1]
162	5.3.3 项目原型绘制	小范,小何,小黄,小刘,实验室[1]
163	5.3.4 撰写系统设计报告	实验室[1],王老师[50%],小范,小何
164	5.3.5 系统设计评审	实验室[1],小刘[20%],林老师[20%]
165	5.3.6 挣值分析	小何[20%],实验室[1]
166	5.3.7 撰写挣值分析报告	小何[20%],实验室[1]
167	5.3.8 挣值管理评审	小刘[20%],王老师[20%]
168	5.3.9 挣值分析通过,项目继续	

图 11-26 资源分配情况-7

	任务名称	资源名称
169	⊟ 5.4 编码实现	
170	5.4.1 撰写迭代计划表	小范,小何,小黄,小刘,实验室[1]
171	⊟ 5.4.2 系统基础功能实现	
172	5.4.2.1 项目登录功能实现	实验室[1],小何
173	5.4.2.2 项目权限功能实现	实验室[1],小刘
174	5.4.2.3 项目各权限下菜单功能实现	实验室[1],小黄
175	5.4.3 基础功能评审	实验室[1],小刘[20%],林老师[20%]
176	⊟ 5.4.4 项目后台功能开发	
177	5.4.4.1 数据分析模块开发	小刘,实验室[1]
178	5.4.4.2 用户管理模块开发	小范,实验室[1]
179	5.4.4.3 文献管理模块开发	小黄,实验室[1]
180	5.4.4.4 互助管理模块开发	小何,实验室[1]
181	5.4.5 撰写Scrum后台开发报告	实验室[1],小何,小范
182	5.4.6 后台开发评审	实验室[1],小刘[20%],林老师[20%]
183	⊟ 5.4.7 项目前端功能开发	
184	5.4.7.1 首页模块开发	小刘,实验室[1]
185	5.4.7.2 文献分类模块开发	小范,实验室[1]
186	5.4.7.3 文献互助模块开发	小黄,实验室[1]
187	5.4.7.4 用户中心模块开发	小何,实验室[1]
188	5.4.8 撰写Scrum前端开发报告	实验室[1],小何,小范
189	5.4.9 前端开发评审	实验室[1],小刘[20%],林老师[20%]
190	5.4.10 编码整合	小刘,小黄,实验室[1]
191	⊟ 5.5 系统测试	
192	5.5.1 整体流程功能性测试	小黄,小刘,实验室[1]
193	5.5.2 初步系统测试	小黄,实验室[1]
194	5.5.3 细节完善	小何,实验室[1]
195	5.5.4 系统测试	小黄,实验室[1]
196	5.5.5 开发完成	
197	5.5.6 撰写系统测试报告	小范,实验室[1]
198	5.5.7 撰写BugList表	小何,实验室[1]
199	5.5.8 撰写用户手册	小刘,实验室[1]

图 11-27 资源分配情况-8

	任务名称	资源名称
200	⊟ 5.6 项目验收	
201	5.6.1 制作可完整演示的产品包	小刘,小黄
202	5.6.2 制作项目发布PPT	小刘,小何
203	5.6.3 撰写项目总结报告	小刘,小范
204	5.6.4 撰写个人总结报告	小刘,小范,小黄,小何
205	5.6.5 项目验收与发布	林老师,欧阳老师[50%],实验室[1],王老师[50%],小范,小何[50%],小黄[50%],小刘[50%],杨老师[50%],值日班长[50%],周老师[50%]
206	5.7 验收结束	
207	⊟ 6 项目收尾	
208	6.1 整理并提交项目成果	小刘
209	6.2 项目成效评估与分析	杨老师[50%]
210	6.3 撰写项目成效评估与分析报告	小刘,小何
211	7 项目结束	

图 11-28 资源分配情况-9

11.6.4 项目成本估算

成本估算指为实现项目目标,根据项目资源计划所确定的资源需求,以及市场上各种资源的价格信息,对完成项目所需成本进行的估计。成本估算是基于任务维的,Microsoft Project 软件中得到的项目成本估算见图 11-29～图 11-33。

	任务名称	固定成本	固定成本累算	总成本
0	信息系统开发实训项目管理	¥0.00	按比例	¥84,702.00
1	1 项目开始	¥0.00	按比例	¥0.00
2	2 项目启动	¥0.00	按比例	¥3,512.00
3	2.1 组建团队	¥0.00	按比例	¥252.00
4	2.2 选择项目	¥0.00	按比例	¥252.00
5	2.3 制定并发布项目章程	¥0.00	按比例	¥480.00
6	2.4 项目评估(团队、风险)	¥0.00	按比例	¥480.00
7	2.5 撰写项目启动报告	¥0.00	按比例	¥480.00
8	2.6 项目启动评审	¥0.00	按比例	¥1,568.00
9	2.7 项目立项	¥0.00	按比例	¥0.00
10	3 项目管理计划	¥0.00	按比例	¥9,176.00
11	3.1 项目干系人分析	¥0.00	按比例	¥200.00
12	3.2 项目管理框架分析	¥0.00	按比例	¥240.00
13	3.3 制订项目管理计划	¥0.00	按比例	¥8,448.00
14	3.3.1 项目范围管理计划	¥0.00	按比例	¥1,056.00
15	3.3.2 项目进度管理计划	¥0.00	按比例	¥1,056.00
16	3.3.3 项目成本管理计划	¥0.00	按比例	¥1,056.00
17	3.3.4 项目质量管理计划	¥0.00	按比例	¥1,056.00
18	3.3.5 项目人力资源管理计划	¥0.00	按比例	¥1,056.00
19	3.3.6 项目沟通管理计划	¥0.00	按比例	¥1,056.00
20	3.3.7 项目风险管理计划	¥0.00	按比例	¥1,056.00
21	3.3.8 项目集成管理计划	¥0.00	按比例	¥1,056.00
22	3.4 管理计划评审	¥0.00	按比例	¥288.00
23	3.5 计划通过	¥0.00	按比例	¥0.00

图 11-29　项目成本估算-1

	任务名称	固定成本	固定成本累算	总成本
24	4 基础训练	¥0.00	按比例	¥9,992.00
25	4.1 基础训练项目管理	¥0.00	按比例	¥932.00
26	4.1.1 基础训练周记载	¥0.00	按比例	¥48.00
28	4.1.2 基础训练周点评	¥0.00	按比例	¥0.00
30	4.1.3 基础训练周汇总	¥0.00	按比例	¥48.00
32	4.1.4 每周小组例会	¥0.00	按比例	¥836.00
34	4.2 基础知识补强+练习	¥0.00	按比例	¥9,060.00
35	4.2.1 HTML及DOM基础	¥0.00	按比例	¥860.00
36	4.2.2 CSS基础	¥0.00	按比例	¥860.00
37	4.2.3 BootStrap框架	¥0.00	按比例	¥860.00
38	4.2.4 Spring Boot基础	¥0.00	按比例	¥860.00
39	4.2.5 列表功能实现	¥0.00	按比例	¥860.00
40	4.2.6 添加功能实现	¥0.00	按比例	¥860.00
41	4.2.7 删除功能实现	¥0.00	按比例	¥860.00
42	4.2.8 修改功能实现	¥0.00	按比例	¥860.00
43	4.2.9 撰写基础训练总结	¥0.00	按比例	¥2,180.00
44	4.2.10 基础训练结束	¥0.00	按比例	¥0.00
45	5 专业训练	¥0.00	按比例	¥61,052.00
46	5.1 专业训练项目管理	¥0.00	按比例	¥11,808.00
47	5.1.1 专业训练日记载	¥0.00	按比例	¥960.00
72	5.1.2 专业训练日点评	¥0.00	按比例	¥816.00
93	5.1.3 专业训练日汇总	¥0.00	按比例	¥960.00
114	5.1.4 专业训练周总结	¥0.00	按比例	¥192.00
119	5.1.5 每周项目管理例会	¥0.00	按比例	¥4,848.00
124	5.1.6 每日小组例会	¥0.00	按比例	¥4,032.00

图 11-30　项目成本估算-2

	任务名称	固定成本	固定成本累算	总成本
149	⊟ 5.2 需求分析与概要设计	¥0.00	按比例	¥8,020.00
150	5.2.1 项目需求导入	¥0.00	按比例	¥740.00
151	5.2.2 项目需求分析	¥0.00	按比例	¥1,340.00
152	5.2.3 SVN团队开发工具使用	¥0.00	按比例	¥860.00
153	5.2.4 Axure Pro基础	¥0.00	按比例	¥860.00
154	5.2.5 绘制项目草图	¥0.00	按比例	¥1,340.00
155	5.2.6 数据库设计	¥0.00	按比例	¥740.00
156	5.2.7 数据库评审	¥0.00	按比例	¥620.00
157	5.2.8 撰写需求分析报告	¥0.00	按比例	¥900.00
158	5.2.9 需求评审	¥0.00	按比例	¥620.00
159	⊟ 5.3 系统设计	¥0.00	按比例	¥6,764.00
160	5.3.1 搭建项目框架并导入SVN	¥0.00	按比例	¥1,100.00
161	5.3.2 项目模板分解	¥0.00	按比例	¥1,340.00
162	5.3.3 项目原型绘制	¥0.00	按比例	¥1,340.00
163	5.3.4 撰写系统设计报告	¥0.00	按比例	¥1,140.00
164	5.3.5 系统设计评审	¥0.00	按比例	¥620.00
165	5.3.6 挣值分析	¥0.00	按比例	¥540.00
166	5.3.7 撰写挣值分析报告	¥0.00	按比例	¥540.00
167	5.3.8 挣值管理评审	¥0.00	按比例	¥144.00
168	5.3.9 挣值分析通过，项目继续	¥0.00	按比例	¥0.00

图 11-31 项目成本估算-3

	任务名称	固定成本	固定成本累算	总成本
169	⊟ 5.4 编码实现	¥0.00	按比例	¥24,240.00
170	5.4.1 撰写迭代计划表	¥0.00	按比例	¥2,180.00
171	⊟ 5.4.2 系统基础功能实现	¥0.00	按比例	¥2,140.00
172	5.4.2.1 项目登录功能实现	¥0.00	按比例	¥700.00
173	5.4.2.2 项目权限功能实现	¥0.00	按比例	¥740.00
174	5.4.2.3 项目各权限下菜单功能实现	¥0.00	按比例	¥700.00
175	5.4.3 基础功能评审	¥0.00	按比例	¥620.00
176	⊟ 5.4.4 项目后台功能开发	¥0.00	按比例	¥7,040.00
177	5.4.4.1 数据分析模块开发	¥0.00	按比例	¥1,940.00
178	5.4.4.2 用户管理模块开发	¥0.00	按比例	¥1,700.00
179	5.4.4.3 文献管理模块开发	¥0.00	按比例	¥1,700.00
180	5.4.4.4 互助管理模块开发	¥0.00	按比例	¥1,700.00
181	5.4.5 撰写Scrum后台开发报告	¥0.00	按比例	¥1,300.00
182	5.4.6 后台开发评审	¥0.00	按比例	¥620.00
183	⊟ 5.4.7 项目前端功能开发	¥0.00	按比例	¥7,040.00
184	5.4.7.1 首页模块开发	¥0.00	按比例	¥1,940.00
185	5.4.7.2 文献分类模块开发	¥0.00	按比例	¥1,700.00
186	5.4.7.3 文献互助模块开发	¥0.00	按比例	¥1,700.00
187	5.4.7.4 用户中心模块开发	¥0.00	按比例	¥1,700.00
188	5.4.8 撰写Scrum前端开发报告	¥0.00	按比例	¥1,300.00
189	5.4.9 前端开发评审	¥0.00	按比例	¥620.00
190	5.4.10 编码整合	¥0.00	按比例	¥1,380.00
191	⊟ 5.5 系统测试	¥0.00	按比例	¥5,860.00
192	5.5.1 整体流程功能性测试	¥0.00	按比例	¥940.00
193	5.5.2 初步系统测试	¥0.00	按比例	¥700.00
194	5.5.3 细节完善	¥0.00	按比例	¥740.00
195	5.5.4 系统测试	¥0.00	按比例	¥700.00
196	5.5.5 开发完成	¥0.00	按比例	¥0.00
197	5.5.6 撰写系统测试报告	¥0.00	按比例	¥900.00
198	5.5.7 撰写BugList表	¥0.00	按比例	¥900.00
199	5.5.8 撰写用户手册	¥0.00	按比例	¥980.00

图 11-32 项目成本估算-4

	任务名称	固定成本	固定成本累算	总成本
200	⊟ 5.6 项目验收	¥0.00	按比例	¥4,360.00
201	5.6.1 制作可完整演示的产品包	¥0.00	按比例	¥440.00
202	5.6.2 制作项目发布PPT	¥0.00	按比例	¥440.00
203	5.6.3 撰写项目总结报告	¥0.00	按比例	¥400.00
204	5.6.4 撰写个人总结报告	¥0.00	按比例	¥840.00
205	5.6.5 项目验收与发布	¥0.00	按比例	¥2,240.00
206	5.7 验收结束	¥0.00	按比例	¥0.00
207	⊟ 6 项目收尾	¥0.00	按比例	¥970.00
208	6.1 整理并提交项目成果	¥0.00	按比例	¥480.00
209	6.2 项目成效评估与分析	¥0.00	按比例	¥50.00
210	6.3 撰写项目成效评估与分析报告	¥0.00	按比例	¥440.00
211	7 项目结束	¥0.00	按比例	¥0.00

图 11-33 项目成本估算-5

要注意成本估算和报价是两个既有区别又有联系的概念。成本估算所涉及的是对项目目标成本进行的量化评估，是项目组织为了向外提供产品或服务的成本费用总和；而报价是一个经营决策，是项目组织向客户收取它提供产品或服务的收入总和，项目报价不仅包括项目成本，还包括应获取的利润，项目成本仅仅是项目组织进行项目报价所需要考虑的重要内容之一。

由图 11-29 可见，通过软件使用 WBS 估算方法进行成本估算，最终得到的总成本为 84 702 元，同时可基于任务维查看每项任务的成本估算。

11.6.5　项目成本预算

成本预算是将估算的成本按照时间段配置到项目各个活动中去，并建立一个衡量绩效的基准计划。

假设所有活动的成本都是按照时间比例支付的。按照项目进度计划，可以按照最早开始时间和最晚开始时间两种标准分别进行成本预算。下面将以 Ⅱ 级 WBS、按周和最早开始时间进行成本预算，见图 11-34~图 11-37。

任务名称	工期	总成本	单位成本	最早开始时间	第1周	第2周	第3周	第4周
组建团队	3days	¥252.00	¥84.00	2021年9月7日	¥252.00			
选择项目	3days	¥252.00	¥84.00	2021年9月10日	¥252.00			
制定并发布项目章程	1day	¥480.00	¥480.00	2021年9月14日		¥480.00		
项目评估（团队、风险）	1day	¥480.00	¥480.00	2021年9月15日		¥480.00		
撰写项目启动报告	1day	¥480.00	¥480.00	2021年9月16日		¥480.00		
项目启动评审	1day	¥1,568.00	¥1,568.00	2021年9月17日		¥1,568.00		
项目立项	0day	¥0.00	¥0.00	2021年9月18日		¥0.00		
项目干系人分析	1day	¥200.00	¥200.00	2021年9月18日		¥200.00		
项目管理框架分析	1day	¥240.00	¥240.00	2021年9月20日		¥240.00		
制订项目管理计划	48days	¥8,448.00	¥176.00	2021年9月21日			¥1,056.00	¥1,056.00
管理计划评审	1day	¥288.00	¥288.00	2021年11月16日				
计划通过	0day	¥0.00	¥0.00	2021年11月17日				
基础训练项目管理	1.2days	¥932.00	¥776.70	2021年11月20日				
基础知识补强+练习	5days	¥9,060.00	¥1,812.00	2021年11月17日				
专业训练项目管理	23.2days	¥11,808.00	¥509.00	2021年11月23日				
需求分析与概要设计	4.5days	¥8,020.00	¥1,782.20	2021年11月23日				
系统设计	4days	¥6,764.00	¥1,691.00	2021年11月27日				
编码实现	13days	¥24,240.00	¥1,864.60	2021年12月2日				
系统测试	4days	¥5,860.00	¥1,465.00	2021年12月17日				
项目验收	2days	¥4,360.00	¥2,180.00	2021年12月22日				
验收结束	0day	¥0.00	¥0.00	2021年12月24日				
整理并提交项目成果	1day	¥480.00	¥480.00	2021年12月24日				
项目成效评估与分析	0.5day	¥50.00	¥100.00	2021年12月25日				
撰写项目成效评估与分析报告	0.5day	¥440.00	¥880.00	2021年12月27日				
				每周项目成本	¥504.00	¥3,448.00	¥1,056.00	¥1,056.00
				累计项目成本	¥504.00	¥3,952.00	¥5,008.00	¥6,064.00

图 11-34　Excel 项目成本预算（最早开始时间）-1

任务名称	工期	总成本	单位成本	最早开始时间	第5周	第6周	第7周	第8周
组建团队	3days	¥252.00	¥84.00	2021年9月7日				
选择项目	3days	¥252.00	¥84.00	2021年9月10日				
制定并发布项目章程	1day	¥480.00	¥480.00	2021年9月14日				
项目评估（团队、风险）	1day	¥480.00	¥480.00	2021年9月15日				
撰写项目启动报告	1day	¥480.00	¥480.00	2021年9月16日				
项目启动评审	1day	¥1,568.00	¥1,568.00	2021年9月17日				
项目立项	0day	¥0.00	¥0.00	2021年9月18日				
项目干系人分析	1day	¥200.00	¥200.00	2021年9月18日				
项目管理框架分析	1day	¥240.00	¥240.00	2021年9月20日				
制订项目管理计划	48days	¥8,448.00	¥176.00	2021年9月21日	¥1,056.00	¥1,056.00	¥1,056.00	¥1,056.00
管理计划评审	1day	¥288.00	¥288.00	2021年11月16日				
计划通过	0day	¥0.00	¥0.00	2021年11月17日				
基础训练项目管理	1.2days	¥932.00	¥776.70	2021年11月20日				
基础知识补强+练习	5days	¥9,060.00	¥1,812.00	2021年11月17日				
专业训练项目管理	23.2days	¥11,808.00	¥509.00	2021年11月23日				
需求分析与概要设计	4.5days	¥8,020.00	¥1,782.20	2021年11月23日				
系统设计	4days	¥6,764.00	¥1,691.00	2021年11月27日				
编码实现	13days	¥24,240.00	¥1,864.60	2021年12月2日				
系统测试	4days	¥5,860.00	¥1,465.00	2021年12月17日				
项目验收	2days	¥4,360.00	¥2,180.00	2021年12月22日				
验收结束	0day	¥0.00	¥0.00	2021年12月24日				
整理并提交项目成果	1day	¥480.00	¥480.00	2021年12月24日				
项目成效评估与分析	0.5day	¥50.00	¥100.00	2021年12月25日				
撰写项目成效评估与分析报告	0.5day	¥440.00	¥880.00	2021年12月27日				
				每周项目成本	¥1,056.00	¥1,056.00	¥1,056.00	¥1,056.00
				累计项目成本	¥7,120.00	¥8,176.00	¥9,232.00	¥10,288.00

图 11-35　Excel 项目成本预算（最早开始时间）-2

任务名称	工期	总成本	单位成本	最早开始时间	第9周	第10周	第11周	第12周
组建团队	3days	¥252.00	¥84.00	2021年9月7日				
选择项目	3days	¥252.00	¥84.00	2021年9月10日				
制定并发布项目章程	1day	¥480.00	¥480.00	2021年9月14日				
项目评估（团队、风险）	1day	¥480.00	¥480.00	2021年9月15日				
撰写项目启动报告	1day	¥480.00	¥480.00	2021年9月16日				
项目启动评审	1day	¥1,568.00	¥1,568.00	2021年9月17日				
项目立项	0day	¥0.00	¥0.00	2021年9月18日				
项目干系人分析	1day	¥200.00	¥200.00	2021年9月18日				
项目管理框架分析	1day	¥240.00	¥240.00	2021年9月20日				
制订项目管理计划	48days	¥8,448.00	¥176.00	2021年9月21日	¥1,056.00	¥1,056.00		
管理计划评审	1day	¥288.00	¥288.00	2021年11月16日			¥288.00	
计划通过	0day	¥0.00	¥0.00	2021年11月17日			¥0.00	
基础训练项目管理	1.2days	¥932.00	¥776.70	2021年11月20日			¥932.00	
基础知识补强+练习	5days	¥9,060.00	¥1,812.00	2021年11月17日			¥9,060.00	
专业训练项目管理	23.2days	¥11,808.00	¥509.00	2021年11月23日				¥3,053.80
需求分析与概要设计	4.5days	¥8,020.00	¥1,782.20	2021年11月23日				¥8,020.00
系统设计	4days	¥6,764.00	¥1,691.00	2021年11月27日				¥3,382.00
编码实现	13days	¥24,240.00	¥1,864.60	2021年12月2日				
系统测试	4days	¥5,860.00	¥1,465.00	2021年12月17日				
项目验收	2days	¥4,360.00	¥2,180.00	2021年12月22日				
验收结束	0day	¥0.00	¥0.00	2021年12月24日				
整理并提交项目成果	1day	¥480.00	¥480.00	2021年12月24日				
项目成效评估与分析	0.5day	¥50.00	¥100.00	2021年12月25日				
撰写项目成效评估与分析报告	0.5day	¥440.00	¥880.00	2021年12月27日				
				每周项目成本	¥1,056.00	¥1,056.00	¥10,280.00	¥14,455.80
				累计项目成本	¥11,344.00	¥12,400.00	¥22,680.00	¥37,135.80

图 11-36　Excel 项目成本预算（最早开始时间）-3

任务名称	工期	总成本	单位成本	最早开始时间	第13周	第14周	第15周	第16周
组建团队	3days	¥252.00	¥84.00	2021年9月7日				
选择项目	3days	¥252.00	¥84.00	2021年9月10日				
制定并发布项目章程	1day	¥480.00	¥480.00	2021年9月14日				
项目评估（团队、风险）	1day	¥480.00	¥480.00	2021年9月15日				
撰写项目启动报告	1day	¥480.00	¥480.00	2021年9月16日				
项目启动评审	1day	¥1,568.00	¥1,568.00	2021年9月17日				
项目立项	0day	¥0.00	¥0.00	2021年9月18日				
项目干系人分析	1day	¥200.00	¥200.00	2021年9月18日				
项目管理框架分析	1day	¥240.00	¥240.00	2021年9月20日				
制订项目管理计划	48days	¥8,448.00	¥176.00	2021年9月21日				
管理计划评审	1day	¥288.00	¥288.00	2021年11月16日				
计划通过	0day	¥0.00	¥0.00	2021年11月17日				
基础训练项目管理	1.2days	¥932.00	¥776.70	2021年11月20日				
基础知识补强+练习	5days	¥9,060.00	¥1,812.00	2021年11月17日				
专业训练项目管理	23.2days	¥11,808.00	¥509.00	2021年11月23日	¥3,053.80	¥3,053.80	¥2,646.60	
需求分析与概要设计	4.5days	¥8,020.00	¥1,782.20	2021年11月23日				
系统设计	4days	¥6,764.00	¥1,691.00	2021年11月27日	¥3,382.00			
编码实现	13days	¥24,240.00	¥1,864.60	2021年12月2日	¥7,458.50	¥11,187.70	¥5,593.80	
系统测试	4days	¥5,860.00	¥1,465.00	2021年12月17日			¥4,395.00	¥1,465.00
项目验收	2days	¥4,360.00	¥2,180.00	2021年12月22日				¥4,360.00
验收结束	0day	¥0.00	¥0.00	2021年12月24日				
整理并提交项目成果	1day	¥480.00	¥480.00	2021年12月24日				¥480.00
项目成效评估与分析	0.5day	¥50.00	¥100.00	2021年12月25日				¥50.00
撰写项目成效评估与分析报告	0.5day	¥440.00	¥880.00	2021年12月27日				¥440.00
				每周项目成本	¥13,894.30	¥14,241.50	¥12,635.40	¥6,795.00
				累计项目成本	¥51,030.10	¥65,271.60	¥77,907.00	¥84,702.00

图 11-37　Excel 项目成本预算（最早开始时间）-4

由图 11-37 可见，通过 Excel 使用最早开始时间进行成本预算，最终得到的总成本为 84 702 元，同时可基于时间维查看每周的成本估算。由于使用Ⅱ级 WBS 并行任务较少，仅有周期任务，无法体现使用最早开始时间和最晚开始时间进行预算的差别，故本节只计算按照最早开始时间进行的成本预算。

11.6.6　项目经理感想

项目成本管理是项目计划的子组件之一，用于确保小组能在规定预算内完成实训任务。实际上在实训过程中项目团队对成本的感受并不明显，这主要是因为学院已经为实训提供了资金支持，所以在实训过程中需要更多的是时间成本。但这不代表成本管理不重要，而应站在企业的角度思考，例如，做一个项目需要耗费多少成本、项目完成后能获得多少利润等。

11.7 制订项目人力资源管理计划

项目人力资源管理是有效地发挥每个参与项目人员作用的过程。人力资源管理包括所有的项目干系人。

11.7.1 人员配置管理计划

人员配置管理计划要描述团队成员何时加入和调离项目团队,也要描述这些人力资源将如何被聘任、培训、奖赏和项目后的再分配,最后做到"人员配备适当"。"文献宝"作为软件开发项目,不同阶段所需要的人员角色不一样。以项目阶段为横坐标,以人员数量为纵坐标,绘制资源直方图,见图11-38。

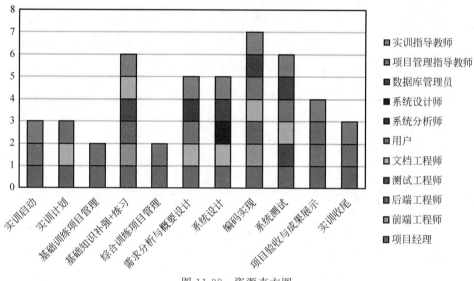

图 11-38 资源直方图

通过资源直方图可以较好地表示出随着时间的推进分配给项目的资源数量,例如在编码实现阶段需要项目经理、前端工程师、后端工程师、文档工程师、用户、数据库管理员以及实训指导老师。

11.7.2 团队成员知识地图

知识地图是描述企业所拥有知识资产的指南,刻画了不同类别的各项知识在企业中所在的位置或来源。当需要某项专业知识时,它能够协助使用者快速而正确地找到所要寻找知识的拥有者。本节将依据能力和兴趣评价标准建立团队成员知识地图。能力评价标准见表11-22,兴趣评价标准如表11-23所示。

表 11-22 能力评价标准

评 价 等 级	打 分 标 准
100	熟悉使用此方面的知识
80	熟悉此类知识,但经验不够丰富
60	对此类知识有一定了解,但还需要进一步学习
40	对此类知识有过少量接触,但缺乏了解
0	对此类知识完全没有了解

表 11-23　兴趣评价标准

评 价 等 级	打 分 标 准
100	此工作完成符合本人的兴趣,对工作抱有极大的热情
80	对该工作比较有兴趣,能够比较愉快地完成工作
60	能够以平常心态完成该项工作,谈不上有兴趣
40	能够勉强接受该工作,尽量完成任务
0	非常厌恶此工作

依据能力和兴趣评价标准列出知识点,通过团队成员打分建立团队成员知识地图,见表 11-24。

表 11-24　团队成员知识地图

知识点	小刘		小黄		小何		小范	
	能力	兴趣	能力	兴趣	能力	兴趣	能力	兴趣
前端开发	100	100	80	80	80	80	60	60
后端开发	100	100	80	80	100	100	60	60
测试调试	80	80	80	100	80	80	60	80
文档撰写	100	80	80	80	80	100	80	100
需求分析	80	100	80	100	80	100	80	100
系统设计	80	100	80	100	80	100	60	100
数据库设计	100	100	60	80	80	80	60	80
Python 编程	100	100	80	100	80	100	60	100
运行维护	80	80	100	100	100	100	60	80
任务管理	80	100	60	80	80	80	60	60

团队成员知识地图建立后,在系统开发阶段可以快速了解某个部门或某个成员拥有哪些知识,从而可以帮助团队快速定位最优人选,完成项目开发。

11.7.3　责任分配矩阵

责任分配矩阵(Responsibility Assignment Matrix,RAM)以活动和人员为两个维度,反映了与每个人员相关的所有活动,以及与每个活动相关的所有人员,它表示 WBS 中的每一项工作分别指派给哪些团队成员,以及这些成员在该项任务中承担什么样的职责。本节将依据实际项目选取 20 项有代表性的任务来制作责任分配矩阵,如表 11-25 所示,并基于任务维和角色维进行责任分析。

表 11-25　责任分配矩阵

任　　务	欧阳老师	周老师	王老师	杨老师	林老师	小刘	小何	小黄	小范
开展实训启动会	A	R	I	I					
确定实训课表	A	R	C	C					
制定项目章程			C、I	C、I		R、A			
确定项目生命周期和项目阶段						R、A	R		
启动评审			A、I			R	R	R	R
制订项目人力资源管理计划						R、A			R

续表

任　　务	欧阳老师	周老师	王老师	杨老师	林老师	小刘	小何	小黄	小范
计划评审			A、I			R			
撰写需求分析报告					I	R、A	R	R	R
绘制项目草图					I	R、A			
需求评审					I、A	I、A	R		
挣值分析评审				I、A		R			
基础功能评审					I、A	I、A	R		
前端功能开发						A、R	R	C	
后台功能开发						A、R	C	R	
系统测试					I	A	R	R	R
撰写系统测试报告						A			R
撰写用户手册					I	A、R	R	R	R
准备可完整演示的产品包						A、R	R	R	R
撰写项目总结报告						A、R			
实训文档验收	A			A		R	R	R	R

注：R、A、C、I 分别表示每项活动中项目成员各承担的 4 种角色,其中,R 为执行任务的人,A 为负责任务的人,C 为拥有完成任务所需信息的人,I 为需要被通知任务状态或结果的人。

根据上述责任分配矩阵进行责任分析(部分)如下。

1) 基于任务维进行责任分析

(1) 开展实训启动会:欧阳老师负责组织开展启动会,由周老师具体执行启动会,并需要将启动会情况告知王老师和杨老师。

(2) 确定实训课表:欧阳老师负责组织确定实训课表,由周老师具体执行,王老师和杨老师为实训课表提供必要的信息。

2) 根据角色维进行责任分析

(1) 欧阳老师负责组织开展实训启动会、确定实训课表以及组织实训文档验收。

(2) 王老师需要对实训启动会的开展情况、项目章程的制定及各类评审知情,需要为实训课表和项目章程提供必要的信息,并负责组织各类评审。

11.7.4　资源调配

11.6 节已经为任务分配了资源,通过 Microsoft Project 软件中的资源工作表可以看出,被过度分配的资源前会出现警示符号,见图 11-39。

从图 11-39 中可以看出,资源小刘、小何、小黄、小范均出现了过度分配的情况。可以查看分配过度的部分任务,见图 11-40。

由图 11-40 可见,任务名称前有"小人"标记的任务即为资源过度分配的任务,需要通过资源调配来解决。

查看资源使用状况,以小刘为例(见图 11-41),可以看出在 2021 年 11 月 22 日、23 日及 29 日存在资源分配过度的情况,按照资源日历,小刘每天工作时长为 8 小时,上述 3 天明显工作时间超过 8 小时,故导致小刘资源被过度分配。

		资源名称	类型	编写	最大单位	标准费率	加班费率	基准日历
1		王老师	工时	王	50%	¥120.00/h	¥144.00/h	兼职
2		杨老师	工时	杨	50%	¥100.00/h	¥120.00/h	兼职
3		欧阳老师	工时	欧	50%	¥100.00/h	¥120.00/h	兼职
4		周老师	工时	周	50%	¥100.00/h	¥120.00/h	兼职
5		林老师	工时	林	100%	¥90.00/h	¥108.00/h	标准
6	◈	小刘	工时	刘	100%	¥60.00/h	¥72.00/h	标准
7	◈	小何	工时	何	100%	¥50.00/h	¥60.00/h	标准
8	◈	小黄	工时	黄	100%	¥50.00/h	¥60.00/h	标准
9	◈	小范	工时	范	100%	¥50.00/h	¥60.00/h	标准
10		值日班长	工时	值	100%	¥60.00/h	¥72.00/h	标准
11		实验室	材料	实		¥500.00		
12		会议室	材料	会		¥300.00		

图 11-39 资源工作表中的警示符号

	任务名称	资源名称	工期	前置任务	开始时间	完成时间
149	⊟ 5.2 需求分析与概要设计		4.5 days		2021年11月23日	2021年11月27日
150	◈ 5.2.1 项目需求导入	小刘,实验室[1]	0.5 days	44	2021年11月23日	2021年11月24日
151	5.2.2 项目需求分析	小范,小何,小黄,小刘,实验室[1]	0.5 days	150	2021年11月23日	2021年11月24日
152	5.2.3 SVN团队开发工具使用	实验室[1],林老师	0.5 days	151	2021年11月24日	2021年11月25日
153	5.2.4 Axure Pro基础	实验室[1],林老师	0.5 days	152	2021年11月25日	2021年11月25日
154	5.2.5 绘制项目草图	小范,小何,小黄,小刘,实验室[1]	0.5 days	153	2021年11月25日	2021年11月25日
155	5.2.6 数据库设计	小刘,实验室[1]	0.5 days	154	2021年11月26日	2021年11月26日
156	5.2.7 数据库评审	实验室[1],小刘[20%],林老师[20%]	0.5 days	155	2021年11月26日	2021年11月26日
157	5.2.8 撰写需求分析报告	小范,小何,实验室[1]	0.5 days	156	2021年11月26日	2021年11月27日
158	5.2.9 需求评审	实验室[1],小刘[20%],林老师[20%]	0.5 days	157	2021年11月27日	2021年11月27日
159	⊟ 5.3 系统设计		4 days		2021年11月27日	2021年12月2日
160	◈ 5.3.1 搭建项目框架并导入SVN	小刘,实验室[1],林老师	0.5 days	158	2021年11月29日	2021年11月29日
161	◈ 5.3.2 项目模板分解	小范,小何,小黄,小刘,实验室[1]	0.5 days	160	2021年11月29日	2021年11月29日
162	◈ 5.3.3 项目原型绘制	小范,小何,小黄,小刘,实验室[1]	0.5 days	161	2021年11月29日	2021年11月30日
163	5.3.4 撰写系统设计报告	实验室[1],王老师[50%],小范,小何	0.5 days	162	2021年11月30日	2021年12月1日
164	5.3.5 系统设计评审	实验室[1],小刘[20%],林老师[20%]	0.5 days	163	2021年12月1日	2021年12月1日
165	5.3.6 挣值分析	小何[20%],实验室[1]	0.5 days	164	2021年12月1日	2021年12月1日
166	5.3.7 撰写挣值分析报告	小何[20%],实验室[1]	0.5 days	165	2021年12月2日	2021年12月2日
167	5.3.8 挣值管理评审	小刘[20%],王老师[20%]	0.5 days	166	2021年12月2日	2021年12月2日
168	5.3.9 挣值分析通过，项目继续		0 days	167	2021年12月2日	2021年12月2日

图 11-40 分配过度的任务（部分）

	资源名称	工时	详细信息	2021年11月21日 日	一	二	三	四	五	六	2021年11月28日 日	一	二	三	四	五	六
6	◈ ⊟ 小刘	281.2 h	工时		8.6h	8.8h	1.8h	7.8h	2.6h	4.6h		10.4h	2.4h	1h	4.6h	5.8h	4.8h
	组建团队	1.2 h	工时														
	选择项目	1.2 h	工时														
	制定并发布项目章程	8 h	工时														
	撰写项目启动报告	8 h	工时														
	项目启动评审	1.6 h	工时														
	项目管理框架分析	4 h	工时														
	项目范围管理计划	9.6 h	工时														
	项目进度管理计划	9.6 h	工时														
	项目成本管理计划	9.6 h	工时														
	项目质量管理计划	9.6 h	工时														
	项目人力资源管理计划	9.6 h	工时														
	项目沟通管理计划	9.6 h	工时														
	项目风险管理计划	9.6 h	工时														
	项目集成管理计划	9.6 h	工时														
	管理计划评审	1.6 h	工时														
	每周小组例会	1.6 h	工时		1.6h												
	撰写基础训练总结	8 h	工时		7h	1h											
	每周项目管理例会 1	1.6 h	工时									1.6h					
	每周项目管理例会 2	1.6 h	工时														
	每周项目管理例会 3	1.6 h	工时														
	每周项目管理例会 4	1.6 h	工时														
	每日小组例会 1	0.8 h	工时			0.8h											
	每日小组例会 2	0.8 h	工时				0.8h										
	每日小组例会 3	0.8 h	工时					0.8h									
	每日小组例会 4	0.8 h	工时						0.8h								
	每日小组例会 5	0.8 h	工时							0.8h							
	每日小组例会 6	0.8 h	工时									0.8h					
	每日小组例会 7	0.8 h	工时										0.8h				
	每日小组例会 8	0.8 h	工时											0.8h			
	每日小组例会 9	0.8 h	工时												0.8h		
	每日小组例会 10	0.8 h	工时													0.8h	
	每日小组例会 11	0.8 h	工时														0.8h

图 11-41 资源使用状况（小刘部分）

也可通过查看资源图表来查看小刘被过度分配的时间，见图 11-42。

由上述情况可知，资源存在过度分配的情况，需要进行资源调配。为项目的资源超负荷活动进行资源调配，调配后各项任务工期及资源分配情况见图 11-43～图 11-50。

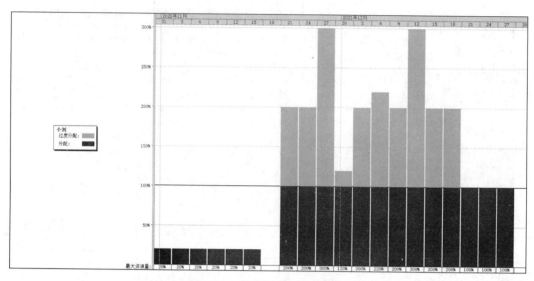

图 11-42　资源图表（小刘部分）

	任务名称	工期	资源名称
0	信息系统开发实训项目管理	122.88 days	
1	1 项目开始	0 day	
2	2 项目启动	10 days	
3	2.1 组建团队	3 days	小范[5%],小何[5%],小黄[5%],小刘[5%]
4	2.2 选择项目	3 days	小范[5%],小何[5%],小黄[5%],小刘[5%]
5	2.3 制定并发布项目章程	1 day	小刘
6	2.4 项目评估（团队、风险）	1 day	王老师[50%]
7	2.5 撰写项目启动报告	1 day	小刘
8	2.6 项目启动评审	1 day	王老师[20%],小刘[20%],小范[20%],小何[20%],小黄[20%],欧阳老师[20%],林老师[20%],实验室[20%],杨老师[20%],周老师[20%]
9	2.7 项目立项	0 day	
10	3 项目管理计划	51 days	
11	3.1 项目干系人分析	1 day	小何[50%]
12	3.2 项目管理框架分析	1 day	小刘[50%]
13	3.3 制定项目管理计划	48 days	
14	3.3.1 项目范围管理计划	6 days	小刘[20%],小何[20%]
15	3.3.2 项目进度管理计划	6 days	小刘[20%],小黄[20%]
16	3.3.3 项目成本管理计划	6 days	小刘[20%],小范[20%]
17	3.3.4 项目质量管理计划	6 days	小刘[20%],小何[20%]
18	3.3.5 项目人力资源管理计划	6 days	小刘[20%],小黄[20%]
19	3.3.6 项目沟通管理计划	6 days	小刘[20%],小范[20%]
20	3.3.7 项目风险管理计划	6 days	小刘[20%],小何[20%]
21	3.3.8 项目集成管理计划	6 days	小刘[20%],小黄[20%]
22	3.4 管理计划评审	1 day	王老师[20%],小刘[20%]
23	3.5 计划通过	0 day	

图 11-43　资源调配后工期及资源分配情况-1

	任务名称	工期	资源名称
24	4 基础训练	29.2 days	
25	4.1 基础训练项目管理	1.2 days	
26	4.1.1 基础训练周记载	0.1 day	
27	4.1.1.1 基础训练周记载 1	0.1 day	值日班长
28	4.1.2 基础训练周点评	0.1 day	
29	4.1.2.1 基础训练周点评 1	0.1 day	王老师[50%]
30	4.1.3 基础训练周汇总	0.1 day	
31	4.1.3.1 基础训练周汇总 1	0.1 day	值日班长
32	4.1.4 每周小组例会	0.2 day	
33	4.1.4.1 每周小组例会 1	0.2 day	小范,小何,小黄,小刘,实验室[1]
34	4.2 基础知识补强+练习	29.2 days	
35	4.2.1 HTML & Dom基础	0.5 day	实验室[1],林老师
36	4.2.2 CSS基础	0.5 day	实验室[1],林老师
37	4.2.3 BootStrap框架	0.5 day	实验室[1],林老师
38	4.2.4 SpringBoot基础	0.5 day	实验室[1],林老师
39	4.2.5 列表功能实现	0.5 day	实验室[1],林老师
40	4.2.6 添加功能实现	0.5 day	实验室[1],林老师
41	4.2.7 删除功能实现	0.5 day	实验室[1],林老师
42	4.2.8 修改功能实现	0.5 day	实验室[1],林老师
43	4.2.9 撰写基础训练总结	1 day	实验室[1],小黄,小刘,小何
44	4.2.10 基础训练结束	0 day	

图 11-44　资源调配后工期及资源分配情况-2

	任务名称	工期	资源名称
45	⊟ 5 专业训练	54.48 days	
46	⊟ 5.1 专业训练项目管理	23.2 days	
47	⊟ 5.1.1 专业训练日记载	23.1 days	
48	5.1.1.1 专业训练日记载 1	0.1 day	小范
49	5.1.1.2 专业训练日记载 2	0.1 day	小范
50	5.1.1.3 专业训练日记载 3	0.1 day	小范
51	5.1.1.4 专业训练日记载 4	0.1 day	小范
52	5.1.1.5 专业训练日记载 5	0.1 day	小范
53	5.1.1.6 专业训练日记载 6	0.1 day	小范
54	5.1.1.7 专业训练日记载 7	0.1 day	小范
55	5.1.1.8 专业训练日记载 8	0.1 day	小范
56	5.1.1.9 专业训练日记载 9	0.1 day	小范
57	5.1.1.10 专业训练日记载 10	0.1 day	小范
58	5.1.1.11 专业训练日记载 11	0.1 day	小范
59	5.1.1.12 专业训练日记载 12	0.1 day	小范
60	5.1.1.13 专业训练日记载 13	0.1 day	小范
61	5.1.1.14 专业训练日记载 14	0.1 day	小范
62	5.1.1.15 专业训练日记载 15	0.1 day	小范
63	5.1.1.16 专业训练日记载 16	0.1 day	小范
64	5.1.1.17 专业训练日记载 17	0.1 day	小范
65	5.1.1.18 专业训练日记载 18	0.1 day	小范
66	5.1.1.19 专业训练日记载 19	0.1 day	小范
67	5.1.1.20 专业训练日记载 20	0.1 day	小范
68	5.1.1.21 专业训练日记载 21	0.1 day	小范
69	5.1.1.22 专业训练日记载 22	0.1 day	小范
70	5.1.1.23 专业训练日记载 23	0.1 day	小范
71	5.1.1.24 专业训练日记载 24	0.1 day	小范

图 11-45　资源调配后工期及资源分配情况-3

	任务名称	工期	资源名称
72	⊟ 5.1.2 专业训练日点评	19.1 days	
73	5.1.2.1 专业训练日点评 1	0.1 day	王老师[50%]
74	5.1.2.2 专业训练日点评 2	0.1 day	王老师[50%]
75	5.1.2.3 专业训练日点评 3	0.1 day	王老师[50%]
76	5.1.2.4 专业训练日点评 4	0.1 day	王老师[50%]
77	5.1.2.5 专业训练日点评 5	0.1 day	王老师[50%]
78	5.1.2.6 专业训练日点评 6	0.1 day	王老师[50%]
79	5.1.2.7 专业训练日点评 7	0.1 day	王老师[50%]
80	5.1.2.8 专业训练日点评 8	0.1 day	王老师[50%]
81	5.1.2.9 专业训练日点评 9	0.1 day	王老师[50%]
82	5.1.2.10 专业训练日点评 10	0.1 day	王老师[50%]
83	5.1.2.11 专业训练日点评 11	0.1 day	王老师[50%]
84	5.1.2.12 专业训练日点评 12	0.1 day	王老师[50%]
85	5.1.2.13 专业训练日点评 13	0.1 day	王老师[50%]
86	5.1.2.14 专业训练日点评 14	0.1 day	王老师[50%]
87	5.1.2.15 专业训练日点评 15	0.1 day	王老师[50%]
88	5.1.2.16 专业训练日点评 16	0.1 day	王老师[50%]
89	5.1.2.17 专业训练日点评 17	0.1 day	王老师[50%]
90	5.1.2.18 专业训练日点评 18	0.1 day	王老师[50%]
91	5.1.2.19 专业训练日点评 19	0.1 day	王老师[50%]
92	5.1.2.20 专业训练日点评 20	0.1 day	王老师[50%]

图 11-46　资源调配后工期及资源分配情况-4

	任务名称	工期	资源名称
93	⊟ 5.1.3 专业训练日汇总	19.1 days	
94	5.1.3.1 专业训练日汇总 1	0.1 day	值日班长
95	5.1.3.2 专业训练日汇总 2	0.1 day	值日班长
96	5.1.3.3 专业训练日汇总 3	0.1 day	值日班长
97	5.1.3.4 专业训练日汇总 4	0.1 day	值日班长
98	5.1.3.5 专业训练日汇总 5	0.1 day	值日班长
99	5.1.3.6 专业训练日汇总 6	0.1 day	值日班长
100	5.1.3.7 专业训练日汇总 7	0.1 day	值日班长
101	5.1.3.8 专业训练日汇总 8	0.1 day	值日班长
102	5.1.3.9 专业训练日汇总 9	0.1 day	值日班长
103	5.1.3.10 专业训练日汇总 10	0.1 day	值日班长
104	5.1.3.11 专业训练日汇总 11	0.1 day	值日班长
105	5.1.3.12 专业训练日汇总 12	0.1 day	值日班长
106	5.1.3.13 专业训练日汇总 13	0.1 day	值日班长
107	5.1.3.14 专业训练日汇总 14	0.1 day	值日班长
108	5.1.3.15 专业训练日汇总 15	0.1 day	值日班长
109	5.1.3.16 专业训练日汇总 16	0.1 day	值日班长
110	5.1.3.17 专业训练日汇总 17	0.1 day	值日班长
111	5.1.3.18 专业训练日汇总 18	0.1 day	值日班长
112	5.1.3.19 专业训练日汇总 19	0.1 day	值日班长
113	5.1.3.20 专业训练日汇总 20	0.1 day	值日班长
114	⊟ 5.1.4 专业训练周总结	18.1 days	
115	5.1.4.1 专业训练周总结 1	0.1 day	值日班长
116	5.1.4.2 专业训练周总结 2	0.1 day	值日班长
117	5.1.4.3 专业训练周总结 3	0.1 day	值日班长
118	5.1.4.4 专业训练周总结 4	0.1 day	值日班长
119	⊟ 5.1.5 每周项目管理	18.2 days	
120	5.1.5.1 每周项目管理例会 1	0.2 day	会议室[1],林老师,欧阳老师[50%],王老师[50%],小范,小何,小黄,小刘,杨老师[50%],值日班长,周老师[50%]
121	5.1.5.2 每周项目管理例会 2	0.2 day	会议室[1],林老师,欧阳老师[50%],王老师[50%],小范,小何,小黄,小刘,杨老师[50%],值日班长,周老师[50%]
122	5.1.5.3 每周项目管理例会 3	0.2 day	会议室[1],林老师,欧阳老师[50%],王老师[50%],小范,小何,小黄,小刘,杨老师[50%],值日班长,周老师[50%]
123	5.1.5.4 每周项目管理例会 4	0.2 day	会议室[1],林老师,欧阳老师[50%],王老师[50%],小范,小何,小黄,小刘,杨老师[50%],值日班长,周老师[50%]

图 11-47　资源调配后工期及资源分配情况-5

任务名称	工期	资源名称
124	⊟ 5.1.6 每日小组例会	23.1 days	
125	5.1.6.1 每日小组例会 1	0.1 day	小范,小何,小黄,小刘
126	5.1.6.2 每日小组例会 2	0.1 day	小范,小何,小黄,小刘
127	5.1.6.3 每日小组例会 3	0.1 day	小范,小何,小黄,小刘
128	5.1.6.4 每日小组例会 4	0.1 day	小范,小何,小黄,小刘
129	5.1.6.5 每日小组例会 5	0.1 day	小范,小何,小黄,小刘
130	5.1.6.6 每日小组例会 6	0.1 day	小范,小何,小黄,小刘
131	5.1.6.7 每日小组例会 7	0.1 day	小范,小何,小黄,小刘
132	5.1.6.8 每日小组例会 8	0.1 day	小范,小何,小黄,小刘
133	5.1.6.9 每日小组例会 9	0.1 day	小范,小何,小黄,小刘
134	5.1.6.10 每日小组例会 10	0.1 day	小范,小何,小黄,小刘
135	5.1.6.11 每日小组例会 11	0.1 day	小范,小何,小黄,小刘
136	5.1.6.12 每日小组例会 12	0.1 day	小范,小何,小黄,小刘
137	5.1.6.13 每日小组例会 13	0.1 day	小范,小何,小黄,小刘
138	5.1.6.14 每日小组例会 14	0.1 day	小范,小何,小黄,小刘
139	5.1.6.15 每日小组例会 15	0.1 day	小范,小何,小黄,小刘
140	5.1.6.16 每日小组例会 16	0.1 day	小范,小何,小黄,小刘
141	5.1.6.17 每日小组例会 17	0.1 day	小范,小何,小黄,小刘
142	5.1.6.18 每日小组例会 18	0.1 day	小范,小何,小黄,小刘
143	5.1.6.19 每日小组例会 19	0.1 day	小范,小何,小黄,小刘
144	5.1.6.20 每日小组例会 20	0.1 day	小范,小何,小黄,小刘
145	5.1.6.21 每日小组例会 21	0.1 day	小范,小何,小黄,小刘
146	5.1.6.22 每日小组例会 22	0.1 day	小范,小何,小黄,小刘
147	5.1.6.23 每日小组例会 23	0.1 day	小范,小何,小黄,小刘
148	5.1.6.24 每日小组例会 24	0.1 day	小范,小何,小黄,小刘

图 11-48　资源调配后工期及资源分配情况-6

任务名称	工期	资源名称
149	⊟ 5.2 需求分析与概要设计	4.5 days	
150	5.2.1 项目需求导入	0.5 day	小刘,实验室[1]
151	5.2.2 项目需求分析	0.5 day	小范,小何,小黄,小刘,实验室[1]
152	5.2.3 SVN团队开发工具使用	0.5 day	实验室[1],林老师
153	5.2.4 Axure Pro基础	0.5 day	实验室[1],林老师
154	5.2.5 绘制项目草图	0.5 day	小范,小何,小黄,小刘,实验室[1]
155	5.2.6 数据库设计	0.5 day	小刘,实验室[1]
156	5.2.7 数据库评审	0.5 day	实验室[1],小刘[20%],林老师[20%]
157	5.2.8 撰写需求分析报告	0.5 day	小范,小何,实验室[1]
158	5.2.9 需求评审	0.5 day	实验室[1],小刘[20%],林老师[20%]
159	⊟ 5.3 系统设计	5.78 days	
160	5.3.1 搭建项目框架并导入SVN	0.5 day	小刘,实验室[1],林老师
161	5.3.2 项目模块分解	0.5 day	小范,小何,小黄,小刘,实验室[1]
162	5.3.3 项目原型绘制	0.5 day	小范,小何,小黄,小刘,实验室[1]
163	5.3.4 撰写系统设计报告	1.27 days	实验室[1],王老师[50%],小范,小何
164	5.3.5 系统设计评审	0.5 day	实验室[1],小刘[20%],林老师[20%]
165	5.3.6 挣值分析	0.5 day	小何[20%],实验室[1]
166	5.3.7 撰写挣值分析报告	0.5 day	小何[20%],实验室[1]
167	5.3.8 挣值管理评审	1.5 day	小刘[20%],王老师[20%]
168	5.3.9 挣值分析通过，项目继续	0 day	
169	⊟ 5.4 编码实现	13 days	
170	5.4.1 撰写迭代计划表	1 day	小范,小何,小黄,小刘,实验室[1]
171	⊟ 5.4.2 系统基础功能实现	1.5 days	
172	5.4.2.1 项目登录功能实现	0.5 day	实验室[1],小何
173	5.4.2.2 项目权限功能实现	0.5 day	实验室[1],小刘
174	5.4.2.3 项目各权限下菜单功能实现	0.5 day	实验室[1],小黄
175	5.4.3 基础功能评审	0.5 day	实验室[1],小刘[20%],林老师[20%]
176	⊟ 5.4.4 项目后台功能开发	3 days	
177	5.4.4.1 数据分析模块开发	3 days	小刘,实验室[1]
178	5.4.4.2 用户管理模块开发	3 days	小范,实验室[1]
179	5.4.4.3 文献管理模块开发	3 days	小黄,实验室[1]
180	5.4.4.4 互助管理模块开发	3 days	小何,实验室[1]

图 11-49　资源调配后工期及资源分配情况-7

任务名称	工期	资源名称
181	5.4.5 撰写Scrum后台开发报告	1 day	实验室[1],小何,小范
182	5.4.6 后台开发评审	0.5 day	实验室[1],小刘[20%],林老师[20%]
183	⊟ 5.4.7 项目前端功能开发	3 days	
184	5.4.7.1 首页模块开发	3 days	小刘,实验室[1]
185	5.4.7.2 文献分类模块开发	3 days	小范,实验室[1]
186	5.4.7.3 文献互助模块开发	3 days	小黄,实验室[1]
187	5.4.7.4 用户中心模块开发	3 days	小何,实验室[1]
188	5.4.8 撰写Scrum前端开发报告	1 day	实验室[1],小何,小范
189	5.4.9 前端开发评审	0.5 day	实验室[1],小刘[20%],林老师[20%]
190	5.4.10 编码整合	1 day	小刘,小黄,实验室[1]
191	⊟ 5.5 系统测试	4 days	
192	5.5.1 整体流程功能性测试	0.5 day	小黄,小刘,实验室[1]
193	5.5.2 初步系统测试	0.5 day	小黄,实验室[1]
194	5.5.3 细节完善	0.5 day	小刘,实验室[1]
195	5.5.4 系统测试	0.5 day	小黄,实验室[1]
196	5.5.5 开发完成	0 day	
197	5.5.6 撰写系统测试报告	1 day	小何,实验室[1]
198	5.5.7 撰写Buglist表	1 day	小黄,实验室[1]
199	5.5.8 撰写用户手册	1 day	小刘,实验室[1]
200	⊟ 5.6 项目验收	3 days	
201	5.6.1 制作可完整演示的产品包	0.5 day	小刘,小黄
202	5.6.2 制作项目发布PPT	0.5 day	小刘
203	5.6.3 撰写项目总结报告	0.5 day	小何,小范
204	5.6.4 撰写个人总结报告	0.5 day	小刘,小范,小黄,小何
205	5.6.5 项目验收与发布	1.5 days	林老师,欧阳老师[50%],实验室[1],王老师[50%],小范[50%],小何[50%],小黄[50%],小刘[50%],杨老师[50%],值日班长[50%],周老师[50%]
206	5.7 验收结束	0 day	
207	⊟ 6 项目收尾	2.4 days	
208	6.1 整理并提交项目成果	1 day	小刘
209	6.2 项目成效评估与分析	0.9 day	杨老师[50%]
210	6.3 撰写项目成效评估与分析报告	0.5 day	小刘,小何
211	7 项目结束	0 day	

图 11-50　资源调配后工期及资源分配情况-8

由图 11-43 可以看出资源调配后总工期发生改变,由调配前的 95.50 天变为 122.88 天,总工期延长。

调配后的总成本和各项任务成本可见图 11-51～图 11-59。

	任务名称	固定成本	固定成本累算	总成本
0	信息系统开发实训项目管理	¥0.00	按比例	¥84,102.00
1	1 项目开始	¥0.00	按比例	¥0.00
2	2 项目启动	¥0.00	按比例	¥3,512.00
3	2.1 组建团队	¥0.00	按比例	¥252.00
4	2.2 选择项目	¥0.00	按比例	¥252.00
5	2.3 制定并发布项目章程	¥0.00	按比例	¥480.00
6	2.4 项目评估(团队、风险)	¥0.00	按比例	¥480.00
7	2.5 撰写项目启动报告	¥0.00	按比例	¥480.00
8	2.6 项目启动评审	¥0.00	按比例	¥1,568.00
9	2.7 项目立项	¥0.00	按比例	¥0.00
10	3 项目管理计划	¥0.00	按比例	¥9,176.00
11	3.1 项目干系人分析	¥0.00	按比例	¥200.00
12	3.2 项目管理框架分析	¥0.00	按比例	¥240.00
13	3.3 制订项目管理计划	¥0.00	按比例	¥8,448.00
14	3.3.1 项目范围管理计划	¥0.00	按比例	¥1,056.00
15	3.3.2 项目进度管理计划	¥0.00	按比例	¥1,056.00
16	3.3.3 项目成本管理计划	¥0.00	按比例	¥1,056.00
17	3.3.4 项目质量管理计划	¥0.00	按比例	¥1,056.00
18	3.3.5 项目人力资源管理计划	¥0.00	按比例	¥1,056.00
19	3.3.6 项目沟通管理计划	¥0.00	按比例	¥1,056.00
20	3.3.7 项目风险管理计划	¥0.00	按比例	¥1,056.00
21	3.3.8 项目集成管理计划	¥0.00	按比例	¥1,056.00
22	3.4 管理计划评审	¥0.00	按比例	¥288.00
23	3.5 计划通过	¥0.00	按比例	¥0.00

图 11-51　资源调配后成本变化情况-1

	任务名称	固定成本	固定成本累算	总成本
24	4 基础训练	¥0.00	按比例	¥9,592.00
25	4.1 基础训练项目管理	¥0.00	按比例	¥932.00
26	4.1.1 基础训练周记载	¥0.00	按比例	¥48.00
27	4.1.1.1 基础训练周记载 1	¥0.00	按比例	¥48.00
28	4.1.2 基础训练周点评	¥0.00	按比例	¥0.00
29	4.1.2.1 基础训练周点评 1	¥0.00	按比例	¥0.00
30	4.1.3 基础训练周汇总	¥0.00	按比例	¥48.00
31	4.1.3.1 基础训练周汇总 1	¥0.00	按比例	¥48.00
32	4.1.4 每周小组例会	¥0.00	按比例	¥836.00
33	4.1.4.1 每周小组例会 1	¥0.00	按比例	¥836.00
34	4.2 基础知识补强+练习	¥0.00	按比例	¥8,660.00
35	4.2.1 HTML 及 DOM 基础	¥0.00	按比例	¥860.00
36	4.2.2 CSS 基础	¥0.00	按比例	¥860.00
37	4.2.3 BootStrap 框架	¥0.00	按比例	¥860.00
38	4.2.4 Spring Boot 基础	¥0.00	按比例	¥860.00
39	4.2.5 列表功能实现	¥0.00	按比例	¥860.00
40	4.2.6 添加功能实现	¥0.00	按比例	¥860.00
41	4.2.7 删除功能实现	¥0.00	按比例	¥860.00
42	4.2.8 修改功能实现	¥0.00	按比例	¥860.00
43	4.2.9 撰写基础训练总结	¥0.00	按比例	¥1,780.00
44	4.2.10 基础训练结束	¥0.00	按比例	¥0.00

图 11-52　资源调配后成本变化情况-2

由图 11-51 可以看出资源调配后总工期发生改变,由调配前的 84 702 元变为 84 102 元,总成本减少。

	任务名称	固定成本	固定成本累算	总成本
45	⊟ 5 专业训练	¥0.00	按比例	¥60,852.00
46	⊟ 5.1 专业训练项目管理	¥0.00	按比例	¥11,808.00
47	⊟ 5.1.1 专业训练日记载	¥0.00	按比例	¥960.00
48	5.1.1.1 专业训练日记载 1	¥0.00	按比例	¥40.00
49	5.1.1.2 专业训练日记载 2	¥0.00	按比例	¥40.00
50	5.1.1.3 专业训练日记载 3	¥0.00	按比例	¥40.00
51	5.1.1.4 专业训练日记载 4	¥0.00	按比例	¥40.00
52	5.1.1.5 专业训练日记载 5	¥0.00	按比例	¥40.00
53	5.1.1.6 专业训练日记载 6	¥0.00	按比例	¥40.00
54	5.1.1.7 专业训练日记载 7	¥0.00	按比例	¥40.00
55	5.1.1.8 专业训练日记载 8	¥0.00	按比例	¥40.00
56	5.1.1.9 专业训练日记载 9	¥0.00	按比例	¥40.00
57	5.1.1.10 专业训练日记载 10	¥0.00	按比例	¥40.00
58	5.1.1.11 专业训练日记载 11	¥0.00	按比例	¥40.00
59	5.1.1.12 专业训练日记载 12	¥0.00	按比例	¥40.00
60	5.1.1.13 专业训练日记载 13	¥0.00	按比例	¥40.00
61	5.1.1.14 专业训练日记载 14	¥0.00	按比例	¥40.00
62	5.1.1.15 专业训练日记载 15	¥0.00	按比例	¥40.00
63	5.1.1.16 专业训练日记载 16	¥0.00	按比例	¥40.00
64	5.1.1.17 专业训练日记载 17	¥0.00	按比例	¥40.00
65	5.1.1.18 专业训练日记载 18	¥0.00	按比例	¥40.00
66	5.1.1.19 专业训练日记载 19	¥0.00	按比例	¥40.00
67	5.1.1.20 专业训练日记载 20	¥0.00	按比例	¥40.00
68	5.1.1.21 专业训练日记载 21	¥0.00	按比例	¥40.00
69	5.1.1.22 专业训练日记载 22	¥0.00	按比例	¥40.00
70	5.1.1.23 专业训练日记载 23	¥0.00	按比例	¥40.00
71	5.1.1.24 专业训练日记载 24	¥0.00	按比例	¥40.00

图 11-53　资源调配后成本变化情况-3

	任务名称	固定成本	固定成本累算	总成本
72	⊟ 5.1.2 专业训练日点评	¥0.00	按比例	¥816.00
73	5.1.2.1 专业训练日点评 1	¥0.00	按比例	¥48.00
74	5.1.2.2 专业训练日点评 2	¥0.00	按比例	¥48.00
75	5.1.2.3 专业训练日点评 3	¥0.00	按比例	¥48.00
76	5.1.2.4 专业训练日点评 4	¥0.00	按比例	¥48.00
77	5.1.2.5 专业训练日点评 5	¥0.00	按比例	¥0.00
78	5.1.2.6 专业训练日点评 6	¥0.00	按比例	¥48.00
79	5.1.2.7 专业训练日点评 7	¥0.00	按比例	¥48.00
80	5.1.2.8 专业训练日点评 8	¥0.00	按比例	¥48.00
81	5.1.2.9 专业训练日点评 9	¥0.00	按比例	¥48.00
82	5.1.2.10 专业训练日点评 10	¥0.00	按比例	¥48.00
83	5.1.2.11 专业训练日点评 11	¥0.00	按比例	¥0.00
84	5.1.2.12 专业训练日点评 12	¥0.00	按比例	¥48.00
85	5.1.2.13 专业训练日点评 13	¥0.00	按比例	¥48.00
86	5.1.2.14 专业训练日点评 14	¥0.00	按比例	¥48.00
87	5.1.2.15 专业训练日点评 15	¥0.00	按比例	¥48.00
88	5.1.2.16 专业训练日点评 16	¥0.00	按比例	¥48.00
89	5.1.2.17 专业训练日点评 17	¥0.00	按比例	¥0.00
90	5.1.2.18 专业训练日点评 18	¥0.00	按比例	¥48.00
91	5.1.2.19 专业训练日点评 19	¥0.00	按比例	¥48.00
92	5.1.2.20 专业训练日点评 20	¥0.00	按比例	¥48.00

图 11-54　资源调配后成本变化情况-4

综合总工期和总成本,分析资源调配后的情况:资源调配后总工期延长、总成本减少。从进度和成本的变化过程中看出,进度由于资源的调配而导致工期增长,这是比较合理的变化;成本发生了小范围的降低,这是由于使用 Microsoft Project 软件进行资源调配结束后,仍出现部分资源存在过度分配的情况,只能将部分任务的资源进行调整,如调配前需要 4 项资源参与的任务,在不影响任务效果的前提下,减少为 3 项资源,故出现总成本的小幅度下降。

	任务名称	固定成本	固定成本累算	总成本
93	⊟5.1.3 专业训练日汇总	¥0.00	按比例	¥960.00
94	5.1.3.1 专业训练日汇总 1	¥0.00	按比例	¥48.00
95	5.1.3.2 专业训练日汇总 2	¥0.00	按比例	¥48.00
96	5.1.3.3 专业训练日汇总 3	¥0.00	按比例	¥48.00
97	5.1.3.4 专业训练日汇总 4	¥0.00	按比例	¥48.00
98	5.1.3.5 专业训练日汇总 5	¥0.00	按比例	¥48.00
99	5.1.3.6 专业训练日汇总 6	¥0.00	按比例	¥48.00
100	5.1.3.7 专业训练日汇总 7	¥0.00	按比例	¥48.00
101	5.1.3.8 专业训练日汇总 8	¥0.00	按比例	¥48.00
102	5.1.3.9 专业训练日汇总 9	¥0.00	按比例	¥48.00
103	5.1.3.10 专业训练日汇总 10	¥0.00	按比例	¥48.00
104	5.1.3.11 专业训练日汇总 11	¥0.00	按比例	¥48.00
105	5.1.3.12 专业训练日汇总 12	¥0.00	按比例	¥48.00
106	5.1.3.13 专业训练日汇总 13	¥0.00	按比例	¥48.00
107	5.1.3.14 专业训练日汇总 14	¥0.00	按比例	¥48.00
108	5.1.3.15 专业训练日汇总 15	¥0.00	按比例	¥48.00
109	5.1.3.16 专业训练日汇总 16	¥0.00	按比例	¥48.00
110	5.1.3.17 专业训练日汇总 17	¥0.00	按比例	¥48.00
111	5.1.3.18 专业训练日汇总 18	¥0.00	按比例	¥48.00
112	5.1.3.19 专业训练日汇总 19	¥0.00	按比例	¥48.00
113	5.1.3.20 专业训练日汇总 20	¥0.00	按比例	¥48.00
114	⊟5.1.4 专业训练周总结	¥0.00	按比例	¥192.00
115	5.1.4.1 专业训练周总结 1	¥0.00	按比例	¥48.00
116	5.1.4.2 专业训练周总结 2	¥0.00	按比例	¥48.00
117	5.1.4.3 专业训练周总结 3	¥0.00	按比例	¥48.00
118	5.1.4.4 专业训练周总结 4	¥0.00	按比例	¥48.00
119	⊟5.1.5 每周项目管理例会	¥0.00	按比例	¥4,848.00
120	5.1.5.1 每周项目管理例会 1	¥0.00	按比例	¥1,212.00
121	5.1.5.2 每周项目管理例会 2	¥0.00	按比例	¥1,212.00
122	5.1.5.3 每周项目管理例会 3	¥0.00	按比例	¥1,212.00
123	5.1.5.4 每周项目管理例会 4	¥0.00	按比例	¥1,212.00

图 11-55 资源调配后成本变化情况-5

	任务名称	固定成本	固定成本累算	总成本
124	⊟5.1.6 每日小组例会	¥0.00	按比例	¥4,032.00
125	5.1.6.1 每日小组例会 1	¥0.00	按比例	¥168.00
126	5.1.6.2 每日小组例会 2	¥0.00	按比例	¥168.00
127	5.1.6.3 每日小组例会 3	¥0.00	按比例	¥168.00
128	5.1.6.4 每日小组例会 4	¥0.00	按比例	¥168.00
129	5.1.6.5 每日小组例会 5	¥0.00	按比例	¥168.00
130	5.1.6.6 每日小组例会 6	¥0.00	按比例	¥168.00
131	5.1.6.7 每日小组例会 7	¥0.00	按比例	¥168.00
132	5.1.6.8 每日小组例会 8	¥0.00	按比例	¥168.00
133	5.1.6.9 每日小组例会 9	¥0.00	按比例	¥168.00
134	5.1.6.10 每日小组例会 10	¥0.00	按比例	¥168.00
135	5.1.6.11 每日小组例会 11	¥0.00	按比例	¥168.00
136	5.1.6.12 每日小组例会 12	¥0.00	按比例	¥168.00
137	5.1.6.13 每日小组例会 13	¥0.00	按比例	¥168.00
138	5.1.6.14 每日小组例会 14	¥0.00	按比例	¥168.00
139	5.1.6.15 每日小组例会 15	¥0.00	按比例	¥168.00
140	5.1.6.16 每日小组例会 16	¥0.00	按比例	¥168.00
141	5.1.6.17 每日小组例会 17	¥0.00	按比例	¥168.00
142	5.1.6.18 每日小组例会 18	¥0.00	按比例	¥168.00
143	5.1.6.19 每日小组例会 19	¥0.00	按比例	¥168.00
144	5.1.6.20 每日小组例会 20	¥0.00	按比例	¥168.00
145	5.1.6.21 每日小组例会 21	¥0.00	按比例	¥168.00
146	5.1.6.22 每日小组例会 22	¥0.00	按比例	¥168.00
147	5.1.6.23 每日小组例会 23	¥0.00	按比例	¥168.00
148	5.1.6.24 每日小组例会 24	¥0.00	按比例	¥168.00

图 11-56 资源调配后成本变化情况-6

	任务名称	固定成本	固定成本累算	总成本
149	⊟5.2 需求分析与概要设计	¥0.00	按比例	¥8,020.00
150	5.2.1 项目需求导入	¥0.00	按比例	¥740.00
151	5.2.2 项目需求分析	¥0.00	按比例	¥1,340.00
152	5.2.3 SVN团队开发工具使用	¥0.00	按比例	¥860.00
153	5.2.4 Axure Pro基础	¥0.00	按比例	¥860.00
154	5.2.5 绘制项目草图	¥0.00	按比例	¥1,340.00
155	5.2.6 数据库设计	¥0.00	按比例	¥740.00
156	5.2.7 数据库评审	¥0.00	按比例	¥620.00
157	5.2.8 撰写需求分析报告	¥0.00	按比例	¥900.00
158	5.2.9 需求评审	¥0.00	按比例	¥620.00
159	⊟5.3 系统设计	¥0.00	按比例	¥6,764.00
160	5.3.1 搭建项目框架并导入SVN	¥0.00	按比例	¥1,100.00
161	5.3.2 项目模板分解	¥0.00	按比例	¥1,340.00
162	5.3.3 项目原型绘制	¥0.00	按比例	¥1,340.00
163	5.3.4 撰写系统设计报告	¥0.00	按比例	¥1,140.00
164	5.3.5 系统设计评审	¥0.00	按比例	¥620.00
165	5.3.6 挣值分析	¥0.00	按比例	¥540.00
166	5.3.7 撰写挣值分析报告	¥0.00	按比例	¥540.00
167	5.3.8 挣值管理评审	¥0.00	按比例	¥144.00
168	5.3.9 挣值分析通过，项目继续	¥0.00	按比例	¥0.00

图 11-57 资源调配后成本变化情况-7

	任务名称	固定成本	固定成本累算	总成本
169	⊟5.4 编码实现	¥0.00	按比例	¥24,240.00
170	5.4.1 撰写迭代计划表	¥0.00	按比例	¥2,180.00
171	⊟5.4.2 系统基础功能实现	¥0.00	按比例	¥2,140.00
172	5.4.2.1 项目登录功能实现	¥0.00	按比例	¥700.00
173	5.4.2.2 项目权限功能实现	¥0.00	按比例	¥740.00
174	5.4.2.3 项目各权限下菜单功能实现	¥0.00	按比例	¥700.00
175	5.4.3 基础功能评审	¥0.00	按比例	¥620.00
176	⊟5.4.4 项目后台功能开发	¥0.00	按比例	¥7,040.00
177	5.4.4.1 数据分析模块开发	¥0.00	按比例	¥1,940.00
178	5.4.4.2 用户管理模块开发	¥0.00	按比例	¥1,700.00
179	5.4.4.3 文献管理模块开发	¥0.00	按比例	¥1,700.00
180	5.4.4.4 互助管理模块开发	¥0.00	按比例	¥1,700.00
181	5.4.5 撰写Scrum后台开发报告	¥0.00	按比例	¥1,300.00
182	5.4.6 后台开发评审	¥0.00	按比例	¥620.00
183	⊟5.4.7 项目前端功能开发	¥0.00	按比例	¥7,040.00
184	5.4.7.1 首页模块开发	¥0.00	按比例	¥1,940.00
185	5.4.7.2 文献分类模块开发	¥0.00	按比例	¥1,700.00
186	5.4.7.3 文献互助模块开发	¥0.00	按比例	¥1,700.00
187	5.4.7.4 用户中心模块开发	¥0.00	按比例	¥1,700.00
188	5.4.8 撰写Scrum前端开发报告	¥0.00	按比例	¥1,300.00
189	5.4.9 前端开发评审	¥0.00	按比例	¥620.00
190	5.4.10 编码整合	¥0.00	按比例	¥1,380.00

图 11-58 资源调配后成本变化情况-8

	任务名称	固定成本	固定成本累算	总成本
191	⊟5.5 系统测试	¥0.00	按比例	¥5,860.00
192	5.5.1 整体流程功能性测试	¥0.00	按比例	¥940.00
193	5.5.2 初步系统测试	¥0.00	按比例	¥700.00
194	5.5.3 细节完善	¥0.00	按比例	¥740.00
195	5.5.4 系统测试	¥0.00	按比例	¥700.00
196	5.5.5 开发完成	¥0.00	按比例	¥0.00
197	5.5.6 撰写系统测试报告	¥0.00	按比例	¥900.00
198	5.5.7 撰写BugList表	¥0.00	按比例	¥900.00
199	5.5.8 撰写用户手册	¥0.00	按比例	¥980.00
200	⊟5.6 项目验收	¥0.00	按比例	¥4,160.00
201	5.6.1 制作可完整演示的产品包	¥0.00	按比例	¥440.00
202	5.6.2 制作项目发布PPT	¥0.00	按比例	¥240.00
203	5.6.3 撰写项目总结报告	¥0.00	按比例	¥400.00
204	5.6.4 撰写个人总结报告	¥0.00	按比例	¥840.00
205	5.6.5 项目验收与发布	¥0.00	按比例	¥2,240.00
206	5.7 验收结束	¥0.00	按比例	¥0.00
207	⊟6 项目收尾	¥0.00	按比例	¥970.00
208	6.1 整理并提交项目成果	¥0.00	按比例	¥480.00
209	6.2 项目成效评估与分析	¥0.00	按比例	¥50.00
210	6.3 撰写项目成效评估与分析报告	¥0.00	按比例	¥440.00
211	7 项目结束	¥0.00	按比例	¥0.00

图 11-59 资源调配后成本变化情况-9

11.7.5 项目经理感想

项目人力资源管理和项目具体执行关系最为紧密,也是在实训过程中感受最深刻的一项项目管理计划子组件。每项任务如何分配人力资源,例如,在"文献宝"项目管理计划的制订过程中,由哪些成员负责哪一章节,就需要根据成员的能力、性格等因素进行分配;再如,在实训项目的具体实现过程中,由哪些成员协同开发某一项目模块,可以按照最先划分的团队分工,依据其角色和职责进行分配。

11.8 制订项目沟通管理计划

项目沟通管理是指在项目的进程中,为了确保及时与恰当地创建、搜集、发布、存储与最终处理项目信息所需的过程。

11.8.1 项目进程中的信息需求表

由于项目涉及的干系人众多,不同的干系人具有不同的沟通需求,因此需要制定项目进程中的信息需求表、确定项目干系人的信息需求,包括所需信息的类型和格式等,并与利益相关者一起评审,防止或减少沟通问题的产生。本项目的信息需求表如表 11-26 所示。

表 11-26 信息需求表

序号	可交付成果	干 系 人	需求类型
1	项目章程	企业老师、王老师、项目经理	PDF 文件
2	项目启动报告	王老师、小刘(项目经理)	PDF 文件
3	项目干系人分析报告	王老师、小刘(项目经理)	PDF 文件
4	项目管理框架分析表	王老师、小刘(项目经理)	PDF 文件
5	项目管理计划	王老师、小刘(项目经理)	PDF 文件
6	基础训练执行情况记载表	王老师、值日班长	PDF 文件
7	基础训练执行情况汇总表	王老师、值日班长	PDF 文件
8	基础训练总结	王老师、值日班长	PDF 文件
9	专业训练执行情况记载表	王老师、值日班长	PDF 文件
10	专业训练执行情况汇总表	王老师、值日班长	PDF 文件
11	专业训练周总结	王老师、值日班长	PDF 文件
12	数据库代码	林老师、小刘(项目经理)	压缩包
13	项目需求分析报告	林老师、小刘(项目经理)	PDF 文件
14	项目系统设计报告	林老师、小刘(项目经理)	PDF 文件
15	项目挣值分析报告	王老师、值日班长	PDF 文件
16	迭代计划表	林老师、小刘(项目经理)	PDF 文件
17	代码	林老师、杨老师	压缩包
18	Scrum 后台开发报告	林老师、小刘(项目经理)	PDF 文件
19	Scrum 前端开发报告	林老师、小刘(项目经理)	PDF 文件
20	系统测试报告	林老师、小刘(项目经理)	PDF 文件
21	BugList 表	林老师、小刘(项目经理)	PDF 文件
22	用户手册	林老师、小刘(项目经理)	PDF 文件
23	可完整演示的产品包	林老师、小刘(项目经理)	压缩包
24	项目发布 PPT	小刘、小何、小黄、小范	PPT 文件
25	项目总结报告	林老师、小刘(项目经理)	PDF 文件
26	个人总结报告	王老师、小刘、小何、小黄、小范	PDF 文件
27	项目成效评估与分析报告	王老师、杨老师、项目经理	PDF 文件

11.8.2 项目干系人会议计划表

管理沟通是项目经理的主要工作。获取项目信息,并将它们以有用的格式在正确的时间提供给正确的人,与最初产生这些信息一样重要。应确保所选择的沟通技术适合所需沟通的信息,且已创建并发布的信息能够被接收和理解,从而其他项目干系人可以对信息进行回应和反馈。本节将制定项目干系人会议计划表,用于描述项目过程中需要和其他项目干系人进行沟通的计划,见表 11-27。

表 11-27　项目干系人会议计划表

会 议 类 型	召 开 时 间	主 要 内 容	参 与 干 系 人
计划评审会	计划完成后	对项目管理计划报告进行评审	王老师、小刘、小黄、小范、小何
阶段评审会	各阶段的任务完成后	对该阶段出现的问题进行反思并总结	林老师、小刘、小黄、小范、小何
技术评审会	不定期	对编程阶段的代码问题集中解决,测试技术成果	林老师、小刘、小黄、小何、小范
重要交付成果评审会	可交付成果完成后	对成果进行检查,判断其是否达到标准	王老师、林老师、小刘、小黄、小何、小范
每日小组例会	不定期	对上周组内问题讨论并总结,制订下一周的目标	小刘、小黄、小范、小何
每周项目管理例会	每周一	讨论和解决项目管理中出现的问题	王老师、杨老师、林老师、企业老师、小刘、值日班长
项目成果评审会	实训结束	对各个小组的实训成果进行评审	企业老师、信管老师、小刘、小黄、小范、小何

11.8.3 绩效报告

绩效报告包括收集和发布绩效信息,从而向项目利益相关者提供为达到项目目标应如何使用资源的信息。绩效报告可分为项目绩效报告和个人绩效报告。

项目绩效报告包括记载表、汇总表、周总结、项目总结报告,记载表用于记载每日项目进展、问题等信息,汇总表用于总结各组记载表,周总结用于对每周各组的项目进展等情况进行总结,项目总结报告用于对项目开发的技术和管理等进行总结。

绩效报告计划表可设计成个人量化表,用于客观评价每个项目团队成员对项目的贡献度以及了解在每一阶段项目的进展情况,见表 11-28。

表 11-28　绩效报告计划表

考核项目		绩效目标		评审人	得分	项目权重	阶段权重
阶段	具体项目	完成度	完成质量				
实训启动	项目章程					0.40	0.15
	项目干系人分析报告					0.15	
	项目管理框架分析表					0.15	
	项目启动报告					0.30	

续表

考核项目		绩效目标		评审人	得分	项目权重	阶段权重
阶段	具体项目	完成度	完成质量				
基础训练	基础训练执行情况记载表					0.30	0.25
	基础训练执行情况汇总表					0.30	
	基础训练总结					0.40	
专业训练	专业训练执行情况记载表					0.10	0.50
	需求分析报告					0.20	
	系统设计报告					0.20	
	代码					0.20	
	系统测试报告					0.20	
	项目验收与成果展示					0.10	
实训收尾	实训成效评估与分析报告					0.50	0.10
	项目管理执行报告					0.50	
姓名		考核时间			总得分		
得分标准	完成度：0～1(小数形式) 完成质量(10 分制)：优秀(9～10 分)、较好(6～8 分)、良好(5～6 分)、较差(3～4 分)、极差(1～2 分)						
计算公式	本栏得分＝完成度×权重系数×完成质量得分 阶段得分＝Σ(该阶段本栏得分) 总得分＝Σ(阶段权重系数×阶段得分)						

11.8.4　问题报告制度

在项目进行过程中可能会出现各种各样的问题,在报告问题的过程中容易出现沟通失败的情况,可能由于描述不清、缺乏信息或知识等。针对不同类型的问题也要有不同的报告制度,以便于高效地反映并解决问题。本节将设计与团队和项目相关的两种问题报告制度。

1. 团队问题报告制度

在项目的进行过程中,团队中可能会出现一些管理方面的问题,问题报告可采取逐级上报制度,即项目经理首先出面协调,如果协调失败可以上报至技术指导老师或项目管理团队。如果出现重大矛盾问题,可采取越级上报制度,即直接由团队成员向相关老师反映,问题报告制度的示意如图 11-60 所示。

2. 项目问题报告制度

在项目实施阶段出现技术方面的问题时,项目经理可以组织团队一起攻坚克难解决问题,如果实在没办法解决问题,可以通过日记载表进行反馈。具体方法为:团队出现问题可通过寻求项目经理或其他同学的帮助来解决。如技术问题可解决,则采取措施解决问题;如技术问题不可解决,可通过记载表的形势反馈给指导老师(企业老师或专业老师),见图 11-61。

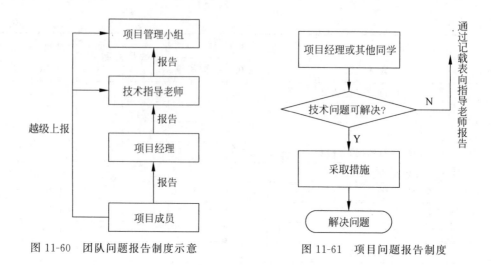

图 11-60　团队问题报告制度示意　　　　　　图 11-61　项目问题报告制度

11.8.5　项目经理感想

项目沟通管理贯穿实训的始终,通过一些可交付成果的文档,便于项目干系人及时了解项目情况和项目进展,通过组织会议,可以通过口头沟通的方式及时提出问题、解决问题。

在实训中,问题报告制度已经比较成熟,但个人绩效评价方面还需要进一步完善,如何量化每个组中每个成员的工作量,并进行个人绩效评价是比较困难的。

11.9　制订项目风险管理计划

项目风险管理就是对项目生命周期中可能遇到的风险进行预测、识别、评估、分析,并在此基础上有效地处置风险,以最低成本实现最大的安全保障。

11.9.1　识别风险

风险识别是弄清哪些潜在事件会对项目有害或有益的过程。如果不能事先识别风险,就不能管理风险。本节将基于头脑风暴法,通过查询相关资料,立足于真实实训场景进行风险识别,并制作风险登记表。

1. 识别风险事件

进行风险识别常用的方法有头脑风暴法和德尔菲法,根据项目的实际情况,团队选择使用头脑风暴法,头脑风暴法即团队采用面对面的方式,通过本能地、不加判断地汇集一些想法,产生新的观点或找出某一特定问题的方案,并查阅相关资料进行风险事件的识别。经过小组头脑风暴及查询资料得到风险识别鱼刺图,如图 11-62 所示,风险清单见表 11-29。

2. 估计风险事件的发生概率

定性风险分析是指评估已经识别出的风险发生的可能性及其影响,以确定它们的重要性和优先级,将定性分析定量化。制定风险事件发生概率的认定规则(见表 11-30),根据实际情况估计风险事件的发生概率(见表 11-31)。

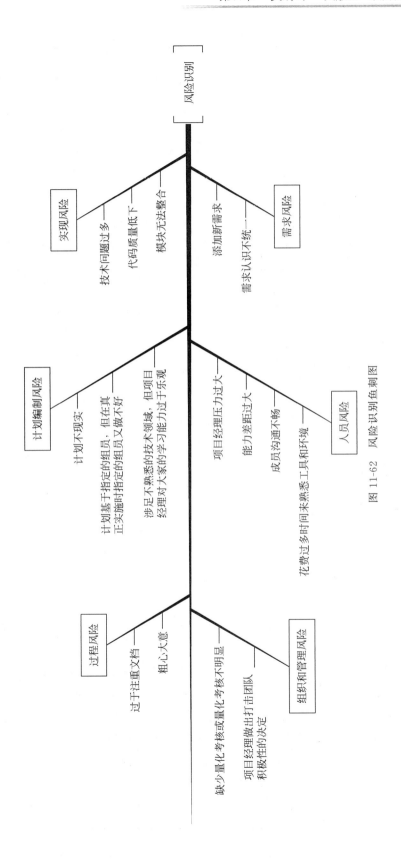

图 11-62 风险识别鱼刺图

表 11-29 风险清单

序号	风险类型	风险因素	风险因素描述
1	需求风险	需求认识不统一	需求阶段可能出现只有组长对需求的掌握较透彻,组员在理解上和组长不完全一致的情况
2		添加新需求	项目后期因为进度加快,需要添加新的需求,重新进行需求分析
3	计划编制风险	计划不现实	项目经理在制订计划时任务安排得过多,导致团队成员无法完成任务或任务完成质量不佳
4		计划基于指定的组员,但在真正实施时指定的组员又做不好	计划实施时可能会将某些项目交给指定的组员来做,但这些指定的组员在能力、态度上并不能胜任此项工作,导致返工
5		涉及不熟悉的技术领域,但项目经理对大家的学习能力过于乐观	由于项目经理具备一定的技术能力,可能对于自己比较擅长的技术会认为比较简单,但这对于初次接触这些的组员来说比较困难
6	组织和管理风险	项目经理做出打击团队积极性的决定	由于团队成员的水平差距过大,提交给项目经理的任务的完成质量过低,项目经理可能会逐渐只分配一些简单且没有技术含量的任务给成员,或者采用直接批评等方法
7		缺少量化考核或量化考核不真实	可能在比较忙的情况下忽视量化考核或者考核起步较晚,反映结果不完全真实
8	人员风险	花费过多时间来熟悉工具和环境	对于实训接触到的工具和环境需要花费大量时间熟悉,并且缺少自学能力,总会出现需要解决的问题,耽误团队进度
9		成员沟通不畅	组长在传递信息的过程中,组员理解有误或者交流较少,各干各的,容易出现信息壁垒
10		能力差距过大	团队内成员差距过大,导致低水平成员的任务质量达不到高水平成员的标准,在时间、精力允许的情况下,高水平成员会返工重做,合作不充分,徒增管理成本
11		项目经理压力过大	项目经理可能在技术等方面的经验比较丰富,在实际实训过程中成员认为可以只完成简单的工作,复杂的工作都交给项目经理完成,导致项目经理压力过大
12	实现风险	技术问题过多	在编程过程中遇到过多的技术问题且无法解决,只能寻求小组成员或老师帮助,实训应该是利用工具完成功能,而不能把时间集中在处理技术问题上
13		代码质量低下	代码不规范,暴力编程,功能只能在特定条件下使用,效果达不到预期,需要其他人帮助修改甚至返工重做
14		模块无法整合	由于各自计算机的操作系统不同等原因,使得各模块在最后整合时遇到较大困难
15	过程风险	过于注重文档	大量的文档撰写工作导致延误过多的技术实现时间
16		粗心大意	对项目本可规避的风险视而不见或没有注意,等后面爆发时却花费更多的时间和精力

表 11-30 风险事件发生概率的认定规则

发生概率	认定规则	发生概率	认定规则
很高(81%~100%)	非常可能发生	较低(21%~40%)	基本不可能发生
较高(61%~80%)	较大可能发生	很低(0%~20%)	非常不可能发生
中等(41%~60%)	有可能发生		

表 11-31　风险事件发生概率的估计

序号	风 险 因 素	发生概率/%	原 因
1	需求认识不统一	90	成员的知识水平受限,理解能力有差异
2	添加新需求	95	主线功能的实现并不复杂
3	计划不现实	50	某些任务在考虑上有些理想化
4	计划基于指定的组员,但在真正实施时指定的组员又做不好	80	成员的能力水平受限,理解能力有差异
5	涉足不熟悉的技术领域,但项目经理对大家的学习能力过于乐观	50	经过项目管理的课程设计后对团队成员的能力有了初步了解,但也可能存在过于乐观的情况
6	项目经理做出打击团队积极性的决定	60	能力强的团队成员甚至能做多倍工作,只能把不重要的任务分配给能力过低的成员
7	缺少量化考核或量化考核不真实	5	项目经理比较用心,评分真实
8	花费过多时间来熟悉工具和环境	50	经过知识补强,但知识补强时间较紧凑,有可能还是不熟悉
9	成员沟通不畅	30	经过前期其他项目以及项目管理课程设计的磨合,沟通问题不大
10	能力差距过大	90	能力差距过大,低水平成员用120%的努力也有可能达不到高水平成员的标准
11	项目经理压力过大	90	项目经理喜欢挑战,容易接手困难任务,而且要求较高,会将达不到标准的任务返工
12	技术问题过多	70	由于团队成员技术基础不牢、理解能力较差等因素,仍然可能出现大量无法解决的技术问题
13	代码质量低下	60	成员可能在功能、效果实现上达不到相应标准
14	模块无法整合	40	在项目经理的统一管理下,各模块在前期就进行检查,后期应该不会出现较大问题
15	过于注重文档	60	有可能为了充分做好本次项目,想把各方面都做好,且对文档的要求也比较苛刻,毕竟技术和管理都是一场锻炼
16	粗心大意	10	项目本身不大,出现重大风险的概率小,且项目经理和团队成员之间会经常交流

3. 估计风险事件的影响程度

制定风险事件影响程度的认定规则,见表 11-32,并根据实际情况估计风险事件出现后的影响程度,见表 11-33。

表 11-32　风险事件影响程度的认定规则

影响程度	认 定 规 则
严重影响(81%~100%)	整个项目的目标失败
较大影响(61%~80%)	整个项目的目标值严重下降
中等影响(41%~60%)	对项目的目标造成中度影响,部分达成
较小影响(21%~40%)	项目的部分目标受到影响,但不影响整体目标
可忽略影响(0%~20%)	项目目标受到的影响可忽略,不影响整体目标

表 11-33 风险事件影响程度的估计

序号	风险因素	影响程度/%	原因
1	需求认识不统一	50	项目较小,可及时调整,不至于失败
2	添加新需求	5	是否基础功能实现的基础上进行的,基本无影响
3	计划不现实	10	某些任务可能会有影响,但可以及时调整
4	计划基于指定的组员,但在真正实施时指定的组员又做不好	50	会导致项目进展缓慢,但可以通过换人、加班等方式补回来
5	涉足不熟悉的技术领域,但项目经理对大家的学习能力过于乐观	30	项目经理的过于乐观会令团队成员的压力比较大,但应该不会影响目标的实现,只不过是多学些、多问些
6	项目经理做出打击团队积极性的决定	30	不能说无影响,但是真实过程中这种决定的做出不会是难堪的、翻脸的,而是贯彻着能者多劳、任务与能力要相匹配的思路的
7	缺少量化考核或量化考核不真实	5	基本无影响,但是要让大家有对本组能力的清晰认识
8	花费过多时间来熟悉工具和环境	50	前期可能比较耽误,但熟悉之后会稍微轻松,不过在遇到技术难题时还是会有部分影响
9	成员沟通不畅	25	模块衔接需要成员间相互沟通
10	能力差距过大	25	对能力较低的成员来说,任务的难度会比较高
11	项目经理压力过大	70	如果真的将压力都压在项目经理身上,但项目经理的能力却达不到能承担整个项目的困难任务时,有可能会导致项目的标值严重下降
12	技术问题过多	50	技术问题过多,功能、效果实现不了
13	代码质量低下	50	无法整合,需要返工
14	模块无法整合	90	模块和无法整合,项目失败
15	过于注重文档	30	将过多的时间和精力花费到文档撰写上,技术实现可能会有所缩水
16	粗心大意	90	未知风险发生,毁灭性打击

4. 风险登记表

根据风险事件发生概率的估计以及风险事件影响程度的估计计算风险得分(风险得分=风险事件发生概率×风险事件影响程度),制作风险登记表,见表 11-34。

表 11-34 风险登记表

序号	风险因素	发生概率/%	影响程度/%	风险得分/分
1	需求认识不统一	90	50	0.4500
2	添加新需求	95	5	0.0475
3	计划不现实	50	10	0.0500
4	计划基于指定的组员,但在真正实施时指定的组员又做不好	80	50	0.4000
5	涉足不熟悉的技术领域,但项目经理对大家的学习能力过于乐观	50	30	0.1500
6	项目经理做出打击团队积极性的决定	60	30	0.1800

续表

序号	风险因素	发生概率/%	影响程度/%	风险得分/分
7	缺少量化考核或量化考核不真实	5	5	0.0025
8	花费过多时间来熟悉工具和环境	50	50	0.2500
9	成员沟通不畅	30	25	0.0750
10	能力差距过大	90	25	0.2250
11	项目经理压力过大	90	70	0.6300
12	技术问题过多	70	50	0.3500
13	代码质量低下	60	50	0.3000
14	模块无法整合	40	90	0.3600
15	过于注重文档	60	30	0.1800
16	粗心大意	10	90	0.0900

11.9.2　绘制"概率-影响"矩阵图

制定基于风险得分的规则，划分高、中、低风险等级。团队结合前几年的实训案例，考虑到项目规模小，基本功能实施难度小，在团队内发生的任何技术问题和管理问题都能在企业导师和指导老师的协助下解决的条件下，将风险得分的界限定为0~0.2分(低风险)、0.2~0.7分(中风险)、0.7~1分(高风险)，其中低风险基本不会对项目造成影响，中风险会拖延项目进度但不至于达不到目标，高风险将导致项目失败，见表11-35。

表 11-35　风险等级划分规则

风 险 等 级	风险得分/分	含　义
低风险	0~0.3	基本不会对项目造成影响
中风险	0.3~0.7	拖延项目进度但不至于达不到目标
高风险	0.7~1.0	项目失败

以风险事件的发生概率为纵坐标，以风险事件的影响程度为横坐标，画出"概率-影响"矩阵图，标出各风险所在位置。基于"风险得分"的风险等级划分规则，得出各风险的等级如图11-63所示，其中的数字对应风险序号。

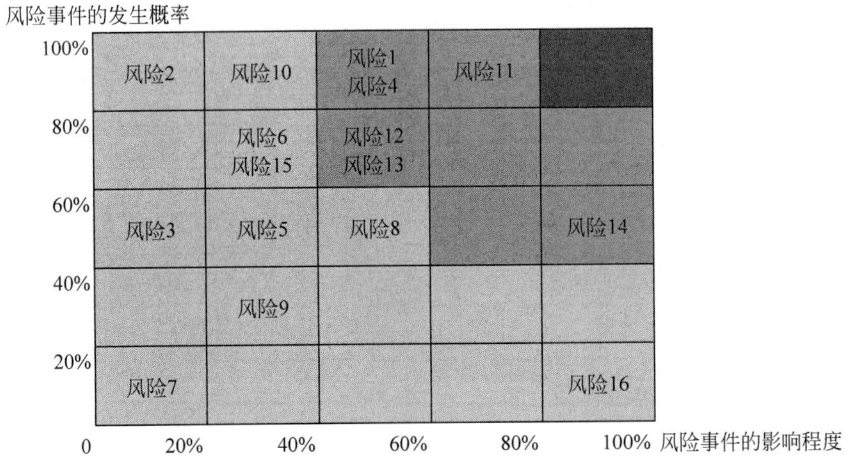

图 11-63　"概率-影响"矩阵图

由图 11-63 可见,"概率-影响"矩阵图中没有高风险,且大部分为低风险,这是符合事实的。因为在真实项目操作的过程中,项目本身规模就小,且技术、管理指导非常充分,结合先前实训完成情况,可认为遇到一些极端事件导致项目失败的可能性极低,在这种假设下认为极端事件为小概率事件,风险得分受其影响较低,近似认为这种事件为低风险事件。

11.9.3 制订 TOP10 项目风险管理计划

十大风险事件追踪法是一种在整个项目生命期内保持风险意识的工具,是一种动态风险管理方法。根据分析比较的结果,本项目选择基于风险得分从高到低对数据进行排序,得到 TOP10 项目风险管理计划,见表 11-36。

表 11-36 TOP10 项目风险管理计划

序号	风险代号	风险因素	风险得分	风险级别	风险应对措施
1	11	项目经理压力过大	0.63	中风险	按照能力分配任务,大家齐头并进,缩小差距,避免"抱大腿"心态
2	1	需求认识不统一	0.45	中风险	多开会和大家达成共识,同时需要组员对自己不理解的地方多问
3	4	计划基于指定的组员,但在真正实施时指定的组员又做不好	0.4	中风险	项目经理按照能力分配任务,承担任务的组员要认真完成任务,不会就学,不懂就问
4	14	模块无法整合	0.36	中风险	集中力量攻坚克难,或寻找老师帮助
5	12	技术问题过多	0.35	中风险	集中力量攻坚克难,或寻找老师帮助
6	13	代码质量低下	0.3	中风险	在多次编程中进步,能力高的同学给一些反馈意见并改进
7	8	花费过多时间来熟悉工具和环境	0.25	低风险	集中精力学习
8	10	能力差距过大	0.225	低风险	认清差距,保持学习热情,项目经理带头学
9	6	项目经理做出打击团队积极性的决定	0.18	低风险	项目经理注意方式,带动全组一起进步,缩小差距
10	15	过于注重文档	0.18	低风险	文档流程化,指定成员进行文档撰写
11	5	涉足不熟悉的技术领域,但项目经理对大家的学习能力过于乐观	0.15	低风险	可构建详细知识地图,充分了解大家能力,在布置任务时量力布置
12	16	粗心大意	0.09	低风险	集中精力,仔细检查
13	9	成员沟通不畅	0.075	低风险	多种形式,如会议、聊天、聚餐等
14	3	计划不现实	0.05	低风险	量力而行,不过多计划,可在开始实训时检验大家完成计划的能力
15	2	添加新需求	0.0475	低风险	尽快熟悉需求,逐步落实
16	7	缺少量化考核或量化考核不真实	0.0025	低风险	建立量化考核表,并严格打分

11.9.4 项目经理感想

项目风险管理根据风险得分,识别了项目 TOP10 风险,结合实训开展情况发现,在本节提出的 TOP10 风险中,很多在实际情况中都遇到并提前规避了,说明风险识别是有效的。在实训过程中,项目经理要有"忧患意识",要眼光长远,要注意关键节点,例如在前后端分离进行编码实现的过程中,前端、后端进行的都比较顺利,那关键点就在于整合前后端。只有项目经理对风险有一定程度的把控能力,项目才会相对比较顺利地进行。

11.10 制订实训项目综合管理计划

项目综合管理是指在项目生命周期中,对所有其他项目管理知识领域的所有工作和活动进行协调的过程。

11.10.1 项目综合管理的目标与任务

前述项目管理计划的子组件,如项目范围管理、项目进度管理等都是单独的、孤立的目标,为了实现项目整体最优,必须从全局的、整体的理念出发,通过协调项目的各个要素(进度、成本等),在相互影响的各项具体目标和方案中权衡和选择,尽可能地消除单个知识领域中过程的局限性,从而最大限度地满足项目干系人的需求和期望。

11.10.2 项目综合管理计划的集成方法

项目综合管理计划的集成可以分步骤进行,例如,①二要素集成:时间与成本、时间与质量、成本与质量、成本与范围等;②三要素集成:时间、成本与质量,范围、时间与成本,时间、成本与资源等;③四要素集成:范围、时间、成本、质量。

也可以进行项目不同专业或部门的集成、不同项目干系人目标的集成、项目工作与组织的日常运作的集成等。

11.10.3 项目综合管理计划的特点

"文献宝"项目综合管理计划的制订是基于课程设计并结合实际实训情况完善得到的,项目综合管理计划的制订是一个边学边做的过程,由于缺乏项目管理的实践经验,所有子计划都是单项进行的。

实训计划的制订是一个环环相扣的过程,"文献宝"项目作为软件开发项目,其规模较小,因此各单项计划之间的冲突较小,实际集成的内容较少。

实际集成按照软件项目管理计划(SPMP)进行集成,主要包括五部分:项目介绍、项目组织、管理过程、技术过程以及工作包、进度和预算等。

11.10.4 项目综合管理计划的组成

项目综合管理计划是项目整体的计划书。项目整体的计划书可以使用文字和图表等多种形式,项目综合管理计划的组成见表 11-37。

表 11-37 项目综合管理计划的组成

组 成 部 分	各部分的内容	备　　注
项目介绍	项目概述	见图 11-2
	项目干系人	见图 11-5
		见表 11-10
	项目可交付成果	见表 11-12

续表

组 成 部 分	各部分的内容	备　注
项目组织	项目责任	见表 11-25
管理过程	风险管理	见表 11-36
	人员计划	见图 11-38
	沟通管理	见表 11-26
		见表 11-27
技术过程	方法、工具	WBS、RAM 等
工作包、进度和预算	工作包依赖关系	见表 11-18
	资源要求	见表 11-21
	成本预算和估算	见图 11-27～图 11-31
		见图 11-32～图 11-35
	资源分配	见图 11-18～图 11-26
	进度计划	见图 11-12～图 11-16

11.10.5　项目经理感想

本节只进行了项目管理的第一步——项目计划的编制,但项目计划的编制和项目计划的实施应该是相互渗透、不可分割的活动。制订项目计划的主要目标是用来指导项目的实施工作。项目的大部分时间和项目预算通常都花在项目执行阶段。因为项目产品主要是在项目实施期间生产出来的,项目经理应该集中精力领导好项目组,管理好各项目干系人的关系,成功地将项目计划投入实施。

11.11　项目管理计划总结

撰写"文献宝"项目管理计划的过程也是团队成员不断成长的过程,得到了知识、技术、文档撰写等多方面的锻炼,同时也会在过程中遇到一些管理问题。本节将总结项目团队组成员在各方面的收获与不足。

11.11.1　项目管理计划的收获与不足

本节主要收集所有团队成员在知识、技术、文档撰写方面的收获与不足。

1. 知识方面的收获与不足

知识方面的收获应该从十大知识领域的角度去展开,对其中的综合管理、范围管理、时间管理、成本管理、质量管理、人力资源管理、沟通管理、风险管理、干系人管理都有了一定程度的了解和认识,并对其中的一些操作和分析过程都亲自动手做了课程设计的对应部分,加深了理解。但是也会有一些不足之处,某些知识领域了解的还不是那么全面和清楚,只停留在基本概念上或者只做过一些习题,但深层次的,例如如何将这十大知识领域串联起来、如何从一个项目的角度去理解知识等,还是要继续研究和实践的。

2. 技术方面的收获与不足

技术方面主要是针对 Project 文件的操作以及在课程设计中会用到一些技术,如挣值分析、网络图画法等。收获方面,首先对之前未接触过的 Microsoft Project 软件有了初步了解,并且能进行一些基本操作;其次,通过在课程设计过程中根据老师反馈意见进行的修改,对一些操作有了自己的理解和认识。但在这个过程中仍有一些不足之处,例如,没有将自己操作的一些步骤和流程,尤其是遇到的一些问题及时记录下来,以及没有深究一些功能的逻辑关系。

3. 文档撰写方面的收获与不足

文档撰写的重点有两方面:内容和排版。内容方面,在构建文本时需要有较强的逻辑性。如在叙述"使用加权评分法选择项目"时,需要先列出项目选择的各种方法,再结合实际情况选择本项目使用到的方法,并解释为什么使用这个方法;排版方面,需要熟悉 Word 排版的操作以及图、表等的格式规范。通过指导老师的每周点评,文档排版也变得美观、大方了许多。不足之处是在内容方面,由于对专业知识了解的不够全面和细致,还存在需要修改和斟酌的地方。

11.11.2　项目管理过程的收获与不足

本节总结项目经理在此次项目管理课程设计过程中在人力资源管理及沟通管理方面的收获与不足。

1. 人力资源管理方面的收获与不足

通过本次课程设计,对团队成员的优缺点、态度、完成任务的质量、及时性等有所了解,并有针对性地分配了难易程度不同的任务,减轻了项目经理的负担。

当然在这个过程中也有一些不足的地方,例如,项目经理的要求比较高,但是任务的完成质量却不高。在时间紧张的情况下,项目经理无法督促组员按照自己的建议进行修改,只能项目经理自己返工,忽视了组内成员的进步性,也加大了项目经理的负担。

2. 沟通管理方面的收获与不足

在沟通管理方面收获更大一些,在分配任务时一般采用 QQ 群的方式,有时也会采用口头描述的方式。要注意给进步空间大、但目前任务完成度不高的团队成员一些鼓励和建议。此外,在课程设计的过程中,要善于在遇到一些难理解的概念时去寻求老师的帮助。

但在这个过程中也有一些不足之处,例如,在布置任务时,有的时候私下沟通,有的时候在 QQ 群里通知,导致团队成员之间可能产生信息差。

第12章

实践5："战国纪"项目管理计划报告

项目管理计划报告针对综合实训选题"战国纪"项目，从项目组织的建立、项目的选取、实训的启动开始，以团队为单位，运用 Microsoft Project 软件，制订了项目范围、进度、成本、人力资源、沟通、风险 6 个单项管理计划，并阐述了依据单项计划集成总体项目管理计划的过程和方法，最后对项目管理计划过程进行了总结。

12.1 建立项目组织

不同的项目组织具有不同的项目组织结构，对应的管理方法也不同。因此，建立项目组织是项目管理中极为重要的一项工作。良好的项目组织是项目后期减少管理难题的重要依靠，需要根据不同的规则针对性建立项目组织。

12.1.1 组建项目团队

1. 项目团队的组建规则

本项目团队的组建主要基于以下几个规则。

（1）确定项目团队人数：依据"战国纪"项目开发的具体实施难度，以及规定的开发周期（1 个月），最终确定本项目开发需要 4 位项目团队成员，其中 1 人为项目经理。

（2）根据所需专业技术选取对应成员：依据本项目开发所需要涉及的具体技术对预备项目成员进行考察。最终选定 4 人，使每人均有其擅长的技术领域，能支撑本项目的开发实施。

（3）依据人员的适配度确定最终团队成员：依据不同成员的性别、性格、处事方式等从多方面考察，最终选定 4 位项目团队成员。性别比例为 1∶1，性格以及处事方式均能较好互补。

2. 团队成员的角色及任务分工

依据组建项目团队的具体规则，最终确定团队共 4 名成员。具体由小琪担任项目经理，负责整个项目开发的进度把控和总体协调工作，团队成员由小佳、小俐和小夏组成，分别负责项目开发的前后端等具体工作，统一由项目经理协调安排。本项目团队成员基本符合前文团队组建的具体要求，同时经过前期若干小项目的磨合，有能力完成本项目的开发工作，如表 12-1 所示。

表 12-1 团队成员的角色及任务分工

成员姓名	成员角色	任务分工
小琪	项目经理、前端工程师	在实施阶段主要负责项目开发的进度把控、总体协调以及前端开发工作
小佳	测试工程师	在实施阶段主要负责数据爬虫、后端开发以及测试工作
小俐	文档工程师	在实施阶段主要负责后端代码的编写及各类文档的撰写工作
小夏	后端工程师	在实施阶段主要负责攻克技术难题,学习新技术等

3. 团队成员的行为风格分析(PDP 测试)

PDP 是测试行为风格的一项工具。对于已经确定的 4 位项目团队成员,现通过 PDP 测试其具体的行为风格,以便于在剖析其具体工作形式的基础上,确定本项目团队的相处策略。经过测试,得到 4 位成员的风格得分情况,接着,就每个人的具体特点进行详细分析以及雷达图可视化分析,如图 12-1~图 12-3 所示。

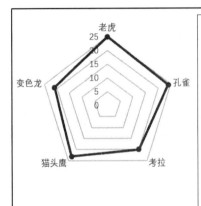

"老虎"型又为支配型。

个性特点:有自信,够权威,决断力高,竞争性强,胸怀大志,喜欢评估。企图心强烈,喜欢冒险,个性积极,竞争力强,有对抗性。

优点:善于控制局面并能果断地做出决定;"老虎"型的人容易成就非凡。

缺点:当感到压力时,这类人会太重视迅速地完成工作,就容易忽视细节,他们可能不顾自己和别人的情感。由于他们要求过高,加之好胜的天性,有时会成为工作狂。

图 12-1 小琪、小夏的行为风格测试结果

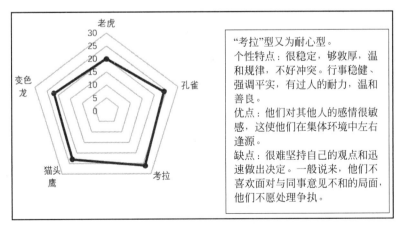

"考拉"型又为耐心型。

个性特点:很稳定,够敦厚,温和规律,不好冲突。行事稳健、强调平实,有过人的耐力,温和善良。

优点:他们对其他人的感情很敏感,这使他们在集体环境中左右逢源。

缺点:很难坚持自己的观点和迅速做出决定。一般说来,他们不喜欢面对与同事意见不和的局面,他们不愿处理争执。

图 12-2 小俐的行为风格测试结果

4. 项目团队的相处策略

基于 PDP 行为风格测试结果,可以分析得出本项目团队的行事风格有两个"老虎"型,一个"考拉"型,一个"孔雀"型。依据其具体性格特征,可以分析得出最优的相处策略。

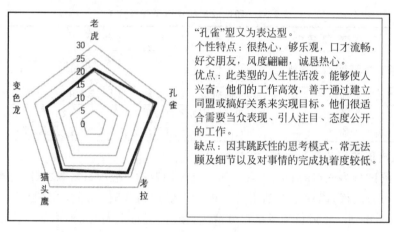

图 12-3　小佳的行为风格测试结果

对于"考拉"型团队成员,应充分发挥其善于倾听的优势,在整个项目团队向前进取的时候,要注重对细节的把控,时刻注意本项目开发过程中存在的漏洞和不足,在团队成员发生碰撞和摩擦时起到调和的作用。对于"孔雀"型团队成员,要充分抓住思维敏捷这一优点,在项目团队停滞不前时提出建设性意见。充分表达自己的观点,提出新颖的观点和跳脱的思维可以帮助项目的开发顺利进行。因为"老虎"型团队成员的决断力高,所以对于项目经理这一身份而言,恰好需要"老虎"的决断力、高要求以及对局面的控制能力。但是面对"考拉"型团队成员时,为避免产生太大的压迫性,其应当在带领团队进取突破的同时控制自己的脚步,注重团队中气氛的把控。

12.1.2　选择项目经理

1. 选择项目经理的规则与方式

考虑到项目经理的专业性、知识性以及综合性 3 方面,团队采取加权评分的方法,从知识储备、专业技能、综合素质 3 个维度共 6 项具体指标对 4 名团队成员进行互评及自评。其中,知识储备从本领域和其他领域的知识了解程度进行考察;专业技能从专业深度和广度进行考察;综合素质主要包括亲和力和组织协调能力。具体权重采取主观赋权的方法,即知识储备赋权 30%,专业技能赋权 30%,综合素质赋权 40%,项目经理的评价指标体系如表 12-2 所示。

表 12-2　项目经理的评价指标体系

考 察 维 度	评 价 指 标	指 标 权 重
知识储备	本领域知识的掌握程度	0.25
	其他领域知识的了解程度	0.10
专业技能	专业深度	0.25
	专业广度	0.10
综合素质	亲和力	0.10
	组织协调能力	0.20

2. 评价与选择项目经理

基于上述评价指标的建立,由 4 个项目团队成员进行互评和自评来确定每一个指标维度的具体得分,然后结合相应的指标权重,计算出综合评分,团队成员的评分表如表 12-3 所示。

表 12-3 团队成员的评分表

评 价 指 标	评分/分			
	小琪	小俐	小佳	小夏
本领域知识的掌握程度	92	93	93	95
其他领域知识的了解程度	95	92	93	93
专业深度	95	94	94	92
专业广度	96	92	93	90
亲和力	93	95	92	93
组织协调能力	95	93	93	92
总分	94.15	93.25	93.15	92.75

基于计算结果,小夏在本领域知识的掌握程度是最好的;小琪在其他领域知识的了解程度、专业深度、专业广度和组织协调能力是最好的;小俐在亲和力方面是最好的。根据具体权重进行加权评分的计算,小琪总得分最高,所以选定其为项目经理。

12.1.3 问题与对策

在组建项目团队时常出现表 12-4 中所述问题,针对每个问题,项目团队有针对性地制定出了相应的解决方案。

表 12-4 组建项目团队时出现的问题与对策

序号	问 题	对 策
1	项目团队内部各成员间的性格差异较大,在讨论时经常发生分歧	由项目经理和老师讨论对策,针对不同性格的成员采用不同的沟通方式和任务分工来解决问题
2	项目团队中有两个"老虎"型性格成员,项目经理无法直接选出	采用量化考核的方法进行项目经理的选择,从多方面考察能力,最终选择综合得分最高者
3	项目团队内部沟通较少,项目经理布置任务时无人反馈,成员间缺乏交流	项目经理定期开会,组织团建活动,加强项目组内的团队建设,使成员敞开心扉,多发表意见

12.2 提出并选择项目

在组建项目团队后,项目组内部要提出并选择项目。选题决定着项目的创新性与最终完成度。因此需要从多个维度综合考量项目,选择最优项目为最终项目团队的开发目标。

12.2.1 提出备选项目

基于对开发技术和时间的考量,企业老师提供了 6 个项目选题:文献宝、社会职位变化分析工具、IT 兼职小程序、学习养成计划、故事化咨询工具和学习通。经团队成员讨论,从所提供项目清单中选出 2 个备选项目,分别为"IT 兼职小程序"和"故事化资讯工具",同时针对社会背景提出了 1 个新项目"防诈骗信息服务网站"作为备选项目,简单介绍 3 个备选项目的项目要求。

1. 防诈骗信息服务网站

项目来源:小组提出。

项目要求:在当下防诈骗的政策背景下,开发以防诈骗宣传教育为主题的信息系统。

该信息系统以对广大人民群众进行防诈骗宣传教育为主题,通过对防诈骗案例进行归类和诈骗电话库查询来提高用户反诈意识,从而预防网络诈骗的发生。

2. IT 兼职小程序

项目来源:选题清单。

项目要求:企业可以在该平台发布职能要求,提供兼职岗位,兼职人员可以发布自己的个人信息和所掌握的技能,系统管理员则对这些信息进行审核。通过该平台,企业和兼职人员可以实现互相选择和互相评价,确保了兼职信息的可靠性。

3. 故事化资讯工具

项目来源:选题清单。

项目要求:针对每条资讯,能够以时间轴或者人物、事件间的知识图谱的形式展示其变化、发展过程,使得用户可以全面地了解其事件的发展动向。

12.2.2 建立项目评价指标体系

由于上述项目都是以编程为基础的软件类项目,因此 3 个项目都在立意层面、实施层面、客户群体和实际价值 4 个维度具有共同特性。基于上述 4 个维度对具体指标进行考察。在立意层面主要考虑创意性对项目的影响;在实施层面从管理可行性、技术可行性、项目成熟度对项目进行考察;在客户群体上主要考察项目的受众范围;在实际价值上主要考察项目的实用性。

12.2.3 评价与选择项目

评价一个项目应当包括评价指标体系的建立,指标赋权以及综合评分,根据综合评分选择最优项目。首先从立意、实施、客户群体和实际价值 4 个维度进行评价指标体系的构建,进而采用层次分析法对指标进行赋权,最终通过加权平均法得出综合评分,选出最优项目。

1. 建立选择项目的评价指标体系

在评价项目中,通过对多个维度的指标进行考察,赋予其不同权重,最终判断项目是否为最优选择。从立意、实施、客户群体和价值 4 个维度评价指标,具体评价指标体系见表 12-5。

表 12-5 评价指标体系

考察维度	具体指标	指标解释
立意	创意性	该项目创意性如何,是否具有亮点
实施	管理可行性	该项目可行性如何,是否能够按需实施
	技术可行性	该项目的技术难度是否超出能力范围
	项目成熟度	该项目是否已有成功产品,可参考性如何
客户群体	受众范围	该项目的受众群体是否广泛,用户基础如何
实际价值	实用性	该项目是否具有实用性,社会价值如何

2. 层次分析法赋权

在建立评价指标体系之后,需要对不同维度的准则层和各项二级指标进行赋权,综合考量多种赋权方法后,决定采用层次分析法对指标进行赋权。

构建判断矩阵并将其导入 MATLAB 软件中进行一致性检验,结果如图 12-4 所示。计算可得 $CR=0.0304$ 和 0.0088,均小于 1,故该判断矩阵具有一致性。

```
>> ahp                                      >> ahp
Please input judgment matrix A (order n)   Please input judgment matrix A (order n)
A = A                                       A = A
权向量                                       权向量
    0.3205                                      0.5396
    0.4547                                      0.2970
    0.0855                                      0.1634
    0.1394
                                            最大特征值
                                                3.0092
最大特征值
    4.0813                                  此矩阵的一致性可以接受
                                            CI=
此矩阵的一致性可以接受                            0.0046
CI=
    0.0271                                  CR=
                                                0.0088
CR=
    0.0304
```

图 12-4 判断矩阵一致性的检验结果

根据上述计算结果,将计算出的最底层指标的权重系数与一级指标权重相乘得到最终的二级指标的权重,如表 12-6 所示。

表 12-6 指标权重

一 级 指 标	一级指标权重	二 级 指 标	二级指标权重
立意	0.32	创意性	0.32
实施	0.45	管理可行性	0.24
		技术可行性	0.14
		项目成熟度	0.07
客户群体	0.09	受众范围	0.09
实际价值	0.14	实用性	0.14

3. 综合评分

基于以上条件,需要对二级指标的重要程度进行主观打分,运用加权评分法给出综合评分。其中,每个指标最高为 100 分,利用指标权重乘以分数求和得到该项目的加权平均数,选择评分最高的项目作为本小组的最终开发项目。得到最终的评分结果如表 12-7 所示。

表 12-7 综合评分表

指标	权重	IT 兼职小程序/分	故事化资讯工具/分	防诈骗信息服务系统/分
创意性	0.32	80	85	90
管理可行性	0.24	90	88	83
技术可行性	0.14	82	87	80
项目成熟度	0.07	95	90	87
受众范围	0.09	83	89.5	87
实用性	0.14	85	95	80
综合评分	—	84.7	88.2	85.0

由表 12-7 可知,经加权平均法对 3 个项目进行综合打分后,故事化资讯工具综合评分为 88.2,排名第一,该项目为本小组此次专业实训的最佳选择。因此本项目团队将针对故

事化资讯工具选题进行项目开发与管理。

12.2.4　问题与对策

在进行提出并选择项目时常出现表 12-8 中所述问题,针对每个问题,项目团队有针对性地制定出了相应的解决方案。

表 12-8　提出并选择项目时出现的问题与对策

序号	问　　题	对　　策
1	项目团队提出自己制定的选题,但往往过于简单或不可落地	由项目组全体成员与指导老师团队进行沟通与交流,并指出选题的技术困难及可行性
2	项目团队想要备选项目 1 的立意,但又想利用备选项目 2 中的技术	项目团队可以和指导老师沟通后可自行更改选题,将两个项目的优势进行融合,制作新选题
3	通过考量各项指标选出的最优项目技术难度大,难以落实	项目经理将复杂的项目适当简化,从简化的原型做起,规避技术疑难点。在基础功能完善后,根据组员能力分配学习任务,留出专门的时间来攻克难题

12.3　实训启动

在建立项目组织、提出并选择项目完成后,组建项目团队的工作就告一段落,在实训的启动阶段主要是针对选题制定项目章程,分析项目背景及干系人,为项目实际开发做好充分的准备工作。

12.3.1　实训启动会

在正式开始实训前,需要召开实训启动会,由项目管理指导老师发起、企业老师主讲、项目团队全体成员参与,对项目选题进行讨论。实训启动会的参与者包括指导老师、企业老师、各项目团队成员等,主要针对实训期间的工作和大致流程进行简述,并公布选题清单,与各团队交流选题等,实训启动会的安排如表 12-9 所示。

表 12-9　实训启动会的安排

实训启动会会议日程
时间: 2020 年 9 月 3 日　　　　**主 持 人:** 项目管理指导老师
地点: 16 栋会议室　　　　　　**参会人员:** 企业老师、项目团队全体成员
会议主题: 实训启动会,实训流程及注意事项

时间	会议内容	负　责　人
9:00	项目管理指导老师讲解实训启动会的安排	王老师
9:30	企业老师针对实训的大致流程进行简述	企业欧阳老师
9:50	企业老师对实训期间的注意事项进行说明	企业周老师
10:10	企业老师发布实训选题,各团队讨论选题	企业周老师
10:50	各团队就选题想法与企业老师进行深度交流	各团队成员、企业老师
11:00	会议结束	王老师

12.3.2　制定项目章程

确定选题后需要制定并发布项目章程。项目章程由指导老师签署,规定项目的约束条件,授权项目经理分派组织资源,通常是项目开始后的第一份正式文件,本项目的项目章程

如图 12-5 所示。

项目名称： 故事化资讯工具开发项目——战国纪

授权日期： 9月25日

项目开始日期： 10月25日 　　　　　　　　　　　**结束日期：** 12月25日

关键日程里程碑：

- 12月1日前完成学习任务及网站的基本框架设计
- 12月19日完成网站功能的开发

预算： 5万元

项目经理： 小琪，15527295286，1329251563@qq.com

项目目标： 这是项目的第一份正式文件，目标是在一个星期内完成学习任务及网站的基本框架设计，三个星期内基本完成网站的功能开发，并进行交互设计

项目成功的主要标准： 网站必须与文字说明一致，经过全面测试，准时完成。由带队老师正式批准，并附上关键干系人的意见

方法：

- 尽快明确项目成员的具体任务
- 一个星期内，制作工作分解结构（WBS）、范围说明书和甘特图，详细说明需要做的工作
- 每周与项目核心团队成员和发起人开进度审核会
- 根据批准的测试计划全面测试软件

项目干系人角色及职责

项目干系人	角色	职位	联系方式
指导老师	发起人	CEO	**********@qq.com
小琪	项目经理	经理	**********@qq.com
小俐	项目团队成员	系统分析师	**********@qq.com
小佳	项目团队成员	测试分析师	**********@qq.com
小夏	项目团队成员	系统设计师	**********@qq.com

签名：（上述全部项目干系人签名）

意见：（由上述干系人手写或打印）

图 12-5 "战国纪"项目章程

12.3.3 项目背景分析

1. 项目简介

本团队的开发项目为"战国纪"，是一个历史学习网站。对于一个国家，历史是过去的沉淀、未来的导向；对于一个人来说，历史是学习的源泉、进步的信心。学习历史不管是对于国家还是对于个人，都有十分重要的作用。但当下市场上很少有辅助历史学习的网站和工具。因此利用信息技术将历史事件的时间轴和历史人物关系进行资源整合，是历史教育领域重点关注的问题。本团队从整合具体历史事件时间轴、人物关系的角度出发，以闯关形式作为辅助功能，以激励用户进行历史学习、帮助用户梳理事件发展脉络为目的，开发一款故事化资讯工具。

2. 系统的基本功能

网站的基本业务流程可以分为两条线：一是管理员操作的业务，二是展现给用户的业

务功能。下面从管理员和用户视角展开介绍本项目系统的基本功能,如图 12-6 所示。

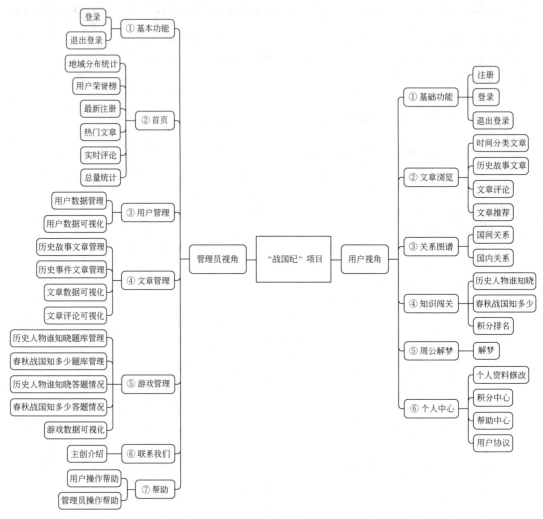

图 12-6 "战国纪"项目系统的基本功能

"战国纪"历史学习网站的主要功能为:基于管理员的视角,除基本的登录功能外,有展现用户分布可视化和实时更新业务数据的首页浏览功能,包含可视化和底层数据增/删/改/查操作的用户管理、文章管理和游戏管理功能,以及附加的联系我们以及帮助功能;基于用户视角,主要的功能有登录、注册等基础功能,以及文章浏览、关系图谱、知识闯关、周公解梦和个人中心 6 个主要的功能板块。

3. 系统开发方法

常见的系统开发模型有瀑布模型、快速原型模型、增量模型、螺旋模型、RUP 模型等。通过对比这些模型的特点,发现增量模型是一种分步开发的模型,它集成了瀑布模型的顺序特征和迭代模型的迭代特性,每个阶段都在前一个阶段实现的功能基础上进行迭代开发,有利于项目目标的实现并准时交付,可以很好地规避技术风险。对本次实训开发任务而言,此模型更为适用,所以团队选择增量模型,如图 12-7 所示。

团队将待开发的网站模块化,将每个模块作为一个增量组件,从而分批次地分析、设计、

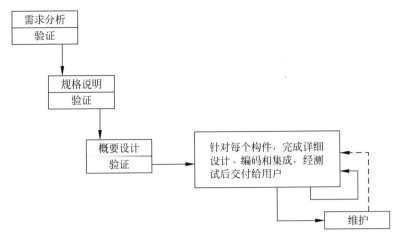

图 12-7 增量模型示意图

编码和测试这些增量组件，每个构件由多个相互作用的模块构成。使用增量模型时，第一个增量构件实现网站的基本需求，提供最核心的功能；第二个增量构件提供更完善的编辑和文档生成功能；第三个增量构件实现拼写和语法检查功能；第四个增量构件完成高级的页面排版功能。不需要一次性地把整个软件产品提交给用户，可以分批次进行提交。

12.3.4 项目干系人分析

项目干系人是指项目活动所涉及的或受影响的人，可来自组织外部，也可来自组织内部。团队分析此次专业实训的项目干系人架构如图 12-8 所示。其中，王老师、杨老师和其他信管老师为项目管理指导老师；实训公司主要提供实训中的技术指导，蕾老师是实验中心的负责老师。

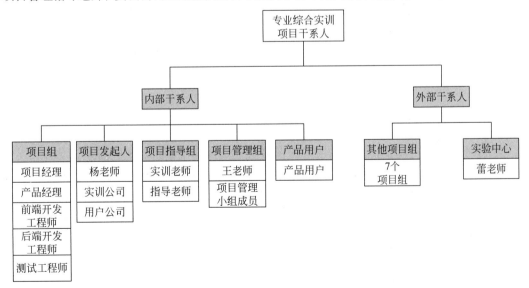

图 12-8 项目干系人关系图

项目管理的目的是达到项目要求并使干系人识别出项目中的所有人员和组织，分析干系人的期望，并在项目整个生命周期的项目决策内吸引项目干系人参与。因此，项目经理被任命和授权后要做的第一件事就是识别和分析项目干系人，此次实训项目的干系人分析如表 12-10 所示。

表 12-10　项目干系人分析表

分析类别	干系人					
	杨老师	实训公司	小琪	小俐	小佳	小夏
内部/外部	内部	外部	内部	内部	内部	内部
所属组织	学校高管	外聘	项目组	项目组	项目组	项目组
项目角色	项目发起人	项目承办人	项目经理	系统分析师	系统测试师	系统设计师
特点或专长	对项目成果敏感,高度关注每个项目	在指导本专业训练方面经验丰富	思维严谨,能够快速决断,应变能力强	能快速发现客户需求	在测试过程能一眼发现问题	在系统架构与设计方面思想独特
兴趣(关注度)	极高	极高	高	较高	较高	较高
权力(影响度)	高,有权终止项目	高	高,难以替代	高,影响到系统功能开发	高,影响到后续网站能否上线	高,影响到网站前后端能否成功运行
交往建议	每周及时汇报项目进展	由其组织培训	注意及时汇报进度	多提一点有关系统功能方面的需求建议	及时地沟通和反馈版本更新信息	良好的沟通,理解其架构思想

12.3.5　问题与对策

实训启动时出现了如表 12-11 所述问题,项目团队有针对性地制定了相应的解决方案。

表 12-11　问题与对策

序号	问　题	对　策
1	项目团队对开发项目的受众群体及用户市场调查得不够全面	由项目经理向上、向下进行沟通,安排组内成员对市场前景及受众群体进行更准确的调查,形成可交付成果
2	系统基本功能不明确,误把项目中的技术点当作功能来体现	由指导老师帮助项目团队梳理基本功能和技术点的区别,使项目团队了解基础功能的概念
3	项目干系人分析不全面,容易遗漏	指导老师帮助项目团队分析项目内外部干系人并指出每个干系人在项目中的角色和作用
4	系统开发方法不够明确,每个功能对应的技术点不能够较好地匹配,无法安排后续新技术学习工作	由项目团队与指导老师团队进行沟通,确认每个功能点用到的相关技术及难度,优先学习难度系数高的技术,以确保项目进度

12.4　制订项目范围管理计划

项目范围是指为实现项目目标所界定项目各项具体工作边界的简明描述。项目范围管理基线主要是在创建 WBS 的基础上开展的,即制订项目范围管理计划最重要的任务是制定 WBS。各项目团队根据项目的不同选择使用不同的 WBS 构建方法,将庞大的项目分成数阶段并设置阶段可交付成果,有利于项目的细化和工作落实。

12.4.1　制定 WBS 的过程

WBS 是项目管理过程中一个非常重要的文件。具体而言,WBS 是一种以结果为导向的分析方法,其主要用于确定项目范围,即项目实施过程中应该完成哪些任务,并且采用层级划分的方式明确各个任务之间的从属关系、依赖关系,是后续项目管理的基础。一般来说,WBS 的第 0 层代表整个项目,第 1 层代表主要的项目阶段,第 2 层、第 3 层可以是第一层的任务细分,也就是子项。最底层是工作包,即项目实际实施过程中的可交付成果或产品。

12.4.2 选择制定 WBS 的方法

制定 WBS 的方法有很多,主要有指南法、类比法、自下而上法、自上而下法和按照项目生命周期的方法等。而创建 WBS 的过程中最为关键的就是其第一层的构造,通常由以下 5 种方法来构造 WBS:依据项目创造的产品、服务等项目成果来构造;按照项目的生命周期来构造;按照项目管理过程来构造;基于项目开发指导方针构造;使用类比法构造。由于本系统的开发过程具有阶段性,所以选择结合自下而上法和按照项目生命周期的方法来确定 WBS,见表 12-12。

表 12-12 WBS 构建方法的选择

构 建 方 法	选 择 原 因
自下而上法	自下而上法便于集合小组每个人的意见并达到最终的统一,有利于最后结果的完整性
按照项目生命周期	本项目在之前就已经确定了项目生命周期,并完整地划分了项目阶段,使用该方法有利于及时跟踪项目状态

根据实际项目实施过程中的周期性特点,项目团队经过商议后决定采用上述方法中的按照项目生命周期构建 WBS,原因在于这一方法的时间点很明确,一方面能有效地把各项任务分布在项目周期的不同阶段,对于项目开发流程控制具有很好的引导作用;另一方面,将项目的控制过程纳入专业基础训练中,可以有效减少项目过程中一些不可预料的风险。

12.4.3 确定项目生命周期和项目阶段

项目生命周期定义了在每个阶段中要进行的工作,包括可交付成果、每个阶段涉及的人员和时间,以及管理层将如何控制和验证每个阶段产生的工作。由于渐增式生命周期模型有助于使用用户的优先级以及系统修订的成本、时间和范围,可以很好地将软件包的特征和功能按照优先级来划分阶段,故本项目组确定项目开发生命周期为渐增式生命周期,模型如图 12-9 所示。

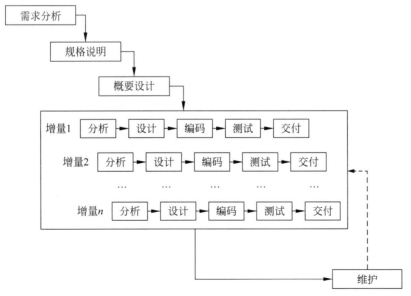

图 12-9 渐增式生命周期模型图

项目生命周期由概念阶段、开发阶段、实施阶段和收尾阶段组成。根据系统开发项目的特点,将项目划分为项目启动、项目管理计划、基础训练、专业训练、项目收尾 5 个阶段。按照项目生命周期来划分的具体阶段如表 12-13 所示。

表 12-13　项目生命周期的具体阶段

项目生命周期	渐增式生命周期
项目启动	组建团队、选择项目、制定并发布项目章程、项目评估、撰写项目启动报告、项目启动评审、项目立项
项目管理计划	项目干系人分析、项目管理框架分析、制订项目管理计划、管理计划评审
基础训练	基础训练项目管理、基础知识补强＋练习
专业训练	专业训练项目管理、需求分析与概要设计、系统设计、编码实现、系统测试、项目验收
项目收尾	整理并提交项目成果、项目成效评估与分析、撰写项目成效评估与分析报告

12.4.4　确定可交付成果

可交付成果指一种产品或者服务,即可交付成果是从最终项目的成果追溯而来的,具体包括产生软件的过程可交付成果、项目管理可交付成果。具体而言,本项目采取增量模型进行系统开发。首先根据项目开发指导要求以及经过依据实际情况的商讨,最终确定有涉及 3 种类型的共 29 个可交付成果。具体每种类型的可交付成果及其任务名称如表 12-14 所示。

表 12-14　可交付成果表

可交付成果类型	序　　号	可交付成果
项目产品	1	系统设计
	2	原型设计
	3	数据库
	4	代码
	5	可完整演示的产品包
产品过程文档	6	项目启动报告
	7	需求分析报告
	8	系统设计报告
	9	迭代计划表
	10	Scrum 后台开发报告
	11	Scrum 前端开发报告
	12	BugList 表
	13	系统测试报告
	14	用户手册
	15	项目发布 PPT
	16	项目总结报告
	17	个人总结报告

续表

可交付成果类型	序　号	可交付成果
管理过程文档	18	项目章程
	19	项目干系人分析报告
	20	项目管理框架分析表
	21	项目管理计划
	22	基础训练执行情况记载表
	23	基础训练执行情况汇总表
	24	基础训练总结
	25	专业训练执行情况记载表
	26	专业训练执行情况汇总表
	27	专业训练周总结
	28	挣值分析报告
	29	实训成效评估与分析报告

12.4.5　确定阶段评审点

项目开发过程中涉及的评审点用于针对阶段性的开发成果进行质量和进度的评审，有利于及时发现项目的缺陷，提早对项目进行修正，有助于项目的顺利开展以及对进度的把控。依据项目具体实施过程的5个阶段设置评审点，共设置11个评审点，如表12-15所示。

表 12-15　各阶段评审点的确定

项目开发阶段	评　审　点
项目启动	项目启动评审
项目管理计划	管理计划评审
专业训练	数据库评审
	需求评审
	系统设计评审
	挣值管理评审
	基础功能评审
	后台开发评审
	前端开发评审
	系统测试
	项目评审

12.4.6　确定里程碑

里程碑是项目完成阶段性工作的标志，里程碑所设立的阶段性交付成果意味着项目实施一步步趋向完成，对于项目进度控制和实际开发过程中的基线把握是非常必要的。依据项目具体实施过程的5个阶段设置里程碑，共设置8个里程碑，如表12-16所示。

表 12-16　各阶段里程碑的确定

项目开发阶段	里　程　碑
项目开始	项目开始
项目启动	项目立项
项目管理计划	计划通过
基础训练	基础训练结束
专业训练	挣值分析通过
	开发完成
	验收结束
项目结束	项目结束

12.4.7　确定检查点

检查点是指在项目开发过程中需要在规定的时间间隔内对项目完成情况进行检查的时刻。以此来比较实际实施和计划之间的差异,以便根据具体的差异情况进行后续的调整。依据项目具体实施过程的 5 个阶段设置检查点,在基础训练阶段每周进行记载、点评和汇总的检查,专业训练阶段进行每日检查和定期例会。共设置 10 个检查点。具体的检查点如表 12-17 所示。

表 12-17　各阶段检查点的确定

项目开发阶段	检　查　点
基础训练	每周记载
	每周点评
	每周汇总
	每周小组例会
专业训练	每日记载
	每日点评
	每日汇总
	每周总结
	项目管理周例会
	小组例会

12.4.8　确定细分子任务

除了可交付成果、评审点、里程碑和检查点,还有一些任务也是必须要做的事情,这些其他子任务也分别隶属于相应的开发阶段。5 个阶段设置的细分子任务如表 12-18 所示。

表 12-18　各阶段细分子任务的确定

项目开发阶段	子　任　务
项目启动	组建团队
	选择项目
	项目风险评估

续表

项目开发阶段	子 任 务
项目管理计划	项目范围管理计划
	项目进度管理计划
	项目成本管理计划
	项目质量管理计划
	项目人力资源管理计划
	项目沟通管理计划
	项目风险管理计划
	项目集成管理计划
基础训练	HTML 及 DOM 基础
	CSS 基础
	BootStrap 框架
	Spring Boot 基础
	列表功能实现
	添加功能实现
	删除功能实现
	修改功能实现
专业训练	项目需求导入
	项目需求分析
	SVN 团队开发工具使用
	AxurePro 的基础、绘制项目草图
	绘制项目草图
	项目模板分解
	挣值分析
	编码整合
	整体流程功能性测试
	初步系统测试
	细节完善
项目结束	整理并提交项目成果
	项目成效评估与分析

12.4.9 确定项目范围基线(WBS)

在确定了可交付成果、评审点、里程碑、检查点和其他子任务之后,将 WBS 初步分为一层 WBS 和二层 WBS,一层 WBS 是依据项目实际开发过程确定项目启动、项目管理计划、基础训练、专业训练、项目收尾共 5 个阶段,第二层的 WBS 具体在第一层的基础上设置基础训练项目管理、基础知识补强＋练习、专业训练项目管理等阶段。具体构建如图 12-10～图 12-15 所示。

从图 12-10～图 12-15 中可以看出本项目范围基线的层次关系。具体可以看到 WBS 最大有 4 级,有 7 个一级 WBS,一层之下又依据实际情况划分了不同的层次结构,明确摘要任务及其子任务以及最底层的工作包之间的从属关系。

	任务名称
0	▫ 范围基线
1	1 项目开始
2	▫ 2 项目启动
3	2.1 组建团队
4	2.2 选择项目
5	2.3 制定并发布项目章程
6	2.4 项目评估（团队、风险）
7	2.5 撰写项目启动报告
8	2.6 项目启动评审
9	2.7 项目立项
10	▫ 3 项目管理计划
11	3.1 项目干系人分析
12	3.2 项目管理框架分析
13	▫ 3.3 制订项目管理计划
14	3.3.1 项目范围管理计划
15	3.3.2 项目进度管理计划
16	3.3.3 项目成本管理计划
17	3.3.4 项目质量管理计划
18	3.3.5 项目人力资源管理计划

图 12-10 项目范围基线-1

	任务名称
19	3.3.6 项目沟通管理计划
20	3.3.7 项目风险管理计划
21	3.3.8 项目集成管理计划
22	3.4 管理计划评审
23	3.5 计划通过
24	▫ 4 基础训练
25	▫ 4.1 基础训练项目管理
26	4.1.1 基础训练周记载
27	4.1.2 基础训练周点评
28	4.1.3 基础训练周汇总
29	4.1.4 基础训练每周小组例会
30	▫ 4.2 基础知识补强+练习
31	4.2.1 HTML及DOM基础
32	4.2.2 CSS基础
33	4.2.3 BootStrap框架
34	4.2.4 Spring Boot基础
35	4.2.5 列表功能实现
36	4.2.6 添加功能实现
37	4.2.7 删除功能实现

图 12-11 项目范围基线-2

	任务名称
38	4.2.8 修改功能实现
39	4.2.9 撰写基础训练总结
40	4.2.10 基础训练结束
41	▫ 5 专业训练
42	▫ 5.1 专业训练项目管理
43	5.1.1 专业训练日记载
44	5.1.2 专业训练日点评
45	5.1.3 专业训练日汇总
46	5.1.4 专业训练周总结
47	5.1.5 专业训练项目管理周例会
48	5.1.6 专业训练每日小组例会
49	▫ 5.2 需求分析与概要设计
50	5.2.1 项目需求导入
51	5.2.2 项目需求分析
52	5.2.3 SVN团队开发工具使用
53	5.2.4 AxurePro的基础、绘制项目草图
54	5.2.5 绘制项目草图
55	5.2.6 数据库设计
56	5.2.7 数据库评审

图 12-12 项目范围基线-3

	任务名称
57	5.2.8 撰写需求分析报告
58	5.2.9 需求评审
59	▫ 5.3 系统设计
60	5.3.1 搭建项目框架并导入SVN
61	5.3.2 项目模板分解
62	5.3.3 项目原型绘制
63	5.3.4 撰写系统设计报告
64	5.3.5 系统设计评审
65	5.3.6 挣值分析
66	5.3.7 撰写挣值分析报告
67	5.3.8 挣值管理评审
68	5.3.9 挣值分析通过，项目继续
69	▫ 5.4 编码实现
70	5.4.1 撰写迭代计划表
71	▫ 5.4.2 基础功能实现
72	5.4.2.1 项目登录功能实现
73	5.4.2.2 项目权限功能实现
74	5.4.2.3 项目各权限下菜单功能实现
75	5.4.2.4 基础功能评审

图 12-13 项目范围基线-4

	任务名称
76	▫ 5.4.3 后台功能实现
77	5.4.3.1 后台主菜单实现
78	5.4.3.2 后台文章管理模块开发
79	5.4.3.3 后台游戏管理模块开发
80	5.4.3.4 后台可视化模块开发
81	5.4.3.5 撰写Scrum后台开发报告
82	5.4.3.6 后台开发评审
83	▫ 5.4.4 前端功能实现
84	5.4.4.1 前端主菜单实现
85	5.4.4.2 文章检索模块开发
86	5.4.4.3 知识图谱模块开发
87	5.4.4.4 周公解梦模块开发
88	5.4.4.5 撰写Scrum前端开发报告
89	5.4.4.6 前端开发评审
90	5.4.5 编码整合
91	▫ 5.5 系统测试
92	5.5.1 整体流程功能性测试
93	5.5.2 初步系统测试
94	5.5.3 细节完善

图 12-14 项目范围基线-5

	任务名称
95	5.5.4 系统测试
96	5.5.5 开发完成
97	5.5.6 撰写系统测试报告
98	5.5.7 撰写BugList表
99	5.5.8 撰写用户手册
100	▫ 5.6 项目验收
101	▫ 5.6.1 项目验收和发布材料准备
102	5.6.1.1 制作完整演示的产品包
103	5.6.1.2 制作项目发布PPT
104	5.6.1.3 撰写项目总结报告
105	5.6.1.4 撰写个人总结报告
106	5.6.2 项目验收与发布
107	5.6.3 验收结束
108	▫ 6 项目收尾
109	6.1 整理并提交项目成果
110	6.2 项目成效评估与分析
111	6.3 撰写项目成效评估与分析报告
112	7 项目结束

图 12-15 项目范围基线-6

12.4.10 问题与对策

制订项目范围管理计划时主要出现了表12-19中的问题,项目团队有针对性地制定出了解决方案。

表 12-19 问题与对策

序号	问　题	对　策
1	无法正确匹配可交付成果与不同阶段,将项目实施的可交付成果写在项目计划中	由指导老师团队讲解了每项可交付成果的意义及作用,帮助项目团队完成可交付成果与不同阶段的对应
2	WBS制定得过于复杂,任务出现重复	指导老师与项目团队沟通,并提出建设性建议
3	缺乏检查点与阶段评审点	指导老师与项目团队沟通,并提出建设性建议

12.5 制订项目进度管理计划

在项目开始前,必须要做的一件事就是制订项目进度管理计划,一旦一个项目进度被设定,那么任何人都能够用项目完成实际花费的时间减去原始估算的时间,从而估算进度的执行情况。所以对项目进行进度的管理是十分必要的。本节将展示项目进度基线的制定方式。在范围基线的基础之上制定项目的进度基线,然后在确定活动的依赖关系后确定项目的工期,最重要的是以此确定关键任务,这是在项目开发过程中进行进度控制以及资源调配的重要参考依据。

12.5.1 制定进度基线的过程

项目时间管理主要是在项目范围管理的基础上,通过分析和确定任务间的依赖关系形成网络图,然后对每个工作包进行工期估计,以此确定基本的项目进度计划。利用CMP、PERT等技术对WBS中每个活动的开始时间和完成时间进行确定,即可形成项目的进度基线。

12.5.2 确定依赖关系

针对WBS的最底层活动,即需要实际完成和实施的工作包,需要确定任务之间的依赖关系。依赖分为强制依赖关系、自由依赖关系和外部依赖关系。强制依赖关系往往与一些实际的客观限制有关。如组建团队需要在项目开始之后。外部依赖关系是项目活动和非项目活动之间的依赖关系,通常涉及环境、法律法规等。内部依赖关系是项目活动之间的关系,通常在项目团队的控制之中。如规定前端功能实现需要在后台功能实现的基础上开展。

把项目干系人召集到一起来定义项目中的活动依赖是非常重要的。通过将每个阶段进行拆分与细化,来逐步确定活动依赖关系,最终可以确定WBS工作包的前置任务。例如,项目集成管理计划的前置任务是项目范围、进度、成本、质量、人力资源、沟通和风险管理计划。

12.5.3 估计活动工期

活动工期估计是指估计活动清单上的每项活动所需要的历时。一般而言,某一项任务的活动工期不仅仅包含完成这项活动所包含的实际工期,也包含所需要的间歇时间。具体的估计活动工期的方法有许多,包括专家评估法、类比估计法和模拟法等。本项目的工期则是由项目开发小组根据实际情况及类似项目的开发情况确定的。特殊的，里程碑的工期均为 0，而循环任务工期由所确定的每一次发生所需工期和相应的循环规则共同确定。

12.5.4 确定项目进度基线

经过以上确定活动依赖关系和估计活动工期的步骤，可以制定项目进度基线，主要是各项任务的前置任务以及周期性任务的确定，最终为所有任务设置了前置任务的估计工期，得到的项目进度基线及其甘特图，如图 12-16～图 12-20 所示。

	任务名称	工期	开始时间	完成时间	前置任务
0	项目时间管理计划	72 个工作日	2021年9月6日	2021年11月27日	
1	1 项目开始	0 个工作日	2021年9月6日	2021年9月6日	
2	2 项目启动	6 个工作日	2021年9月6日	2021年9月11日	
3	2.1 组建团队	1 个工作日	2021年9月6日	2021年9月6日	1
4	2.2 选择项目	1 个工作日	2021年9月7日	2021年9月7日	3
5	2.3 制定并发布项目章程	0.5 个工作日	2021年9月8日	2021年9月8日	4
6	2.4 项目评估（团队、风险）	2 个工作日	2021年9月8日	2021年9月10日	5
7	2.5 撰写项目启动报告	1 个工作日	2021年9月10日	2021年9月11日	6
8	2.6 项目启动评审	0.5 个工作日	2021年9月11日	2021年9月11日	7
9	2.7 项目立项	0 个工作日	2021年9月11日	2021年9月11日	8
10	3 项目管理计划	12 个工作日	2021年9月13日	2021年9月25日	
11	3.1 项目干系人分析	1 个工作日	2021年9月13日	2021年9月13日	9
12	3.2 项目管理框架分析	2 个工作日	2021年9月13日	2021年9月14日	9
13	3.3 制订项目管理计划	9 个工作日	2021年9月15日	2021年9月24日	
14	3.3.1 项目范围管理计划	6 个工作日	2021年9月15日	2021年9月21日	11, 12
15	3.3.2 项目进度管理计划	6 个工作日	2021年9月15日	2021年9月21日	11, 12
16	3.3.3 项目成本管理计划	6 个工作日	2021年9月15日	2021年9月21日	11, 12
17	3.3.4 项目质量管理计划	1 个工作日	2021年9月15日	2021年9月15日	11, 12
18	3.3.5 项目人力资源管理计划	2 个工作日	2021年9月15日	2021年9月16日	11, 12
19	3.3.6 项目沟通管理计划	2 个工作日	2021年9月15日	2021年9月16日	11, 12
20	3.3.7 项目风险管理计划	2 个工作日	2021年9月15日	2021年9月16日	11, 12

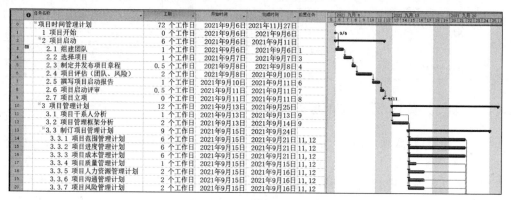

图 12-16 项目进度基线及甘特图-1

	任务名称	工期	开始时间	完成时间	前置任务
21	3.3.8 项目集成管理计划	3 个工作日	2021年9月22日	2021年9月24日	14, 15, 16, 17, 18, 19, 20
22	3.4 管理计划评审	1 个工作日	2021年9月25日	2021年9月25日	21
23	3.5 计划通过	0 个工作日	2021年9月25日	2021年9月25日	22
24	4 专业基础训练	6 个工作日	2021年9月27日	2021年10月2日	
25	4.1 基础训练项目管理	4.25 个工作日	2021年9月27日	2021年10月1日	
26	4.1.1 基础训练周记载	0.25 个工作日	2021年10月1日	2021年10月1日	23
28	4.1.2 基础训练周点评	0.25 个工作日	2021年9月27日	2021年9月27日	23
30	4.1.3 基础训练周汇总	0.25 个工作日	2021年10月1日	2021年10月1日	23
32	4.1.4 基础训练每周小组例会	0.25 个工作日	2021年9月27日	2021年9月27日	23
34	4.2 基础知识补强+练习	6 个工作日	2021年9月27日	2021年10月2日	
35	4.2.1 HTML及DOM基础	2 个工作日	2021年9月27日	2021年9月28日	23
36	4.2.2 CSS基础	1 个工作日	2021年9月27日	2021年9月27日	23
37	4.2.3 BootStrap框架	2 个工作日	2021年9月29日	2021年9月30日	35, 36
38	4.2.4 Spring Boot基础	1 个工作日	2021年9月29日	2021年9月29日	35, 36
39	4.2.5 列表功能实现	1 个工作日	2021年10月1日	2021年10月1日	37, 38
40	4.2.6 添加功能实现	1 个工作日	2021年10月1日	2021年10月1日	37, 38
41	4.2.7 删除功能实现	1 个工作日	2021年10月1日	2021年10月1日	37, 38
42	4.2.8 修改功能实现	1 个工作日	2021年10月1日	2021年10月1日	37, 38
43	4.2.9 撰写基础训练总结	1 个工作日	2021年10月2日	2021年10月2日	42, 41, 39, 40
44	4.2.10 基础训练结束	0 个工作日	2021年10月2日	2021年10月2日	43

图 12-17 项目进度基线及甘特图-2

	任务名称	工期	开始时间	完成时间	前置任务
64	5 专业训练	45 个工作日	2021年10月4日	2021年11月24日	
65	5.1 专业训练项目管理	35.25 个工作日	2021年10月4日	2021年11月13日	
66	5.1.1 专业训练日记载	29.25 个工作日	2021年10月4日	2021年11月6日	63
97	5.1.2 专业训练日点评	29.25 个工作日	2021年10月4日	2021年11月6日	63
128	5.1.3 专业训练日汇总	29.25 个工作日	2021年10月4日	2021年11月6日	63
159	5.1.4 专业训练周总结	30.25 个工作日	2021年10月9日	2021年11月13日	63
166	5.1.5 专业训练项目管理周例会	30.25 个工作日	2021年10月4日	2021年11月8日	63
173	5.1.6 专业训练每日小组例会	29.13 个工作日	2021年10月4日	2021年11月6日	63
204	5.2 需求分析与概要设计	6 个工作日	2021年10月4日	2021年10月9日	
205	5.2.1 项目需求导入	1 个工作日	2021年10月4日	2021年10月4日	63
206	5.2.2 项目需求分析	1 个工作日	2021年10月4日	2021年10月4日	63
207	5.2.3 SVN团队开发工具使用	1 个工作日	2021年10月5日	2021年10月5日	205, 206
208	5.2.4 AxurePro的基础、绘制项目草图	1 个工作日	2021年10月5日	2021年10月5日	205, 206
209	5.2.5 绘制项目草图	2 个工作日	2021年10月6日	2021年10月7日	207, 208
210	5.2.6 数据库设计	1 个工作日	2021年10月6日	2021年10月6日	207, 208
211	5.2.7 数据库评审	0.5 个工作日	2021年10月8日	2021年10月8日	209, 210
212	5.2.8 撰写需求分析报告	1 个工作日	2021年10月8日	2021年10月8日	209, 210
213	5.2.9 需求评审	1 个工作日	2021年10月9日	2021年10月9日	211, 212
214	5.3 系统设计	6 个工作日	2021年10月11日	2021年10月16日	
215	5.3.1 搭建项目框架并导入SVN	0.5 个工作日	2021年10月11日	2021年10月11日	213
216	5.3.2 项目模板分解	1 个工作日	2021年10月11日	2021年10月12日	215
217	5.3.3 项目原型绘制	2 个工作日	2021年10月12日	2021年10月14日	216
218	5.3.4 撰写系统设计报告	1 个工作日	2021年10月12日	2021年10月13日	216

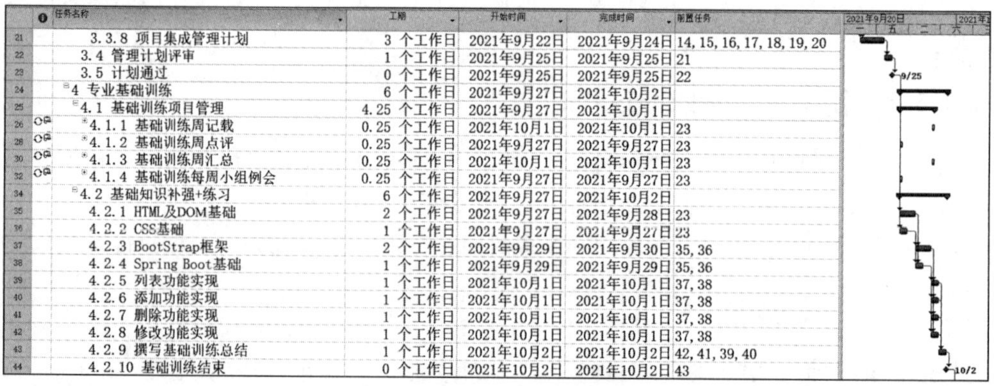

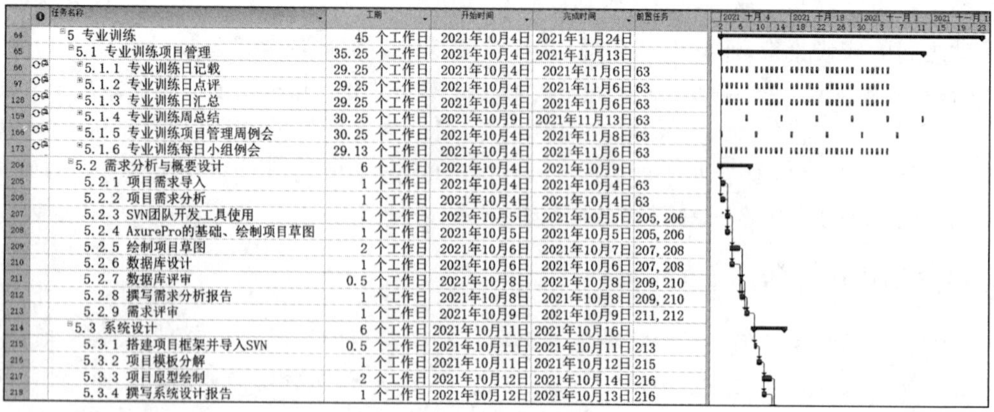

图 12-18 项目进度基线及甘特图-3

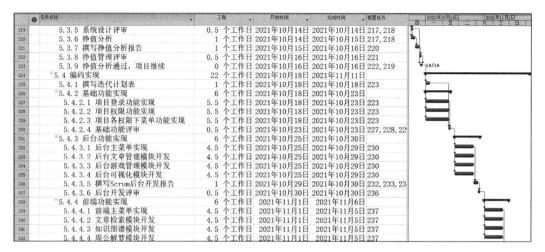

图 12-19　项目进度基线及甘特图-4

	任务名称	工期	开始时间	完成时间	前置任务
243	5.4.4.5 撰写Scrum前端开发报告	1 个工作日	2021年11月5日	2021年11月6日	239, 240, 241, 242
244	5.4.4.6 前端开发评审	0.5 个工作日	2021年11月5日	2021年11月6日	243
245	5.5 编码整合	4 个工作日	2021年11月8日	2021年11月11日	244
246	5.5 系统测试	8 个工作日	2021年11月12日	2021年11月20日	
247	5.5.1 整体流程功能性测试	1 个工作日	2021年11月12日	2021年11月12日	245
248	5.5.2 初步系统测试	1 个工作日	2021年11月13日	2021年11月13日	247
249	5.5.3 细节完善	4 个工作日	2021年11月15日	2021年11月18日	248
250	5.5.4 系统测试	1 个工作日	2021年11月19日	2021年11月19日	249
251	5.5.5 开发完成	0 个工作日	2021年11月19日	2021年11月19日	250
252	5.5.6 撰写系统测试报告	1 个工作日	2021年11月20日	2021年11月20日	251
253	5.5.7 撰写BugList表	1 个工作日	2021年11月20日	2021年11月20日	251
254	5.5.8 撰写用户手册	1 个工作日	2021年11月20日	2021年11月20日	251
255	5.6 项目验收	3 个工作日	2021年11月22日	2021年11月24日	
256	5.6.1 项目验收和发布材料准备	2 个工作日	2021年11月22日	2021年11月23日	
257	5.6.1.1 制作完整演示的产品包	1 个工作日	2021年11月22日	2021年11月23日	252, 253, 254
258	5.6.1.2 制作项目发布PPT	1 个工作日	2021年11月22日	2021年11月23日	254
259	5.6.1.3 撰写项目总结报告	1 个工作日	2021年11月22日	2021年11月23日	254
260	5.6.1.4 撰写个人总结报告	1 个工作日	2021年11月22日	2021年11月23日	254
261	5.6.2 项目验收与发布	1 个工作日	2021年11月24日	2021年11月24日	257, 258, 259, 260
262	5.6.3 验收结束	0 个工作日	2021年11月24日	2021年11月24日	261
263	6 项目收尾	3 个工作日	2021年11月25日	2021年11月27日	
264	6.1 整理并提交项目成果	0.5 个工作日	2021年11月25日	2021年11月25日	262
265	6.2 项目成效评估与分析	1.5 个工作日	2021年11月25日	2021年11月26日	264
266	6.3 撰写项目成效评估与分析报告	1 个工作日	2021年11月26日	2021年11月27日	265
267	7 项目结束	0 个工作日	2021年11月27日	2021年11月27日	266

图 12-20　项目进度基线及甘特图-5

从项目进度基线中可以明确看出每个任务的工期、开始时间、完成时间、前置任务,及其甘特图示意。具体而言,可以看到完成整个项目共需要72个工作日,从2021年9月6日持续到2021年11月27日,期间共有10个循环任务。从甘特图中可以看出具体的项目进度信息。比如黑钻石状的符号表示项目的里程碑,有0个工期。粗黑横线则表示项目的总任务或者是摘要任务,浅色的水平线则表示最底层的任务,而任务之间的逻辑关系则由箭线表示。

12.5.5　构建前导式网络图

网络图是用于表示活动排序的首选技术,可以清晰地表示项目中各项活动间的逻辑关系。可以利用网络图来很方便地计算各项活动的最早开始时间、最早结束时间、最晚开始时间、最晚完成时间、总浮动时间和自由浮动时间,以此为依据分析出关键路径。本项目按照生命周期阶段分别绘制前导式网络图。此处为二级任务编号,以方便绘制其网络图,具体的二级任务及其任务代号、工期和前置任务如表12-20所示。

表 12-20　二级任务及其任务代号、工期和前置任务

序号	任务代号	任务名称（Ⅱ级 WBS）	工期/天	前置任务
1	A	组建团队	1	无
2	B	选择项目	1	A
3	C	制定并发布项目章程	0.5	B
4	D	项目评估（团队、风险）	2	C
5	E	撰写项目启动报告	1	D
6	F	项目启动评审	0.5	E
7	G	项目立项	0	F
8	H	项目干系人分析	1	G
9	I	项目管理框架分析	2	G
10	J	制订项目管理计划	9	H、I
11	K	管理计划评审	1	J
12	L	计划通过	0	K
13	M	基础训练项目管理	5.25	L
14	N	基础知识补强＋练习	6	L
15	O	专业训练项目管理	35.25	N
16	P	需求分析与概要设计	6	N
17	Q	系统设计	6	P
18	R	编码实现	22	Q
19	S	系统测试	8	R
20	T	项目验收	3	S
21	U	整理并提交项目成果	0.5	T
22	V	项目成效评估与分析	1.5	U
23	W	撰写项目成效评估与分析报告	1	V

　　基于各项任务之间的依赖关系，针对 WBS 中的二级任务画出本项目的前导式网络图（PDM）。然后根据每项二级任务的所需工期，利用参数标号法求出每项任务的最早开始时间、最晚开始时间、最早完成时间、最晚完成时间，如图 12-21 所示。

12.5.6　关键路径分析

　　根据所绘制的二级任务的前导式网络图，可以计算每个任务的总时差和自由时差。总时差是指在不延误项目完成时间的前提下一项活动从最早时间算起可以延迟的时间。自由时差则是指在不推迟任何后续活动最早开始时间的基础上，本活动可以推迟的时间，具体总时差和自由时差的计算方法如下：

　　　　总时差＝本活动的最晚开始时间－本活动的最早开始时间

　　　　自由时差＝后续活动的最早开始时间的最小值－本活动的最早完成时间

　　可以由网络图中的最短路径计算得到，具体结果如表 12-21 所示。

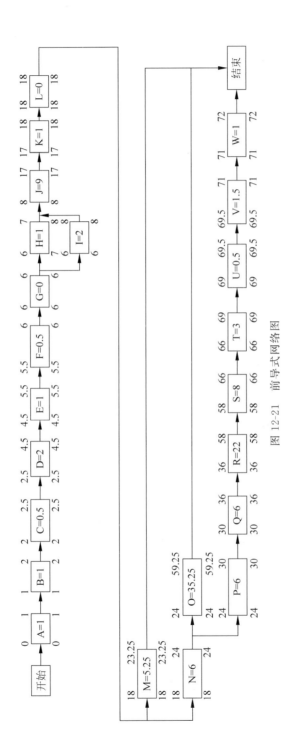

图 12-21 前导式网络图

表 12-21　确定时差及关键路径

序号	任务代号	总时差	自由时差	是否为关键活动
1	A	0	0	是
2	B	0	0	是
3	C	0	0	是
4	D	0	0	是
5	E	0	0	是
6	F	0	0	是
7	G	0	0	是
8	H	1	1	否
9	I	0	0	否
10	J	0	0	是
11	K	0	0	是
12	L	0	0	是
13	M	0	0	否
14	N	0	0	是
15	O	0	0	否
16	P	0	0	是
17	Q	0	0	是
18	R	0	0	是
19	S	0	0	是
20	T	0	0	是
21	U	0	0	是
22	V	0	0	是
23	W	0	0	是

关键路径是指完成所有项目活动所用的最短时间,由此可以看出关键路径为 A—B—C—D—E—F—G—I—J—K—L—N—P—Q—R—S—T—U—V—W。关键路径的工期决定了整个项目的工期,任何关键路径上的终端元素的延迟将直接影响项目的预期完成时间。在各类风险点中,关键路径是整个项目计划的重点。而控制风险最好的做法是:"向关键路径要时间,向非关键路径要资源"。具体而言,要确保计划按期完成,必须保证关键路径上的工作按期完成,才能确保整个项目可以按期完成。相应地,可以从非关键路径上抽调一定人力、物力到关键路径的工作中去,从而加快关键路径的进度,这样就可以加快整个项目的开展。

12.5.7　问题与对策

本小组在进行项目时间管理计划时主要出现的问题如表 12-22 所示,针对每个问题,项目团队有针对性地制定了相应的解决方案。

表 12-22　问题与对策

序号	问　题	对　策
1	里程碑任务设置工期,导致项目时间计划甘特图出现错误	在设置里程碑任务时需要对里程碑任务输入"0"工期
2	关键路径不连续,没有从头到尾	经检查该问题是由于部分任务没有设置前导任务,由项目团队确保前导任务的设置正确即可
3	项目进度比原本实训期间的时间长,在制订项目时间计划时将项目时长增加了	由项目团队与指导老师进行沟通,确定估计工期是否符合事实,共同将各项任务的工期调整为可接受范围

12.6 制订项目成本管理计划

项目成本就是指为使项目成本控制在计划目标之内所做的预测、计划、控制、调整、核算、分析和考核等管理工作。项目成本管理就是要确保在批准的预算内完成项目,具体项目要依靠制订成本管理计划、成本估算、成本预算、成本控制4个过程来完成。而项目成本管理就是指在项目的进程中,为了确保项目能够在规定的预算内达到目标所进行的管理过程。

12.6.1 制订成本管理计划的过程

制订项目成本管理计划的主要目的是解决4个问题:一是预测实施项目需要哪些资源,即资源计划的编制;二是预测项目将会花费多少成本,也就是为WBS的最底层任务包进行资源的分配工作,进行成本估算;三是预算项目特定时间范围内需要多少资金,也就是成本的预算,即需要明确项目每周、每月会耗费多少资金;四是在明确共需要多少资金以及各阶段资金耗费的基础上,应该进行成本的控制,也就是确定在项目的实施过程中应该怎样花费所估算的资金。总体而言,项目约束的关键就是要在范围、时间和成本这三者之间找到平衡。

12.6.2 确定项目所需资源

项目资源通常包括人力资源、设备和材料。本项目中的人力成本是主要成本,依据项目开发的实际情况确定了13种类型的人力资源,且明确了每种人力资源的最大工作单位、标准费率、加班费率(规定在标准工资的基础上增加20%)、成本累算及其基准日历,如表12-23所示。

表 12-23 资源工作表

序号	资源名称	缩写	最大工作单位	标准费率 (标准工资)	加班费率 (加班工资)	成本累算	基准日历
1	项目经理	项	100%	￥55.00/工时	￥66.00/工时	按比例	实训日历
2	测试工程师	测	100%	￥20.00/工时	￥24.00/工时	按比例	实训日历
3	程序设计师	程	100%	￥30.00/工时	￥36.00/工时	按比例	实训日历
4	后台工程师	后	100%	￥40.00/工时	￥48.00/工时	按比例	实训日历
5	前端工程师	前	100%	￥40.00/工时	￥48.00/工时	按比例	实训日历
6	文档工程师	文	100%	￥20.00/工时	￥24.00/工时	按比例	实训日历
7	系统分析师	分	100%	￥40.00/工时	￥48.00/工时	按比例	实训日历
8	系统架构师	架	100%	￥60.00/工时	￥72.00/工时	按比例	实训日历
9	系统设计师	设	100%	￥40.00/工时	￥48.00/工时	按比例	实训日历
10	王老师	王	100%	￥120.00/工时	￥144.00/工时	按比例	实训日历
11	杨老师	杨	100%	￥100.00/工时	￥120.00/工时	按比例	实训日历
12	周老师	周	100%	￥100.00/工时	￥120.00/工时	按比例	实训日历
13	欧阳老师	欧	100%	￥100.00/工时	￥120.00/工时	按比例	实训日历

12.6.3 为任务分配资源

基于表12-23中的13项人力资源,为项目所有任务进行资源的分配工作。需要说明的是,只需要为WBS最底层的工作包分配资源。资源分配的依据主要来源于以往类似项目开发经验,以及可对现实情况的预估。在资源分配的时候,还需要指定资源的工作单位,工作单位不能大于最大工作单位。具体的任务资源分配情况如图 12-22～图 12-31 所示。

	任务名称	工期	开始时间	完成时间	前置任务	资源名称
0	项目成本管理计划	72 个工作日	2021年9月6日	2021年11月27日		
1	项目开始	0 个工作日	2021年9月6日	2021年9月6日		
2	项目启动	6 个工作日	2021年9月6日	2021年9月11日		
3	组建团队	1 个工作日	2021年9月6日	2021年9月6日	1	王老师[50%]
4	选择项目	1 个工作日	2021年9月7日	2021年9月7日	3	欧阳老师[50%], 项目经理[50%]
5	制定并发布项目章程	0.5 个工作日	2021年9月8日	2021年9月8日	4	项目经理[80%], 文档工程师[40%]
6	项目评估（团队、风险）	2 个工作日	2021年9月8日	2021年9月10日	5	项目经理[40%], 文档工程师[40%]
7	撰写项目启动报告	1 个工作日	2021年9月10日	2021年9月11日	6	文档工程师[60%], 项目经理[50%]
8	项目启动评审	0.5 个工作日	2021年9月11日	2021年9月11日	7	欧阳老师[40%], 王老师[40%], 项目经理[50%], 杨老师[40%], 周老师[40%]
9	项目立项	0 个工作日	2021年9月11日	2021年9月11日	8	王老师[50%], 项目经理[50%]
10	项目管理计划	12 个工作日	2021年9月13日	2021年9月25日		
11	项目干系人分析	1 个工作日	2021年9月13日	2021年9月13日	9	项目经理[50%]
12	项目管理框架分析	2 个工作日	2021年9月13日	2021年9月14日	9	王老师[60%]
13	制订项目管理计划	9 个工作日	2021年9月15日	2021年9月24日		
14	项目范围管理计划	6 个工作日	2021年9月15日	2021年9月21日	11, 12	项目经理[40%]
15	项目进度管理计划	6 个工作日	2021年9月15日	2021年9月21日	11, 12	项目经理[50%]
16	项目成本管理计划	6 个工作日	2021年9月15日	2021年9月21日	11, 12	项目经理[50%]
17	项目质量管理计划	1 个工作日	2021年9月15日	2021年9月15日	11, 12	项目经理[50%]
18	项目人力资源管理计划	2 个工作日	2021年9月15日	2021年9月16日	11, 12	项目经理[60%]
19	项目沟通管理计划	2 个工作日	2021年9月15日	2021年9月16日	11, 12	项目经理[50%]
20	项目风险管理计划	2 个工作日	2021年9月15日	2021年9月16日	11, 12	项目经理[50%]
21	项目集成管理计划	3 个工作日	2021年9月22日	2021年9月24日	14, 15, 16, 17, 18, 19, 20	项目经理[50%], 王老师[50%]
22	管理计划评审	1 个工作日	2021年9月25日	2021年9月25日	21	
23	计划通过	0 个工作日	2021年9月25日	2021年9月25日	22	

图 12-22 资源分配状况图-1

	任务名称	工期	开始时间	完成时间	前置任务	资源名称
24	专业基础训练	6 个工作日	2021年9月27日	2021年10月2日		
25	基础训练项目管理	4.25 个工作日	2021年9月27日	2021年10月1日		
26	基础训练周记载	0.25 个工作日	2021年10月1日	2021年10月1日	23	
27	基础训练周记载 1	2 工时	2021年10月1日	2021年10月1日	23	项目经理[50%], 文档工程师[50%]
28	基础训练周点评	0.25 个工作日	2021年9月27日	2021年9月27日	23	
29	基础训练周点评 1	2 工时	2021年9月27日	2021年9月27日		王老师[50%], 项目经理[50%]
30	基础训练周汇总	0.25 个工作日	2021年10月1日	2021年10月1日	23	
31	基础训练周汇总 1	2 工时	2021年10月1日	2021年10月1日		项目经理[50%], 文档工程师[50%]
32	基础训练每周小组例会	0.25 个工作日	2021年9月27日	2021年9月27日	23	
33	基础训练每周小组例会 1	2 工时	2021年9月27日	2021年9月27日		王老师[50%], 项目经理[50%], 系统分析师[50%], 系统架构师[50%], 系统设计师[50%]
34	基础知识补强+练习	6 个工作日	2021年9月27日	2021年10月2日		
35	HTML及DOM基础	2 个工作日	2021年9月27日	2021年9月28日	23	程序设计师[50%], 前端工程师[50%]
36	CSS基础	2 个工作日	2021年9月27日	2021年9月28日	23	程序设计师[50%], 前端工程师[50%], 系统设计师[50%]
37	BootStrap框架	2 个工作日	2021年9月29日	2021年9月30日	35, 36	程序设计师[50%], 前端工程师[50%]
38	Spring Boot基础	1 个工作日	2021年9月29日	2021年9月29日	35, 36	程序设计师[50%], 后台工程师[50%], 系统设计师[50%]
39	列表功能实现	1 个工作日	2021年10月1日	2021年10月1日	37, 38	后台工程师[50%], 前端工程师[50%]
40	添加功能实现	1 个工作日	2021年10月1日	2021年10月1日	37, 38	后台工程师[50%], 前端工程师[50%]
41	删除功能实现	1 个工作日	2021年10月1日	2021年10月1日	37, 38	后台工程师[50%], 前端工程师[50%]
42	修改功能实现	1 个工作日	2021年10月1日	2021年10月1日	37, 38	后台工程师[50%], 前端工程师[50%]
43	撰写基础训练总结	1 个工作日	2021年10月2日	2021年10月2日	42, 41, 39, 40	项目经理[50%]
44	基础训练结束	0 个工作日	2021年10月2日	2021年10月2日	43	

图 12-23 资源分配状况图-2

	任务名称	工期	开始时间	完成时间	前置任务	资源名称
45	专业训练	45 个工作日	2021年10月4日	2021年11月24日		
46	专业训练项目管理	35.25 个工作日	2021年10月4日	2021年11月13日		
47	专业训练日记载	29.25 个工作日	2021年10月4日	2021年11月6日	44	
48	专业训练日记载 1	2 工时	2021年10月4日	2021年10月4日		文档工程师[20%]
49	专业训练日记载 2	2 工时	2021年10月5日	2021年10月5日		文档工程师[20%]
50	专业训练日记载 3	2 工时	2021年10月6日	2021年10月6日		文档工程师[20%]
51	专业训练日记载 4	2 工时	2021年10月7日	2021年10月7日		文档工程师[20%]
52	专业训练日记载 5	2 工时	2021年10月8日	2021年10月8日		文档工程师[20%]
53	专业训练日记载 6	2 工时	2021年10月9日	2021年10月9日		文档工程师[20%]
54	专业训练日记载 7	2 工时	2021年10月11日	2021年10月11日		文档工程师[20%]
55	专业训练日记载 8	2 工时	2021年10月12日	2021年10月12日		文档工程师[20%]
56	专业训练日记载 9	2 工时	2021年10月13日	2021年10月13日		文档工程师[20%]
57	专业训练日记载 10	2 工时	2021年10月14日	2021年10月14日		文档工程师[20%]
58	专业训练日记载 11	2 工时	2021年10月15日	2021年10月15日		文档工程师[20%]
59	专业训练日记载 12	2 工时	2021年10月16日	2021年10月16日		文档工程师[20%]
60	专业训练日记载 13	2 工时	2021年10月18日	2021年10月18日		文档工程师[20%]
61	专业训练日记载 14	2 工时	2021年10月19日	2021年10月19日		文档工程师[20%]
62	专业训练日记载 15	2 工时	2021年10月20日	2021年10月20日		文档工程师[20%]
63	专业训练日记载 16	2 工时	2021年10月21日	2021年10月21日		文档工程师[20%]
64	专业训练日记载 17	2 工时	2021年10月22日	2021年10月22日		文档工程师[20%]
65	专业训练日记载 18	2 工时	2021年10月23日	2021年10月23日		文档工程师[20%]
66	专业训练日记载 19	2 工时	2021年10月25日	2021年10月25日		文档工程师[20%]
67	专业训练日记载 20	2 工时	2021年10月26日	2021年10月26日		文档工程师[20%]
68	专业训练日记载 21	2 工时	2021年10月27日	2021年10月27日		文档工程师[20%]
69	专业训练日记载 22	2 工时	2021年10月28日	2021年10月28日		文档工程师[20%]
70	专业训练日记载 23	2 工时	2021年10月29日	2021年10月29日		文档工程师[20%]
71	专业训练日记载 24	2 工时	2021年10月30日	2021年10月30日		文档工程师[20%]
72	专业训练日记载 25	2 工时	2021年11月1日	2021年11月1日		文档工程师[20%]

图 12-24 资源分配状况图-3

	任务名称	工期	开始时间	完成时间	前置任务	资源名称
73	专业训练日记载 26	2 工时	2021年11月2日	2021年11月2日		文档工程师[20%]
74	专业训练日记载 27	2 工时	2021年11月3日	2021年11月3日		文档工程师[20%]
75	专业训练日记载 28	2 工时	2021年11月4日	2021年11月4日		文档工程师[20%]
76	专业训练日记载 29	2 工时	2021年11月5日	2021年11月5日		文档工程师[20%]
77	专业训练日记载 30	2 工时	2021年11月6日	2021年11月6日		文档工程师[20%]
78	专业训练日点评	29.25 个工作日	2021年10月4日	2021年11月6日	44	
79	专业训练日点评 1	2 工时	2021年10月4日	2021年10月4日		欧阳老师[20%], 项目经理[20%]
80	专业训练日点评 2	2 工时	2021年10月5日	2021年10月5日		欧阳老师[20%], 项目经理[20%]
81	专业训练日点评 3	2 工时	2021年10月6日	2021年10月6日		欧阳老师[20%], 项目经理[20%]
82	专业训练日点评 4	2 工时	2021年10月7日	2021年10月7日		欧阳老师[20%], 项目经理[20%]
83	专业训练日点评 5	2 工时	2021年10月8日	2021年10月8日		欧阳老师[20%], 项目经理[20%]
84	专业训练日点评 6	2 工时	2021年10月9日	2021年10月9日		欧阳老师[20%], 项目经理[20%]
85	专业训练日点评 7	2 工时	2021年10月11日	2021年10月11日		欧阳老师[20%], 项目经理[20%]
86	专业训练日点评 8	2 工时	2021年10月12日	2021年10月12日		欧阳老师[20%], 项目经理[20%]
87	专业训练日点评 9	2 工时	2021年10月13日	2021年10月13日		欧阳老师[20%], 项目经理[20%]
88	专业训练日点评 10	2 工时	2021年10月14日	2021年10月14日		欧阳老师[20%], 项目经理[20%]
89	专业训练日点评 11	2 工时	2021年10月15日	2021年10月15日		欧阳老师[20%], 项目经理[20%]
90	专业训练日点评 12	2 工时	2021年10月16日	2021年10月16日		欧阳老师[20%], 项目经理[20%]
91	专业训练日点评 13	2 工时	2021年10月18日	2021年10月18日		欧阳老师[20%], 项目经理[20%]
92	专业训练日点评 14	2 工时	2021年10月19日	2021年10月19日		欧阳老师[20%], 项目经理[20%]
93	专业训练日点评 15	2 工时	2021年10月20日	2021年10月20日		欧阳老师[20%], 项目经理[20%]
94	专业训练日点评 16	2 工时	2021年10月21日	2021年10月21日		欧阳老师[20%], 项目经理[20%]
95	专业训练日点评 17	2 工时	2021年10月22日	2021年10月22日		欧阳老师[20%], 项目经理[20%]
96	专业训练日点评 18	2 工时	2021年10月23日	2021年10月23日		欧阳老师[20%], 项目经理[20%]
97	专业训练日点评 19	2 工时	2021年10月25日	2021年10月25日		欧阳老师[20%], 项目经理[20%]
98	专业训练日点评 20	2 工时	2021年10月26日	2021年10月26日		欧阳老师[20%], 项目经理[20%]
99	专业训练日点评 21	2 工时	2021年10月27日	2021年10月27日		欧阳老师[20%], 项目经理[20%]
100	专业训练日点评 22	2 工时	2021年10月28日	2021年10月28日		欧阳老师[20%], 项目经理[20%]

图 12-25　资源分配状况图-4

	任务名称	工期	开始时间	完成时间	前置任务	资源名称
101	专业训练日点评 23	2 工时	2021年10月29日	2021年10月29日		欧阳老师[20%], 项目经理[20%]
102	专业训练日点评 24	2 工时	2021年10月30日	2021年10月30日		欧阳老师[20%], 项目经理[20%]
103	专业训练日点评 25	2 工时	2021年11月1日	2021年11月1日		欧阳老师[20%], 项目经理[20%]
104	专业训练日点评 26	2 工时	2021年11月2日	2021年11月2日		欧阳老师[20%], 项目经理[20%]
105	专业训练日点评 27	2 工时	2021年11月3日	2021年11月3日		欧阳老师[20%], 项目经理[20%]
106	专业训练日点评 28	2 工时	2021年11月4日	2021年11月4日		欧阳老师[20%], 项目经理[20%]
107	专业训练日点评 29	2 工时	2021年11月5日	2021年11月5日		欧阳老师[20%], 项目经理[20%]
108	专业训练日点评 30	2 工时	2021年11月6日	2021年11月6日		欧阳老师[20%], 项目经理[20%]
109	专业训练日汇总	29.25 个工作日	2021年10月4日	2021年11月6日	44	
110	专业训练日汇总 1	2 工时	2021年10月4日	2021年10月5日		项目经理[20%]
111	专业训练日汇总 2	2 工时	2021年10月5日	2021年10月5日		项目经理[20%]
112	专业训练日汇总 3	2 工时	2021年10月6日	2021年10月6日		项目经理[20%]
113	专业训练日汇总 4	2 工时	2021年10月7日	2021年10月7日		项目经理[20%]
114	专业训练日汇总 5	2 工时	2021年10月8日	2021年10月8日		项目经理[20%]
115	专业训练日汇总 6	2 工时	2021年10月9日	2021年10月9日		项目经理[20%]
116	专业训练日汇总 7	2 工时	2021年10月11日	2021年10月11日		项目经理[20%]
117	专业训练日汇总 8	2 工时	2021年10月12日	2021年10月12日		项目经理[20%]
118	专业训练日汇总 9	2 工时	2021年10月13日	2021年10月13日		项目经理[20%]
119	专业训练日汇总 10	2 工时	2021年10月14日	2021年10月14日		项目经理[20%]
120	专业训练日汇总 11	2 工时	2021年10月15日	2021年10月15日		项目经理[20%]
121	专业训练日汇总 12	2 工时	2021年10月16日	2021年10月16日		项目经理[20%]
122	专业训练日汇总 13	2 工时	2021年10月18日	2021年10月18日		项目经理[20%]
123	专业训练日汇总 14	2 工时	2021年10月19日	2021年10月19日		项目经理[20%]
124	专业训练日汇总 15	2 工时	2021年10月20日	2021年10月20日		项目经理[20%]
125	专业训练日汇总 16	2 工时	2021年10月21日	2021年10月21日		项目经理[20%]
126	专业训练日汇总 17	2 工时	2021年10月22日	2021年10月22日		项目经理[20%]
127	专业训练日汇总 18	2 工时	2021年10月23日	2021年10月23日		项目经理[20%]
128	专业训练日汇总 19	2 工时	2021年10月25日	2021年10月25日		项目经理[20%]

图 12-26　资源分配状况图-5

	任务名称	工期	开始时间	完成时间	前置任务	资源名称
129	专业训练日汇总 20	2 工时	2021年10月26日	2021年10月26日		项目经理[20%]
130	专业训练日汇总 21	2 工时	2021年10月27日	2021年10月27日		项目经理[20%]
131	专业训练日汇总 22	2 工时	2021年10月28日	2021年10月28日		项目经理[20%]
132	专业训练日汇总 23	2 工时	2021年10月29日	2021年10月29日		项目经理[20%]
133	专业训练日汇总 24	2 工时	2021年10月30日	2021年10月30日		项目经理[20%]
134	专业训练日汇总 25	2 工时	2021年11月1日	2021年11月1日		项目经理[20%]
135	专业训练日汇总 26	2 工时	2021年11月2日	2021年11月2日		项目经理[20%]
136	专业训练日汇总 27	2 工时	2021年11月3日	2021年11月3日		项目经理[20%]
137	专业训练日汇总 28	2 工时	2021年11月4日	2021年11月4日		项目经理[20%]
138	专业训练日汇总 29	2 工时	2021年11月5日	2021年11月5日		项目经理[20%]
139	专业训练日汇总 30	2 工时	2021年11月6日	2021年11月6日		项目经理[20%]
140	专业训练周总结	30.25 个工作日	2021年10月9日	2021年11月13日	44	
141	专业训练周总结 1	2 工时	2021年10月9日	2021年10月9日		项目经理[50%], 文档工程师[50%]
142	专业训练周总结 2	2 工时	2021年10月16日	2021年10月16日		项目经理[50%], 文档工程师[50%]
143	专业训练周总结 3	2 工时	2021年10月23日	2021年10月23日		项目经理[50%], 文档工程师[50%]
144	专业训练周总结 4	2 工时	2021年10月30日	2021年10月30日		项目经理[50%], 文档工程师[50%]
145	专业训练周总结 5	2 工时	2021年11月6日	2021年11月6日		项目经理[50%], 文档工程师[50%]
146	专业训练周总结 6	2 工时	2021年11月13日	2021年11月13日		项目经理[50%], 文档工程师[50%]
147	专业训练项目管理周例会	30.25 个工作日	2021年10月4日	2021年11月8日	44	
148	专业训练项目管理周例会 1	2 工时	2021年10月4日	2021年10月4日		王老师[50%], 周老师[50%], 项目经理[50%]
149	专业训练项目管理周例会 2	2 工时	2021年10月11日	2021年10月11日		王老师[50%], 周老师[50%], 项目经理[50%]
150	专业训练项目管理周例会 3	2 工时	2021年10月18日	2021年10月18日		王老师[50%], 周老师[50%], 项目经理[50%]
151	专业训练项目管理周例会 4	2 工时	2021年10月25日	2021年10月25日		王老师[50%], 周老师[50%], 项目经理[50%]
152	专业训练项目管理周例会 5	2 工时	2021年11月1日	2021年11月1日		王老师[50%], 周老师[50%], 项目经理[50%]
153	专业训练项目管理周例会 6	2 工时	2021年11月8日	2021年11月8日		王老师[50%], 周老师[50%], 项目经理[50%]

图 12-27　资源分配状况图-6

任务名称	工期	开始时间	完成时间	配置任务	资源名称
154	专业训练每日小组例会	29.13 个工作日	2021年10月4日	2021年11月6日	44	
155	专业训练每日小组例会 1	1 工时	2021年10月4日	2021年10月4日		项目经理[50%]，系统分析师[20%]，系统架构师[20%]，系统设计师[20%]
156	专业训练每日小组例会 2	1 工时	2021年10月5日	2021年10月5日		项目经理[50%]，系统分析师[20%]，系统架构师[20%]，系统设计师[20%]
157	专业训练每日小组例会 3	1 工时	2021年10月6日	2021年10月6日		项目经理[50%]，系统分析师[20%]，系统架构师[20%]，系统设计师[20%]
158	专业训练每日小组会 4	1 工时	2021年10月7日	2021年10月7日		项目经理[50%]，系统分析师[20%]，系统架构师[20%]，系统设计师[20%]
159	专业训练每日小组会 5	1 工时	2021年10月8日	2021年10月8日		项目经理[50%]，系统分析师[20%]，系统架构师[20%]，系统设计师[20%]
160	专业训练每日小组会 6	1 工时	2021年10月9日	2021年10月9日		项目经理[50%]，系统分析师[20%]，系统架构师[20%]，系统设计师[20%]
161	专业训练每日小组例会 7	1 工时	2021年10月11日	2021年10月11日		项目经理[50%]，系统分析师[20%]，系统架构师[20%]，系统设计师[20%]
162	专业训练每日小组例会 8	1 工时	2021年10月12日	2021年10月12日		项目经理[50%]，系统分析师[20%]，系统架构师[20%]，系统设计师[20%]
163	专业训练每日小组例会 9	1 工时	2021年10月13日	2021年10月13日		项目经理[50%]，系统分析师[20%]，系统架构师[20%]，系统设计师[20%]
164	专业训练每日小组例会 10	1 工时	2021年10月14日	2021年10月14日		项目经理[50%]，系统分析师[20%]，系统架构师[20%]，系统设计师[20%]
165	专业训练每日小组例会 11	1 工时	2021年10月15日	2021年10月15日		项目经理[50%]，系统分析师[20%]，系统架构师[20%]，系统设计师[20%]
166	专业训练每日小组例会 12	1 工时	2021年10月16日	2021年10月16日		项目经理[50%]，系统分析师[20%]，系统架构师[20%]，系统设计师[20%]
167	专业训练每日小组例会 13	1 工时	2021年10月18日	2021年10月18日		项目经理[50%]，系统分析师[20%]，系统架构师[20%]，系统设计师[20%]
168	专业训练每日小组例会 14	1 工时	2021年10月19日	2021年10月19日		项目经理[50%]，系统分析师[20%]，系统架构师[20%]，系统设计师[20%]
169	专业训练每日小组例会 15	1 工时	2021年10月20日	2021年10月20日		项目经理[50%]，系统分析师[20%]，系统架构师[20%]，系统设计师[20%]
170	专业训练每日小组例会 16	1 工时	2021年10月21日	2021年10月21日		项目经理[50%]，系统分析师[20%]，系统架构师[20%]，系统设计师[20%]
171	专业训练每日小组例会 17	1 工时	2021年10月22日	2021年10月22日		项目经理[50%]，系统分析师[20%]，系统架构师[20%]，系统设计师[20%]
172	专业训练每日小组例会 18	1 工时	2021年10月23日	2021年10月23日		项目经理[50%]，系统分析师[20%]，系统架构师[20%]，系统设计师[20%]
173	专业训练每日小组例会 19	1 工时	2021年10月25日	2021年10月25日		项目经理[50%]，系统分析师[20%]，系统架构师[20%]，系统设计师[20%]
174	专业训练每日小组例会 20	1 工时	2021年10月26日	2021年10月26日		项目经理[50%]，系统分析师[20%]，系统架构师[20%]，系统设计师[20%]
175	专业训练每日小组例会 21	1 工时	2021年10月27日	2021年10月27日		项目经理[50%]，系统分析师[20%]，系统架构师[20%]，系统设计师[20%]
176	专业训练每日小组例会 22	1 工时	2021年10月28日	2021年10月28日		项目经理[50%]，系统分析师[20%]，系统架构师[20%]，系统设计师[20%]
177	专业训练每日小组例会 23	1 工时	2021年10月29日	2021年10月29日		项目经理[50%]，系统分析师[20%]，系统架构师[20%]，系统设计师[20%]
178	专业训练每日小组例会 24	1 工时	2021年10月30日	2021年10月30日		项目经理[50%]，系统分析师[20%]，系统架构师[20%]，系统设计师[20%]
179	专业训练每日小组例会 25	1 工时	2021年11月1日	2021年11月1日		项目经理[50%]，系统分析师[20%]，系统架构师[20%]，系统设计师[20%]
180	专业训练每日小组例会 26	1 工时	2021年11月2日	2021年11月2日		项目经理[50%]，系统分析师[20%]，系统架构师[20%]，系统设计师[20%]
181	专业训练每日小组例会 27	1 工时	2021年11月3日	2021年11月3日		项目经理[50%]，系统分析师[20%]，系统架构师[20%]，系统设计师[20%]

图 12-28 资源分配状况图-7

任务名称	工期	开始时间	完成时间	配置任务	资源名称
182	专业训练每日小组例会 28	1 工时	2021年11月4日	2021年11月4日		项目经理[50%]，系统分析师[20%]，系统架构师[20%]，系统设计师[20%]
183	专业训练每日小组例会 29	1 工时	2021年11月5日	2021年11月5日		项目经理[50%]，系统分析师[20%]，系统架构师[20%]，系统设计师[20%]
184	专业训练每日小组例会 30	1 工时	2021年11月6日	2021年11月9日		项目经理[50%]，系统分析师[20%]，系统架构师[20%]，系统设计师[20%]
185	需求分析与概要设计	6 个工作日	2021年10月4日	2021年10月9日		
186	项目需求导入	1 个工作日	2021年10月4日	2021年10月4日	44	系统分析师[50%]，系统架构师[50%]，项目经理[40%]
187	项目需求分析	1 个工作日	2021年10月4日	2021年10月4日	44	系统分析师[50%]，系统架构师[50%]，项目经理[50%]
188	SVN团队开发工具使用	1 个工作日	2021年10月5日	2021年10月5日	186，187	项目经理[50%]
189	AxurePro的基础、绘制项目草图	1 个工作日	2021年10月5日	2021年10月5日	186，187	系统分析师[50%]，系统架构师[50%]
190	绘制项目草图	2 个工作日	2021年10月6日	2021年10月7日	188，189	文档工程师[50%]
191	数据库设计	1 个工作日	2021年10月6日	2021年10月6日	188，189	系统设计师[50%]，系统架构师[50%]
192	数据库评审	0.5 个工作日	2021年10月8日	2021年10月8日	190，191	杨老师[50%]，项目经理[50%]
193	撰写需求分析报告	1 个工作日	2021年10月8日	2021年10月8日	190，191	文档工程师，项目经理[50%]
194	需求评审	1 个工作日	2021年10月9日	2021年10月9日	192，193	项目经理[40%]
195	系统设计	6 个工作日	2021年10月11日	2021年10月16日		
196	搭建项目框架并导入SVN	0.5 个工作日	2021年10月11日	2021年10月11日	194	系统设计师[50%]，系统架构师[50%]
197	项目模板分解	1 个工作日	2021年10月12日	2021年10月12日	196	项目经理[50%]
198	项目原型绘制	2 个工作日	2021年10月12日	2021年10月14日	197	文档工程师[50%]，项目经理[50%]
199	撰写系统设计报告	1 个工作日	2021年10月13日	2021年10月13日	197	文档工程师[50%]
200	系统设计评审	0.5 个工作日	2021年10月14日	2021年10月14日	198，199	欧阳老师[50%]，项目经理[50%]
201	挣值分析	1 个工作日	2021年10月14日	2021年10月15日	198，199	文档工程师[50%]
202	撰写挣值分析报告	1 个工作日	2021年10月15日	2021年10月16日	201	文档工程师[50%]
203	挣值管理评审	0.5 个工作日	2021年10月16日	2021年10月16日	202	项目经理[50%]，王老师[50%]
204	挣值分析通过，项目继续	0 个工作日	2021年10月16日	2021年10月16日	203，200	
205	编码实现	22 个工作日	2021年10月18日	2021年11月11日		
206	撰写迭代计划表	1 个工作日	2021年10月18日	2021年10月18日	204	文档工程师[50%]
207	基础功能实现	6 个工作日	2021年10月18日	2021年10月23日		
208	项目登录功能实现	5.5 个工作日	2021年10月18日	2021年10月23日	204	程序设计师[50%]，系统设计师[50%]
209	项目权限功能实现	5.5 个工作日	2021年10月18日	2021年10月23日	204	程序设计师[50%]，系统设计师[50%]

图 12-29 资源分配状况图-8

任务名称	工期	开始时间	完成时间	配置任务	资源名称
210	项目各权限下菜单功能实现	5.5 个工作日	2021年10月18日	2021年10月23日	204	程序设计师[40%]，系统设计师[40%]
211	基础功能评审	0.5 个工作日	2021年10月23日	2021年10月23日	208，209，210，206	项目经理[50%]，欧阳老师[50%]
212	后台功能实现	6 个工作日	2021年10月25日	2021年10月30日		
213	后台主菜单实现	4.5 个工作日	2021年10月25日	2021年10月29日	211	后台工程师[60%]
214	后台文章管理模块开发	4.5 个工作日	2021年10月25日	2021年10月29日	211	后台工程师[60%]
215	后台游戏管理模块开发	4.5 个工作日	2021年10月25日	2021年10月29日	211	后台工程师[60%]
216	后台可视化模块开发	4.5 个工作日	2021年10月25日	2021年10月29日	211	后台工程师[50%]
217	撰写Scrum后台开发报告	1 个工作日	2021年10月29日	2021年10月30日	213，214，215，216	文档工程师[50%]
218	后台开发评审	0.5 个工作日	2021年10月30日	2021年10月30日	217	欧阳老师[50%]，项目经理[50%]
219	前端功能实现	6 个工作日	2021年11月1日	2021年11月6日		
220	前端主菜单实现	4.5 个工作日	2021年11月1日	2021年11月5日	218	前端工程师[60%]
221	文章检索模块开发	4.5 个工作日	2021年11月1日	2021年11月5日	218	前端工程师[60%]
222	知识图谱模块开发	4.5 个工作日	2021年11月1日	2021年11月5日	218	前端工程师[50%]
223	闯公解梦模块开发	4.5 个工作日	2021年11月1日	2021年11月5日	218	前端工程师[50%]
224	撰写Scrum前端开发报告	1 个工作日	2021年11月5日	2021年11月5日	220，221，222，223	文档工程师[50%]
225	前端开发评审	0.5 个工作日	2021年11月6日	2021年11月6日	224	文档工程师[50%]
226	编码整合	4 个工作日	2021年11月8日	2021年11月11日	225	程序设计师[50%]，系统设计师[50%]，项目经理[50%]

图 12-30 资源分配状况图-9

	任务名称	工期	开始时间	完成时间	前置任务	资源名称
227	系统测试	8 个工作日	2021年11月12日	2021年11月20日		
228	整体流程功能性测试	1 个工作日	2021年11月12日	2021年11月12日	226	测试工程师[50%]
229	初步系统测试	1 个工作日	2021年11月13日	2021年11月13日	228	测试工程师[50%]
230	细节完善	4 个工作日	2021年11月15日	2021年11月18日	229	程序设计师[50%]、前端工程师[50%]、后台工程师[50%]
231	系统测试	1 个工作日	2021年11月19日	2021年11月19日	230	测试工程师[50%]
232	开发完成	0 个工作日	2021年11月19日	2021年11月19日	231	
233	撰写系统测试报告	1 个工作日	2021年11月20日	2021年11月20日	232	测试工程师[50%]、文档工程师[50%]
234	撰写BugList表	1 个工作日	2021年11月20日	2021年11月20日	232	测试工程师[50%]
235	撰写用户手册	1 个工作日	2021年11月20日	2021年11月20日	232	文档工程师[50%]
236	项目验收	3 个工作日	2021年11月20日	2021年11月24日		
237	项目验收和发布材料准备	2 个工作日	2021年11月20日	2021年11月23日		
238	制作可完整演示的产品包	2 个工作日	2021年11月22日	2021年11月23日	233, 234, 235	项目经理[50%]
239	制作项目发布PPT	1 个工作日	2021年11月22日	2021年11月22日	235	项目经理[60%]
240	撰写项目总结报告	1 个工作日	2021年11月22日	2021年11月22日	235	项目经理[60%]
241	撰写个人总结报告	0 个工作日	2021年11月20日	2021年11月20日	235	测试工程师[20%]、程序设计师[20%]、后台工程师[20%]、前端工程师[20%]、文档工程师[20%]、系统分析师[20%]、系统设计师[20%]、系统架构师[20%]、项目经理[20%]
242	项目验收与发布	1 个工作日	2021年11月24日	2021年11月24日	238, 239, 240, 241	欧阳老师[30%]、王老师[30%]、项目经理[30%]、杨老师[30%]、周老师[30%]
243	验收结束	0 个工作日	2021年11月24日	2021年11月24日	242	
244	项目收尾	3 个工作日	2021年11月25日	2021年11月27日		
245	整理并提交项目成果	0.5 个工作日	2021年11月25日	2021年11月25日	243	项目经理[20%]
246	项目成效评估与分析	1.5 个工作日	2021年11月25日	2021年11月26日	245	杨老师[30%]
247	撰写项目成效评估与分析报告	1 个工作日	2021年11月27日	2021年11月27日	246	项目经理[50%]
248	项目结束	0 个工作日	2021年11月27日	2021年11月27日	247	

图 12-31　资源分配状况图-10

12.6.4　成本估算——制订基于任务的项目成本计划

在进行资源计划编制和资源分配之后，就可以进行项目的成本估算。基于资源分配可利用 Microsoft Project 软件查看基于任务的项目成本计划表，如图 12-32～图 12-36 所示。

	任务名称	固定成本	固定成本累算	总成本	比较基准	差额	实际	剩余
0	项目成本管理计划	¥0.00	按比例	¥46,641.00	¥0.00	46,641.00	¥0.00	¥46,641.00
1	1 项目开始	¥0.00	按比例	¥0.00	¥0.00	¥0.00	¥0.00	¥0.00
2	2 项目启动	¥0.00	按比例	¥3,614.00	¥0.00	¥3,614.00	¥0.00	¥3,614.00
3	2.1 组建团队	¥0.00	按比例	¥480.00	¥0.00	¥480.00	¥0.00	¥480.00
4	2.2 选择项目	¥0.00	按比例	¥620.00	¥0.00	¥620.00	¥0.00	¥620.00
5	2.3 制定并发布项目章程	¥0.00	按比例	¥208.00	¥0.00	¥208.00	¥0.00	¥208.00
6	2.4 项目评估（团队、风险）	¥0.00	按比例	¥1,208.00	¥0.00	¥1,208.00	¥0.00	¥1,208.00
7	2.5 撰写项目启动报告	¥0.00	按比例	¥316.00	¥0.00	¥316.00	¥0.00	¥316.00
8	2.6 项目启动评审	¥0.00	按比例	¥782.00	¥0.00	¥782.00	¥0.00	¥782.00
9	2.7 项目立项	¥0.00	按比例	¥0.00	¥0.00	¥0.00	¥0.00	¥0.00
10	3 项目管理计划	¥0.00	按比例	¥8,796.00	¥0.00	¥8,796.00	¥0.00	¥8,796.00
11	3.1 项目干系人分析	¥0.00	按比例	¥220.00	¥0.00	¥220.00	¥0.00	¥220.00
12	3.2 项目管理框架分析	¥0.00	按比例	¥1,152.00	¥0.00	¥1,152.00	¥0.00	¥1,152.00
13	3.3 制订项目管理计划	¥0.00	按比例	¥7,424.00	¥0.00	¥7,424.00	¥0.00	¥7,424.00
14	3.3.1 项目范围管理计划	¥0.00	按比例	¥1,056.00	¥0.00	¥1,056.00	¥0.00	¥1,056.00
15	3.3.2 项目进度管理计划	¥0.00	按比例	¥1,320.00	¥0.00	¥1,320.00	¥0.00	¥1,320.00
16	3.3.3 项目成本管理计划	¥0.00	按比例	¥1,320.00	¥0.00	¥1,320.00	¥0.00	¥1,320.00
17	3.3.4 项目质量管理计划	¥0.00	按比例	¥220.00	¥0.00	¥220.00	¥0.00	¥220.00
18	3.3.5 项目人力资源管理计划	¥0.00	按比例	¥528.00	¥0.00	¥528.00	¥0.00	¥528.00
19	3.3.6 项目沟通管理计划	¥0.00	按比例	¥440.00	¥0.00	¥440.00	¥0.00	¥440.00
20	3.3.7 项目风险管理计划	¥0.00	按比例	¥440.00	¥0.00	¥440.00	¥0.00	¥440.00
21	3.3.8 项目集成管理计划	¥0.00	按比例	¥2,100.00	¥0.00	¥2,100.00	¥0.00	¥2,100.00
22	3.4 管理计划评审	¥0.00	按比例	¥0.00	¥0.00	¥0.00	¥0.00	¥0.00
23	3.5 计划通过	¥0.00	按比例	¥0.00	¥0.00	¥0.00	¥0.00	¥0.00
24	4 专业基础训练	¥0.00	按比例	¥4,460.00	¥0.00	¥4,460.00	¥0.00	¥4,460.00
25	4.1 基础训练项目管理	¥0.00	按比例	¥640.00	¥0.00	¥640.00	¥0.00	¥640.00
26	4.1.1 基础训练周记载	¥0.00	按比例	¥75.00	¥0.00	¥75.00	¥0.00	¥75.00
28	4.1.2 基础训练周点评	¥0.00	按比例	¥175.00	¥0.00	¥175.00	¥0.00	¥175.00

图 12-32　基于任务的项目成本计划-1

	任务名称	固定成本	固定成本累算	总成本	比较基准	差额	实际	剩余
30	4.1.3 基础训练周汇总	¥0.00	按比例	¥75.00	¥0.00	¥75.00	¥0.00	¥75.00
32	4.1.4 基础训练每周小组例会	¥0.00	按比例	¥315.00	¥0.00	¥315.00	¥0.00	¥315.00
34	4.2 基础知识补强+练习	¥0.00	按比例	¥3,820.00	¥0.00	¥3,820.00	¥0.00	¥3,820.00
36	4.2.1 HTML及DOM基础	¥0.00	按比例	¥560.00	¥0.00	¥560.00	¥0.00	¥560.00
37	4.2.2 CSS基础	¥0.00	按比例	¥760.00	¥0.00	¥760.00	¥0.00	¥760.00
38	4.2.3 BootStrap框架	¥0.00	按比例	¥560.00	¥0.00	¥560.00	¥0.00	¥560.00
38	4.2.4 Spring Boot基础	¥0.00	按比例	¥440.00	¥0.00	¥440.00	¥0.00	¥440.00
39	4.2.5 列表功能实现	¥0.00	按比例	¥320.00	¥0.00	¥320.00	¥0.00	¥320.00
40	4.2.6 添加功能实现	¥0.00	按比例	¥320.00	¥0.00	¥320.00	¥0.00	¥320.00
41	4.2.7 删除功能实现	¥0.00	按比例	¥320.00	¥0.00	¥320.00	¥0.00	¥320.00
42	4.2.8 修改功能实现	¥0.00	按比例	¥320.00	¥0.00	¥320.00	¥0.00	¥320.00
43	4.2.9 撰写基础训练总结	¥0.00	按比例	¥220.00	¥0.00	¥220.00	¥0.00	¥220.00
44	4.2.10 基础训练结束	¥0.00	按比例	¥0.00	¥0.00	¥0.00	¥0.00	¥0.00
45	5 专业训练	¥0.00	按比例	¥29,147.00	¥0.00	29,147.00	¥0.00	¥29,147.00
46	5.1 专业训练项目管理	¥0.00	按比例	¥6,525.00	¥0.00	¥6,525.00	¥0.00	¥6,525.00
47	5.1.1 专业训练日记载	¥0.00	按比例	¥240.00	¥0.00	¥240.00	¥0.00	¥240.00
78	5.1.2 专业训练日点评	¥0.00	按比例	¥1,860.00	¥0.00	¥1,860.00	¥0.00	¥1,860.00
109	5.1.3 专业训练周汇总	¥0.00	按比例	¥660.00	¥0.00	¥660.00	¥0.00	¥660.00
140	5.1.4 专业训练周总结	¥0.00	按比例	¥450.00	¥0.00	¥450.00	¥0.00	¥450.00
147	5.1.5 专业训练项目管理周例会	¥0.00	按比例	¥1,650.00	¥0.00	¥1,650.00	¥0.00	¥1,650.00
154	5.1.6 专业训练每日小组例会	¥0.00	按比例	¥1,665.00	¥0.00	¥1,665.00	¥0.00	¥1,665.00
185	5.2 需求分析与概要设计	¥0.00	按比例	¥3,162.00	¥0.00	¥3,162.00	¥0.00	¥3,162.00
186	5.2.1 项目需求导入	¥0.00	按比例	¥576.00	¥0.00	¥576.00	¥0.00	¥576.00
187	5.2.2 项目需求分析	¥0.00	按比例	¥620.00	¥0.00	¥620.00	¥0.00	¥620.00
188	5.2.3 SVN团队开发工具使用	¥0.00	按比例	¥220.00	¥0.00	¥220.00	¥0.00	¥220.00
189	5.2.4 AxurePro的基础、绘制项	¥0.00	按比例	¥320.00	¥0.00	¥320.00	¥0.00	¥320.00
190	5.2.5 绘制项目草图	¥0.00	按比例	¥160.00	¥0.00	¥160.00	¥0.00	¥160.00
191	5.2.6 数据库设计	¥0.00	按比例	¥400.00	¥0.00	¥400.00	¥0.00	¥400.00

图 12-33　基于任务的项目成本计划-2

	任务名称	固定成本	固定成本累算	总成本	比较基准	差异	实际	剩余
192	5.2.7 数据库评审	¥0.00	按比例	¥310.00	¥0.00	¥310.00	¥0.00	¥310.00
193	5.2.8 撰写需求分析报告	¥0.00	按比例	¥380.00	¥0.00	¥380.00	¥0.00	¥380.00
194	5.2.9 需求评审	¥0.00	按比例	¥176.00	¥0.00	¥176.00	¥0.00	¥176.00
195	5.3 系统设计	¥0.00	按比例	¥2,060.00	¥0.00	¥2,060.00	¥0.00	¥2,060.00
196	5.3.1 搭建项目框架并导入SVN	¥0.00	按比例	¥200.00	¥0.00	¥200.00	¥0.00	¥200.00
197	5.3.2 项目模板分解	¥0.00	按比例	¥220.00	¥0.00	¥220.00	¥0.00	¥220.00
198	5.3.3 项目原型绘制	¥0.00	按比例	¥600.00	¥0.00	¥600.00	¥0.00	¥600.00
199	5.3.4 撰写系统设计报告	¥0.00	按比例	¥80.00	¥0.00	¥80.00	¥0.00	¥80.00
200	5.3.5 系统设计评审	¥0.00	按比例	¥310.00	¥0.00	¥310.00	¥0.00	¥310.00
201	5.3.6 挣值分析	¥0.00	按比例	¥220.00	¥0.00	¥220.00	¥0.00	¥220.00
202	5.3.7 撰写挣值分析报告	¥0.00	按比例	¥80.00	¥0.00	¥80.00	¥0.00	¥80.00
203	5.3.8 挣值管理评审	¥0.00	按比例	¥350.00	¥0.00	¥350.00	¥0.00	¥350.00
204	5.3.9 挣值分析通过，项目继续	¥0.00	按比例	¥0.00	¥0.00	¥0.00	¥0.00	¥0.00
205	5.4 编码实现	¥0.00	按比例	¥12,972.00	¥0.00	12,972.00	¥0.00	¥12,972.00
206	5.4.1 撰写迭代计划表	¥0.00	按比例	¥80.00	¥0.00	¥80.00	¥0.00	¥80.00
207	5.4.2 基础功能实现	¥0.00	按比例	¥4,622.00	¥0.00	¥4,622.00	¥0.00	¥4,622.00
208	5.4.2.1 项目登录功能实现	¥0.00	按比例	¥1,540.00	¥0.00	¥1,540.00	¥0.00	¥1,540.00
209	5.4.2.2 项目权限功能实现	¥0.00	按比例	¥1,540.00	¥0.00	¥1,540.00	¥0.00	¥1,540.00
210	5.4.2.3 项目各权限下菜单功能实现	¥0.00	按比例	¥1,232.00	¥0.00	¥1,232.00	¥0.00	¥1,232.00
211	5.4.2.4 基础功能评审	¥0.00	按比例	¥310.00	¥0.00	¥310.00	¥0.00	¥310.00
212	5.4.3 后台功能实现	¥0.00	按比例	¥3,846.00	¥0.00	¥3,846.00	¥0.00	¥3,846.00
213	5.4.3.1 后台主菜单实现	¥0.00	按比例	¥864.00	¥0.00	¥864.00	¥0.00	¥864.00
214	5.4.3.2 后台文章管理模块开发	¥0.00	按比例	¥864.00	¥0.00	¥864.00	¥0.00	¥864.00
215	5.4.3.3 后台游戏管理模块开发	¥0.00	按比例	¥864.00	¥0.00	¥864.00	¥0.00	¥864.00
216	5.4.3.4 后台可视化模块开发	¥0.00	按比例	¥864.00	¥0.00	¥864.00	¥0.00	¥864.00
217	5.4.3.5 撰写Scrum后台开发报告	¥0.00	按比例	¥80.00	¥0.00	¥80.00	¥0.00	¥80.00
218	5.4.3.6 后台开发评审	¥0.00	按比例	¥310.00	¥0.00	¥310.00	¥0.00	¥310.00

图 12-34　基于任务的项目成本计划-3

	任务名称	固定成本	固定成本累算	总成本	比较基准	差异	实际	剩余
219	5.4.4 前端功能实现	¥0.00	按比例	¥2,424.00	¥0.00	¥2,424.00	¥0.00	¥2,424.00
220	5.4.4.1 前端主菜单实现	¥0.00	按比例	¥864.00	¥0.00	¥864.00	¥0.00	¥864.00
221	5.4.4.2 文章检索模块开发	¥0.00	按比例	¥720.00	¥0.00	¥720.00	¥0.00	¥720.00
222	5.4.4.3 知识图谱模块开发	¥0.00	按比例	¥720.00	¥0.00	¥720.00	¥0.00	¥720.00
223	5.4.4.4 周公解梦模块开发	¥0.00	按比例	¥0.00	¥0.00	¥0.00	¥0.00	¥720.00
224	5.4.4.5 撰写Scrum前端开发报告	¥0.00	按比例	¥80.00	¥0.00	¥80.00	¥0.00	¥80.00
225	5.4.4.6 前端开发评审	¥0.00	按比例	¥40.00	¥0.00	¥40.00	¥0.00	¥40.00
226	5.4.5 编码整合	¥0.00	按比例	¥2,000.00	¥0.00	¥2,000.00	¥0.00	¥2,000.00
227	5.5 系统测试	¥0.00	按比例	¥2,320.00	¥0.00	¥2,320.00	¥0.00	¥2,320.00
228	5.5.1 整体流程功能性测试	¥0.00	按比例	¥80.00	¥0.00	¥80.00	¥0.00	¥80.00
229	5.5.2 初步系统测试	¥0.00	按比例	¥80.00	¥0.00	¥80.00	¥0.00	¥80.00
230	5.5.3 细节完善	¥0.00	按比例	¥1,760.00	¥0.00	¥1,760.00	¥0.00	¥1,760.00
231	5.5.4 系统测试	¥0.00	按比例	¥80.00	¥0.00	¥80.00	¥0.00	¥80.00
232	5.5.5 开发完成	¥0.00	按比例	¥0.00	¥0.00	¥0.00	¥0.00	¥0.00
233	5.5.6 撰写系统测试报告	¥0.00	按比例	¥160.00	¥0.00	¥160.00	¥0.00	¥160.00
234	5.5.7 撰写BugList表	¥0.00	按比例	¥80.00	¥0.00	¥80.00	¥0.00	¥80.00
235	5.5.8 撰写用户手册	¥0.00	按比例	¥80.00	¥0.00	¥80.00	¥0.00	¥80.00

图 12-35　基于任务的项目成本计划-4

	任务名称	固定成本	固定成本累算	总成本	比较基准	差异	实际	剩余
236	5.6 项目验收	¥0.00	按比例	¥2,108.00	¥0.00	¥2,108.00	¥0.00	¥2,108.00
237	5.6.1 项目验收和发布材料准备	¥0.00	按比例	¥968.00	¥0.00	¥968.00	¥0.00	¥968.00
238	5.6.1.1 制作可完整演示的产品包	¥0.00	按比例	¥440.00	¥0.00	¥440.00	¥0.00	¥440.00
239	5.6.1.2 制作项目发布PPT	¥0.00	按比例	¥264.00	¥0.00	¥264.00	¥0.00	¥264.00
240	5.6.1.3 撰写项目总结报告	¥0.00	按比例	¥264.00	¥0.00	¥264.00	¥0.00	¥264.00
241	5.6.1.4 撰写个人总结报告	¥0.00	按比例	¥0.00	¥0.00	¥0.00	¥0.00	¥0.00
242	5.6.2 项目验收与发布	¥0.00	按比例	¥1,140.00	¥0.00	¥1,140.00	¥0.00	¥1,140.00
243	5.6.3 验收结束	¥0.00	按比例	¥0.00	¥0.00	¥0.00	¥0.00	¥0.00
244	6 项目收尾	¥0.00	按比例	¥624.00	¥0.00	¥624.00	¥0.00	¥624.00
245	6.1 整理并提交项目成果	¥0.00	按比例	¥44.00	¥0.00	¥44.00	¥0.00	¥44.00
246	6.2 项目成效评估与分析	¥0.00	按比例	¥360.00	¥0.00	¥360.00	¥0.00	¥360.00
247	6.3 撰写项目成效评估与分析报告	¥0.00	按比例	¥220.00	¥0.00	¥220.00	¥0.00	¥220.00
248	7 项目结束	¥0.00	按比例	¥0.00	¥0.00	¥0.00	¥0.00	¥0.00

图 12-36　基于任务的项目成本计划-5

从图 12-32 中可以看出，本项目实施的总成本为 46 641 元。从项目成本计划中可以看到每个任务实施的成本，故可以对项目的成本有一个具体的把控。为后期的成本预算以及成本控制提供基础。

12.6.5　成本预算——制定基于时间的项目成本基线

成本预算是明确项目每个时间段需要花多少成本。前文利用项目的网络图和关键路径分析计算任务的最早和最晚开始时间。假设活动成本是按照时间比例平均支付的，基于最早开始时间和最晚开始时间制定成本预算，以周为单位。如表 12-24 所示为基于最早开始时间制定的成本预算表，而表 12-25 则是基于最晚开始时间制定的成本预算表。均只列出二级 WBS，其项目开展成本预算为其所有子任务的成本之和。

表 12-24 成本预算表（基于最早开始时间）

编号	任务名称	工期/工作日	最早开始时间	单位成本/元	第 1 周	第 2 周	第 3 周	第 4 周	第 5 周	第 6 周	第 7 周	第 8 周
2.1	组建团队	1	2021-09-06	480.00	480.00							
2.2	选择项目	1	2021-09-07	620.00	620.00							
2.3	制定并发布项目章程	0.5	2021-09-08	416.00	208.00							
2.4	项目评估（团队、风险）	2	2021-09-08	604.00	1208.00							
2.5	撰写项目启动报告	1	2021-09-10	316.00	316.00							
2.6	项目启动评审	0.5	2021-09-11	1564.00	782.00							
2.7	项目立项	0	2021-09-11	0.00	0.00							
3.1	项目干系人分析	1	2021-09-13	220.00	220.00							
3.2	项目管理框架分析	2	2021-09-13	576.00	1152.00							
3.3	制订项目管理计划	9	2021-09-15	824.89		5324.00	2100.00					
3.4	管理计划评审	1	2021-09-25	0.00			0.00					
3.5	计划通过	0	2021-09-25	0.00			0.00					
4.1	基础训练项目管理	5.25	2021-09-27	0.00			0.00					
4.2	基础知识补强＋练习	6	2021-09-27	636.67			1320.00	2600.00				
5.1	专业训练项目管理	35.25	2021-10-04	0.00				0.00				
5.2	需求分析与概要设计	6	2021-10-04	527.00				1196.00	1966.00			
5.3	系统设计	6	2021-10-11	343.33					420.00	1640.00		
5.4	编码实现	22	2021-10-18	589.64						4392.00	3766.00	2694.00
	每周项目成本（只计工作日）/元				4986.00	5324.00	3420.00	3696.00	2386.00	6032.00	3766.00	2694.00
	累计项目成本（只计工作日）/元				4986.00	10 310.00	13 730.00	17 426.00	19 812.00	25 844.00	29 610.00	32 304.00

表 12-25　成本预算表（基于最晚开始时间）

编号	任务名称	工期/工作日	最晚开始时间	单位成本/元	第1周	第2周	第3周	第4周	第5周	第6周	第7周	第8周
2.1	组建团队	1	2021-09-06	480.00	480.00							
2.2	选择项目	1	2021-09-07	620.00	620.00							
2.3	制定并发布项目章程	0.5	2021-09-08	416.00	208.00							
2.4	项目评估（团队、风险）	2	2021-09-08	604.00	1208.00							
2.5	撰写项目启动报告	1	2021-09-10	316.00	316.00							
2.6	项目启动评审	0.5	2021-09-11	1564.00	782.00							
2.7	项目立项	0	2021-09-13	0.00	0.00							
3.1	项目干系人分析	1	2021-09-14	220.00		220.00						
3.2	项目管理框架分析	2	2021-09-15	576.00		1152.00						
3.3	制订项目管理计划	9	2021-09-15	824.89		5324.00	2100.00					
3.4	管理计划评审	1	2021-09-25	0.00			0.00					
3.5	计划通过	0	2021-09-27	0.00			0.00					
4.2	基础知识补强项目管理	6	2021-09-27	636.67			1220.00	2500.00				
5.1	专业训练补强+练习	35.25	2021-10-04	0.00				0.00				
5.2	需求分析与概要设计	6	2021-10-04	527.00				1196.00	1966.00			
5.3	系统设计	6	2021-10-11	343.33					420.00	1640.00		
5.4	编码实现	22	2021-10-18	589.64						3160.00	4998.00	2694.00
	每周项目成本（只计工作日）/元				3614.00	6696.00	3420.00	3696.00	2386.00	4800.00	4998.00	2694.00
	累计项目成本（只计工作日）/元				3614.00	10310.00	13730.00	17426.00	19812.00	24612.00	29610.00	32304.00

由表 12-24 和表 12-25 对比可知,基于最早开始时间(ES)和最晚开始时间(LS)两种方法制定的成本预算是不同的,故通过绘制折线图比较二者的差别,ES 和 LS 成本预算对比折线图如图 12-37 所示。

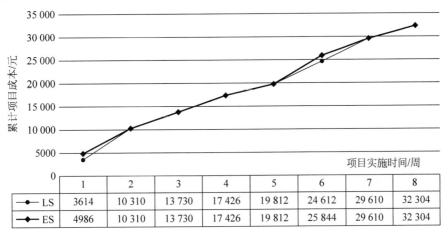

项目实施时间/周	1	2	3	4	5	6	7	8
LS	3614	10 310	13 730	17 426	19 812	24 612	29 610	32 304
ES	4986	10 310	13 730	17 426	19 812	25 844	29 610	32 304

图 12-37 成本预算折线图

对比最早开始时间和最晚开始时间两种参数估量方法下的累计项目成本,发现最早开始时间和最晚开始时间标准下的预算结果间存在浮动差异。在实际项目实施过程中,成本浮动区间代表在实际开发中可以变动的成本区间。

12.6.6 问题与对策

项目成本管理计划中出现的问题和解决方案如表 12-26 所示。

表 12-26 项目成本管理中出现的问题与对策

序号	问 题	对 策
1	项目进度比预计的要慢,而项目所花费的成本却比预计要多	及时止损,在"系统设计"这一任务之后,及时纠偏,控制成本的同时尽可能加快进度,才有可能使整个项目与预计情况的偏差不会过大
2	成本预算报告和现金流量报告混淆	经过与老师沟通,项目经理开展组内会议,补充相关知识。预算报告是基于任务维的,现金流量报告是基于时间维的

12.7 制订项目人力资源管理计划

项目人力资源管理的对象包括所有的项目干系人:发起人、客户、项目组成员、支持人员以及项目的供应商等。人力资源管理包括 4 个过程:一是人力资源的计划,包括对项目角色、责任以及报告关系进行识别和归档,输出人力资源计划;二是组建项目团队,输出项目人员的分配、资源日历和项目管理计划更新;三是建设项目团队,包括为提高项目绩效而对个人技能和项目团队技能的建设;四是管理项目团队,包括项目成员绩效跟踪、人员激励、提供实时反馈、解决问题和冲突以及协调变更来提高项目绩效。

12.7.1 人员配置管理计划

人员配置管理计划描述了人员何时以及如何加入或调离项目团队,人员配置管理计划通常用资源直方图表示,即根据时间分配给一个项目的资源数量的条状图,本项目的资源直方图如图 12-38 所示,其中横坐标代表项目实施阶段,纵坐标代表每个阶段所需资源的工作单位。

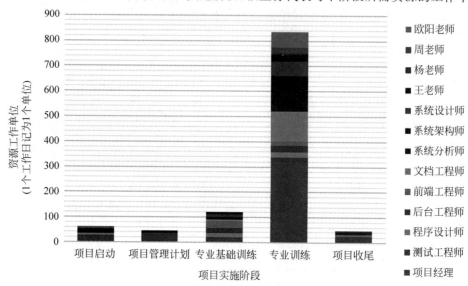

图 12-38　本项目的资源直方图

由图 12-38 可以看出,每个项目实施阶段所消耗的资源占比和资源工作单位,可以看出专业训练阶段所消耗的资源是最多的,而且在 13 类资源中,项目经理这个资源的总和工作单位最大。

12.7.2　团队成员知识地图

资源分配中至关重要的一步就是列出团队成员技能清单,从而确保分配到项目中的员工必须符合他们的技能和组织需求。项目团队的知识地图是描述团队所拥有知识资产的指南,具有不描述知识的具体内容,只包含项目成员、知识类别、流程之间的关系两大特点。项目团队首先要明确能力评分标准和兴趣评分标准,并根据此标准绘制团队知识地图,如表 12-27 和表 12-28 所示。

表 12-27　能力评分标准

评　　分	评　分　标　准
100	熟悉使用此方面的知识
80	熟悉此类知识,但经验不够丰富
60	对此类知识有一定了解,但需要进一步学习
40	对此类知识有过少量接触,但缺乏了解
0	对此类知识完全没有了解

表 12-28　兴趣评分标准

评　　分	评　分　标　准
100	此工作完全符合本人兴趣,对工作抱有极大的热情
80	对该工作比较有兴趣,能够比较愉快地完成工作
60	能够以平常心态完成该项工作,谈不上有兴趣
40	能够勉强接受该工作,尽量完成任务
0	非常厌恶此项工作

根据能力和兴趣的评分标准对团队成员从系统分析、系统设计、代码编写、测试调试、需求分析、数据管理、文档管理以及运行维护绘制出团队的成员知识地图，见表12-29。

表12-29　成员知识地图　　　　　　　　　　　　　单位：分

成员	知识点							
	系统分析		系统设计		代码编写		测试调试	
	能力	兴趣	能力	兴趣	能力	兴趣	能力	兴趣
小琪	99	100	96	95	97	94	100	100
小俐	99	100	96	96	95	98	98	99
小夏	95	98	98	98	99	100	99	99
小佳	95	95	96	98	95	95	97	99

成员	知识点							
	需求分析		数据管理		文档管理		运行维护	
	能力	兴趣	能力	兴趣	能力	兴趣	能力	兴趣
小琪	97	95	100	100	97	95	100	100
小俐	97	97	97	98	94	100	97	98
小夏	98	97	99	99	98	95	98	100
小佳	96	95	98	99	98	98	95	100

由表12-29可以看出，每个项目成员在系统分析、系统设计、代码编写和测试调试这4个知识点上的能力和兴趣得分。

12.7.3　责任分配矩阵

责任分配矩阵(RAM)是将WBS中描述的项目工作与组织分解结构(OBS)中负责实施的人员相匹配的矩阵。RAM还可以用来明确项目的各种角色和相关责任，这种RAM能够包括项目中的干系人。此处用RACI表来表示项目干系人的4种角色。

执行人(R)：谁执行这个任务？

负责人(A)：谁签署任务或对这个任务负全责？

咨询人(C)：向谁咨询完成这个任务所需的必要信息？

知情人(I)：谁需要被通知任务状态和结果？

基于WBS的23项二级任务，对本团队的13种人力资源进行RACI表的绘制，见表12-30。

表12-30　责任分配矩阵(RAM)

任务	角色												
	项目经理	测试工程师	程序设计师	后台工程师	前端工程师	文档工程师	系统分析师	系统架构师	系统设计师	王老师	杨老师	周老师	欧阳老师
组建团队	A、R	R	R	R	R	R	R	R	R	I		I	
选择项目	A、R	R	R	R	R	R	R	R	R			I	
制定并发布项目章程	A	I	I	I	I	R	I	I	I				
项目评估(团队、风险)	A					R	R	R	R	I		I	C
撰写项目启动报告	A					R							

任务	项目经理	测试工程师	程序设计师	后台工程师	前端工程师	文档工程师	系统分析师	系统架构师	系统设计师	王老师	杨老师	周老师	欧阳老师
项目启动评审	I									A、R	R	R	R
项目立项	A、R									I	I	I	I
项目干系人分析	A、R	C	C	C	C	A、R	C	C	C	C	C	C	C
项目管理框架分析	A					R	R		R	I			
制订项目管理计划	A			I	I	R	I	I	I	I			
管理计划评审	R									A	R	R	
计划通过	R									A			
基础训练项目管理	A	R	R	R	R	R	R	R	I	I		I	
基础知识补强＋练习	R	R	R	R	R	R	R	R	R				A
专业训练项目管理	R	R	R	R	R	R	R	R	R				A
需求分析与概要设计	A					R							
系统设计	A					R			R			I	I
编码实现	A	I	R	R	R								
系统测试	A	R	R			R							
项目验收	R	R	R	R	R	R	R	R	R	R	R	R	A
项目收尾	R	R	R	R	R	R	R	R	R	R	A	R	R

12.7.4　资源调配

依据成本管理过程中对项目的任务分配的人力资源情况,通过 Microsoft Project 软件对项目的人力资源使用情况进行查看。如图 12-39 所示,列举了 13 种人力资源在目前分配情况中的总工时,并可以看到项目实施周期中每个时间段下的人力资源使用情况。

图 12-39　人力资源分配情况

从图 12-39 中可以看出,在此资源分配情况下存在资源的过度分配问题,有 8 种人力资源被过度分配:项目经理、程序设计师、后台工程师、前端工程师、文档工程师、系统分析师、系统架构师、系统设计师。同时还可以得出不同时间节点下的资源分配情况,例如项目经理主要在 9 月被过度分配,针对此情况,应当进行资源调配。此处直接通过 Microsoft Project 软件进行资源的调配,选择所有的资源进行调配之后,就解决了资源过度分配的问题,如图 12-40 所示。

资源调配之后总工期比之前有所增加。原先的项目工期为 72 个工作日,调配资源后增加到 104 个工作日。对工期变动的任务,如"制订项目管理计划"的任务工期由 12 个工作日

	资源名称	工时	详细信息	2021年10月4日 一	二	三	四	五	六	日	2021年10月11日 一	二	三	四	五	六	日
	未分配的	0 工时	工时														
1	项目经理	278.2 工时	工时	6.3h	2.3h	1.3h	1.3h	1.3h	2.3h		2.3h	1.3h	4.3h	7.7h	6.1h	3.3h	
2	测试工程师	20 工时	工时														
3	程序设计师	117.6 工时	工时			6h	5h	7h	5h		1h						
4	后台工程师	122.4 工时	工时					3h	1h		6h	8h	2h				
5	前端工程师	113.6 工时	工时			6h	8h	5h	4h		7h	8h	2h				
6	文档工程师	84.4 工时	工时	0.4h	0.4h	0.4h	0.4h	0.4h	1.4h		0.4h	0.4h	0.4h	0.4h	3.4h	5.4h	
7	系统分析师	17 工时	工时	0.2h	0.2h	0.2h	0.2h	0.2h	0.2h		0.2h	0.2h	0.2h	6.2h	2.2h	0.2h	
8	系统架构师	25 工时	工时	0.2h	0.2h	0.2h	0.2h	0.2h	0.2h		0.2h	0.2h	0.2h	6.2h	5.2h	4.2h	
9	系统设计师	100.6 工时	工时	0.2h	0.2h	3.2h	4.2h	4.2h	1.2h		0.2h	0.2h	0.2h	0.2h	0.2h	3.2h	
10	王老师	46 工时	工时	5h	1h						1h						
11	杨老师	9.6 工时	工时														
12	周老师	10 工时	工时	1h							1h						
13	欧阳老师	26 工时	工时	0.4h	0.4h	0.4h	0.4h	0.4h	0.4h		0.4h	0.4h	0.4h	0.4h	0.4h	0.4h	

	资源名称	2021年10月18日 一	二	三	四	五	六	日	2021年10月25日 一	二
	未分配的									
1	项目经理	2.3h	6.3h	4.7h	3.1h	5.3h	6.3h		5.3h	7.3h
2	测试工程师									
3	程序设计师									
4	后台工程师									
5	前端工程师									
6	文档工程师	4.4h	7.4h	2.4h	0.4h	2.4h	7.4h		4.4h	0.4h
7	系统分析师	0.2h	0.2h	0.2h	2.2h	0.2h	0.2h		0.2h	0.2h
8	系统架构师	1.2h	0.2h	0.2h	2.2h	0.2h	0.2h		0.2h	0.2h
9	系统设计师	1.2h	0.2h	0.2h	0.2h	0.2h	0.2h		0.2h	0.2h
10	王老师	1h							1h	
11	杨老师		2h							
12	周老师	1h							1h	
13	欧阳老师	0.4h	0.4h	0.4h	0.4h	0.4h	0.4h		0.4h	2.4h

图 12-40　调配后的人力资源分配

变成了 17.25 个工作日，可以进行优化调整，调整方法有：一是缩短同一时间相同资源的使用量；二是进行更合理的安排，将重复较多的且参与程度较低的资源考虑删除，缩小调配前后的进度差别。

12.7.5　问题与对策

在进行项目人力资源管理计划时出现的问题和解决方案如表 12-31 所示。

表 12-31　进行项目人力资源管理计划时出现的问题与对策

序号	问　　题	对　　策
1	项目团队中每个组员都想参与技术开发工作，文档工作没有人愿意承担	由项目经理进行沟通，强调文档工作的重要程度，并将技术开发工作细化，将细小的工作和文档工作一并安排
2	性格与能力的差异导致项目团队成员任务完成效果不佳	针对不同组员的能力不同问题，分配适合他们的任务，并对可交付成果开展质量检查，完善奖惩制度
3	项目人力资源管理计划制订得不全面	指导老师帮助团队分析责任分配矩阵及资源工作表的逻辑关系

12.8　制订项目沟通管理计划

沟通管理计划是用来指导项目沟通的文档，该计划应当涉及干系人沟通需求、用于沟通的信息、谁接收信息、谁产生信息、传送信息的可能方法或技术、沟通频率、增加解决问题的过程、用于更新沟通管理计划的修订过程以及常用术语表。

12.8.1　项目进程中的信息需求表

项目进程中的信息需求表主要说明在项目进行过程中的所有干系人，具体包括项目管理指导老师、企业指导老师、值日班长等在什么时候需要了解哪些信息。经过小组讨论拟定了项目进程中团队内信息需求表，如表 12-32 所示。

表 12-32　信息需求表

干　系　人	计 划 阶 段	实 施 阶 段	收 尾 阶 段
项目经理	项目综合信息；成本估算信息	项目状态信息、执行信息、绩效报告、阶段可交付成果	项目可交付成果
系统分析师	项目开展信息	项目状态信息	项目可交付成果
系统设计师	项目实施信息	绩效报告	项目可交付成果
系统测试师	项目交付信息	执行信息、阶段可交付成果	项目可交付成果

12.8.2 项目干系人沟通管理计划

沟通管理计划随着项目需求的不同而变化,知道什么信息分发给哪个干系人是很重要的。经过团队内商讨,制定出如表 12-33 所示的项目干系人沟通管理计划表。

表 12-33　项目干系人沟通管理计划

序号	项目干系人	沟通文件	沟通方式	文件交付时间
1	王老师	实训分组名单	电子邮件	2021-09-10
2		实训项目清单	电子邮件	2021-09-15
3		项目章程	书面	2021-09-16
4		基础训练总结	书面	2021-11-20
5		用户手册	电子邮件	2021-12-15
6		项目总结报告	电子邮件	2021-12-16
7		实训成效分析报告	电子邮件	2021-12-20
8		项目管理执行报告	电子邮件	2021-12-20
9	欧阳老师	实训分组名单	电子邮件	2021-09-10
10		项目选题	口头和书面	2021-09-15
11		用户手册	电子邮件	2021-12-15
12		项目总结报告	电子邮件	2021-12-16
13	林老师	实训分组名单	电子邮件	2021-09-10
14		项目选题	口头和书面	2021-09-15
15		用户手册	电子邮件	2021-12-15
16		项目总结报告	电子邮件	2021-12-16
17	项目经理	专业训练日记载报告	会议	11.22-12.14 每天
18		项目管理计划	会议和邮件	2021-11-20
19		系统设计报告	电子邮件	2021-11-26
20		系统测试报告	电子邮件	2021 12 14
21		用户手册	电子邮件	2021-12-15
22		个人总结报告	电子邮件	2021-12-20
23		项目发布 PPT	书面	2021-12-21
24	系统分析师	基础训练周总结报告	会议	11 月每周
25		专业训练周总结报告	会议	12 月每周
26	系统设计师	基础训练周总结报告	会议	11 月每周
27		专业训练周总结报告	会议	12 月每周
28	系统测试师	基础训练周总结报告	会议	11 月每周
29		专业训练周总结报告	会议	12 月每周

12.8.3 项目干系人会议计划表

在项目开展的过程中,项目干系人会议是项目管理沟通的一个重要内容,项目干系人之间需要通过会议进行沟通管理。本项目干系人会议主要包括实训启动会、状态评审会、计划评审会、解决问题会以及成果报告会。本团队制定了完整的项目干系人会议计划表,见表 12-34。

表 12-34 项目干系人会议计划

会 议	参 与 人	日 期	地 点
实训启动会	指导老师、企业老师、项目团队全体成员	2021-09-03	16 栋会议室
状态评审会	指导老师、企业老师、项目团队全体成员	每周	16 栋会议室
计划评审会	企业老师、项目团队全体成员	每三天一次	16 栋会议室
解决问题会	指导老师、企业老师、项目团队全体成员	每天	16 栋会议室
成果报告会	指导老师、企业老师、项目团队全体成员	2021-12-24	16 栋会议室

12.8.4 绩效评价

项目绩效评价是指对项目决策、准备、实施、竣工和运营过程中某一阶段或全过程进行评价的活动。项目绩效评价的主要内容包括：回顾项目实施的全过程；分析项目的绩效和影响；评价项目的目标实现程度；总结经验教训并提出对策建议等。

1. 项目绩效报告

项目沟通管理的另一个重要内容是绩效报告。绩效报告包括收集和发布绩效信息，绩效报告使干系人了解资源是如何用于实现目标的，同时使团队成员基于过去的信息和发展趋势预测未来项目的状态和进展，从而提高项目绩效。本项目绩效报告主要包括状态报告、进度报告以及预测报告，具体见表 12-35。

表 12-35 项目绩效评价——状态报告计划

序号	报 告 名 称	报 告 内 容	时 间	负 责 人	报 告 对 象
1	立项报告	立项任务完成情况	立项完成	项目经理	企业老师
2	启动报告	启动任务完成情况	启动完成	项目经理	企业老师
3	计划报告	计划报告完成情况	计划完成	项目经理	王老师
4	基础训练日记载表	基础训练完成情况	每日一表	项目经理	王老师
5	专业训练日记载表	专业训练完成情况	每日一表	项目经理	王老师
6	结项报告	项目成果完成情况	项目完成	团队成员	企业老师

状态报告通过检查是否满足范围、时间和成本等目标来确定项目所处的位置，包括项目开销、项目时间等。进度报告描述了在一定时间内项目团队所完成的工作。预测报告能模拟提供决策目标和备选方案，有助于项目在实施中不断调整方案，如表 12-36 所示。

表 12-36 状态报告计划

报 告 名 称	报 告 内 容	时 间	负 责 人	报 告 对 象
状 态 报 告				
立项状态报告	项目立项状态	2021-09-18	项目经理	王老师
启动状态报告	项目启动状态	2021-10-02	项目经理	王老师
计划状态报告	项目计划状态	2021-10-13	项目经理	王老师
基础训练状态报告（一）	一期训练状态	2021-11-06	系统测试师	王老师
基础训练状态报告（二）	二期训练状态	2021-11-20	系统设计师	王老师
专业训练状态报告（一）	需求分析状态	2021-11-24	项目组成员	项目经理
专业训练状态报告（二）	系统设计状态	2021-11-27	项目组成员	项目经理
专业训练状态报告（三）	编码实现状态	2021-12-11	项目组成员	项目经理
专业训练状态报告（四）	系统测试状态	2021-12-14	项目组成员	项目经理
专业训练状态报告（五）	项目验收状态	2021-12-18	项目组成员	项目经理
项目收尾状态报告	成果展示状态	2121-12-21	项目组成员	王老师

续表

报告名称	报告内容	时间	负责人	报告对象
进度报告				
启动进度报告（一）	项目立项进度	2021-09-18	项目经理	王老师
启动进度报告（二）	项目启动进度	2021-10-02	项目经理	王老师
计划进度报告	项目计划进度	2021-10-13	项目经理	王老师
基础训练进度报告（一）	一期训练成果	2021-11-06	系统测试师	王老师
基础训练进度报告（二）	二期训练成果	2021-11-20	系统设计师	王老师
专业训练进度报告（一）	需求分析进度	2021-11-24	项目全体成员	项目经理
专业训练进度报告（二）	系统设计进度	2021-11-27	项目全体成员	项目经理
专业训练进度报告（三）	编码实现进度	2021-12-11	项目全体成员	项目经理
专业训练进度报告（四）	系统测试进度	2021-12-14	项目全体成员	项目经理
专业训练进度报告（五）	项目验收进度	2021-12-18	项目全体成员	项目经理
项目收尾进度报告	成果展示进度	2121-12-21	项目全体成员	王老师

2. 个人绩效评价

团队成员绩效主要采用量化考核的方法进行评价。团队通过与指导老师进行沟通,构建工作量、工作难度和工作质量 3 个绩效评价指标,权重分别为 32%、28% 和 40%,每次任务满分为 100 分,加权平均法计算每位成员的各任务绩效考核成绩,每项任务的考核成绩求平均得到每位成员的总绩效考核成绩。由于任务量较为琐碎,在此只列举部分任务,具体见表 12-37。

表 12-37 个人绩效评价   单位:分

团队成员	具体任务	工作量	工作难度	工作质量	绩效成绩	总成绩
小琪	建立项目组织	88	86	94	89.84	88.22
	项目沟通管理	82	87	90	86.60	
小佳	项目范围管理	90	88	87	88.24	86.56
	项目人力资源配置	83	84	87	84.88	
小俐	项目成本管理	87	76	81	81.52	82.76
	项目风险管理	80	80	90	84.00	
小夏	项目范围管理	88	94	91	90.88	89.86
	项目进度管理	82	95	90	88.84	

12.8.5 问题报告制度

良好的问题报告制度,能够使组员及项目经理更加清晰明了地知悉自己的工作汇报对象以及汇报方式,增进上下级之间的有效沟通,进一步提高整个实训的效率。若问题报告制度不完善或者出现了问题,就会大大降低上下级间的沟通效率以及问题反馈效率,对整个实训产生不利影响。问题报告制度包括逐级上报制度和越级上报制度等。

1. 问题报告流程

经过团队内商讨,最终拟定本项目团队的问题报告流程如图 12-41 所示。其中包括发现问题、问题上报、解决问题、问题存档等几个部分。

2. 逐级上报制度

逐级上报是指根据事件发生情况向直接上级汇报,逐级上报能及时准确地向上级汇报实训的进展情况。同时,逐级汇报能够加强各级沟通,提高人员的整体意识。

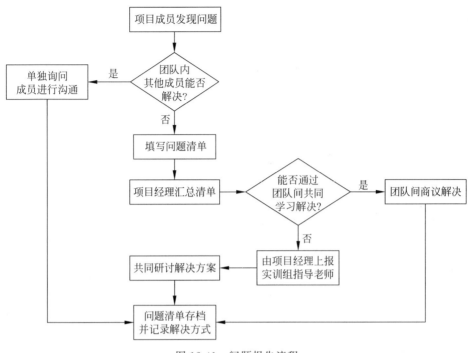

图 12-41　问题报告流程

3. 越级上报制度

越级上报是指直接上级的越级指挥和直接下级的越级报告。越级管理是一种违背管理基本原则的管理方式,但在实训中却也总是出现。越级管理究其原因可以概括为以下几个方面。

(1) 信息沟通不畅,传递到终端的信息往往与真实信息之间有很大的出入。

(2) 直接上(下)级不作为。

(3) 对直接上(下)级不信任。

(4) 上(下)级的心理因素影响,认为越级报告也许会给自己带来某种利益或好处。

越级管理的存在显然违背管理的基本原则,但不可否认的是,越级管理在处理特殊问题和疑难问题方面确实具有良好的效果,这可能也是越级管理层出不穷的原因之一,但很显然越级管理并不能作为一种长效机制存在。

12.8.6　问题与对策

在进行项目沟通时主要出现以下问题,如表 12-38 所示。针对每个问题,项目团队有针对性地制定出了相应的解决方案。

表 12-38　进行项目沟通时出现的问题与对策

序号	问　题	对　策
1	会议的无效沟通居多	在更正式的场所,如会议室举行会议,做好会议记录,请老师旁听
2	技术问题反应不及时	项目经理严格按照预计开发时间检查进度,及时向老师寻求帮助

续表

序号	问　　题	对　　策
3	功能定义出现分歧	项目经理记录每个人的观点，衡量相应的效果以及开发难度和所需时间，摒弃时间付出和收获效果不对等的意见，及时做好与成员的沟通
4	团队成员不配合项目经理的任务分工	项目经理耐心与团队成员沟通，了解团队成员拒绝安排的原因从而解决问题，必要时团队成员应服从项目经理的安排以保证项目能顺利进行
5	组长任务过重	项目经理与团队成员沟通，共同解决问题，项目团队共同承担责任

12.9　制订项目风险管理计划

项目风险管理是指为了更好达到项目的目标，识别、分析、应对项目生命周期内风险的科学与艺术。风险管理对项目的选择、范围的确定和进度计划的编制及成本的估算都有着积极的影响。下面通过风险识别、风险评估以及风险应对来得到"TOP10 项目风险管理计划"，以对本项目的风险进行管理与计划。

12.9.1　风险识别

项目都是有风险的，需要在风险与机会之间寻找平衡。项目风险管理的目标就是使潜在的负面风险最小化，使潜在的正面风险最大化。在制订风险管理计划之前首先需要识别风险。

1. 风险识别的方法

风险识别是弄清哪些潜在事件会对项目有害或有益的过程，如果不能事先识别风险，就不能管理风险。有很多种方法可以识别风险，如头脑风暴法、德尔菲法、SWOT 分析法等。

头脑风暴法是指团队采用面对面的方式，通过本能地、不加判断地汇集一些想法，产生新的观点或找出某一特定问题的方案；德尔菲法是指采用背对背的方式，从一组预测未来发展的专家中得到一致的意见；SWOT 分析法指通过分析优势、劣势、机会和威胁来考察组织优势，然后，通过 SWOT 分析再识别出由组织优势带来的各种项目机会，以及由组织劣势引发的各种威胁。这一分析可用于考察组织优势能够抵消威胁的程度，以及机会可以克服劣势的程度；假设分析法是检验假设条件在项目中的有效性，并识别其中因不准确性、不稳定性、不一致性或不完整性而导致的错误。

2. 风险识别的过程

此处项目团队采用头脑风暴法来对项目潜在风险进行识别，具体步骤如下。

(1) 召集项目团队，确定需要识别风险的项目。

(2) 指定主持人和记录员，明确头脑风暴法的原则与要求，鼓励畅所欲言。

(3) 每个人提出自己的观点，由记录员记录在黑板或表格中，暂且不管这些想法正确与否，千万不能打击看似愚蠢的想法。

(4) 采用举手表决的方式，对已经产生的每种风险进行讨论与分析，判断风险是否成立，剔除被否决的风险。

（5）整理汇总，得到项目的风险清单。

经过汇总和分类，可以整理出本项目的风险大致来源于市场风险、财务风险、技术风险、人力风险和结构/过程风险这 5 个方面，识别出 10 项项目潜在风险，如图 12-42 所示。

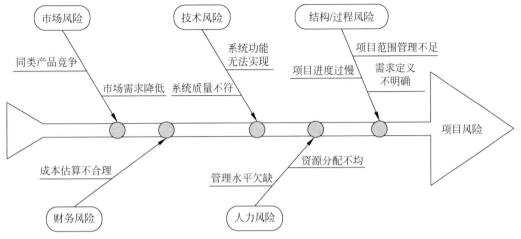

图 12-42　风险识别鱼刺图

3. 风险识别的结果

基于以上风险事件，表 12-39 中给出了详细介绍。

表 12-39　风险清单

序号	风险因素	风险因素描述
1	竞争风险	市场上存在同类产品的竞争
2	需求量风险	市场变化导致市场对此产品的需求量降低
3	成本风险	成本估算不合理导致生产力和成本等不充足
4	性能风险	系统功能不能完全实现，容错性较差等
5	质量风险	系统质量不符合预期
6	沟通管理风险	人力资源管理不合理，造成团队内部矛盾
7	资源分配风险	人力资源分配不均，造成内部矛盾或影响进度
8	范围风险	项目范围萎缩或是蔓延
9	进度风险	项目进度过慢以致不能按期完成项目
10	需求定义风险	不能明确定义项目需求，导致项目偏差

12.9.2　风险分析

风险分析分为定性分析和定量分析。定性风险分析是指评估已经识别出的风险发生的可能性及其影响，以确定它们的重要性和优先级。方法有概率/影响矩阵、风险因子法、十大风险事件跟踪法以及专家判断法。定量分析一般能够计算出风险概率或风险因子，并根据量化后的结果进行最终的风险决策。本团队从估计风险事件发生概率，估计风险影响程度，制定风险等级划分规则、风险登记表和"概率-影响"矩阵图来对风险管理计划进行制订。

1. 估计风险事件的发生概率

基于风险清单，对 10 个项目风险事件的发生概率进行估计和解释，具体如表 12-40 所示。

表 12-40　风险事件概率

序号	风险事件	发生概率/%	原因解释
1	同类产品竞争	80	产品衍生速度过快
2	市场需求降低	40	市场变化过快,用户需求实时变化
3	成本估算不合理	30	本项目成本预算不大
4	系统功能无法实现	60	难以应对实时变化的问题
5	系统质量不符	40	可能与前期预想会有一定差距
6	管理水平欠缺	20	本团队项目经理管理能力较强
7	资源分配不均	20	本团队资源分配较均衡
8	项目范围管理不足	80	实施前期可能预设过高
9	项目进度过慢	70	项目执行进度受成员水平限制
10	需求定义不明确	40	前期对市场需求调研比较充分

由表 12-40 可知,基于对项目组前期进行的准备以及客观的能力评估,对可能发生是潜在项目风险进行定量分析,预估其发生概率。在 10 个风险事件中,同类产品竞争、项目范围管理不足、项目进度过慢这几个风险事件的发生概率较大,而相较而言,成本估算不合理、管理水平欠缺、资源分配不均这几个风险事件的发生概率较小。

2. 估计风险的影响程度

每个项目风险事件的发生都会造成一定的恶劣后果,现对这些风险事件所引发后果的恶劣程度进行赋权,权值越大则代表此风险事件一旦发生会对项目造成非常大的损失。具体项目风险事件的产生后果及原因如表 12-41 所示。

表 12-41　风险事件的产生后果及原因

序号	风险事件	后果权重	原因解释
1	同类产品竞争	0.5	同类产品抢占市场会影响行情
2	市场需求降低	0.2	需求降低直接导致销售额降低
3	成本估算不合理	0.4	成本估算过低需后期追加成本
4	系统功能无法实现	0.6	系统设计无法实现也有基本功能保底
5	系统质量不符	0.2	团队开发项目符合自己要求即可
6	管理水平欠缺	0.8	管理质量严重影响项目的执行
7	资源分配不均	0.5	导致内部矛盾以及影响进度
8	项目范围管理不足	0.4	范围出现问题可能导致无法按期完成
9	项目进度过慢	0.3	需要延长项目开发时间
10	需求定义不明确	0.5	需求了解不充分,对系统设计有影响

基于表 12-41 对 10 个风险事件进行的后果评估,可以看出,系统功能无法实现、资源分配不均、管理水平欠缺、需求定义不明确这几个项目风险事件所引发的后果最为严重,而市场需求降低、系统质量不符、项目进度过慢这 3 个风险事件所引发的后果相对不那么严重。

3. 制定风险等级划分规则

根据风险得分(风险得分=概率×后果)进行综合评估,制定风险等级规则,见表 12-42。

表 12-42　风险等级规则

风险得分区间/分	风险等级	风险得分区间/分	风险等级
0~0.15	低风险	0.3~0.64	高风险
0.15~0.3	中风险		

4. 风险登记

基于对风险因素的识别以及对风险的分析,得到风险登记表,如表 12-43 所示。

表 12-43 风险登记

序号	风 险 因 素	风险发生概率/%	风险影响程度/%	风险得分/分	风险等级
1	竞争风险	80	50	4	高风险
2	需求量风险	40	20	0.08	低风险
3	成本风险	30	40	0.12	低风险
4	性能风险	60	60	0.36	高风险
5	质量风险	40	20	0.08	低风险
6	沟通管理风险	20	80	0.16	中风险
7	资源分配风险	20	50	0.1	低风险
8	范围风险	80	40	0.32	高风险
9	进度风险	70	30	0.21	中风险
10	需求定义风险	40	50	0.2	中风险

5. 绘制"概率-影响"矩阵

根据风险登记表(见表 12-43)中的各个风险因素的发生概率、影响程度以及风险等级规则(表 12-42),绘制二维"概率-影响"矩阵,如图 12-43 所示。

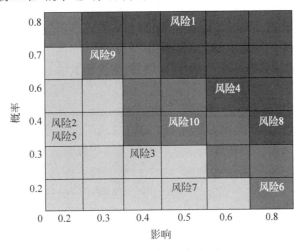

图 12-43 "概率-影响"矩阵

基于"风险得分"的风险等级划分规则,将风险 2、风险 5、风险 3、风险 7 归类为低风险因素,将风险 9、风险 10、风险 6 归为中风险因素,将风险 1、风险 4、风险 8 归为高风险因素。

12.9.3 项目风险应对

风险应对计划是依据风险分析结果形成的应对方案,以减少负风险,增强正风险。面对负面风险,可以采取改变计划、完全消除威胁(规避),把风险影响和应对责任转移给第三方、支付风险费用(转移),减轻风险的概率和影响(减轻),接受、不采取任何措施(接受)等方法;面对正面风险,可以采取确保机会一定出现(开拓),提高发生概率和影响(提高),把责任分配给有能力的第三方(分享),不主动追求机会,出现时乐于利用(接受)等方法。

1. TOP10 的含义

下面仅从市场风险、财务风险、技术风险、人力风险和结构/过程风险这 5 个方面来进行项目风险事件的识别归纳。一方面对于潜在风险的识别可能会有所遗漏；另一方面,基于对发生概率和风险事件所引发后果的严重性进行评估的基础上,只选择了 10 个比较有代表性、最有可能发生以及最为重要的典型的项目风险事件。

项目风险管理计划是动态的。在项目实际实施的过程中,项目的风险之间会出现此消彼长的现象,通常跟踪检查可以规避当前项目的进度风险,但是也可能会导致项目群中其他项目的进度风险增大。所以,针对项目群间的风险管理,不是静止地着眼于某个项目,而是系统地着眼于整个项目群的风险趋势,风险会随着项目的执行而不断动态变化。

2. 项目风险应对计划

在实际项目实施过程中,项目风险管理计划是有现实意义的。一方面,可以根据前期基于项目风险发生概率以及发生后果算出的风险得分来评判项目风险事件的等级,即等级越高的风险事件越需要在项目执行的过程中特别注意；另一方面,风险的应对措施有利于项目的顺利推进。具体的项目风险应对计划如表 12-44 所示。

表 12-44　项目风险应对计划

序号	风 险 事 件	风险得分/分	风险级别	风险应对措施
1	同类产品竞争	0.4	高	做好产品差异化设计
2	项目范围管理不足	0.08	高	精确规定项目范围
3	系统功能无法实现	0.12	高	合理设计系统功能
4	管理水平欠缺	0.36	高	科学进行团队管理
5	项目进度过慢	0.08	中	严格按照时间基线执行任务
6	系统质量不符	0.16	中	按照前期设计严格设计系统
7	需求定义不明确	0.1	中	前期做好市场调研工作
8	资源分配不均	0.32	中	科学分配任务
9	成本估算不合理	0.21	低	前期按照120%来预估成本
10	市场需求降低	0.2	低	尽量在预估时间内研发产品

12.9.4　问题与对策

在进行项目风险管理时主要出现以下问题,如表 12-45 所示。针对每个问题,项目团队有针对性地制定出了相应的解决方案。

表 12-45　进行项目风险管理时出现的问题与对策

序号	问　题	对　策
1	系统功能无法实现	依据现实情况对功能进行优先排序,并适当删减不必要的功能
2	管理水平欠缺	在开发过程中团队成员应尽量配合项目经理,若有问题及时汇报并沟通解决
3	资源分配不均匀	项目经理依据每个团队成员的任务难度分配相应的资源并给予帮助
4	系统质量不符合预期	依据实际情况选择是否通过适当加班来保证项目开发进度
5	项目进度过慢	必要时可以加班完成既定任务

12.10　制订实训项目综合管理计划

12.10.1　项目综合管理的目标与任务

项目综合管理涉及整个项目生命周期中协调所有其他项目管理的知识领域,即在项目生命周期中,对所有其他项目管理知识领域所涉及的过程进行协调的全部工作和活动。

项目综合管理计划是用来协调所有专项项目计划的文件,帮助引导项目的执行与控制利用项目各种专项计划,运用集成和综合平衡的方法所制定出的、用以指导项目执行和项目控制的整体性/综合性/全局性/协调统一的集成计划文件。

项目综合管理计划要解决9项问题,分别是需要做什么、什么时间做、需要谁去做、需要什么资源、需要花多少钱、质量如何保证、可能出现什么问题、如何进行信息交流和发生变更怎么办。分别对应确定项目范围、编制进度表、配置项目人力资源、编制资源计划、编制预算、制订质量管理计划、制订风险管理计划、制订沟通管理计划以及制订变更控制计划9个步骤。

12.10.2 项目综合管理计划的集成方法

项目综合管理计划工作可以分步进行,如运用两要素集成法,即将时间与成本、时间与质量、成本与质量、成本与范围等要素两两集成,最终再明确综合管理计划;也可以运用三要素集成,即将时间、成本与质量,范围、时间与成本,时间、成本与资源等三要素进行集成;也可以运用四要素集成法,将项目范围、时间、成本、质量共同集成,具体步骤如图12-44所示。

图12-44 四要素集成法的步骤

同时也有项目不同专业或部门的集成、不同项目干系人目标的集成,以及项目工作与组织的日常运作的集成等。在本项目团队制订综合管理计划的过程中,需要先制定项目章程,并通过小组讨论制定项目范围管理基线,明确项目管理的范围。在大致确定项目管理范围后,进而制定项目时间基线,规定项目各阶段的进度及可交付成果,并分析当进度滞缓或过快时有何应对措施。紧接着需要进行成本估算与预算,确定项目管理成本基线,进而通过制订项目人员配置计划确定项目人力资源管理计划,为项目的实施奠定坚实的基础。在项目实施阶段,首先进行项目沟通管理计划的制订,最终对项目风险进行整体评估与划分,提出应对措施。

因此,在本项目综合管理计划报告中,主要涉及的项目集成过程包括项目的组织、确立、启动、范围管理、时间管理、成本管理、人力资源管理、沟通管理以及风险管理共9个项目的集成阶段。

12.10.3 项目综合管理计划的特点

"专业综合实训"涉及的项目干系人较多也较为复杂,相应地涉及实际软件开发过程以及前期知识储备阶段的具体任务。

1. 项目的组织、确立和启动

项目筹建之初是先建立项目团队。本项目综合管理计划中主要通过PDP性格测试、加权评分等多种主观客观结合的评价方法确立项目团队成员及项目经理。然后依据实际情况对每个项目团队成员进行任务职责的分工。下一阶段就是确立项目的具体内容以及正式启动项目。首先在确定具体项目时需要先提出备选项目,然后通过构建评价指标体系来评价和最终确定项目。本项目综合管理计划中通过层次分析法在"防诈骗信息服务网站""IT兼职网站""故事化资讯工具"中进行科学的评价,最终选择"故事化资讯工具"作为本项目的主题。

然后进行正式的项目启动。项目启动会是项目启动的标志,会议主题主要涉及项目选题以及人员分工评审。接下来的任务就是制定并发布项目章程。主要涉及项目目标、项目成功标准、项目角色以及职责等重要内容的确立。

2. 项目范围、时间、成本的管理

进行项目的具体管理主要涉及对项目的范围、时间、成本等进行统筹管理,而这几个管理计划是互相依赖且互相影响的。此处按照项目管理的顺序逻辑依次对本项目综合管理计划中的范围管理、时间管理、成本管理以及人力资源管理进行归纳总结。

在项目启动后需要明确项目的范围,即项目应该完成什么目标。首先制定本项目开发的生命周期。本综合管理计划采取渐增式生命周期的开发方式。主要涉及系统规划阶段、系统分析阶段、系统设计阶段、系统实施阶段以及系统维护阶段。在确定了项目的5个开发阶段后就需要确定项目在每个阶段需要完成的任务,即确定可交付成果的过程。由于项目在开发过程中涉及非常多的可交付成果,在对这些任务进行梳理和分析后,主要有评审点、里程碑和检查点这几种任务最为关键,对这些最重要的节点任务进行归纳,形成一个重要任务表。确定项目的所有可交付成果以及明确相应的重要任务之后,选取了项目生命周期法来确定 WBS 的制定过程,主要采用自下而上法和按照项目生命周期这两种方法。

在确定了项目范围管理计划之后就可以明确各个项目的活动依赖关系了,即确定每个任务的前置任务,例如“指定实训课表”的前置任务是“实训开始”任务。确定了任务的依赖关系之后就可以估算活动工期。如启动阶段经过工期估算之后可明确需要 39 个工期才可完成。然后需要确定关键路径及时差,即明确每个项目的最晚开始时间、最晚完成时间、可宽延时间以及可宽延的总时间,完成以上这些工作之后就可以确定项目的时间管理计划了。

完成了项目范围以及时间的管理之后,即可确定项目开发所需的成本。要进行成本的估算,首先需要确定项目所需要的资源。主要涉及要确定资源的类型、资源所需要的基本工资以及加班工资等具体信息,然后需要为项目的每个任务分配其资源。资源分配之后就形成了项目的成本管理计划。然后就可以对项目进行成本的预算。预算方式有两种,通过对比基于最早开始时间和最晚开始时间的这两种成本估算方法可以得到最适合、误差最小的成本估算方法。

3. 项目人力资源及沟通管理

对项目的范围、时间、成本进行计划和管理之后,然后针对性地对项目涉及的人力资源以及项目实际开发过程中涉及的人力资源之间的沟通进行管理。

首先是对项目的人力资源情况进行统筹管理。开始要明确项目的人力资源配置,即项目开发周期中对人力资源的利用情况。具体而言,需要明确团队成员的具体技能,具体技能主要包括系统分析、系统设计、代码编写、测试调试、数据管理、文档管理和运行维护几个方面的技能。明确以上信息之后即可制定责任分配矩阵,对人物进行资源调配。

对人力资源进行管理之后,可针对沟通进行管理。即明确所有项目干系人之间的沟通方式、所涉及的文件以及相应的文件交付时间。项目干系人依托会议进行沟通,有项目启动会、状态评审会、进度评审会、技术评审会以及问题解决会。此外,项目绩效报告也需明确,主要涉及状态报告、进度报告和预测报告。最后是确定问题反馈的制度。主要的问题反馈制度有逐级上报制度以及越级上报制度。

4. 项目风险管理

在完成项目的基线管理之后,最主要的是要针对项目进行风险管理。首先是识别风险事件,主要包括竞争风险、需求量风险、成本风险、性能风险等共 10 个类别的风险。然后针对这些风险估计其发生的概率以及风险事件发生之后的后果影响程度。然后基于公式计算风险得分,即可得到风险的级别。

12.10.4 项目综合管理计划的组成

在上述集成逻辑的基础上进行综合管理计划的集成,自上而下,渐进明晰地梳理项目范围管理计划、项目进度管理计划、项目成本管理计划、项目人力资源管理计划、项目沟通管理计划和项目风险管理计划,将各个单项计划集成为综合管理计划。

12.10.5 问题与对策

在进行项目综合管理时主要出现以下问题,如表 12-46 所示。针对每个问题,项目团队有针对性地制定出相应的解决方案。

表 12-46 进行项目综合管理时出现的问题与对策

序号	问 题	对 策
1	团队组建出现问题	根据每个人的特长和性格组建团队,依据德尔菲法科学地评价每位同学并选出项目经理
2	团队沟通出现问题	项目团队组建之初应制定沟通方案,项目团队成员团结协作,有问题及时指出并解决
3	因技术问题无法进行	及时向指导老师寻求帮助,必要时通过延长工期、加班或调整方案来减小预期

12.11 项目管理计划总结

为创建并整合一个好的项目管理计划,项目经理必须运用项目综合管理技术。在项目管理课程中制订项目管理计划贯穿了整个课堂,过程中出现了很多难题与不足之处,这也帮助项目团队更好地理解应该如何制定高效的项目计划报告。在课程结束时,各项目团队应当对项目管理计划的整个制订过程进行总结与反思。

12.11.1 项目管理计划的收获与不足

1. 知识方面的收获与不足

通过 10 周的课程学习与课程设计的撰写,在知识方面取得了较大的收获。最开始认为组建团队就是关系好的结合成一个小组,但通过学习,了解到项目管理是有章程的,是一项非常规范的工作。在团队合作过程中,组织有不同的形态——塔克曼 5 阶段模型(形成阶段、震荡阶段、规范阶段、成熟阶段与解散阶段),学到了如何从震荡阶段步入规范阶段。

在整个项目管理课程设计的过程中,团队成员发现将项目交付作为人类活动的目的,涉及生产生活的方方面面,而项目管理可确保项目能够平稳有序地开展及完成。本小组不仅收获到了很多知识,也解决了学习中的很多问题,收获颇丰。

因为课时有限以及实际实训开展的现实问题,本次项目管理计划只包含项目范围、进度、成本、资源、沟通、风险管理计划。而项目管理的知识体系可以分为十大知识领域:整合管理、范围管理、时间管理、成本管理、质量管理、人力资源管理、沟通管理、干系人管理、风险管理、采购管理。所以存在有知识点未包含的情况。

2. 技术方面的收获与不足

项目管理是围绕项目展开的,上到宏观项目背景,下到具体任务工作的安排,倘若项目在开展过程中离开这些管理,将会变得相对无序甚至直接导致项目搁置,因而项目管理是十分重要的。

通过本课程的学习,项目团队在项目管理技术层面收获了不少知识,主要围绕项目管理软件 Project,通过利用 Project 模拟项目管理,对项目管理中的范围管理、时间管理、成本管理以及人力资源管理有了一定的掌握,能够利用 Project 对一个项目进行初步的综合管理。

本次项目管理计划主要通过 Project 实现。Microsoft Project 的缺点是它的关键路径处理,用户不太容易查看,并且它也不如其他一些软件包能处理多个项目。所以这是在软件的选取上的不足之处。

3. 文档撰写方面的收获与不足

在课程设计过程中,王老师非常注重报告的规范性。通过此次课程设计任务,项目团队学习到了如何能让文档编排更规范、美观,也理解了一份规范报告的重要性。王老师的谆谆教导,使团队的每位成员都掌握了文档编排的技能,例如,如何规范表格和图片、如何插入横表、如何调整文档整体编排、如何撰写文档等。在今后的工作中,文档撰写与编排能力是一项十分重要的能力,会使项目团队终身受益。但不足的是,除了三线表外,表格的其他排版形式能够使表格更加美观,但团队对此掌握得不是很到位,后续会持续学习并多加改进。

在文档撰写方面,本次项目管理计划报告更多的是贯穿项目管理的范围、进度、成本、资源、沟通和风险管理过程,文档篇幅可能比较长,对于主线的把握可以更加突出一点。

12.11.2 项目管理过程的收获与不足

1. 人力资源管理方面的收获与不足

十分幸运的是,此次项目管理小组拥有一个十分默契的团队。在人力资源管理方面遇到的困难非常少,项目团队在整个项目管理课程设计中一直处于规范阶段,没有出现震荡阶段。总结起来有以下原因。

1) 有合作经验、配合度高

首先,本小组的 4 个人在以往的比赛或活动中,有过组队的经历。可能不是 4 个人一起组队,但其中两两都有组过队,对彼此的行为习惯、比赛习惯、工作习惯以及工作方式都有一定的了解。在互相了解的基础上进行任务分工与合作,配合度就较高,较少出现摩擦。

2) 彼此相互了解、性格互补

针对性格方面,团队的 4 位成员性格是互补的。在组长统筹规划基础之上,3 个组员能力均较强,技术方面小夏非常擅长,且善于钻研;小佳的学习能力较强,易接受新的知识;小俐适合做一些细致的排查工作。而组长小琪较为综合,技术和文档方面都能够有一定的知识基础。

3) 熟知彼此能力范围、擅长领域

结合第 2 条,本小组相互之间熟知彼此能力范围以及擅长的领域。不管是组长在布置任务,还是组内解决问题时,都会分配每个人较为擅长的工作。如果一个人的完成情况不是很好,其他擅长这方面的组员会互相帮助共同完成。

4）沟通较多、私下关系甚好

在沟通方面，团队几乎每天都坐在一起沟通，不管是工作方面还是私下生活，沟通都较为紧密。如果组内发生矛盾，组员小佳具有非常好的协调能力，能够帮助小组解决矛盾与问题冲突。

2. 沟通管理方面的收获与不足

在人力资源管理的基础上，通过此次课程设计，团队对沟通管理也有了自己的见解和方法。第一，小组内部要定期进行讨论。可以不用那么正式，只要能够高效解决问题，应该以一种组内成员都舒服的方式开展例会，这样也更便于沟通。第二，组长沟通时注意方式，不可摆架了。针对小组情况，大家应该建立起平等的沟通关系，组长在布置任务或者出现错误时，应该态度平和、平等地与组员进行交流，这样能够增强组长自身的说服力，提高威信，使组员更愿意和组长沟通。第三，每次任务结束后应适当予以激励。任何一个人都需要肯定，才能有更好的进步。在点评各自任务完成情况时，不妨先激励，再针对不太完善的地方提出自己的意见。

综合实训除了为学生们带来知识和技术能力提高方面的收获，而且在项目管理、团队协作等个人能力提高方面给予了更大的锻炼。本篇以"实训中项目经理遇到的那些难事"为主题，从项目经理的角度，反映学生们在综合实训中遇到的困难，以及在克服困难中快速成长的心路历程。

第**4**篇

综合实训经验教训篇

　　综合实训除了给学生带来知识和技术能力提高方面的收获,还在项目管理、团队协作等个人能力提高方面给学生带来更大的锻炼。本篇以"实训中项目经理遇到的那些难事"为主题,从项目经理的角度,反映学生们在综合实训中遇到的困难,以及在克服困难中快速成长的心路历程。

第**13**章

实训中项目经理遇到的那些难事

本章选取中南民族大学 2018、2019 级信管专业和大数据实验班 3 期 29 个团队的实训案例,以主题的形式,从组建团队、选择项目经理、任务分工、节点管理、团队管理、沟通管理、冲突管理、绩效管理、项目经理的自我评价 9 个角度,全面展现实训过程中各团队在项目管理中遇到的难题、应对的方法、经验教训的总结,同时附有指导老师点评。

9 个主题中,前两个主题与团队的组建相关,包括组建团队和选择项目经理。第 3～7 个主题是项目经理们在实训中遇到难事最多的,其中,任务分工是第一大难题,出现的问题最多,引发的矛盾也最多。值得注意的是,案例中虽然有任务分工、节点管理、团队管理、沟通管理、冲突管理之分,但其实相互之间都有关联,多数问题从根本上说都是因任务分工不当所引发的,而团队管理又包含沟通管理和冲突管理。把这些问题分开来说,只是各有侧重而已。第 8 个主题关乎实训的绩效评估,实训绩效难以量化又不得不评,虽然没有标准答案,但引发了大家的初步思考,很有意义。第 9 个主题选取了 5 位优秀项目经理的自我剖析,展现经过蜕变的项目经理对自己成长过程的反思。当然,实训中还有其他许多主题未能包含在内,有待今后继续完善。

13.1　组建团队

组建团队是实训前首先要做的事,要求学生自己组建团队,自己选出项目经理。基于专业训练的目标,希望各队在技术能力、管理水平、学习成绩、性格爱好等方面均衡选择团队成员,不希望出现"强强组队"或"弱弱组队"的情况。

下面通过以下 8 个小案例来介绍项目团队产生的方式和过程、实训后各团队的自我评价,以及指导老师的点评。

13.1.1　"好朋友"组队

以下是 3 个"好朋友"组队的小故事。

团队Ⅰ由 4 个好姐妹组成,后来加入了一位主动联系的学长。实训结束后,项目经理认为:好的关系基础让成员磨合更容易,但也存在明显的短板,例如团队中缺乏猫头鹰类型的、更具钻研精神的同学。好在临时吸纳的学长给团队带来了不一样的氛围,想法更多样,团队气氛更活跃。项目经理认为若再组队,应根据团队的需要,从不同能力、不同性格等方面去挑选团队成员,而非仅依据关系亲疏。

团队自我评价:优点有①思维活跃,想法多。对网站的设计有很多别出心裁的想法,在解决问题的途径上也有很多替代选项。②工作氛围轻松,工作过程愉快。③配合良好,工作效率高。经过磨合,团队内每个人都找到了自己在团队中的定位,把相应工作做好,后期团队基本实现了流水化作业。④凝聚力高,爆发力强。大家很团结,对项目有明确的目标感。虽然平时较拖沓,但项目后期整个团队的成员都会自觉加班,极其认真踏实地去优化项目。缺点有①缺乏钻研精神。与其他优秀团队相比,攻坚克难的能力明显较差,主要表现在解决特别难的问题时耐心不够,信心不足,导致项目成果的核心技术水平一般。②做事较随意,不够踏实。团队成员普遍做事拖拉,缺乏一定要在一个期限之前把事情做好的精神。

团队Ⅱ也是由4个好朋友组成的,后来又新增了一个成员。实训结束后,项目经理认为:一个团队的所有成员应该有一致的方向,这样往往更容易实现目标。只是因为关系好就组在一起,事实证明不一定合适。组队时应该考虑每位成员的优势和特长,应在擅长文字、代码、沟通等方面配置均衡。项目经理认为,如果下一次再组建团队,首先应考虑团队成员的目标是否一致,再考虑团队成员的不同特长和优势,只有成员之间优势互补,才能促进团队的均衡发展。

团队自我评价:优点有①团队气氛良好,大家总有说不完的话,每天都欢声笑语;②学习能力强,很多知识都是在实训过程中学到的,能把最新的技术运用到项目中;③勇于大胆地提出新想法,对未来的设计提出了很多设想和点子。缺点有①工作效率不高,任务进度较慢。②缺少钻研精神,遇到难题很少自主解决。③紧迫感不足,虽然已经落后很多,但大家却都表现得很淡定。

团队Ⅲ也是由好朋友组成的,首先由小A同学发起,小A和小B是室友,小C和小A在很多活动中共事过,因此小A邀请了小C,最后想再找一位男生,就选择了各方面能力都不错的小D同学。实训结束后,项目经理对当初组队有了新的看法,好的方面:团队成员都比较熟悉,关系比较好,团队氛围融洽,在技能方面大家各有所长。不足的方面:一是团队缺少比较有决断力的成员,做各种事情常常犹豫不决导致进度落后;二是由于关系比较好,一旦成员出现问题也不好批评,导致成员不容易认识到自己的问题。项目经理认为,如果再次组队会找一些平时交流少、相对陌生的成员,一方面可以熟悉新朋友,另一方面不熟悉可能没有那么多羁绊和思想包袱,便于全身心投入工作;同时,还应该找性格互补的,特别是选择一位雷厉风行的成员。

团队自我评价:优点有①团队气氛融洽,每个人各有所长;②各成员心态乐观,积极向上。缺点有①做事容易犹豫不决;②在正事上面不够严肃;③对时间进度把握不够。

13.1.2 "按规则"组队

团队Ⅳ基本上是按规则组队的。A同学担任项目经理后,先联系B、C两位好朋友组队,后按组队规则加入一位女生小D。从老师给出的技术水平等级表上来看,组内4个等级均有。实训结束后项目经理认为,团队整体氛围良好,大家相处比较融洽,能够朝着同一个方向努力。团队成员中尽管在各水平阶段的人都有,但在任务分配合理的情况下,大多数成员都能够保质保量地完成任务。但由于团队成员的技术水平差距过大,容易导致对进步慢的成员的成长有所忽视。如果再有机会组队,项目经理希望选择技术水平相近的成员,认为这样应该更容易磨合和相处,也更容易产出高质量的成果。

如果再带团队,项目经理表示:①应注重项目前期的准备工作,而不是将全部精力放在代码实现上。代码实现固然重要,但前期的技术储备及需求挖掘更重要,因为在项目中,前期的项目规划决定了项目后期的走向和最终的效果。②应将项目管理内容与实训深度结合。第一次做开发,因为对技术过于重视而忽略了项目管理工作,导致在实训中多次遇到任务分工、节点管理、时间管理等方面的难题,应该分配更多的时间和精力加以学习和实践。

团队自我评价:优点有①团队成员能够协作开发,节省时间。②团队成员大多可以自己学习、掌握并应用一项技术到实际开发中。③团队氛围融洽,没有过多的内部矛盾。缺点有①忽视了进步较慢成员的成长。②团队过于依靠项目经理。③团队成员可交付成果意识较差。

13.1.3 "同寝室好姐妹"组队

以下是两个"同寝室好姐妹"组队的例子。

团队Ⅴ由同一寝室的4名女生组成,由项目经理组队,项目经理选择成员的标准是首选技术能力,其次是要勤劳上进、踏实肯干、能与他人和睦相处等。实训结束后,项目经理认为自己的团队十分优秀,虽然是同一个寝室的室友,但是"技术大牛""劳动模范""文本专家""优秀领导者"都有。虽然实训过程中难免有些摩擦,但大家都能互相理解,共同面对挑战。同时认为团队内的单个成员不一定是班级中最强的,但整个团队的综合实力是特别强的。项目经理还发现,班级中还有很多隐藏的"大佬",有不少同学显露出了以前不为人知的优秀的一面。所以项目经理认为不应该同一个寝室的室友参加什么活动都一起,可以试着多接触其他同学,碰撞出不一样的火花,说不定还能多交几个知心好友。

团队自我评价:优点有成员之间相互信任,十分团结,目标一致,都在不断朝着更好的方向努力。缺点有偶尔容易懈怠,偷懒。

团队Ⅵ也是由同一寝室的4名女生组成的,由于之前共同组队参加并完成过其他团队作业,合作多次,因此都很了解彼此的秉性和脾气,组建团队之初队内的默契度较高。实训结束后,项目经理依旧认为自己的团队是最棒的,项目经理不仅对自己有信心,而且对团队有信心。一个团队最好的状态就是大家齐心协力解决难题,朝着一个方向携手前进,不畏难不惧累。若有机会原班人马再次组团,项目经理想要提前寻找一位"气氛担当",多做些文职工作,同时活跃气氛。因为队友们一旦投入工作状态会极其"忘我",忘了轻松愉快、劳逸结合。项目经理会一如既往地为她们保驾护航,备好万全之策,也会努力汲取更多技术知识,更快更好地解决各类技术问题,更加合理地安排任务分工,进一步提高队内的工作效率。

团队自我评价:优点有①工作态度积极,都是技术型人才。大家在技术方面的兴趣和劲头很足,一说起敲代码就很开心,当然这个开心是建立在使用已学过的技术基础上的,遇到新的、不擅长的技术,还是很崩溃,不知从何下手。②分工明确,各司其职。大家都很清楚自己的工作,负责不同的板块领域。缺点有①大家对代码太投入,情绪很容易受到代码难易程度的影响。②在文档撰写方面的积极性没有敲代码那么高。

13.1.4 "志趣相投"组队

以下是两个"志趣相投"组队的例子。

团队Ⅶ也是好朋友组队,其中有的成员一起共事过。通过实训,项目经理觉得自己的团队很好,大家都是好朋友,而且对项目目标都比较一致,比较好沟通。如果再组队的话,项目经理还是会选择现在的团队,因为团队人员的水平比较均衡,有人技术强、有人管理强,符合项目开发小组的基本要求。

团队自我评价:优点:团队目标一致,沟通氛围融洽,实力均衡,能共同进退。缺点:没有突出的技术能力,在遇到难题时有时容易懈怠。

团队Ⅷ也是好朋友组队,项目经理对自己组建的团队比较满意,大家相处融洽,每个成员都有技术实力。项目经理分配下去的任务都能百分之百完成,而且每位成员都对项目有自己的想法,并把这个项目完完全全当成自己的"宝贝",到了项目收尾阶段,团队还一直在添加新的功能点。若有人对项目有质疑,团队成员还会傲娇地说:"我不管,我们就是最棒的!"对于此次实训,整个团队是满意的,没有留下任何遗憾。

组长的建议:在组建团队时,需要注意以下几点。①不要小瞧各项技术水平都不突出的同学。这类同学看似不突出,但很"稳",各项技术水平都不差,无论分配什么任务都能完成,反而最让项目经理省心。②积极的心态很重要。若心态积极,遇到的所有问题都不会成为难题,大家愿意主动学习各种技术,主动上网寻找解决问题的方法。③实力相当,但各有所长的团队成员会让组长更省心。团队最大的优点是:每一项任务都有人可以完成,不会因为技术的不足而舍弃。例如,一名同学不会正确地写 SQL 语句,便立马请教擅长写 SQL 语句的同学;一名同学因参加其他比赛不能完成任务,项目经理可以将这项任务分配给其他成员,不用担心其他成员存在技术难点。团队有一种"谁都离不开谁,但若缺一个人,项目也可照常推进"的奇妙关系。④有一致的目标,会减少很多无效的沟通。

13.1.5 对"组建团队"案例的点评

实训中第一次组团队时常带有一定的偶然性,最难得的是"志趣相投"。有的团队往往强求好哥们儿、好姐们儿、同寝室、早认识的同学在一起,但"相熟"不一定能"相知"。除了那些曾共事过、组队过、经历过项目磨合的团队之外,有时候互相陌生、随机组成的团队反倒没有过往的种种羁绊而能快速磨合成一支高效的团队。所以,组队无须强求!无论跟谁在一起工作,如果都能真心把他/她当作自己的战友,去共同面对大学生涯中最重要的专业训练,去努力、去拼搏,那么终会化茧成蝶!

上述 8 个小案例中,多数团队是因"熟人"而组队的,但并不能肯定"熟人"组队就一定好或是不好。多数"好朋友"组队的原因是相互之间比较熟悉,不用再去和不熟悉的人打交道等,但却忽视了个人能力和性格差异对团队综合能力的影响。同时,在遇到困难时,面对"好朋友",多数团队很难做到"对事不对人",于是便给小组出现矛盾埋下了隐患。

因此,要尽可能客观地选择团队成员,从学习能力、技术能力、性格差异等多方面进行评价与选择。可以鼓励不同性格、不同寝室、不同班级、不同性别的"不太熟悉"的成员相互组队,可能更有利于激发新思想,拓展新思路,解决新问题。同时又可以认识新朋友,遇到问题时少一些思想包袱,不用为"平衡关系"而发愁,更容易做到"对事不对人"。

每次实训组队时都会遇到希望技术上"强强组队"而剩下了"弱弱组队"的情况。平心而论,老师们也希望能够看到"强势组长"带着"精兵强将"一路"高歌猛进"创造高水平成果的"灿烂景象"。但"强强组队"后多数会留下"弱弱组队"的后遗症,弱队完不成任务的风险会增大。实训毕竟是教学环节,为了"一个也不落下"的实训目标,组队时都会要求强弱搭配、以强带弱、共同进步。其实,追求卓越是一道美丽的风景,但负重前行,"化腐朽为神奇"未尝不是另一道更加绚烂多彩的美丽风景。

13.2 选择组长

对完成项目目标至关重要的是人，而不是程序和技术。项目管理是组织内最重要的"领导密集型"活动之一。项目经理的核心是对项目的成败承担责任。选择了担任项目经理，就意味着选择了一条要承担更多责任和压力的路。

团队项目不是一个人的项目，需要依靠集体的力量共同完成。项目经理是团队的灵魂人物，是项目是否能达成既定目标的重要保障。实训中，项目经理除了要与团队一起共同面对来自项目的考验外，更重要的是要独自承担领导者的责任，团结和带领团队成员一起达成一个共同的目标，他/她需要承受队员承受不了的压力，他/她要在所有人都因遇到无法逾越的困难而退缩时努力坚持，他/她更要在前方众多可能的路径中决策出一条正确的路径，这个过程对组长的磨砺和锻造是最纯粹的，说它"升级了灵魂"一点也不为过！

对实训来说，项目经理是由团队选出来的组长担任的，但刚选出来的组长还没有经历过项目经理的训练，只能算是"名义"上的项目经理。通过以下 6 个小案例，让大家了解项目组长产生的方式和过程，以及哪一类行为风格的人容易被选为组长。其中，组长们不同类型行为风格的表现可参见 9.4.3 节的相关内容。

13.2.1 "有威信声望"的组长

团队 I 建好团队后，从个人威信、组织能力、沟通能力等方面综合考虑选择了时任班长的 A 同学当组长。A 组长经过行为风格测试是位老虎＋猫头鹰型组长，但"太好说话"的性格感觉不像"老虎"。实训后 A 组长认为：很后悔当了一个非常"热心"的组长，在实训中由于组长过度帮助组员，导致组员本应自己探索掌握的技能没能得到很好的掌握。虽然组长具有一定的权威，但"好脾气"的他多数时候"镇不住"场面，很难调动大家的积极性。组员们主人公意识不强，依赖性却很强，使得组长常常顾此失彼、有心无力，项目进展艰难。组长认为，应该先让组员尽自己的努力解决问题，解决问题的过程也是学习的过程，实在解决不了再适当协助。组长表示，如果下一次再担任组长，一定去思考怎样让组员得到更多锻炼、取得更多收获，想办法提高大家的积极性，从而主动投入到项目中去。

团队 II 的组长也是经过全组商议后推举出来的，B 同学是班委，平时在其他活动中常常担任组长或者领导者的角色，比较有经验，因此当选组长。B 组长经过行为风格测试是位猫头鹰型组长。实训后组长认为自己担任组长期间，好的方面是注重团队凝聚力，重视实训保障工作，可以让组员一门心思放在编程上面。不足之处也比较明显，有时比较优柔寡断，在时间、任务等各种决策和规划上面没能严格要求，导致出现进度延误问题。假如再次组团，组长觉得除了他自己外，可以选小 C 当组长，一是小 C 各方面能力较强，二是小 C 与另外两位女同学不是特别熟悉，决策执行起来应该更有效率。

13.2.2 "毛遂自荐"的组长

团队 III 的组长小 D 是毛遂自荐产生的，经过行为风格测试是位变色龙型组长。实训结束后，D 组长认为自己在管理方面有很大进步，在团队管理、任务分工和节点管理等方面做得比较好，但在冲突处理方面还有一些欠缺，主要原因是不太擅长口头表达，导致在调解组员矛盾时有些力不从心。如果再组团,组长认为小 E 同学最适合当组长。因为小 E 同学在实训期间曾担任值日班长,善于记录并总结老师和其他小组提出的经验教训,做事也十分认真仔细,能把老师的每一项指令传达到位,并能合理安排时间,是一位具有管理能力的组长人选。

团队Ⅳ的组长小 F 也是毛遂自荐产生的,经过行为风格测试是位孔雀型组长。实训结束后,F 组长认为自己整体表现不错,虽然有时在分配任务上缺乏经验,有些任务没能很好地落实,但每当出现问题,组长都会及时召开小组会议,大家经过分析、讨论、沟通,甚至吵架,都能将问题及时解决。如果再组团,组长觉得还是他自己适合当组长,虽然他的技术不是最强的,管理也不是最好的,但他既懂技术,也会管理,尤其擅长处理组内矛盾。

13.2.3 "脱颖而出"的组长

团队Ⅴ也是先有团队后选组长,小 G 经过行为风格测试也是位孔雀型组长。起初团队有两位同学都想当组长,一时定不下来,也没有好的解决方案。后来由于小 G 更主动地承担一些安排会议、询问大家意见、提前了解项目、分发资料等工作,最终当选。实训结束后,G 组长对自己的评价是:满分十分的话,给自己打七分。加分项在于对项目整体规划按步骤推进,在没有通宵熬夜的情况下基本达到了预期成果。扣分项在于钻研精神不够,没有带领团队踏实地对核心技术进行深挖,树立产品的核心竞争力。若再组队,大家认为还是小 G 最适合当组长。理由一是有大局观,擅长规划,按步骤推进;二是善于沟通交流,人际关系良好。

13.2.4 "有实践经验"的组长

团队Ⅵ也是先有团队后选组长的,因为小 H 暑期参加过企业实习,有一些实践经验,大家觉得这样应该对团队管理有帮助,就全票通过小 H 同学担任组长,小 H 经过行为风格测试是位"变色龙型"组长。实训结束后,H 组长认为自己技术不强,组长当得不一定称职,有时组员遇到技术问题时她帮不上忙,干着急,组员有时会为因解决一个 Bug 而花费大半天甚至一整天的时间。若再组团,组长认为其他三位组员都有能力担任组长,最适合的应该是 I 同学,I 同学一来是班委,组织安排任务的能力较强,很会划重点;二来决策能力较强,在大家有意见分歧时能够站出来归纳总结,并敲定方案。

13.2.5 对"选择组长"案例的点评

案例中,多数组长要么自荐,要么被推举,均有积极、主动、有威信、有声望的一面。由于实训的主要任务是个技术活儿,因此对组长的技术特点有了更高的要求。多数强势的组长都是"技术大牛",但并不是每个"技术大牛"都适合当组长,这与性格有关。如果"技术大牛"是"考拉",恐怕真当不好组长。同时,既然是领导者,管理能力是第一要务,好的管理者要有充分的"杀伐决断"能力,过于"优柔寡断"的组长当着也痛苦。

团队项目与个人项目不同,团队项目更要考虑对团队整体的管理和协调能力。如果"技术大牛"兼具管理能力,那确实是项目经理的最佳人选,但这是可遇而不可求的。大多数情况下,"技术大牛"难得,有管理能力的"技术大牛"更难得。而实训中常常出现一些由非"技术大牛"组长所带团队能够获得优秀项目的情况,这些组长虽然技术能力一般,但管理能力较强,通过不断学习和磨炼,也一定能带好团队。

因此,什么样的人适合当组长并没有标准答案,只能是适合就好。通常"老虎"和"孔雀"比较适合当组长,但多数需要"考拉"或"猫头鹰"来配合;"变色龙"组长最难得,但有时也需要雷厉风行的"老虎"相帮衬,当然这都不是绝对的。一个团队各种性格的组员都有,组长与组员之间需要在项目实施过程中相互磨合、相互包容、相互适应、取长补短、共同进步。

案例中多位组长提到换成另外一位组员担任组长效果会更好,从个人成长角度来看,组长能够在当"领导"的过程中认识到自己的劣势,从而有反思有感悟,对个人成长有很大助益。

13.3　任务分工

项目初期,"名义"上的项目经理能够把任务分配好是一件很难的事情。一是团队刚建立还在磨合阶段,组长对组员的性格和能力了解不深;二是组长对项目的大局观还没有建立起来,对于每天要完成哪些任务,组长和组员都不清楚。在这段时间之内,摸索、碰撞、冲突在所难免。因此,项目组长必须在快速建立组长意识的同时,分阶段快速了解团队面临的工作,分出轻重缓急,摸索着分配任务、均衡资源,甚至在毫无头绪的情况下进行"试错"。

通过以下 10 个小案例,一是展现实训中可能遇到的任务分工难题,二是分析问题的起因和表现形式,三是给出所采取的应对方法,四是根据经验教训提出更好的意见和建议。难题多种多样,应对见仁见智。其中,任务分工不当会引发后续诸多问题,如节点问题、冲突问题、沟通问题等。要善于抓住主要矛盾,分析关联问题,制定总体应对方案,有针对性地将问题各个击破。

13.3.1　"目标有差异"的分工管理

团队Ⅰ在"项目管理"课程设计阶段和系统开发阶段都遇到了任务分工问题。

问题一:在"项目管理"课程设计阶段,组长与多数组员对待课程设计的目标有差异。组长的个人能力很强,对课程设计的期望很高;但多数组员个人能力不强,对课程设计的预期不高。在做课程设计时,组长起初向组员强调最多的是想法,既要有想法,又要把想法落实在纸面上。后经老师点评,又意识到既要有理论,还要与实际相关联。但客观来说,一开始就让组员都能做到这两点,难度较大。因此,由于组长与组员在预期目标上存在差异,导致组员的任务完成情况达不到组长的预期目标,组内出现了严重的矛盾,项目出现返工现象。

应对方法:考虑到团队成员之间整体工作水平的差距比较明显,组长在决定如何更好地完成课程设计任务时提出了两个方案:一是组长独自承担大部分任务,但可以追求高标准的预期目标;二是团队通力合作,但可能会取得相对低一些的预期目标。经过权衡,组长选择了第一个按高标准完成任务的方案,认为做"项目管理"课程设计的机会只有一次,还是尽力做。具体做法是:将各章节的任务分解,把其中纯理论或案例分析方面的任务布置给组员,把其中需要体现团队想法、需要理论联系实际的任务交由组长来做。这种办法的利弊非常明显,优点是大家各司其职,受到组长的压迫较少,也基本能达到组长对课程设计的预期。缺点是组长会因为想要呈现一个比较好的效果而承担了大部分工作任务,导致在绩效评价时,组长对项目的贡献率较高,而组员的贡献率过低的情况。

问题二：在系统开发阶段,组长一方面想要产出高水平的项目成果,一方面又想让组员都学到相关知识,因此要求"团队每个人都要付出 120% 的精力,每个人都要达到组长的预期"。但由于组员的技术水平差异比较大,任务分配非常困难,多目标情况下势必会产生一些矛盾和冲突。

应对方法：组长一方面采取因人而异的任务分配方法,即针对组员技术水平来分配适合的任务,一方面关注组员对待工作的态度,对积极进取型的成员,引导其学习和钻研更有难度的工作。同时组长自己调整心态,适当降低期望值,不要苛求组员,允许大家对项目有不同的预期,最终团队取得良好的实训效果。实训结束后,团队中的两位组员表示自己都接触到了比实训技术范围更广的新技术,不仅提高了团队成果的水平,自身也树立了一定的自信心。

意见和建议：任务分工要因组制宜、因人制宜,均衡考虑组内整体水平、组长个人水平、团队预期、组长预期,同时预期和能力相匹配,在这些条件下寻求最优解。

指导老师点评：案例中的组长在实训两大阶段的任务分工问题上都选择了自己"挑大梁"的方案,这是由组长追求极致的性格和出众的个人能力所决定的。在实训初期的项目管理例会上,组长多次提到团队成员技术能力差异过大、带团队有困难等问题,希望能调换组员。在得知调换组员有难度的情况下,组长就开始想办法"因地制宜"地进行任务分工,以"强势"组长的方式带领团队最终圆满完成了实训任务,并获得优秀组长、优秀成果的奖励。

在项目起始阶段,项目经理及成员的能力对项目产品最终特征和最终成果的影响力是最大的,随着项目的进行,不确定性逐渐消除,这种影响力逐渐消减。在团队建设的形成和震荡阶段,通常应采用独裁式的领导风格,在大的决策问题上由项目经理独立决断,效率可能最高,对项目最终成果形成的影响也可能最大。

13.3.2 "需求分析不充分"的分工管理

团队 II 的实训开始后,小组确立了基本的项目需求,并开始有序工作。但随着任务的开展,组内出现功能需求不明确、任务理解不清晰,导致组员出现相互之间任务分配模糊,理解不到位的情况。问题解决后,指导老师又指出功能点的不足,需要再次修改需求。在各种不明确和反复修改的过程中,组内出现了两次大的返工。

应对方法：小组先整体停工,在保证全体组员参与的情况下,重新梳理需求,确保每位组员都能清楚地了解项目的整体框架。然后花费较多时间确立全部需求,将需求划分为必要需求、可实现需求与亮点需求,按照优先级通过加班加点依次完成。

最终效果：项目在实训结束的前两天顺利完成,并取得了小组成员都比较满意的成果。

意见与建议：建议每个小组在需求分析阶段尽量多花费时间,一是明确所有的需求,二是保证让每个组员心中对项目最终成果的预期保持一致,并且有条理地完成任务。

指导老师点评：需求分析是系统开发工作的第一步,"需求分析不充分"常常是导致后期大部分返工的罪魁祸首之一,所谓"差之毫厘,谬以千里"。

13.3.3 "没抓住开发重心"的分工管理

团队 III 的组长第一次担任项目经理,一点经验也没有,在开发之初只是将功能简单地划分出来,然后分配给每个组员,没有考虑到她们是不是适合做这项工作,也没有考虑过功能实现所需要的时间。几天后,指导老师要求组长检查项目的开发进度,组长将每个人完成的工作整合起来才发现,大家根本没有完成任何实质性的功能。经过开会讨论和咨询其他小组才知道,由于组长分工不当,没有抓住开发重心,导致组员对自己工作完成的进度没有概念,并且不清楚工作的优先级,将大多数时间都浪费在了界面美化上。

应对方法:吸取这一经验教训,在后续开发中,组长做到了以下几点。①时刻提醒组员先完成主线功能,再考虑界面美观;②事先同组员一起把所有未完成的功能列出来,再根据每个人的能力和意愿合理分配任务,并设定任务完成时间,每完成一个功能就在对应列表后打钩;③每天早上召开小组例会,先由组员根据自己的任务完成情况进行总结并自行安排当天的工作,如果有不清楚的地方,再由组长来分配;④每天中午、晚上组长都问一遍组员完成了哪些工作,有没有达到预期要求,如果没有,原因是什么,需不需要帮助等问题,及时帮助组员解决问题。

最终效果:严格做到这几点之后,明显发现团队完成项目任务的进度比之前快了很多,每个人都知道自己每天该干什么,什么时间点要完成哪些事,以及完成的进度怎么样。遇到了困难也能及时提出来大家一起帮忙解决。尽管每个人负责的工作不同,但是团队工作的效率越来越高,项目完成的进度也越来越快,团队成员都心往一处想,劲往一处使,互相体谅,一起携手共进,攻克难关。

指导老师点评:案例中遇到的问题从根本上讲还是需求分析不充分所导致的,这个问题多数团队都不同程度地遇到过。因为对项目不了解,所以需要不断摸索、反复分析项目功能和要求。因为对任务的可完成度不了解,所以要分清主次,"先完成主线功能,再考虑界面美观",同时要加强对组员技术能力的了解,将合适的任务分配给合适的人。

13.3.4 "畏惧主线任务"的分工管理

团队Ⅳ在正式进入编码阶段后,听到组员说得最多的一句话就是"组长,我现在要做什么?",而组长一时半会儿也回答不上来,甚至出现组员无事可做的状态,但实际上还有很多任务和功能未完成,组长十分焦急。

问题分析:深入分析后发现有诸多原因,分别如下。①在编码初始阶段,对难度较大的主线任务有畏难心理,并且对该部分的需求分析尚未十分明确和完整,导致没有将重要的任务分配给组员;②编码实现通常是从后台管理系统开始的,起初大家都专注于后台,对前端部分关注过少。等到要实现前端功能时,组长负责的前端界面还未修改完成。由于缺少功能在前端的展示,不能看到完整的功能效果,导致很难进行下一个功能的实现;③组长除了自己的任务外,还要处理组员时不时出现的 Bug 及其他问题,更加拖延了进度,最终导致忙闲不均的状态出现;④因为有些任务不知道要投入多少时间和精力,不知道实现该任务的难易程度,组长在分配任务时很纠结,害怕组员觉得不公平。

应对方法:①尽快明确主线任务的需求,让组员更好地进入状态;②请求老师帮助,明确任务要求,将任务分解成小任务,先让组员挑选自己相对感兴趣的任务,剩下的任务根据组员的能力和特长进行分配;③采取赶工的措施加快进度,确保项目可以按时完成。

最终效果:团队中的每个人都有事可做,都有自己负责的功能模块,也能够很快进入工作状态。对于组长来说,熟悉了业务以及组员的能力之后,任务分工不再困难了。

指导老师点评:对主线任务有畏惧心,情愿当"鸵鸟"绕着走的心态可以理解,但一定要克服。难道遇到问题绕着走,问题就消失了? 不行的,不仅不能解决问题反而会引出后续更大的问题。因此,无论遇到任何问题、任何困难都不能逃避,要勇敢面对,分析原因、积极应对、寻求帮助、尽早解决。

13.3.5 "工作量不均衡"的分工管理

团队Ⅴ在项目进入需求分析时出现了任务分配不均的情况,可以说是"忙得忙死,闲得闲死"。该阶段需要确定需求、绘制草图、绘制原型图、编写数据字典以及编写需求规格说明书。讨论需求时,小组呈现出一片祥和欢乐的气氛。但当开始绘制草图、原型图以及编写数据字典时,忙碌的总是那3个人——A同学绘制草图、B和C同学编写数据字典并导入数据库。眼看另外两位同学没什么事情可做,组长就分配了撰写文档和学习新技术的任务。但从状态来看,这两位同学并未投入足够精力,经常翻看期末考试的复习资料。

问题分析:组长认为任务分工不均的主要责任在自己。①需求分析阶段对组长来说是一个"试水"的阶段,虽然在课堂上学习了很多如何当一名项目经理的理论知识,但将理论转换为实践还是第一次尝试,没能平衡好每个人的工作量。②对组员缺乏了解。因为A同学擅长Axure并有一定的审美,所以直接将绘制草图的工作交给她,没有顾及到其他同学也有想学习绘图的愿望。③组员工作不积极。由于项目前期组长没有给组员分配饱和的工作,让组员觉得自己不被重视,降低了组员对项目的参与感。组长希望组员主动申请工作任务,但多数组员都不积极主动。

应对方法:用各种方式加强与组员的沟通交流,深入了解组员对项目的诉求,分配任务时不仅考虑能力,同时兼顾学习和参与的意愿,并根据组员的能力尽量分配足量的任务。让大家充分了解到项目需要每个人的参与,而每个人也需要在项目实现中找到自己的价值。

最终效果:每个人的任务都基本符合自己的预期,大家都开始全身心地投入到项目中。原先任务繁重的同学压力减小了,原先任务不饱和的同学需要全力以赴了。

组长建议:不要让个别组员过多地挑起整个项目的重任。无论成员是否擅长,都要给每个人分配任务。否则,工作量达不到要求,组员也对整个项目没了信心。

指导老师点评:项目有渐进明细的特征,组长对项目的全盘了解也有个循序渐进的过程。能力强的组长可能前进的速度快一些,能力弱的组长可能经受的磨难多一些,进步的速度慢一些。无论能力强还是弱,只要努力、坚持、不退缩,就一定能成长为真正有能力带团队的"名副其实"的项目经理。

13.3.6 "平均分配任务"的分工管理

团队Ⅵ在项目开展初期,各组员对工作任务的理解都比较模糊,于是就试着采用平均分配的办法。某天工作结束后发现分工效果不好,小A不擅长所分配的任务,小B技术薄弱很难完成任务,结果是均分任务的情况下技术强的组员进度更快,技术较弱的组员进度就很慢。直到开发中期更加明确项目功能后,任务分工的合理性才有了明显改善。

问题分析:在大家技术能力差异较大的情况下,很难平均分配任务,应该按能力承担适合自己的工作。

应对方法:①对任务进行合理调配、准确分工。首先了解每个组员的优势,然后把所有工作根据个人优势进行粗略分配,再均衡每个同学的任务难度及需要的时间。例如,小A

技术很强,适合完成项目的核心功能;小C擅长写作,不适合写代码,就给她分配日常记载表和各种文档的撰写工作,以及协作完成前端页面设计的任务;小B基础较差,适合后端工作,主要完成表的增、删、改、查、分页等功能。②将完善好的分工情况征求老师的意见,得到一些建议。③询问并借鉴其他组的任务分工安排。

最终效果:通过精准分工,每个人都找到了适合自己的工作,大大提高了工作效率。

指导老师点评:按照组建团队的规则,可能实训小组每个成员的个人性格、技术水平、管理能力、综合素质等方面都是有差异的。实训中强调"不落下任何一个人!"就是希望组长们带领团队依靠集体的力量完成项目。因此,实训小组需要"技术大牛"们攻坚克难实现高水平的项目成果,更需要带着技术"小白"们学习、了解、掌握基本的技术技能,达成专业训练的目标。这样对小组的任务分工提出了更高的要求,项目初期因为技术差异过大,允许任务分配时各有侧重,如技术强的做开发,技术弱的做文档;但不能忘了给"小白"们提高技术能力的时间和机会。项目中后期,随着"小白"们的技术能力慢慢赶上来,任务分配的策略应有所调整,适当给出人人做技术的机会和可能性。

13.3.7　"缺乏沟通协作"的分工管理

团队Ⅶ在实训初期对项目了解不足,组长在分配任务前没有充分了解项目任务的难度、模块之间的关联性、组员的个人能力和兴趣,导致分工不合理。比如,学习能力较差的组员速度很慢,对不感兴趣的工作没有积极性;工作缺乏协调,大家各做各的,缺乏沟通,有时两个组员在重复做同一个工作却没人知道。致使进度比其他小组慢,别人的项目都基本成型了,本组项目还是东一块、西一块,花了很多时间进行整合。

问题分析:团队合作中分工协作是重要的,分工协作既要分工明确,又要相互协作,这样才能高效地完成目标。

应对方法:①发现问题后,小组每天早上开一个短会,把剩下的模块罗列出来,组员根据自己情况选择要做的工作,明确各自需要完成的任务;②为了防止拖延进度,小组定下"今日事,今日毕"的约定,完不成就加班。

最终效果:明确分工后,效率明显比之前提高很多,大家都全身心投入去完成自己的工作,完成不了时也自觉加班,进度也逐渐赶了上来。

指导老师点评:实训初期,组长千万不能一头"扎"进项目中,列任务、分模块,以为只要把任务分下去,大家就会自然而然地完成,其实不然。而是应完成两个关键的工作:一是深入分析项目需求;二是深入了解组员的能力,再来进行合理的任务分工就"纲举目张"了。

13.3.8　"自学技术任务"的分工管理

团队Ⅷ所选项目需要自学微信小程序开发语言。在进行任务分工时,组长将4个同学分为两组:小A和小B负责前端开发,小C和小D负责后台开发。由于组长的疏忽,没有在前期基础训练阶段提前安排负责前端开发的组员学习微信小程序开发语言,导致在专业训练阶段前端的小A和小B不得不边自学边开发微信小程序,而小B的学习理解能力较弱,自学有难度,学习进度缓慢,导致前端进度较慢。

应对方法:①将复杂的有难度的任务分配给技术能力较强的小A,将简单的任务分配给技术能力较弱的小 B；②当小 B 遇到问题时由小 A 提供帮助；③小 B 自行加班补上自学技术的任务。

最后的效果：小 B 逐渐了解了微信小程序开发语言，能够完成一些简单的任务，前端的进度也在慢慢加快。

收获与感言：实训过程中，虽然很累，但是很充实。由于要边自学边开发，为了赶项目进度几乎每天加班。虽然前期效果不明显，但是到了后期，累积加班的效果就显现出来了。同时，组内成员之间加强配合，完成项目功能点的速度变快了。大家为了一个项目而共同努力，向同一个目标前进，这种努力的过程非常美好。

团队Ⅸ的项目也需要自学微信小程序，分工也采用前后端分组模式。任务分工时，由于组长太在意组员的意愿和积极性，没有综合考虑组员的能力，在开始编码两周之后，整体进度严重脱节，前端还没有开始走上正轨，后端已经进入了收尾阶段。

应对办法：①鼓励前端组成员遇到问题多请教老师，在指导老师的帮助下解决各种难题；②后端组成员尽量抽出时间来帮助前端，如查找合适的学习资料，提供编程上的一些想法，咨询同项目其他小组编代码的方法，并且要求后台组成员同时完成前端和后端的开发，而前端只负责编程；③鼓励全组一起加班，增加学习时间，解决进度滞后问题。

最终效果：实训的最后一个阶段，全组成员每天都加班到 21：00～22：00，直到验收当天的凌晨才实现了所有项目功能，甚至还根据老师的建议添加了一些在项目需求中没有的功能。同时，在帮助前端的过程中，后端也学到了一些有关小程序开发的知识。

指导老师点评：实训中有一类"小程序＋信息系统"的选题，前端需要采用微信小程序进行开发，但这部分内容老师并不讲授，要求组员自学小程序开发技术。这对团队来说是一个考验，因为既要自学开发技术，又要跟上实训进度。有两种应对方法：一是在基础训练阶段就给负责前端的组员安排自学任务，项目开始后直接进入开发状态；二是在基础训练阶段没有做前端和后端的分工，没有安排自学任务，在项目阶段，负责前端的组员加班加点，边自学边开发。两种方法都能完成任务，但第一种方法的效率更高一些。遗憾的是大多数团队遇到的是第二种情况，主要原因是对自学任务没有引起足够的重视，前后端任务分工太晚。

上述两个团队都遇到了自学微信小程序开发的任务，都采用了加班加点、边自学边开发的办法。另外，团队Ⅷ根据组员个人能力进行任务分工；团队Ⅸ全组同学都投入到帮助前端组员的工作中，大家齐心协力共同解决问题，顺利完成任务，同时还增长了相关知识和技能的才干。

13.3.9 "有条不紊"的分工管理

团队Ⅹ项目的主线任务是故事化资讯小程序和网站后台的开发。其难点也是小程序开发，需要自学新技术，团队压力很大。面对困难，组长带领大家"有条不紊"地踏上了攻坚克难的路途。

解决问题的路径：①明确项目任务。首先全体组员都去搜集小程序的相关资料，并提出自己的想法和理解；然后确定小程序基本功能的实现难度；再将业务流程与项目需求结合现有成员能力与已学技术进行全方位梳理；将 4 个人的团队拆分成两个工作小组，一组负责小程序开发，一组负责后端开发。②深入理解任务分工的路径。小程序端：实时热点事件接口、时间轴新闻页面的数据获取与排版(含点赞、取消点赞、收藏、评论功能)、用户登录与注册。网页后端:管理系统的框架搭建,连接数据库实现用户信息表、用户数据表、主题事件表、事件信息表、事件数据表等的增、删、改、查各项工作。③结合每个组员的能力和个性进行任务分工。小 A 的时间较为充裕,学习能力很强,适合学习快速开发;小 B 细致认真,逻辑性很强,错误率低,很少有 Bug;小 C 认真严谨,考虑全面,较为感性;小 D 作为组长事情较多,经常开会,板块时间少,同时需要把握项目的整体进度。最后,经过讨论做出如下安排:由小 A 和小 B 负责小程序端开发,小 C 和小 D 完成网站后端的管理系统开发。

最终效果:在项目逐步推进的过程中,4 人的分工逐渐明晰,项目功能需求也逐渐清晰。小 A 和小 B 在小程序端分别完成了新闻资讯的设计排版(涵盖点赞、取消点赞、收藏、评论)以及用户登录与注册的功能。小 C 和小 D 在网站后端完成数据库表的操作后,继续分工进行 ECharts 表的设计和后台框架的搭建调整。开发过程中出现过较多的技术性问题,如前后端传值、获取当前页面参数等,在经过老师的指导和查阅相关资料后圆满完成了各项功能。

指导老师点评:团队 X 也面临自学小程序的问题,看得出,组长小 D 在团队遇到困难时不慌张,带领团队"有条不紊"地踏上了攻坚克难的路途:明确任务需求、详细分析前后端任务分工路径、按个人能力分工,最终圆满完成任务。

13.3.10　对"任务分工"案例的点评

实训中许多团队的任务分工模式都是技术能力强的同学做开发,技术能力弱的同学做文档。有些团队甚至出现了开发是开发、文档是文档,两者内容不相符、不关联、各说各话的"作业"式文档。

在实践中,项目文档是系统开发和管理的重要指导文件,项目管理计划报告是系统开发阶段对项目范围、时间、成本、人力资源等各方面进行管理的指导文件。系统开发文档既要体现开发思想、开发流程,更要体现系统实现的路径、方法、工具和手段。好的需求分析报告是系统分析的指导文件,好的系统分析报告是系统设计的指导文件,好的系统设计报告是系统实施的指导文件,这一切都离不开懂技术的人员对技术的深入理解,懂管理的人员对项目的全盘把控。

在实训中,项目文档缺乏指导意义的原因主要有如下几点。一是做项目的和做文档的是两拨人,互相缺乏沟通、缺乏共识、缺乏对项目的深入了解和认识,"写"的和"做"的不是一回事;二是系统开发时间紧、任务重,各组通常都把工作的重心、重要的技术力量放在赶任务上,把文档放在次要的位置上,有些组甚至到开发完成后才急急忙忙赶文档上交;三是对于实训,无论是技术好的还是技术不好的,无论是有管理能力的还是不懂管理的,同学们都没有经验,无论是做计划、做开发还是写文档都要经过一个慢慢摸索的过程,是一个学习和实践的过程。因此,实训中的文档作为"学习成果"的意义大于"指导文件"的意义。

但我们仍然提倡在实训中尽量做出有指导意义的文档,这就需要各团队在技术力量、人员分工、团队管理等各方面进行综合协调,谁开发这部分功能模块就由谁写这部分文档,即使"做"和"写"不是同一人,也需要两人成为搭档,深度合作,共同完成任务。

13.4 节点管理

准确地讲,节点管理应该是时间管理,但同学们都愿意叫节点管理。

节点管理的关键在于注重可交付成果意识和时间管理意识的培养,要逐步形成日日可交付、阶段可交付的习惯。同时要注意调整心态,不能盲目自信,也不应过早放弃。

项目时间管理中有个重要的方法和工具——关键路径分析,需要画出前导式网络图 (PDM)、计算时间参数和时差、找出并分析关键路径,从而帮助项目经理在解决进度问题时"向关键路径要时间,向非关键路径要资源"。

"拖延症"现象在每个人身上都有不同程度的表现,实训团队也不例外。所以项目经理应早早开始布置和强化节点管理意识。其实赶进度是很艰难的一件事情,千万不要以为个人能力强就可以拉回进度,它需要非常严格甚至艰难的过程控制。但进度实在落后了也不可怕,实训冲刺阶段,能力强的团队或个人"化腐朽为神奇"地拉回进度甚至冲上最高领奖台的大有人在,很多细节问题都和态度有关。

通过以下5个小案例来介绍实训过程中出现节点管理不善的各种原因、过程,以及所采用的应对方法。

13.4.1 "前松后紧"的时间管理

团队Ⅰ的组长认为,在项目管理过程中,指导老师很强调评审点和检查点,但是在真正做项目时,团队对于节点管理的意识还是很薄弱的。例如,真正编码的时间其实只有两周,但是很多小组都是在编码一周后才将后端做出来,时间把控得不合理,导致团队在后期技术熟练了之后想加入亮点时,时间却不允许,项目最终不能被精细打磨和测试。究其原因主要是组长缺乏节点管理意识,没有将理论很好地付诸于实践。

意见和建议:实训中,指导老师可以多多强调节点管理和可交付成果的重要性,由指导老师和组长共同督促和推进整个项目按计划进行,给项目后期的精进和亮点提升预留时间。

指导老师点评:出现"前松后紧"问题的原因在于团队对节点管理没有引起足够的重视,前面不会就慢慢学、慢慢做,时间线拉得很长,缺乏重点和头绪。后面有经验了、会做了,时间又不够了。这种情况很普遍,但也是项目经理需要警惕的地方,实训的时间很紧,不能允许在某个细节问题上反复纠结,一定要督促和带领组员跟上老师的进度,跟上大部队的步伐。有些当时没搞清楚的细节问题可以暂时放一放,先抓主线,说不定后面的问题解决了,前面的问题也自然而然清楚了。

13.4.2 "只分配不整合"的任务管理

团队Ⅱ在项目开发两周后,指导老师来检查进度,才发现功能全分布在每个组员的计算机上,很零散,像是没有做出任何东西。原来是组长将任务分配下去后只检查每个人的进度,没有整合项目。由于数据库不能共享,每个人的计算机展示的效果不一样,甚至还会因为字段不同导致代码不能正常运行。

应对方法:一是解决功能零散问题,组长每天上午整合项目,将项目的流程全部走一遍,发现问题及时让组员更正。二是解决数据库不统一的问题,每天晚上,小组会统一数据库的数据和字段。

建议：①组长分配任务时要开展工作分析，要使组员理解的工作与组长计划的工作达成一致，并设定目标，让组员有些压力。②营造良好的平等沟通氛围。③激励组员，当组员压力大时，可以有适当的物质奖励。

指导老师点评：节点管理的难点在于严格自律的计划性和管理经验，前者虽难但可以做到，后者需要经历更多的实践锻炼。

13.4.3 "失控的"项目进度和节奏

团队Ⅲ在实训中，节点管理方面存在以下问题：①时间观念较差。尽管阶段性任务和每日任务都安排下去了，但是都会有拖延。②团队氛围过于轻松。大家缺乏紧迫感，面对需要定期检查的时间节点也是淡然面对，最终导致拖延。③项目选择笔记类小程序的开发，小程序技术之前没有学习过，需要自学新技术，需额外增加学习时间。④突发状况的处理不及时。项目验收当天，整合完整项目的计算机突然崩溃，开机时数据库只剩下4张表，且表内字段不完整，模拟的大量数据全部消失，项目的代码也回退到了两天前的进度。尽管全组全力补救，但仍在项目交付时展示只能半成品。

组长的问题：①对组员每日任务完成度没有做到每天检查，对拖延任务缺乏管理。②对关键任务节点把控不到位，在关键时间节点上没能重点督促。③实训以外的事情较多，对团队关心不够，直到项目进度严重滞后时才发现问题，但为时已晚。

团队的问题：①个别组员对项目的专注度不高，工作兴致也不高，所以任务一再拖延。②不愿意攻坚克难，遇到复杂的逻辑或者较难的功能，总想着放弃。③整体技术能力不强，开发上较难出现亮点。④在任务分工时，组员大都按照能力和兴趣自领任务，个别组员只愿领难度低的工作，但持续做低技术含量工作，即使工作量再大，对团队的贡献率也不高，绩效总体评价时，又会因个人对团队贡献率较低而出现矛盾。

收获与感想：经过实训，组长认为无论是从代码技术上还是项目管理上都得到了很多锻炼，也对项目开发的全生命周期有了详细而具体的理解。①项目管理归根结底还是对人的管理，只有对不同的人选择合适的管理方法，才能促使整个项目平稳前进。②组长要摆正心态。平常大家都是同学，怎么玩闹都可以，但在实训中，组长是把控整个项目进度和节奏的关键人物，必须展示出自己的管理态度，否则管理工作将很难展开。③绩效考核一定要提前声明，明确考核标准和评判因素，以确保项目总结时能够清晰、无争议地评比出团队贡献率。④鼓励那些对技术信心不足的同学，一定要勇于尝试。本次实训中，一位组员的代码能力很弱，但通过大家的鼓励和自己的努力，最终取得了超越自我的成果。

指导老师点评："拖延症"是许多团队成员都普遍存在的问题，导致拖延的关键原因还是在于节点管理的手段和力度不够。因此组长要坚决，需求要明确，任务分工要合理，节点审查要及时有效。

13.4.4 "缺乏沟通"导致的节点拖延

团队Ⅳ在节点管理上出现的问题及原因：①数据库返工问题严重。各团队成员的性格比较相似，为人处事都很平和，组内没有表现出很大的矛盾，组内交流也正常。分配任务的原则是：按模块分配，即将某个完整页面分配给一个人，包括前端和后端。但这样分配可能会导致几个人同时对相同的文件进行操作，提交文件时会出现干涉或冲突。该团队当时就遇到了这样的问题：前期数据库没有设计完成，后期各模块编写代码时每个成员都或多或少地对数据库进行了修改，而一旦数据库改变，其他页面的代码也要进行修改，从而使工作量增加了很多，拖延了进度，并且反复修改也引起了组员态度上的消极。②主线业务不明确。小组在需求分析阶段对项目的预期较高，确定了多条业务线，但对主线业务的认识不太明确，而项目又是需要衔接、串联才能实现其功能的，因此需要小组成员之间及时进行沟通。但分配任务后，大家却各做各的，沟通不够，导致组员间任务粘合性比较低，在串联项目时花费了很多精力和时间，甚至还有一些已完成的功能页面，却因为不是主线业务，讨论后最终决定舍弃，这对组员的心态造成了一定的影响，也白白浪费了许多时间。

应对的方法与效果：①当对数据库进行了一定的修改，并调试没问题后，就及时在群里发新文件并通知大家进行文件更新，并确保组内的每个组员都已同步更新，从而保证每个组员计算机上的项目不受影响，都能实时跟上整体进度。②当老师检查项目发现本团队的节点管理有问题，进度没跟上，主线业务也不清楚时，小组马上开会，明确最紧要的任务是调整原来的节点，一切以主线任务为优先。③组长在进行主线业务串联时，一旦分配到某个组员后，该组员会立刻停下手边的工作，优先完成新派的任务来配合串联主线。最后，经过全组成员的共同努力，及时把零散的页面完成了串联，优先解决了最重要的问题。

意见和建议：①对于每个组每个项目的节点，虽然在需求分析阶段做了假设，但是实际做起来与当初设想还是会有很大偏差，会遇到很多困难，影响每个节点的实际完成。因为大家都是第一次接触实际项目，完全不知道哪个地方没做好会对后面有多大影响。小组在需求分析节点时自认为已经很详细，但后来还是出现了许多问题而影响了进度。对学长、学姐踩过的"坑"没有引起足够的重视，因而又一次掉进相同的"坑"里。例如数据库设计部分要结合实际页面使用，要尽早确定主线业务并按照优先级开始功能串联，不能在单独页面死磕而浪费很多时间等。如果能尽早吸取这些经验教训，或许在前期考虑得会更多，能"轻点掉进坑里"。②每个组的技术水平不一样，实际开发进度也不一样，就算有老师强行要求的节点，也会有完不成的情况发生。这时很容易因产生自暴自弃的情绪而消极怠工，应该及时调整心态，着眼于眼前的任务一步一步赶上进度。

指导老师点评：在需求分析阶段，团队一方面要进行人员磨合，一方面要对项目最重要的需求进行分析，万事开头难！"摸着石头过河"是这一阶段的主要工作特征。计划不必太过精细，但一定要渐进明细；沟通必须时时刻刻，一定不能各自为政。多看"项目管理"课程提供的案例，吸取学长、学姐的经验教训，避免再次入"坑"。当然，更多时候是不知道"坑"在哪里，这就要多学习、多讨论、多分析、多请教。

13.4.5 "重要"的可交付成果意识

团队V的组长很早就有了可交付成果意识，认为每天要关注项目的产出。在实训中，小组在节点管理方面出现的问题看起来比较少，但却也有组长比较担心的问题，主要体现在阶段性成果交付意识不强。具体来说就是小组在各个阶段没有严格的评审点，做到哪儿算哪儿。前期进度较快，但后期由于事情多、工作忙，小组成员都比较疲惫；加之组长对自己有信心，觉得进度慢一点没关系，后续可以在短时间内赶上进度，最终导致整体进度延缓。当时小组虽然完成了既定功能，但并没有高标准地达到预期目标。

应对方法及效果：小组的应对办法就是调整心态，重新恢复干劲，尤其到了最后关头更应如此。从时间上来说,最后一周相当于验收阶段,周一指导老师了解各组情况,周三小组验收,周五汇报展示。这5天之内的3次验收一次比一次的功能要求更高且更完善,而且多数都是比较亮眼的功能。小组一边转变状态,一边坚持到最后一刻都不懈怠,最终呈现了良好的效果,基本实现了预期目标。

指导老师点评:在做项目开发之前要做项目管理计划,就是要把项目开发过程中的每一件事计划好,包括这是件什么事,什么时候做,要花多长时间,由谁来做,要花多少钱,要符合什么要求等,其实这就是项目开发过程中每一个可交付成果的依据。

实训期间各团队每天都要提交一份"项目管理执行情况记载表",上面需要填报"当日计划完成任务情况""当日实际完成任务情况""当日出现的变更及原因""当日遗留问题及希望求助的对象"等,就是对小组每日可交付成果的完成情况进行控制的一个重要手段。如果项目开发所做的每一件事都能按计划完成可交付成果,如果没有出现大的意外,项目就基本可控。如果不能严格按计划执行,"做到哪儿算哪儿",就容易出现前松后紧,项目要验收了还在加班加点赶工的情况。

13.4.6 对"节点管理"案例的点评

任务分工与项目范围管理相关,就是要确定项目都要完成哪些事。节点管理与项目时间管理相关,就是要确定这些事该什么时间做,做多长时间。在哪里设节点或评审点,这两者密切相关。如果需求分析做得好,项目范围就会完善。时间计划做得好,评审点设置恰当,节点管理就有依据,项目实施过程中,日日可交付、阶段可交付的愿望才有可能实现。凡是工作必有计划,凡是计划必有落实,凡是落实必有监督,凡是监督必有汇报。

13.5 团队管理

项目经理带团队涉及多方面、多领域的项目管理知识和方法,若想了解组员行为风格,可以进行行为风格测试(PDP)和分析;若想了解组员知识和技术水平,可以画知识地图,而且要随着项目进展和组员学习能力的增强进行动态调整;若想激励组员上进,可以根据激励理论了解和分析组员的需求并给出相应的激励;若想解决组员任务分配不均的问题,可以根据资源负荷利用时差进行资源平衡;若想进行团队建设,可以依据塔克曼团队建设五阶段模型理论(参见9.9.6节相关内容)解决团队各阶段出现的问题。强势的项目经理往往不容易信任下属,想带好团队就要努力培养自己的软技能,不仅有高智商更要有高情商,同时学会放权,给组员学习和成长的机会,带着大家一起前进,而不是"一骑绝尘、独行千里"。

实训与实际项目不同,实际项目往往可以挑选尽可能强的成员组队完成项目任务,可以打造具有相同价值观且每人都有能力独当一面的"天才型"团队。而实训更多是学习的过程,要求不同价值取向、不同学习成绩和不同技术水平的同学组队共同完成项目任务,需要打造优势互补,能够相互学习的"综合型"团队。因此,强势的项目经理不得不放慢脚步、负重前行,势必会分出更多的精力带团队,势必会牺牲一部分项目预期水平,实现团队氛围、个人进步和项目效果之间的平衡。

下面通过9个小案例,从不同侧面展现团队管理中遇到的问题,以及解决问题的办法和效果。从中可以看到,实训可以让每位同学努力从早已习惯的个体意识走向比较陌生的群体意识,让大家深刻体会到"一人强不是强,团结起来就是狼","一只独秀不是春,百花齐放春满园"的美丽图景。

13.5.1 "长时间震荡"的团队管理

团队Ⅰ在实训期间有较长时间的震荡期,表现在:①大家团队意识不高,缺乏荣誉感和紧迫感;②依赖性强,对自己的工作缺乏兴趣,工作完成情况不理想;③项目进度严重落后,其他团队的项目进度到后期时,小组只到达中期;④冲突不断发生,对组长的耐心考验很大。

问题分析:这是团队建设的必经过程,需要加强团队管理,尽快结束震荡进入规范阶段。

应对方法:①多开会统一思想。每天早上开小组会,总结前一天的任务进展情况,明确当天每位成员的任务,做到任务细分、明确,并讨论比较困难的任务。上午结束前开会总结上午任务的完成情况。下午3点再召开一次"培训"会,帮助解决组员遇到的难题,并提供一些有利于完成工作的意见。②根据组员各自的优势或特长安排工作。擅长文字可以撰写文档,擅长技术就负责编写代码,相互协作完成工作,提高团队的工作效率。③利用休息时间多多交流,培养感情,传输团队思想,提高工作兴趣与自信心,提高团队的凝聚力和荣誉感。

最终效果:团队凝聚力得到提高,大家纷纷出谋划策,许多工作齐头并进,所有人都开始主动为项目付出,对工作的积极性越来越高,小组的整体情况很快从倒数第一赶到了中等水平。

指导老师点评:实训中的团队管理紧紧围绕着项目的各项工作展开,目标是充分协调和发挥团队成员的优势,形成合力,取得高水平的项目成果。震荡阶段团队建设出现的问题比较多:首先是凝聚力问题,需要将一盘散沙聚合成一个有战斗力的团队;其次是如何"战斗"的问题,需要树立团队理念,制定工作规则,知人善任,鼓励队员创造出高质量的工作成果。

13.5.2 "愿景与现实有差距"的团队管理

团队Ⅱ在整个实训过程中,组长体会最强烈的就是团队管理,有很多的收获和遗憾。

首先,收获了一群志同道合的朋友,组员们不仅在实训中互帮互助,在生活中也互帮互助,发生了很多感人的故事,小组凝聚力比较强。但是遗憾也有很多,组长也一直在反思原因。①任务分工时,组长想让每个人都学到相同的知识,掌握相同的技能,而忽视了个性。②组长一直对组员高标准、严要求,期望能有一个好的结果,但过程中不断出现返工再返工的现象,无形中给组员带来了严重的心理问题,如:我都写好了,你干嘛还要让我一遍又一遍地改,你也不是我的上司,为什么一直要求我做这做那、改这改那?

应对的方法:组长征求组员的意见,并咨询其他相同选题组长的意见,了解成员们对项目的基本定位。若该成员只想平平稳稳地完成任务,不想有更多的追求和超越,那么组长不应将其初稿打回,而是自己亲自修改文稿。若成员对自己有较高的要求,想对内容、版式等有更多的理解和掌握,组长就多与该成员进行探讨和改进,这样进步更快。

最终的效果:在对项目要求不降低,而只有组长多加班的情况下,所有人的心理压力都减轻了,团队气氛也缓和了许多。

意见和建议：从根本上讲，还是每个人对自己的追求和期望不同，没必要"赶鸭子上架"。抓住志同道合的人并互相成就也许更好。但是也不能放弃有其他想法的人，基础知识一定要掌握，基本流程一定要经历，这是对每位组员的最低要求。

指导老师点评：这应该是一种缓和/包容型冲突管理方法，虽然可双赢，但只能暂时解决问题。实际工作中不可能长期让"组长多加班"，这种方法不是长久之计。

13.5.3　"缺乏凝聚力"的团队管理

团队Ⅲ在实训开始初期，大家的团队意识不强，每次讨论需求时，永远就只有两三个人参与讨论，其余的人多在发呆，没有自己的想法。个别组员对自己的工作并不负责，有时产出的成果需要其他成员帮忙修改返工。

问题分析：组长对每位成员的学习及能力情况了解得不够深入，与组员之间的沟通交流不够，任务分配不合理。

应对方法：①加强与组员之间的沟通。多询问所遇到的难题，结合个人能力合理分配任务，让能力强的组员承担更多的责任，攻克较难的模块。给能力弱的组员分配较简单的模块，并承担较多的文档撰写任务。②在团队管理比较吃力的阶段，组长要尽早发展"同盟军"，找到得力帮手，然后逐渐扩展，这样"同盟军"的人数越来越多，最后可望成为一个紧紧团结在一起的团队。③组长不要过于亲力亲为，首先讲清楚需求，相信组员对于成果最终效果有可以信赖的选择权和决定权，不过多干涉组员的思路与节奏，鼓励组员自己解决问题，遇到难题时再及时予以协助。④多开会多沟通，当参与小组长会议时，至少带一位组员共同参与，一是培养大局观，亲身感受各团队项目开发的现状和紧迫性，二是感受信任和重视，建立主人翁意识，汲取营养、启发灵感。当意见不统一的时候，开小会统一思想。当遇到难题时，开"培训会"帮助组员解决问题、攻克难关。⑤利用休息时间多交流，增强组员感情、提高工作兴趣、肯定工作成绩、提高工作信心。无论谁主动加班，组长都会全程陪伴，并且请吃饭。

最终效果：团队的凝聚力增强了，大家也有了更多的想法，每个人都愿意并且有适合自己的事情去做，对于完成项目的信心更强了。

指导老师点评：团队组建之初，缺乏凝聚力是正常现象，毕竟大家头一次共事，互相缺乏了解。组长首先要站出来主动承担起将团队聚合在一起的责任，团队Ⅲ提供了许多有效的应对方法，在增强凝聚力方面取得了良好的效果。

实训后，许多组长都提到组长不仅要当好"管理员"，还要当好"服务员"。这对多数组长来说都是一个不小的挑战，一是要挑战自己的能力，二是要挑战自己的性格。90后甚至00后的大学生挑战的意愿应该都很强，但要为大家服务，当好团队的"管家"，要顾全大局，要委曲求全，要屈尊俯就甚至吃亏受气就不是一件容易的事。许多组长经过实训后在性格上都有不同程度的变化，变得沉稳、内敛、自信，内心强大了。

13.5.4　"项目遭遇瓶颈"的团队管理

团队Ⅳ在项目进行到后期时，遭遇了瓶颈，推进变得困难，有时遇上一个Bug要花费大半天时间才能解决，组员的兴趣一天天衰减，小组氛围也随之低沉。

应对方法：①求助老师、学长、学姐。当组员遇到困难时，组长会鼓励大家积极向老师和学长、学姐寻求帮助。②换位思考。有时一直在一件事上纠结,容易产生定向思维,后来遇到难题时,小组会专门开会,大家一起"头脑风暴",从不同角度分析和解决问题。

最终效果:一开始组员们遇到困难时都是自己硬着头皮硬啃,向老师、同学问问题都很害羞,犹犹豫豫的。经过组长的不断鼓励,大家逐渐克服了心理障碍,开始积极地问问题。团队还通过开会集思广益想办法解决问题,过程中组员不仅学到不少东西,对项目工作也越来越有兴趣。

指导老师点评:在实训中发现,许多同学都存在不同程度的沟通障碍症,特别是遇到问题向老师或同学求助时,共同的表现是"张不开口"。有三种可能性,一是从小个性强,觉得开口问问题很丢人;二可能是一种心理障碍,胆子小害怕求人;三是什么都不懂,不知问什么。团队Ⅳ的组长采用不断鼓励的方式,让大家克服了心理障碍,十分有效。人生在世,哪有不求人的,遇到困难开口求助其实是一种内心强大的表现,更何况我们还是在求学阶段。有的同学害怕问问题会给老师留下不好的印象,其实大可不必,要知道老师们大都特别能"诲人不倦",你只有把问题说出来,老师才能更好地帮助你。至于第三种情况,建议先自己多用点功,找出问题来,再与同学交流,实在不行再与老师交流。实训就是要锻炼独立思考和动手能力,不能指望所有的事都靠别人手把手地教。

13.5.5 "走出绝境"的团队管理

刚刚进入基础训练阶段,许多知识和技术需要时间去接受与消化。团队Ⅴ中的组员小B在提交任务成果时常常出现Bug,其实这些错误只是一些很简单的错误,或者是老师强调过的但小B没有注意到。开始时,组长小A会引导小B解决Bug,后来这种Bug出现多了,小B为图省事,自己不思考,有问题就找组长。针对这种情况,组长规定遇到任何Bug,都必须独立思考30分钟以上,希望自己想办法解决问题。一开始,小B似乎不接受,遇到问题卡住后就开始玩手机。当组长催促进度时,还怪组长没有及时帮助他。后来小B开始寻求其他同学帮助,发现其他同学都有自己的任务,没时间帮他。小B只好学着慢慢自己解决Bug,并逐渐找到了自信。后期小B不仅能快速接收新知识,还能帮组长分担任务,帮其他组员解决问题。

实训结束时两人沟通,小B很感谢组长,说是组长让他在绝境中逐渐学会了基本的实践本领,提高了自学能力,找到了自信。

应对方法:采用点对点的沟通方式,及时反馈。①组长与组员之间的沟通大多是私聊,一是照顾情绪,二是没必要浪费其他组员的时间。②沟通时采用商量的而不是命令语言的,使其能明白要怎么做。③每次交作业之前发到群里,让大家看完之后提出哪些地方需要修改,怎么改更好。最终,良好的沟通提高了工作效率,也提高了组员之间的信任感。

建议:大家沟通的时候将心比心,别人帮你是出于好心,而不是义务,要知道感恩。

指导老师点评:这个案例很有趣,小B同学经历了事事依赖组长、组长不让依赖、别组不提供帮助的"绝境"。痛定思痛之后,只能自己奋起直追,勤学苦练,终于赶上大部队,甚至可以为团队其他成员提供帮助。

这个案例告诉我们:一,人并不是生来就会做事的,组长也不例外,靠人不如靠己,必须主动学习和锻炼;二,人的潜力是无限的,别人能做的事情自己也一定能做,要自信。

13.5.6 "隐藏了震荡期"的团队管理

综合实训的项目管理实践分为两个阶段,一是"项目管理"课程设计阶段,二是专业综合实训阶段。在"项目管理"课程设计阶段,团队Ⅵ的工作只需组长下达任务,组员按时完成即可,对团队思想的统一与沟通交流的要求不高,抑或对结果影响不大。当团队顺利完成课程设计之后,组长以为团队建设越过震荡阶段直接步入了规范阶段,团队管理至此已经完美收官,其实这是一种"烟雾弹"。

专业实训开始后,团队管理出现困难。组内成员性格差异较大,组长小A和组员小B性格外向,偏向于坦率的表达方式。而组员小C和小D性格内向,心思细腻,偏向于委婉的表达方式。组长起初忽略了这点,在任务分工和需求分析等阶段开会询问组员意见,组员可能似懂非懂或不太认同,但仍然举手表示同意组长的意见。于是组长就真的以为组内意见达成了统一,迅速做出决策并布置任务,可后来发现组员理解的方向和提交的成果与组长要求的大相径庭。组长很生气,组员也出现较大的情绪波动,直接影响了阶段可交付成果的产出,导致矛盾产生,甚至出现管理失误与裂痕,项目陷入了困境,使得团队建设出现较长一段震荡期。

问题分析:震荡阶段本是团队建设的必经过程,但对于小组而言,大家却被"一团和气"的表象所迷惑,以为直接越过了"震荡"。由于组长未能及时发现组员性格差异带来的问题,团队沟通不畅,使得隐藏的危机最终得以爆发。

组长性格开朗却总是忽略细节,不够细腻,对组员时常出现的小心思往往猜不到。陷入困境的组长一时不知道如何沟通才能让内向的组员敞开心扉,也不知道每次任务的分工是否会无意间伤害到组员的自尊心。

应对方法:究其原因,主要是团队成员性格差异过大而组长对比了解不够所致。①组长首先打磨自身性格,不要过于急躁也不要随意发火。当组员不愿意表达时,要擅于沟通,耐心询问组员情绪波动的原因,不要过早发表自己的意见。当组员信任自己并且诉说烦恼时,要学会耐心倾听,并尽力帮助组员解决问题,度过难关。②组长性格果断但容易忽略沟通细节。应尝试以组内互相沟通的方式解决问题,例如当小C出现情绪波动但组长沟通效果不佳时,可以寻求小D的帮助,让小D帮忙委婉转达组长的意思,这样组长也能更好地了解组员的想法。③合理利用休息时间,加强沟通,增进感情,提高工作兴趣与自信心,提高团队的凝聚力和荣誉感。

最终效果:通过采用上述方法,团队凝聚力慢慢增强。大家纷纷出谋划策,许多工作齐头并进。组员们也逐渐愿意对组长敞开心扉,组长做得不合理的地方,或者组员有更好的想法时也愿意主动提出来,合力解决问题。组员们情绪逐渐稳定,项目整体进展迅速,最终成果甚至高于需求,系统更加丰富、更加完善。

个人感受及建议:在团队管理方面,"看得见"是组长在此次实训中感受最深的一方面。何为"看得见"?尽管大家已经认识三年,但还是有可能对每位同学的能力不太了解。提到能力强的同学,可能大家总会想到那些性格外向的同学。但其实还有一部分有实力的同学,由于性格内向被忽略了。"看得见"就是要相信每一位队友,他们有着之前想象不到的能力,虽然性格内向,不爱张扬,但对技术攻坚克难的钻研程度可能比其他人更强。"看得见"队友的长处,才能合理分配工作与任务,才能高效率、高质量地完成每一项可交付成果。

因此,通过实训,组长觉得信任队友是团队开发中最为重要的部分,要能看得见所有人的能力与长处,不能有主观偏见,甚至"没听说过他厉害啊"这种话忽略了组员的长处。看得见别人的闪光点,才能换来大家的信任与加倍努力,才能最大程度推动项目的进行。

指导老师点评:震荡阶段发生在团队成员对项目组应如何运作方面有不同观点的时期。这一阶段由于成员之间存在认知差异、目标差异、能力差异、责任心差异、性格差异等,多数团队会出现猜疑、冲突、不信任等问题。而项目经理被"一团和气"的表象所迷惑,以为团队直接越过了"震荡",没有及时把关注的重点放在人员管理、冲突管理和沟通管理上,才使得隐藏的危机得以爆发。

13.5.7 "寻求平衡"的团队管理

团队Ⅶ在团队管理方面出现的问题穿插在整个课程设计和实训中,实训阶段最为突出,主要表现在以下几个方面:①实训过程中个别组员比较闲,没有事情可做。这是让组长非常头痛和纠结的一个点,复杂任务难度大、耗时长、胜任困难;简单任务难度小、耗时少、对项目贡献不大。常常承担简单任务的组员完成任务快,就闲下来了。②个别成员有"抱大腿"的心理,对项目进展毫不担心。分析原因应该是组长比较强势,能力强,标准也高,组员一时难以跟上步伐,对组长完全信赖乃至完全依赖。③沟通交流过程中没有真正理解对方的意思,导致工作方向错误。主要是由于大家对某一领域知识、技术积累和掌握的情况不一致,有时各方表述的意思可能有歧义。④组长需要在团队氛围、个人进步、项目效果之间找平衡,组长需本着"对团队要负责""对项目也要负责"两种原则,不希望有人落下,也不希望项目的最终成果水平打折扣,需要在多目标中找到最佳平衡点。

应对方法及效果:针对以上4个问题,用了一个解决办法,即"前期抓所有,后期抓重点"。①组长对每个成员都给予一定的关注,不能凭印象先入为主而轻易否定组员的水平和能力。课程设计阶段和实训基础补强阶段是一个非常好的全面了解组员的时机,在完成各项任务的过程中观察大家的能力和工作态度,对技术能力较差的组员会通过分配一些小任务不断鼓励其学习新知识,增加其自信。②当进入开发阶段,主要是抓关键,让技术能力较强、态度积极的组员多学多做,逐步提高难度,为项目实现更高的目标而努力。同时给出最低工作要求,不能让技术能力较差的组员什么也不学、什么也不做,但也不会过分苛求或为难,让其尽量完成力所能及的工作。③尽力营造团队轻松愉快的工作氛围,如通过买奶茶、放短假等小活动增强团队凝聚力。最终实现团队氛围、个人进步和项目效果之间的平衡。

意见和建议:团队管理要关注,团队氛围第一位,和气最重要!要注意在齐头并进和追求效果上找平衡,在保证团队氛围的基础上让每个人都能够有所收获,也要对项目效果有所追求。

指导老师点评:实训中,组长在理想与现实相协调相平衡方面获得长足的进步,这里有"猫头鹰"的追求极致,又有"变色龙"的善于变通,能够在短短几周时间里,不断从不适应到适应,从改变到突破,在多目标中找到了最佳平衡点,最终带领团队顺利完成任务,非常难能可贵。

13.5.8 "走向规范"的团队管理

团队Ⅷ的组长认为,实训中整个团队都比较好管理,经过前期短暂的震荡期磨合之后迅速进入了规范阶段。经验有两方面:①任务分工非常重要。通过前期的摸索与总结,组长不断协调,让每一位组员能够根据自己的兴趣特长选择任务,承担职责。到了后期,整个团队基本上可以在无监管的情况下正常运转,每一次加班,大家也都积极参与、毫无怨言。例如,小B同学曾在端午假期加班完成了3个大页面的数据展示,后来这3个大页面也促成了团队项目创新亮点功能的实现。虽然组内约定不提倡加班,但组员愿意在自己能力范围内把事情做到更好,这一点难能可贵,也是这种精神推动了整个项目的顺利开展。②"多多沟通"一定要摆在第一位!通过面对面地直接交流,不仅可以反映最真实的情况,还可了解组员的心理想法和情绪变化。每次做工作调整,组长不仅要考虑当事组员的感受,还要对其他组员有所交代,同时还要及时请教老师,并借鉴往届经验。

指导老师点评:规范阶段发生在团队成员尝试形成一种通用的工作方法,如任务分工规则、工作流程、沟通机制等。采用合作与协作的工作方式,如无监管、主动加班等。这一阶段的团队在知识、能力、性格等方面相互了解,冲突减少,目标逐渐清晰,任务达成共识。项目经理关注的重点在于过程管理、流程规范等方面。

13.5.9 "将理论应用于实践"的团队管理

团队Ⅸ在基础知识补强阶段出现了很多问题:如组员居住分散、杂事多,集中学习困难。实训期间有多位指导老师,主要通过小组长的汇报来判断组员的完成情况,组长承担了全部老师与组员之间的上传下达任务,有学习方面的工作,更多是协调、督促、检查等管理方面的工作。因此,组长要做的事情很多,而组员大多对组长的依赖性较大,甚至觉得许多事情都是组长的事,与组员无关。有次组长有事不能参加周末的集中学习,组员们基本上就"放羊"了。

应对办法:①通过项目执行情况记载表反映问题,通过项目管理周例会、小组长每日例会相互交流,获得老师指导,在多元化多角度项目管理的指导和引领下,在实践中学习发现问题,在沟通交流中学习分析问题、交流经验,一步步找到解决问题的方法,使得组长在实践中快速成长起来。②针对不同性格的组员采用不同的相处方式,把组员和组长自己放在同一平面上,避免出现上下级的感觉,调动组员直面问题的能量。③制订完善的工作计划,并要求大家在工作时间完成计划,在休息之余开心快乐,逐渐使大家厘清工作和休息之间的界限。④制定明确的分工合作、权责统一规则,减少组员对组长的过度依赖。⑤按老师要求,每次小组长会议都带不同的组员参与,组员有了参与感,逐渐把团队的事当作份内的事。

收获与心得:经过了长时间的实训,全程都有项目管理和信息系统开发的知识贯穿,以及技术和管理老师的全程指导,有很多心得。①项目管理归根到底还是对人的管理,一定要分析每一位同学的性格、特点,根据不同的情况采取不同的措施,分工协作。②组长一定要使组员更多地参与管理活动,加强参与感,把团队的事当作自己份内的事。③一个好的开始就是成功的一半。基础知识补强虽然还是学习阶段,但学技术和学管理同步进入,十分重要,带团队要提前步入正轨,为后续实训开好头,否则就会一步慢,步步慢,后续再追赶会很艰难。④组长要有观念上的转变,平时大家都是同学、室友,在很多问题上会因顾忌面子而有些优柔寡断,但是当了实训的组长就要有组长的样子,在重要事务和时间决策上一定要果断,在正事上面一定要严肃,从而尽快从名义上的项目经理成长为真正的项目经理。⑤在实训过程中要注重项目管理周例会、项目执行情况记载表、小组长会议以及老师、学长、学姐的帮助这样的过程控制方法,每一项都受益良多,深切体会到了项目管理中"管理"两个字真正的含义。

最终效果：实训过程中，小组经过很长时间的震荡期，最终走向了规范阶段，每位组员都能完成自己分内的事情，并且把项目当成了自己的"作品"去开发，最终较好地完成了项目。

指导老师点评：与课程学习中齐头并进的方式不同，实训是以目标为导向共同完成任务的工作形式，要靠团队集体的力量实现项目成果。

团队需要完成的工作多种多样，技术的、管理的，包括需求、前端、后端、编码、测试、文档，甚至美工、制图、开会、讨论等。而团队成员的性格也多种多样，老虎型、考拉型、猫头鹰型、孔雀型、变色龙型，内向的、外向的，努力进取的、安于现状的，善于思考的、勤于动手的，技术能力强的、惧怕技术的等等，特别是专业训练阶段，多数任务需要各司其职、分工协作。因此，知人善任非常重要。

组长站在项目经理的角度有意识地看待和关注实训中项目管理的具体实践，将课堂上学习的理论知识与实训中的具体实践对照并结合起来，这种主动建立观念、植入意识的方式会为其项目经理的职业生涯开一个好头。

13.5.10 对"团队管理"案例的点评

团队管理是项目人力资源管理的重要内容之一。

项目团队通常会出现 5 种机能障碍：缺乏信任、害怕冲突、缺乏承诺、逃避责任、漠视成果。常用的应对之策有：了解队员的行为风格，加强相互了解、建立互信；敞开心扉讨论重要问题，控制冲突；提出想法、求同存异、服从决定、实现承诺；明确和关注员工的首要任务，增强责任心；发挥同事间的竞争压力和鼓励作用，激发积极性；尊重并记录团队成果，促进目标的实现。

在实训的不同阶段，项目团队会遇到不同类型的困难和障碍，需要采取有针对性的管理对策。团队形成阶段主要面对个性磨合问题，管理的重点在于增强团队的认同感和凝聚力；震荡阶段主要面对各种冲突和矛盾，管理的重点在于加强沟通、解决矛盾、处理冲突；规范阶段主要面对如何建立起科学有效的工作机制问题，管理的重点在于建立规范的工作流程，制定有效的管理规则，强化过程管理。

案例中各团队在团队管理方面都遭遇到各种困难和问题，在项目经理的带领下，依靠团队的力量，迎难而上，积极应对，努力把一个缺乏集体认同感的团队建设成有战斗力、能直面任何挑战的坚强集体。

13.6 沟通管理

沟通是人与人之间、人与群体之间思想与感情的传递和反馈的过程，以求思想达成一致和感情的通畅。沟通的目的有很多，如表达感情、建立关系、传递信息等。

实训是团队活动，沟通无处不在，其目的是为共同完成一项任务而在技术、管理、工作方式、相处方式等各方面达成共识。

团队沟通在项目初期通常都不是组员自发的，而是组长主导的。因此，一要积极面对，二要创造场景，三要建立规则，四要坚持不懈。积极面对意味着敏锐地发现问题，思考解决之法；创造场景意味着设计沟通场景，善用沟通方法；建立规则意味着梳理沟通类型和方向,制定沟通规则;坚持不懈意味着沟通应该是常态化的而不是"救火式"的。

　　下面通过6个小案例,介绍实训中出现沟通不畅问题的原因,以及应对的方法和思考建议。

13.6.1　"非熟悉组员"的沟通管理

　　团队Ⅰ组队时想要尝试与不熟悉的同学进行合作,因此选了一位较为熟悉的同学和两位平时交集较少的同学组队了。大家互相不太熟悉,各成员的性格都比较内向,因此团队中基本没有出现过较大争执或者争吵的现象。

　　这样的情况有好处也有弊端。好处是一团和气,大家都能和睦相处;弊端是沟通不足。组长分工之后,组员基本按照自己的思路完成自己的工作,在完成之前几乎不会与其他组员沟通,导致组长在进行各部分整合时十分困难。由于理解或传达不到位,实训前期多次出现需求与项目产生偏差的情况。

　　针对这种情况,组长采用"先拉近关系,再指出问题"的解决方式。任务不多时找机会与组员一起喝奶茶,充分了解各自的想法、意见和建议,共同讨论出现的问题,然后再各自分工。这样不仅使沟通效率得到提高,也很好地解决了任务整合困难的问题。

　　经过实训,组长认为沟通管理最重要的是所有人都能够在团队中找到归属感,把自己的工作与团队项目紧密结合在一起,只有所有人对项目目标达成共识才能够更好地相互配合。

　　指导老师点评:不熟悉的组员组队后,在实训开始阶段最重要的事情是彼此快速熟悉,组长要制造多种方式来加强沟通、加强交流、加强观察。

13.6.2　"前端后端任务组"的沟通管理

　　团队Ⅱ的前端和后端按照分组的模式进行开发,当前端还处于学习状态时,后端的开发已经开始,前端和后端的开发进度严重不一致。

　　当后端开发某个功能页面时,涉及数据库中一些字段的改动,当时只是大概对前端说了一声,但并没有引起前端的注意,也没有及时在群里下载更新后的数据库,导致前端在开发相应功能页面时,用的还是旧的数据库,前端和后端的功能无法整合到一起。

　　应对办法:在石墨文档中建立了一个共享文档,当前端和后端共用数据中有任何改动,或者功能上的大改动,都会记录在文档中,并进行详细说明。如果上传新的文件则会标注文件名,以防再有同样的事情发生。同时,加强成员之间的沟通,确保沟通各方都听明白之后再继续做其他的事情。

　　指导老师点评:建立共享文档是文档管理的好办法,除了石墨文档,还有微软、WBS和腾讯等都可以建立在线共享文档。好办法都是想出来的,可以多尝试、多交流、多分享。

13.6.3　"出现冷战"的沟通管理

　　团队Ⅲ的工作氛围一直都挺好,唯一一次较大的冲突就是在需求分析阶段了,主要因为在组建团队初期,小组处于磨合阶段,有摩擦在所难免。由于组员们看待事物的角度不一样,导致项目需求分析时出现了较大的分歧,并且组长和组员大多属于急性子,耐心不足,沟通到一半发现互相无法理解后就会有些拒绝沟通的意思,这样更加容易产生新的冲突。由于当时没有找到好的沟通办法,小组内部开始冷战,浪费了两天宝贵的工作时间,不仅项目没有取得进展,而且还失去了好心情。出现矛盾的几天,组长心里很着急,后来发现其他组员心里也不好过。

问题分析: 团队由 3 名女生和 1 名男生组成,在沟通过程中可以很明显地感受到男女生思维的差异,虽然平时聊天比较契合,但真正到了工作交流上,就出现了问题。3 位女生思维较跳跃,有时想到了好的功能点,在没有详细思考应该如何实现时,就兴致勃勃地将其列入功能列表中。而唯一的男生则认为这样有些不切实际,他更倾向于先思考好如何实现这个功能,再将其列入需求表中。

应对方法: ①保持冷静。虽然浪费了两天宝贵的工作时间,但可以看作是组内的一个冷静期,既然沟通容易吵架,那不如大家都冷静一下,避免失去理智,也可借此机会进行反思。②组内开会说开矛盾。冷战的第三天早上小组会议,组员们提出许多建议,例如,说话应委婉一些,虽然需要畅所欲言、开诚布公,但过于直接的语气可能会引起不必要的误会。先实现基础功能,开发后期再尝试实现创新功能,可能随着实训的进行,大家的技术水平会有所提高,说不定就可以实现新功能了,等等。大家把问题都说开了,有冲突就各退一步,矛盾就此化解,后续的工作就好开展了。③再次进行需求分析时,秉持"一个人说完另一个人再说"的原则。原来小组成员有打断他人发言的坏习惯,由于讨论时情绪比较激烈,打断别人更易发生冲突,因此制定"举手发言"规则。

最后效果: 经过有效沟通,团队又恢复了原有的和谐。组长认为,利用好每个人的优势很重要,男生的思维比较理性,而女生的思维偏感性,把二者有效地结合起来,才可能是最有效的,也是团队的力量大于个人力量的体现。此外,比起组长的领导,最重要的还是组员自己的改变,大家都想把项目做好,都不想白白浪费这一个月的时间,就一定会自我反思,让小组又重新回到正常轨道上来。

指导老师点评: 出现矛盾,可能有多种解决问题的办法,案例中用了"冷战"方式,但积极的方式还是沟通。如果能够做到"就事论事""对事不对人",通常沟通是最有效的,不管是平静的沟通还是激烈的沟通。另外,不同性别、不同性格人的思维方式肯定有差异,所以想达成共识就一定要多沟通。

13.6.4 "个性化"的沟通管理

团队 Ⅳ 在组队前小组成员不是很熟悉,导致在实训期间任务上传下达的时候,沟通不畅、传达不力。团队技术不强,分配任务前没有进行很好的沟通,导致任务分配不均衡、不恰当。

应对方法: ①针对沟通不畅问题,组长先要尝试根据每个组员的个性有针对性地进行有效沟通,学会换位思考,主动式聆听,积极活跃气氛,维护组内和谐,不传递负面的消极情绪,发挥主观能动性等。②针对任务分配不恰当问题,牢记"先完成主线功能,再实现其他附加功能"的原则。③针对工作效率低的问题,量化组员每日工作任务,每天下午五点半进行检查,任务完成正常下班,任务未完成就加班加点。④遇到技术难题时,及时向老师和同学求助。如针对"三级联动实现"问题,主动寻求指导老师帮助,最终实现了三级联动查询。针对"ECharts 图表连接数据库"问题,寻求大数据班同学的帮助,最后实现了 ECharts 图表的可视化。⑤遇到冲突时,不害怕、不逃避,多沟通、多交流、积极应对,如召开"吐槽大会"。

指导老师点评：在开项目管理周例会时，技术指导老师常常建议"用组员舒服的方式去沟通"。什么是"舒服的方式"，不同的当事人有不同的解读。组长的目标是解决问题，用什么方式能够促进目标的达成而不是"节外生枝"，需要凭借组长的智慧、情商，所谓"好说好商量"、换位思考、平等相待、感同身受、传递正能量等都是可以营造"舒服"环境和气氛的好方法。

13.6.5　"开吐槽大会"的沟通管理

团队 V 遇到的难事：在编码阶段，按照功能模块进行任务划分，但是在进行任务分配时，由于组长的疏忽，没有说清楚功能实现的具体要求以及提交的时间节点。到老师进行组内验收时，小组的模块功能没有及时整合，有些模块的功能太过于简单，老师建议在原有基础上添加部分功能以提高项目的功能性。于是，组内出现了较大的矛盾，有的组员认为是因为任务分配时对功能的要求不够清晰而导致的功能不够完善；有的组员认为是因为小组沟通不畅，遇到问题没有及时沟通，才导致的功能不够完善。当时正处项目验收阶段，项目快结束了还要添加新的功能，大家在情绪上有些气馁，难以接受，组内气氛有些火药味。

应对办法：组长认为所出现的任务分工问题和沟通不畅问题在很大程度上是组长的责任，认为需要在小组内开一个"吐槽大会"，由组长主持。①每位组员说出自己做了哪些板块，实现了哪些功能；认为哪一位组员的沟通存在问题，下一步应该怎么做等。②组长在每位组员发言后都会进行引导式讨论。③总结出每位组员目前存在的问题以及希望得到其他组员哪方面的帮助。

经过充分讨论，每一位组员都能清晰地看到自己的问题和不足，在后续加班加点赶工的过程中，遇到问题或者有不同意见时及时反馈，小组讨论合力解决问题。慢慢地，组员之间的隔阂与矛盾逐渐消除。在项目验收阶段，类似于这样的"吐槽大会"团队开了多次，只要出现问题就召开这样的非正式会议，效果显著。

最终效果：在大家的共同努力下，团队不仅实现了原有的功能，还添加了一些亮点功能，项目验收也取得了满意的成绩。

组长感悟：项目开发最重要的就是沟通，沟通是第一步，只有沟通到位，才会明确一个共同的目标，才能劲往一处使，达到最终的目标。

指导老师点评：团队当时确实遇到了很大的难题，临近项目验收还要添加新功能，组员们很愤怒，把气一股脑儿发在组长身上；组长也很愤怒，却无处发泄，孤立无援。这种情况下组长最容易陷入崩溃之中，但组长却召集大家开一个"吐槽大会"，给机会让大家在会上尽情发泄，同时安抚情绪、充分沟通、冷静思考，并找到迅速解决问题的办法。组长的做法超越"小我"的局限，站在了"爱团队"的层面上，实属不易，值得称道。

13.6.6　"多管齐下"的沟通管理

团队 VI 在实训阶段遇到的最大问题就是组内沟通不畅，会议低效。组长在项目管理周例会中多次向老师寻求帮助，希望解决组内沟通管理的问题。项目中后期组员虽然都愿意敞开心扉纷纷献策，但经常容易偏题或观点杂乱，导致会议时间长且成效不高。加之组员还需要参加其他课程考试或比赛，影响项目进度，导致沟通管理出现困难，阶段可交付成果不能按时交付。

问题分析：在项目初期，团队表面上看起来"一派祥和"，没有发生过冲突，大家也都认认真真地完成每一项任务,看起来已经早早步入了"规范阶段",可事实并非如此。

对此,组长总结出了两个公式以及新的定义:

$$不争吵 \neq 意见统一 \neq 信息对等 \neq 规范阶段(隐藏震荡阶段)$$
$$不争吵 + 意见统一 + 信息对等 = 规范阶段(真正规范阶段)$$

组长发现,项目初期团队看上去问题最少,但到中期反而成为问题最多的组。不是突如其来,而是从项目启动阶段就已经开始暴露出来了。①在项目启动期,大家开会时都发言很少,看似认同了组长的"灌输",其实心里还是有自己的想法,这种情况在任务量小的时候往往不易暴露问题。在项目中后期,随着任务量加大,相互协同加强,问题的严重性渐渐暴露出来。②在项目初期,由于组员关系的加强,无用的话说得太多,常常导致开会时容易偏离正题;在项目中后期,随着问题增多,意见分歧加大,反而导致沟通受阻。

以下是团队遇到的问题及其应对措施。

(1)项目启动期有用的话说得太少→定期会议;施加压力;引起重视。

(2)项目起步期无用的话说得太多→座位隔开;施加压力;拒绝聊天。

(3)项目中期意见分歧,沟通受阻→定期会议,及时传达信息;寻求老师帮助。

(4)项目团队看似规范阶段,实则震荡阶段→分析成员特长与性格特点,对症下药。

应对方法:通过寻求老师的帮助,学习和总结以往学长学姐的实训经验,并结合团队实际情况,在后续工作中,组长采取以下措施。①采用定期会议与施加压力的方式,提高组员对实训的重视度,激发组员的表达欲。先由组员总结自己的任务完成情况并自行安排一天的工作,如果有不清楚的地方,再由组长来分配。②采用座位隔开、拒绝聊天的方式,尽量使组员在项目开发阶段不说与项目无关的话题。组长前一天晚上把所有未完成的功能列表,第二天早上展示,与组员一起分工并设定任务完成时间,每完成一个功能就在对应列表后打钩。③采用逐一与组员谈话的方式,每天晚上都问一遍组员完成了哪些工作,有没有达到预期要求,如果没有,原因是什么,需不需要帮助等问题。

最终效果:经过不断的努力,终于在项目中后期,团队才步入真正意义上的"规范阶段",组内会议也渐渐高效且流畅。团队每位成员都找到了适合自己的任务。成员每天及时汇报进度及遇到的困难,大家一起帮助解决问题。团队效率倍增,项目进展飞速,组员携手共进。

指导老师点评:案例中的组长善于发现和思考问题,具体问题具体分析,采取定期开会、个别谈话,甚至隔开座位、拒绝聊天等多种沟通方法引领大家开展各项实训工作,真正成为团队的主心骨。

13.6.7 对"沟通管理"案例的点评

参加实训的同学们虽然在一起求学三年,但真正共事的机会很少。因此,组队后的首要任务是以最快的速度互相熟悉、深入了解。沟通的方式方法有很多,用好了事半功倍,用不好适得其反。通常组长在沟通中要起主导作用,案例中出现的问题,多数组长都采用了个性化的沟通方式,所谓"一把钥匙开一把锁",结局总是好的。

13.7 冲突管理

项目成员之间产生冲突的原因很多,如职责不明确、专业技能差异大、对目标理解不一致、项目经理威信不高、判断事物的标准不同、个人价值观不同、以自我为中心等。只要不是人品问题,产生冲突并不可怕。冲突经常对项目工作产生促进作用,如产生新思想、取得更好的方案、工作更努力、成员更协作。但也有可能引发负面影响,如降低团队士气和工作效率,甚至会导致项目工作终止。通常与任务有关的冲突,能够改善团队的绩效;与情感有关的冲突,可能降低团队的绩效。

项目经理处理冲突需要有"大智慧",处理得当不仅可以化解冲突,甚至可以产生新动能;处理不当却可能"火上浇油",激化矛盾。

通过以下4个小案例,展现实训中可能引起冲突的原因,应对的办法以及思考和建议。

13.7.1　"因误会"产生的冲突

团队Ⅰ在一次作业交付中,组长催促组员提交需交付的成果,组员上传以为成功,实际上传失败,组长急于提交成果,双方因误会产生冲突。

类似的冲突非常典型与普遍,虽然组长和组员当时的情绪起伏较大,但项目组有很好的共识,针对项目,而非感情,所有人有事不藏着掖着,有问题及时提出,吵架归吵架,问题归问题。

次日小组例会时,各方敞开心扉,互相道歉,反思自身行为,最后重归于好。

意见和建议:实训过程中,无论是震荡阶段还是相对稳定的阶段,遇到冲突是必然的。遇到问题不可怕,可怕的是不沟通,是互相记恨。在遇到问题时双方都敞开心扉,对问题认真分析,站在对方角度考虑问题,才能真正管理好冲突。

指导老师点评:项目管理过程中"冲突是常态!",面对冲突要求"对事不对人!",说起来容易,做起来难。

13.7.2　"好朋友意见不合"产生的冲突

团队Ⅱ的两位组员在完成同一项工作时,因意见不合产生了剧烈的争吵。经了解,原来两人当时对工作都有各自的想法,但其中一位同学说话的方式让对方感到不舒服。虽然两人平时相处得很融洽,但在工作中,每个人的个性、想法和脾气全部都表现出来了,不会因为对方是好朋友而有所忍让。

解决方法:组长弄清楚原因后,发现这两位同学不适合一起完成这项工作,于是组长就将自己手头的工作与其中一位同学的工作互换,与另一位同学一起继续完成该工作。

效果:这次的争吵并未真正影响这两位同学的感情,因为大家知道工作时要"就事论事",意见不同很正常。

建议:①项目管理中冲突是常态,组长应理性看待组员之间的冲突,不能为了避免冲突而让组员把自己的想法憋在心里。②不要认为平时关系好的同学就一定不会发生矛盾,项目初期分配任务时可以"试错",尝试不同组员之间的组合,或许有惊喜。

指导老师点评:"好朋友"吵架,从另一方面讲或许是好事,说明双方都把实训放在第一位,为工作而吵,而不是为感情而吵。

13.7.3　"学习与效果不同步"产生的冲突

团队Ⅲ在快到第一个评审点时发现,组员小B的进度很慢,并抱怨说自己不会也不知道怎样编写代码。组长问:"这是培训过的内容,按要求应该会做。"小B却说:"编代码太难了,我看了好久还是不会,有些内容都理解不了,你们一下就敲完了,叫你们帮我敲一下你们又不愿意。"组长急了,说:"为什么只有你觉得太难了完成不了?这是你的工作,你现在不自己完成,等到项目中后期你如何完成更难的任务?"于是,争吵开始了。

问题分析:第一阶段基本训练结束后,每位同学都应基本掌握基础技术,组长应该及时了解每位同学基础训练的进度和水平,发现问题及时解决,力争在项目开发阶段全组成员能齐头并进。

应对方法:①小组会议上,小B反映了自己的问题,向组长寻求帮助和建议。②组长发现,小B的工作与前期培训的内容十分相关,那时的培训既有培训录制视频,又有指导老师,自己完全可以通过再次学习完成工作。③组长提醒小B重新将培训内容学习一次,有问题随时请教指导老师和同学。④组长认为,第一个评审点不是最终评审点,只是一个监督保障项目正常进行的审查点,进度慢了可以加班加点将拖延的工作补上。⑤组长根据其他成员的进度情况进行协调,让另一位组员指导小B同学完成工作。

最终效果:小B重新将培训内容学习了一遍,在老师和同学的帮助下完成了自己的工作。

指导老师点评:该团队的冲突反映了实训中的一个问题,基础训练阶段指导老师都会有针对性地布置一些与系统开发相关的技术视频,供大家预习、学习和练习。有些同学照例像对待其他课程作业一样"一晃而过",有些组长也对检查组员作业不够认真细致。谁知这些基础技术在真正项目开发时是要"真刀真枪"上场发挥作用的,结果面对任务时只能因一知半解而束手无策。

13.7.4 "害怕"面对冲突

团队Ⅳ的组长在生活中一直都害怕面对冲突,实训中也是如此。一是认为有冲突表示自己做得不够好;二是认为冲突意味着对抗,害怕事情超出自己的控制范围,解决不好。

应对办法:①在项目管理例会上,提出自己的问题,听取老师和同学的解决意见。②在老师和同学的鼓励下,让自己尝试直面冲突。例如,组员小B主要负责前端开发,因为需求变动导致前端要大改,引发小B的不满。组长克服害怕心理,及时与小B进行交流。小B开始时说话有很大的攻击性,组长选择忽略在情绪上听起来比较刺耳的话。等小B稍平静后,耐心认真地聆听他的难处与想法,再阐明需要改动的背景情况,和小B一起讨论解决方案。最终小B理解了情况并进行了前端的修改,同时组长也更了解前端开发时需要注意的问题,后期决策更能考虑周到。

最终的效果:与团队成员有冲突时组长也不害怕了,同时尝试以理性的办法去面对和解决问题,抗冲突能力增强。

指导老师点评:要想当"领导"就不能怕冲突;要想不得罪人,就无法当"领导"。实训中由于误解、意见不合、态度不端正都有可能引发冲突。组长对出现的问题不漠视、不回避,公平公正地对待冲突的任何一方,就事论事,对事不对人,就会找到解决问题的办法,也会让冲突双方达成和解或共识。

13.7.5 对"冲突管理"案例的点评

有人的地方就会有冲突,冲突管理是人力资源管理的重要内容之一。鉴于项目的特点,冲突是常态。所以,项目经理面对冲突要保持一颗平常心,遇到冲突不畏惧、不慌张,有理、有节、有想法、有目标,积极稳妥地处理冲突。

13.8 绩效管理

绩效管理是项目管理过程中非常重要且不容回避的工作,关系到团队成员对项目贡献的自我认知,关系到项目经理对自己带团队能力的自我认知,关系到项目经理对组员贡献的公正评价,更关系到每个人的切实利益。团队作业如此,工作中亦是如此。

学校实践教学的目标是让全体同学在实践中学到知识、掌握技术、增长才干,是以学习为导向的。实际项目工作的目标是完成项目任务,是以目标为导向的。目标不同,衡量团队绩效、个人贡献的原则和方法都不同。

下面通过5个团队在实训中绩效评价的小案例,介绍任务分工与贡献率之间的关联和思考。

13.8.1 "难度与工作量两难"的贡献率

团队 I 在实训过程中分工明确且平均,基本没有出现组员没有任务做或完成质量不高导致贡献率低的情况,但也遇到了一定的困难。组员小 B 负责撰写文档和后端增、删、改、查的代码,由于任务难度较小,多次提出想要做出更大的贡献,承担难度更大的任务。但由于时间紧迫,组长认为应该将难度大的任务交给技术更好的组员小 C 完成,从而保证进度。在实训结束后评估贡献率时,小 C 的任务难度大但工作量不大,小 B 的任务难度低但工作量大,两人的贡献率应持平还是有所侧重,让组长困扰了很久。

问题分析:绩效评价和管理是项目开发过程中不容忽视的工作。团队全体成员在对待工作的目标和态度上都是一致的,人人愿意为团队多做贡献。项目实施阶段,由于每个人的能力与优势不同,适合完成的任务也不同。有人适合钻研技术,有人适合撰写文档,但每个人都渴望自身的能力能够在实训中有新的突破。又因为在大家的印象中,撰写文档是一件工作量大但技术含量不大且贡献率不高的工作,愿意承担文档工作的意愿较弱。但由于能力水平不同,所用时间差别也会较大。组长考虑到项目整体效率,需要把技术难度较大的工作分给技术能力较强的同学,把撰写文档工作分配给技术能力较弱的同学,由此便陷入了贡献率分配困境。

应对方法:针对如何合理评价贡献率以及如何最大程度提高项目效率的问题,在后续开发中,组长做到了以下两点。①以鼓励为主,肯定组员的工作与价值。起初,组员小 B 觉得自己负责的部分只有增、删、改、查,过于简单。但在数据量庞大且数据结构复杂的情况下,增、删、改、查是网站中一项非常重要的工作,且难度也较大,经过组长的分析,使小 B 意识到自己工作的价值,激发了工作动力。②难度较大的技术由能力较强的组员小 C 攻克后,小 C 立刻为其他组员进行知识培训,使大家都能学到新技术,并参与到该技术的后续工作中,这样一来,组员掌握的技术更加全面,需要时可以任务互调,不仅提高了自身价值,贡献率也更加平均,解决了绩效难题。

最终效果:每个人都找到了自己在本组的价值,通过大家的齐心协力,项目呈现出了精彩的效果。可以说,缺少组内任何一个人,团队的项目都不会有今天的成绩,这才是团队合作的最高境界。

组员贡献率的计算:组长认为,组员贡献率应以实际贡献对项目整体的影响程度为判断依据,而非抱着"我是组长我最高"的思想。

第一,工作量和工作质量因素。很显然,如果工作量和工作质量都非常完美,那对项目的贡献率就不言而喻了。但如果出现二者相悖的情况,应以工作质量为参考标准。例如组员 1 的工作量很大,但质量不高;组员 2 的工作量适中,但高质量完成。那么无特殊原因情况下,组员 2 的贡献率应当高于组员 1 的贡献率。

第二,工作量与工作难度因素。组长认为二者应当综合考量,不能以工作难度为重点而看不到工作量和烦琐程度。例如,组员 1 攻克难度系数较大的技术瓶颈需要三天时间,期间不能完成其他任何任务;而组员 2 三天内写了数万字文档,编写了后台大量的简单代码,虽然难度系数不大,但任务量巨大且烦琐,且两位组员对项目整体的影响程度是相当的。因此,应当予以相同的贡献率。

指导老师点评:本案例虽然阐述绩效管理方面的问题,但与任务分工、团队管理均相关。任务分工涉及简单任务、复杂任务、技术类任务、文档类任务,若每项任务都要做,该如何分工?团队管理涉及项目达成目标、组员学习进步目标,若每个目标都要实现,该如何安排?绩效管理需要综合考量各方面因素,建立综合评价体系。

看得出,组长的绩效评价思想是希望全组成员有尽量平均的贡献率,但又不是为了平均而平均。组长全面思考并统筹安排了所有的工作,对各项任务既有人做还能保证质量。对团队既能达成高标准的项目成果,又能让组员的技术能力得到提高。对绩效管理,最终建立以工作量、工作质量、工作难度为主的贡献率综合评价体系,在均衡贡献率的同时,更加均衡了任务分工和组员技术水平的提高,最终实现了团队管理、项目成果与绩效评价相互促进的目标,很不容易。

13.8.2 "计划赶不上变化"的贡献率

团队 II 在绩效管理方面,为了避免组员因任务分配不均而出现争议,在项目正式开始前就确定了比较平均的任务分配方式和绩效管理方式。但在实践过程中,个别组员因为本身能力问题而无法完成计划任务,需要他人帮助。这样一来,原本比较平均的任务分配就产生了倾斜。

为了解决这个问题,组长单独与这位同学沟通了很多次,找出了他无法按时完成任务的原因和需要补充的知识,允许他先学习并解决技术问题后,再参与到开发中来。最终使每位组员都能更好地发挥自己的作用。同时,在合作开发过程中,要求每个页面中各个功能的实际实现人必须进行忠实记录,从而为绩效评价做好准备。

指导老师点评:团队在项目正式开始前就确定了各位组员负责的内容以及绩效分配方式,这在保证任务均衡方面是一个好的方法。但在计划实施过程中,由于组员之间能力有差异,任务均衡的目标实现不了就需要随机应变,因此,计划还要有灵活性。

13.8.3 "提高工作效率"的贡献率

实训期间,在没有形成绩效管理体系时,团队 III 的小组成员都不清楚各自所完成的工作量占比,没有绩效目标,导致工作时不紧不慢,不慌不忙,没有时间观念,没有压力,没有紧迫感。没有绩效管理体系,组长也很难做到客观公正地评价组员的绩效。

应对方法:在老师的引导下,小组共同制定了一个绩效表,首先制定绩效目标,确定项目要完成的所有模块,对不同难度的模块赋予不同的权重;然后根据这些模块来确定任务分工;再根据个人任务完成情况评估任务贡献占比;项目整体完成后,结合模块权重和任务贡献计算出每个人的贡献率。有了绩效管理体系,组员的工作效率得到提高,并且能充分激励组员参与到项目工作中。

指导老师点评:每个团队对自己绩效管理的要求和侧重点都不同。绩效评价反映团队内部对组员工作成绩的比较,有的按劳分配,有的以质取胜,只要大家达成共识,应该没有谁对谁错之分。主观打分很难做到绝对意义上的公平公正,只要合情合理、相对公平,大家就可以接受。

13.8.4　"差异过大"的贡献率

团队Ⅳ在实训过程中由于组员个人能力的差异较大,导致组员之间的贡献率有较大的差距。而组长在实训过程中也因常常要求组员返工和自行修改,加大了自身的工作量,从而导致最后组长的贡献率过大,横向比较,个别组员的贡献率过低,引起了组员的不满。

贡献率计算建议:①应根据团队实际情况制定贡献率评定标准,不能为了协调贡献率不顾工作质量,只为组员平均分配任务。也不能仅依据个人能力分配任务,导致贡献率悬殊过大。②单个团队评价时应采取绝对方法,强调按劳分配,付出多,贡献多,贡献率自然大。③多个团队评价时应采取相对方法,因为多个团队存在比较,如果绝对打分,可能出现小组综合成绩高,但由于个人贡献率低使得个人综合成绩过低的情况。这是一个很难平衡但又不得不去平衡的问题,需要去摸索,从而找到一个折中的能让大多数人都能接受的计算方法。

指导老师点评:实训中组长是最辛苦的,多数组长不仅是协调各种问题、处理各种矛盾的"全能领导",而且也是承担各项技术与管理任务的主力队员,甚至还是加班加点帮组员善后的"救火队员"。从工作量角度来看,有些组长的工作量超过其他组员两倍甚至数倍。因此,小组在绩效评价时难免会出现贡献率差异过大的现象。平心而论,"按劳取酬"是公平合理的,但因有多团队之间的横向比较,容易出现组内公平但组外不一定公平的问题,还可能出现因为组员分数过低,造成组长心理压力太大而承受不了的问题。

13.8.5　"深入思考"的贡献率

团队Ⅴ的组长早在"项目管理"课程设计阶段就提出了绩效管理解决方案,设计了绩效统计表,但在实训期间没有足够的时间精力进行绩效统计。一是技术型组长投入开发阶段的精力太多,无暇顾及绩效统计;二是如果让其他组员来做,又担心对其他组员的工作绩效不了解而导致填写不准确。实训快结束时,组长结合实训过程中存在的问题,对绩效管理方案进行了深入的思考,并提出有益的意见和建议。

应对方法:事先统一设计好绩效统计表,把团队内部工作、自愿性工作变为强制性工作,将绩效管理作为实训阶段的一项重要任务来布置,组长只负责填写绩效统计表,从而简化工作难度。

绩效管理一定要注意理性与感性的结合,杜绝平均分或者类似平均分的行为出现,除非真的贡献相仿,否则应能在绩效上体现差距。同时要让大家正视绩效,绩效不是为了大家相互攀比、表扬谁或批评谁,而是为了认识到自己与他人之间的差距,绩效统计也是贡献率计算的依据。

组员贡献率计算:以工作量、工作难度、完成度及完成质量来计算贡献率。其中工作量指参与完成的工作任务;难度系数为 1~5 的整数,越大代表难度越高;完成度为 0~1 的小数,越大代表完成度越高;完成质量为 1~10 的整数,越大代表完成质量越高。

计算规则:先列出某成员参与的所有工作项(工作量),每项工作得分=难度系数×完成度×完成质量,个人贡献得分等于每项工作得分之和,贡献率等于该成员贡献得分占本组总贡献得分的比重。

具体计算公式:假设某成员在一个项目中承担了 n 项任务,每项任务难度系数为 H_i、完成度为 d_i、完成质量为 m_i($1 \leq i \leq n$)、该成员贡献得分为 S,得:

$$S = \sum_{i=1}^{n} (H_i \cdot d_i \cdot m_i)$$

假设某组有 4 个组员,个人贡献得分分别为 S_1、S_2、S_3、S_4,则第 j 个成员的贡献率 G_j 为:

$$G_j = \frac{S_j}{\sum_{j=1}^{4} S_j}$$

这种计算规则平衡了工作量、工作难度、完成度及完成质量之间的关系,更加客观准确,适合针对单个团队工作的绩效评价。

指导老师点评:系统开发项目的绩效评价多数涉及团队成员的智力劳动,很难找到一种完全客观的量化方法。贡献度虽然不能完全量化,但每个人的工作量和工作价值都是有目共睹的,"职位至上"和"平均分配"都是不公平的体现,只有"按劳分配"才是最能让人信服的评价方式。本案例的组长提出从工作量、工作难度、完成度及完成质量四个方面入手,借助数学模型来计算个人贡献分,数据来源可以是每日的绩效报告表,也可以采取团队成员集体打分的方式进行评价。无论采用哪一种形式,都要制定公平合理且有可操作性的规则,要讲规则、守规矩、公平公正、有理有据。

13.8.6 对"绩效管理"案例的点评

实训期间的绩效评价工作交给组长并带领团队共同完成,这对团队来说是个不小的挑战。绩效评价涉及每个人的利益,既敏感又复杂,对此,指导老师反复强调的是"达成共识"。系统开发项目绩效很难绝对量化,只要评价指标合理、评价过程透明、评价结果公正,团队内部能达成统一的意见,都是可以接受的。

组员的成绩来源于小组成绩和组员的项目贡献率。因此,绩效评价中给组员打分对组长来说是巨大的考验,因为自己也身在其中,并不能置身事外,评价别人的同时也要评价自己。如果没有规则,打分就成了一件"烫手的山芋"。贡献率有高有低势必会得罪人,但都给平均分,贡献多的人心里又不服气,特别是组员能力和贡献差异大的团队。因此,如何做好绩效评价是实训中一门需要组长们努力探索和总结的学问。

有的组长对所有的人和事都一视同仁,包括自己,努力追求客观公正的评价标准和结果。但因为组长自己确实贡献大、分数高,在团队初建和震荡时期容易得罪组员,而孤立了自己。这种评价方法应该得到鼓励,但可能适合团队成员具有相同价值观、团队建设相对成熟的阶段。

有的组按实际贡献给分,但因分差太大,导致同组个别成员分数过低,组员反应激烈,组长也难以承受这巨大的心理压力,反过来又自我否定或反省自己在绩效管理中的得与失。

有的组长愿意放弃自己的利益而成全别人。打分时将自己摘出来,尽量对他人公平、公正,自己再苦再累也甘愿得平均分甚至低分。这种做法的好处是组长心安了,坏处是有失公允。

有的组长不愿意得罪人,希望你好我好大家好,全组给个平均分大家相安无事。这种做法最不值得提倡,但在实训中却时有发生。这种打平均分的做法在学校可能存在有"一次性"机会,但在实际工作中是难以生存的。

不管怎样,这些都是人生的宝贵财富,但愿同学们能受用一生。

13.9　项目经理的自我评价

由于实训中系统开发的任务很重,不能全体同学都参加和接受项目管理实践。为了更好地带团队,只有组长们作为项目经理在指导老师的带领下经历艰苦的项目管理训练,在个人能力的提高、心智的成熟等方面经受考验,获得成长,最终从"名义"上的项目经理成长为名副其实、可以真正带团队的项目经理。

下面通过5位项目经理的自我评价,展现项目经理对自己在实训中作为团队领导者所进行的自我剖析以及经验总结,从而让大家了解实训中项目经理的心路历程,引发如何才能当好一个优秀项目经理的思考。

13.9.1　"过于热心"项目经理的自我评价

团队 I 的组长小 A 在实训过程中是一个非常"热心"的领导者,手把手帮助组员解决所有问题,既有"老虎"的能力,也有"猫头鹰"的细致。实训结束后,小 A 表示自己很后悔当一个过于"热心"的组长,如果有机会再带团队,一定去思考怎样让组员锻炼更多、收获更多,并想办法提高大家的积极性,从而主动投入到项目中去。小 A 对自己在实训中的表现,自我评价如下。

优点:①具有耐心。在与人沟通时,总是耐心听取他人意见,不会因为压力大或者时间不足就打断沟通。在指导别人时,将每一个重点都讲得很清楚,即使时间紧迫或自己任务很重,也绝不会敷衍了事。②为他人着想。经常站在他人的角度去思考问题,在乎别人的感受与需求。③发挥榜样作用。在组内,小 A 的技术能力较强,其他组员技术弱,学习能力也不强,组长每天刻苦努力地工作并无私地帮助他人,在组长的带动下,大家逐渐从被动学习变成了主动学习。

不足:①对待别人的问题太过于好心。有些问题即使不在自己的能力范围之内,也要想办法帮助别人解决,占用了太多时间,耽误了的任务进度,给自己带来了更多压力。其实有些问题只需提醒别人多加思考就能解决,却没有拒绝别人的习惯。②项目目标明确得太晚。团队最终的项目目标是在项目中期才开始明确的,不仅前期浪费了很多时间,走了许多弯路,后期赶工更加艰苦。③任务分工不合理。由于没能及时了解每个组员的优势和特点,造成任务分工不合理,由此产生了矛盾和冲突。④项目时间不充足。自己的工作太多,班长、组长、核心技术人员、管理职责要统统兼顾,不仅顾自己的团队,还要为其他团队提供帮助,同时还要准备入党材料,参与学科竞赛,能够分配给项目的时间不足。⑤高估了自己的能力。目标很高,但时间、精力和能力有限,显得力不从心。此外,对队员的要求也相应提高。最终导致目标实现不了,焦虑情绪出现,压力感倍增。

今后的思考：今后若再带团队，小 A 认为应该从以下几个方面吸取教训。①明确自己应该做什么，不应该做什么，学会取舍。保持一颗平凡心，脚踏实地，量力而行。②对待组员的技术问题不应该总是包办代替，而应该共同探讨，提出建议，点到为止，激发组员的自我学习能力。③作为管理者，应优先把握团队项目工作的大方向，尽早制订好项目目标，让团队尽早地走在正确的道路上。同时努力发现每个组员的优势，发挥团队的力量，从而创造更优秀的成果。④加强时间管理，提高工作效率，以更从容的时间和心态去完成工作任务。

指导老师点评：组长小 A 有出色的个人能力和良好的个人修养。实训初期，对组员有求必应，成天处于忘我状态，帮了那个帮这个，高估了自己包办代替的能力，低估了组员自我学习的能力。班长、组长、技术、管理身兼数职，什么都想管，但无奈精力和时间有限，许多事管不过来，自己也十分焦虑。组员们因为组长大包大揽惯了，产生了强烈的依赖性，团队意识不强，缺乏进取心和集体荣誉感。由此，该组曾经一度成为项目进展情况最令人担心的组。

通过老师、同学，特别是小 A 自己坚持不懈的努力，在团队管理方面克服了一个又一个困难，渡过了一个又一个难关，最终带领团队赶上进度，顺利完成实训任务。特别是在个人成长方面，小 A 突破自己的性格局限，除了继续发挥自己满满的正能量外，也提升了组员的自我学习能力，提高了自己作为管理者管人管事的能力，个人成长取得了长足进步。

13.9.2 "技术型"项目经理的自我评价

团队 Ⅱ 的组长小 B 是一位技术型的"老虎＋猫头鹰"型组长，有"老虎"的强势，有"猫头鹰"的精益求精，还容易钻牛角尖。小 B 对自己在实训中表现的自我评价如下。

优点：①喜欢钻研技术、勇于创新，遇到技术上的问题不畏惧，能解决团队中遇到的多数技术难题；②经常鼓励组员遇到问题时积极询问老师和学长、学姐，带动大家的学习积极性。

不足：①太过于强势，经常不认可组员所做的工作，又自己揽下来重做，导致任务繁重，给自己带来太多压力。没有很好地运用团队的力量，也造成组员对项目的参与度不高，团队氛围较差。②大部分精力都花在了技术上，有时敲代码很忘我，很少与组员沟通，不了解组员之间的进度，各做各的。③做事目标不明确，犹豫不决，太过于追求完美，有时确定了一件事很快又觉得不行，小组经常返工，导致项目滞后，返工过程中，组员心态也逐渐低沉，并且有抱怨。④缺乏耐心，任务繁重时，组员询问问题自己会有些不耐烦，让组员感到不满，与组员之间产生隔阂。⑤有时太过于操心，所有事都亲力亲为，经常插手组员完不成的工作，让组员产生不自信感，从而使组员丧失工作热情，不仅耽误自己任务的进度，而且不能促进组员养成独立思考的习惯，影响组员成长。

今后的思考：针对自己的不足，小 B 认为自己今后应该从以下几个方面进行学习改进。①端正心态、换位思考。处事时，不要以自己的方式去要求别人，多站在对方位置上着想，多点包容心，遇到不顺的事忍一忍，以平常心态处事，多听别人的见解，通过与别人沟通交流，及时发现自己的不足。②努力控制自己的脾气，让自己变得有耐心。③不是所有的事都需要亲力亲为，要区分好"能做的事"和"该做的事"，能力无须通过"能做的事"来证明，能做并不代表就一定要亲自去做。重要的是要确定该做什么才能让当下的工作整体效果达到最佳，同时要确定事情的优先级，力争达到事半功倍的效果。④凡事不要过于追求尽善尽美。

每一位组长都希望团队所做的项目非常完美,但是完美永远是相对的,凡事都由自己来做也未必就会不出一点儿问题。允许每个人在项目开发中犯错,这样大家才能成长。

指导老师点评:

小 B 是位凡事追求完美的组长,对自己要求高,对组员要求也高,但常常会事与愿违,试图包办代替,时间精力又不允许,实训中的小 B 带团队很煎熬。

实训是团队项目训练,单个人的能力有限,需要凭借集体的力量完成任务。组长的定位首先是带团队,而不是急着"单枪匹马"地"杀"入技术领地,凭一己之力解决所有技术难题。通常团队在形成阶段是个性磨合,震荡阶段是任务磨合,规范阶段是流程磨合,成熟阶段是目标磨合。从团队建设角度看,形成阶段和震荡阶段是矛盾、冲突、问题最多的阶段。如果组长能够有充分的耐心和定力,花足够的时间和精力,协调矛盾、制定规则、知人善任,并鼓励和帮助组员学习新知识、掌握新技术,逐渐形成集体的凝聚力,就一定会快速提高团队的整体能力,从而大大缩短震荡时间,快速进入规范阶段和成熟阶段,甚至在项目末期迎来超常发挥的"高光时刻"。如果组长首先定位在项目上,因过于着急推进项目而忽视了这一阶段的团队建设,就可能导致组员能力差异加大,个别组员掉队,团队长时间震荡,组长长时间陷入解决矛盾、解决技术难题的漩涡当中,项目进展反反复复、磕磕绊绊,致使再能干的组长也难以摆脱"煎熬"的窘境。

13.9.3 "非技术型"项目经理的自我评价

团队Ⅲ的组长小 C 是一位非技术型的孔雀型组长,热情乐观,有良好的人际关系。网站开发项目的核心聚焦于技术实现,而小 C 作为项目经理,个人的技术水平较差,不能解决组内的核心技术问题,难以让组员支持、信服。

应对办法:①发挥善于沟通的优点,谦虚真诚地寻求技术帮助。需要规划任务分工时,积极向老师和其他组组长询问相关技术原理和他们的安排建议;遇到组员难以解决的技术问题时,小 C 会接手,咨询其他同学帮助解决;邀请指导老师面向全组同学进行答疑解惑。最终小 C 避开自己不擅长的技术领域,借助外力有效解决了组员的技术难题。②寻找能够发挥自己空间的技术。网站项目涉及很多技术,虽然一些较难的技术自己难以实现,但会主动承担一些较简单却必不可少的技术工作,为建设网站贡献相同的力量。③做好团队的管理工作。项目经理的作用不仅在于技术,管理同样重要。介于自己较差的技术水平,小 C 更加注重做好团队的管理与辅助工作。例如,组织高效的交流会议,让大家明确每个人所做事情的相互关系;认真了解组员,按各自特长合理分工;关注大家的情绪,调节组内的氛围;做好任务安排,调节组内的节奏;承担 PPT、文档制作等工作。④发展"同盟军",与团队中技术最强的组员搞好关系,多交流沟通,获得支持。

最终的效果:①他人反馈。整个团队的凝聚力较强,对小 C 的工作较认可;②自我感受。找好自己的定位之后,后期当组长的压力就没有那么大了,并且觉得工作期间整个团队都很开心、顺利。

指导老师点评:小 C 性格外向、开朗乐观,有良好的个人修养,对技术不擅长,但有较强的组织管理能力。实训中,小 C 有效克服了"非技术型"项目经理的局限,一是借助外力确保项目技术目标的实现;二是发展技能手做自己的"同盟军";三是主动钻研并承担必要的技术工作,积极补短板。同时,小 C 充分发挥了自己的组织管理能力,高效开会、合理分工、调节气氛、做好保障等,确保团队在一个团结、友好、和谐的工作环境中创造出高水平的成果。

13.9.4 "老虎型"项目经理的自我评价

团队Ⅳ的组长小D各方面的能力都比较强,是位典型的老虎型组长,"老虎"特有的优点很突出,"老虎"特有的缺点也有,小D对自己在实训中的表现自我评价如下。

优点:①性格外向,做事果断。在团队遇到问题需要立即做出决策时,领导能力较强,善于控制局面并迅速决策,推动项目进展。②抗压能力强,组内有权威。当组内任务过多、压力很大时能够有条理地布置任务,逐一解决,在组内有一定的威信。③技术全面。除了技术能力,在视频制作、美工与交互设计方面有自己的想法和创造性,能够为项目锦上添花。

不足:①不顾及他人感受,忽视细节。在组员出现情绪波动时往往察觉不到,对组员要求过高,难以取得组员的信任。压力大时说话态度强硬,不够有耐心,往往无法得知组员真正的想法,易引发组内矛盾。②不够体谅他人。组员都有自己的事和工作,当其完成的任务没有达到要求时,没有耐心询问原因,容易着急责备而错怪了他人,需要学会体谅他人的难处。③缺乏认可他人的能力。虽然不断提醒自己要认可别人的努力,但当组员费时费力却没有可交付成果时,自己还是会否定他人的努力。这是非常错误的,即使他人最终没有做出成果,但努力并尽力了就应该被肯定。④项目时间不充足。自己的工作太多,除了实训的任务及会议外,还有一门专业选修课的实验和结课论文,同时还要完成党支部的工作,并带领团队参加学科竞赛等,能够分配给项目的时间不足。

今后的思考:①学会耐心倾听,换位思考,增强共情能力。今后无论是继续带领团队,还是作为组员跟随他人,耐心倾听都是十分宝贵的品质。多听,才能多学;多学,才能广才。在现代社会,没有一个人是一座孤岛,应该学会如何与他人更好地相处与合作,只有换位思考,体谅别人,与合作伙伴的关系才能更加融洽。②加强时间管理,提高工作效率,以更从容的时间和心态去完成工作任务。③注重细节,脚踏实地。做任何一件事都要注重细小的方面,细节往往决定成败,应该静下心来做事,认真关注每一项工作的细节问题。④学会肯定别人,发现他人的优势。每个人的性格不同,优势不同,不应该因为一项工作没做好就否定他人的能力。今后应该多去发现别人的长处,取长补短,自己才能越走越远。⑤保持一颗平常心,量力而行。

指导老师点评:小D善发现、勤思考、善总结、有办法、有能力,是位优秀的项目经理。但也存在强势组长常有的弱点,如个性强、不易妥协等。好在她善于发现存在的问题,并不断修正自己的弱点,在个人成长方面表现突出。

团队Ⅳ也是实训团队比较幸运的一组,组长强势、组员相熟、态度积极、配合默契、水平相当、矛盾很少。但小D还是在一团和气的表象下努力发现和解决团队深层次的隐患和问题,不断思考和探索团队建设从规范走向成熟的路径和方法,同时努力挖掘组员身上可能连组员自己都没意识到的闪光点,最终带领团队完成高品质的成果,达到高水平的目标。

13.9.5 "全能型"项目经理的自我评价

团队Ⅴ的组长小E是一位技术型的猫头鹰+变色龙型组长,小E对自己在实训中的表现自我评价如下。

优点：①学习和创新能力强。当接触一项新技术时，可以快速学习和掌握该项技术，并可以灵活地将技术应用到实际项目中，快速地推进项目进展。②领导力较强。能够让团队成员信服自己，并且使用不同的管理策略因人而异地分配任务。③热情乐观，有良好的人际关系。

不足：①容易忽视组员的成长。由于对项目目标与成果追求高标准，团队管理策略会将"重担"压在相对有能力和有潜力的组员身上，导致进步较慢的组员被忽视，只能完成一些最基本的任务。②团队话语权过大。由于组员对自己的认可度较高，只要是组长提出的想法，组员就愿意遵循组长的意愿去落实，导致团队缺了"集思广益"，组员缺少了"批判性思维"。③可交付成果意识还没有完全形成。在项目进展过程中，由于组长对自己的技术能力比较自信，经常认为可以把前面耽误的工作在项目后期再补回来，导致项目后期加班严重。

今后的思考：①注重可交付成果意识的培养。需要在后续的工作和学习中不断培养可交付成果意识，努力摆脱"拖延症"，提高产出水平，高效完成任务。②跳出"完美"困境。项目过程中，常常会因为对项目过高的要求而在某些细节上花费过多时间，但其实有些事情并不那么重要甚至没必要，必须学会抓主要矛盾，按事情的轻重缓急，合理安排时间和精力。③持续学习。项目进展依靠项目经理的决策，项目经理的决策又依靠其本身的能力和水平，无论是组长还是组员，都需要扎实的学科基础知识和优秀的实践动手能力，因此需要持续学习，不断进步。④回顾反思。对往届的每一个实训案例，无论是技术案例还是管理案例，都是非常好的实践和反思机会，在这个过程中，都可以有意识地尝试不同的技术方法或管理策略，并观察这种方法或策略最终导致的结果，最后依据结果来总结反思，实现自我迭代。

指导老师点评：小E具有出色的个人能力和良好的个人修养，是位优秀的项目经理。小E目标高远，凡事追求极致，对自己要求高，对组员要求也高。但当组员因个人能力差异大，跟不上组长的脚步时，小E也会及时变通，适当降低项目期望值，合理分配工作任务，加强组员自我学习和提高的能力，自己多干点，组员多学点，努力带着团队圆满完成实训任务。

13.9.6 对"项目经理的自我评价"案例的点评

项目经理是项目团队的灵魂，一个好的项目经理，既是团队的领军人物又要身先士卒，既要懂技术更要懂管理，既要有大局观又要细节导向，既要有雷厉风行的气魄又要有吃亏受气、大公无私的胸襟，既要有坚韧不拔的精神、锲而不舍的态度，还要有柔情似水的心肠。

项目管理的综合性总体表现在协调要素、整体权衡、消除局限、满足期望四个方面，因此项目经理必须是团队中的整合高手、平衡高手、沟通高手。

通过实训，项目经理无论在项目管理能力还是在个人成长方面均获得了长足的进步，不同程度地提高了作为一个管理者对项目的驾驭能力、沟通协调能力、问题解决能力、学习创造能力、知人用人能力、反思总结能力、决策执行能力，表现出有主见有担当、自信沉稳、宽容豁达、积极乐观、锲而不舍的成熟性格，具备了当好一名优秀项目经理的基本条件。

上述五位项目经理在实训中均获得"优秀组长"奖励，他们所带的团队多数获得"优秀项目团队"奖励。

参 考 文 献

［1］　陈佳,谷锐,李朝辉.信息系统分析与设计教程［M］.北京：人民邮电出版社,2010.

［2］　程乾,刘永,高博.R语言数据分析与可视化从入门到精通［M］.北京：北京大学出版社,2020.

［3］　董付国.Python数据分析、挖掘与可视化［M］.北京：人民邮电出版社,2020.

［4］　耿国华,张德同,等.数据结构——用C语言描述［M］.2版.北京：高等教育出版社,2015.

［5］　耿祥义,张跃平.JSP程序设计［M］.2版.北京：清华大学出版社,2014.

［6］　韩万江,姜立新.软件项目管理案例教程［M］.4版.北京：机械工业出版社,2010.

［7］　郝翎钧,谢君.体系结构设计方法研究综述［C］.第六届中国指挥控制大会论文集(上册),2018：154-158.

［8］　SCHWALBE K.IT项目管理［M］.8版.孙新波,朱珠,贾建峰,译.北京：机械工业出版社,2017.

［9］　LAUDON K,LAUDON J P.管理信息系统［M］.3版.黄丽华,译.北京：机械工业出版社,2016.

［10］　李军茹,马迎梅,范新梅.基于计算机技术的信息管理数据库设计［J］.信息与电脑(理论版),2022,34(3)：159-161.

［11］　李晶.数据库设计理论的研究［J］.科技创新导报,2009(18)：33.

［12］　李东,朱东杰,陈源龙.计算机组成与操作系统［M］.北京：机械工业出版社,2015.

［13］　鲁耀斌.项目管理［M］.北京：科学出版社,2007.

［14］　卢萍,李开,王多强,等.C语言程序设计基础［M］.北京：清华大学出版社,2021.

［15］　罗家德.社会网分析讲义［M］.3版.北京：社会科学文献出版社,2020.

［16］　瑞智恒联.网站设计应如何迎合用户的浏览习惯?［EB/OL］.https://www.sohu.com/a/463942026_121042060.

［17］　帅晓华.浅析需求分析在业务系统开发中的重要性［J］.数字通信世界,2021(12)：128-130＋168.

［18］　孙中明.细说spring配置文件［EB/OL］.https://blog.csdn.net/jankin6/article/details/109989931.

［19］　万璞,马子睿,张金柱.网页制作与网站建设技术详解［M］.北京：清华大学出版社,2015.

［20］　谢希仁.计算机网络［M］.7版.北京：电子工业出版社,2017.

［21］　张坤,张云霞,孙全建.计算机软件数据库设计的原则及问题研究［J］.电子技术与软件工程,2022(01)：168-171.

［22］　张海藩,牟永敏.软件工程导论［M］.6版.北京：清华大学出版社,2013.